互联网类案

裁判思路与疑难指引

主　编 / 田　绘
副主编 / 邵　山　赖俊斌　张龙斌

ADJUDICATION IDEAS AND GUIDELINES
INVOLVING INTERNET-RELATED CASES

法律出版社
LAW PRESS · CHINA
北京

图书在版编目(CIP)数据

互联网类案裁判思路与疑难指引 / 田绘主编 ; 邵山, 赖俊斌, 张龙斌副主编. -- 北京 : 法律出版社, 2023
ISBN 978-7-5197-8291-7

Ⅰ. ①互… Ⅱ. ①田… ②邵… ③赖… ④张… Ⅲ. ①审判-案例-中国 Ⅳ. ①D925.05

中国国家版本馆 CIP 数据核字(2023)第 169314 号

互联网类案裁判思路与疑难指引
HULIANWANG LEIAN CAIPAN SILU YU YI'NAN ZHIYIN

田 绘 主 编
邵 山 赖俊斌 张龙斌 副主编

策划编辑 张 珺
责任编辑 张 珺
装帧设计 汪奇峰

出版发行 法律出版社
编辑统筹 法商出版分社
责任校对 王晓萍 王语童
责任印制 胡晓雅
经 销 新华书店

开本 710 毫米×1000 毫米 1/16
印张 20.5 字数 311 千
版本 2023 年 9 月第 1 版
印次 2023 年 9 月第 1 次印刷
印刷 三河市兴达印务有限公司

地址:北京市丰台区莲花池西里 7 号(100073)
网址:www.lawpress.com.cn
投稿邮箱:info@lawpress.com.cn
举报盗版邮箱:jbwq@lawpress.com.cn

销售电话:010-83938349
客服电话:010-83938350
咨询电话:010-63939796

书号:ISBN 978-7-5197-8291-7
定价:86.00 元
凡购买本社图书,如有印装错误,我社负责退换。电话:010-83938349

互联网类案裁判思路与疑难指引

主　　编：田　绘

副 主 编：邵　山　赖俊斌　张龙斌

编委会成员：曹　钰　邓丹云　段莉琼　蔡培娟
李　朋　冯立斌　朱晓瑾　袁　玥
麦应华　林北征　李　佳　林　媛
李　楚　戴瑜霞　许燕玲　陈书涵
宁沁宜　方　圆　逯彩平

序言一

党的二十大擘画了全面建设社会主义现代化国家、以中国式现代化全面推进中华民族伟大复兴的宏伟蓝图，对加强网络强国、数字中国建设作出了全面部署。当前，世界百年未有之大变局加速演进，数字技术、数字经济已成为新一轮世界科技革命和产业变革的先机，我国发展面临新的战略机遇。作为数字资源大国，数字法治建设事关社会主义现代化强国建设、事关中华民族伟大复兴，战略意义日益显著。只有坚持依法管网、依法办网、依法上网，才能推动互联网这个最大变量成为经济社会发展的最大增量。

凡益之道，与时偕行。设立互联网法院是人民法院贯彻落实党中央网络强国战略的生动实践，也是主动适应互联网时代发展需求的司法制度创新。党的十九大以来，广州互联网法院紧跟数字时代步伐，持续纵深构建契合时代特点的审判方式和审理机制，将5G、区块链、大数据等前沿技术融入审判场景，有力推动司法活动由线下人工向线上智能转变，助力“公正与效率”取得新变革。深入探索数字法治领域裁判规则，在强化网络人格权保护、互联网知识产权保护、维护网络交易秩序、规范网络新业态、保障互联网金融业务安全等领域定标尺、明边界，积极传播生动、鲜活的互联网司法声音，为建设法治中国、网络强国积累了更加丰富的“广东样本”。

《互联网类案裁判思路与疑难指引》一书是广州互联网法院对建院五年来互联网司法审判领域开拓创新经验的系统总结，集中展现了围绕数字权益、数字产权、数字安全、数字经济等领域的司法探索。数字中国建设依然任重道远，加强互联网司法也任重道远。希望广州互联网法院乘势而上、奋楫争先，紧紧围绕习近平总书记赋予广东的使命任务，牢牢把握改革创新的动力和优势，继续展现互联网司法引领示范的格局和担当，以法治化规范数字化，以数字化赋能法治化，奋力推动广东在推进中国式现代化建设中走在前列。

是为序。

广东省高级人民法院党组书记、院长　张海波

2023 年 9 月

序言二

智能产业、数字经济蓬勃发展，极大改变了全球要素资源配置方式、产业发展模式和人民生活方式。党的十八大以来，习近平总书记从信息化发展大势和国内国际大局出发，重视互联网、发展互联网、治理互联网，擘画了建设网络强国的宏伟蓝图。而推动网络空间运转的规则化、治理的法治化，则是我国走向网络强国、数字中国的必经之路。我们必须把准时代脉搏、抓住历史机遇，加快推进审判工作现代化，以数字化赋能法治化，以法治化规范数字化，努力创造更高水平的数字正义，服务推动数字经济高质量发展。

法与时转则治，治与世宜则有功。面对数字时代变革下数据安全、数字鸿沟、算法歧视等难题，如何在网络维度拓展中国式法治现代化新道路，是时代提出的崭新命题。广州互联网法院是全国仅有的三家互联网法院之一，是互联网司法领域的“弄潮儿”，敢于、善于引领探索互联网司法新模式、新经验，在技术创新、规则确立、网络治理等方面形成了一系列原创性成果、示范性经验，以司法赋能助力广州数字经济高质量发展领跑新赛道、增创新优势。

由广州互联网法院一线审判人员撰写的《互联网类案裁判思路与疑难指引》一书系统梳理了广州互联网法院扎根互联网司法五载的审判智慧和实践探索。书中载录的典型案例和前沿课题，既有对人格尊严法治伦理的深刻阐释，又有对数字经济平台责任的清晰厘定，亦有对数字领域涉外法治的积极探索，力求以个案裁判折射社会关系的渐进变革，以释法说理阐述法治进程的演变轨迹，让读者不仅了解互联网场景下的法律实践和法治现状，更能理解领悟数字正义蕴含的法治精神和价值追求。

历史长河奔腾不息，时代考卷常答常新。希望广州互联网法院继续逐浪数字蓝海、深挖规则富矿，不断探寻数字法治建设的逻辑进路，持续以规则之治夯实网络空间治理法治化之基，为网络强国、数字中国建设贡献更多法治力量。

广州市中级人民法院党组书记、院长　杨正根

2023 年 9 月

目　录

第一章　数字权益

第二章　数字产权

第三章　数字安全

第四章 数字经济

第五章　数字人权

第一章　数字权益

本章概述

中国信息通信研究院发布的《中国数字经济发展白皮书(2022年)》显示,2021年我国数字经济规模达到45.5万亿元。我国数字产业化规模为8.35万亿元,同比名义增长11.9%,占数字经济比重为18.3%,占GDP比重为7.3%。互联网、大数据、云计算、人工智能、区块链等技术和产业生态圈的极速创新,已经成为重塑社会要素资源、重组经济竞争格局、重建经济发展秩序的关键力量。新经济形态下,在数据基础上创造的各类网络虚拟财产在互联网服务中纷纷涌现,关于数据、网络虚拟财产的相关纠纷大量产生。

为了回应数字经济发展的需求,《民法典》第127条规定:“法律对数据、网络虚拟财产的保护有规定的,依照其规定。”一方面,该规定仅为引致性条款,难以为复杂多样的司法实践提供准确的、具有可操作性法律渊源;另一方面,该规定未将数据和网络虚拟财产权益解释进既有的法律框架之中,也为司法裁判遵循新时代经济发展规律,探索新型裁判规则、治理规则,丰富数据和网络虚拟财产的外延和内涵提供了更多的可能性。实践中,涉数字权益和网络虚拟财产纠纷多集中在游戏领域,随后发展到电商经济、直播经济等新业态新交易模式;而当前涉算法、企业数据竞争的纠纷则越来越多。类型化的案件精准映射着数字经济发展的脉络与动向。鉴于此,我们期望通过个案场景分析、梳理以及疑难问题探讨,积极探寻数据权益和网络虚拟财产保护的司法进路,为数字产业的发展与治理提供更加有力的保障。

一、强化网络服务提供商的安全保障义务

涉网络虚拟财产纠纷案件大多出现在网络游戏、虚拟货币以及直播行业。其中,网络游戏案件占比最高,涉及的虚拟财产主要有游戏账号、游戏装备、物品等。相关纠纷主要包括三类:一是运营商主动实施账号管理行为导致权利变动的,如运营商基于用户参与盗号销赃、使用外挂等不当行为,封停账号,致使用户无法再继续使用账号。二是游戏用户之间的交易行为导致权利变动的,如用户之间买卖游戏中的虚拟货币、武器、装备等。三是第三人实施侵害行为导致权利变动的,如盗取虚拟财产。上述纠纷均涉及网络服务提供者的安全保障义务问题。

关于游戏运营商的安全保障义务。根据《网络安全法》第 9 条、第 76 条的规定,游戏运营商负有安全保障义务。根据用户协议约定,网络服务提供者对于网络系统、服务器和程序的安全性能不低于一般安全技术保障水平或服务合同约定的水平。在日常运营中,如果网络服务提供者已经采取防范计算机病毒和网络恶意攻击,对用户进行风险提示或者发现异常状况及时处置,其是否可以免于责任承担?用户存在过错是否要自行担责?是否尽到安全保障义务的举证责任如何分配?对于上述问题,在崔某某诉广州某计算机系统有限公司网络服务合同纠纷案中,法院明确了网络游戏运营商负有保障网络游戏运行安全的义务,同时,用户负有妥善保管账号密码的义务。网络运营商证明己方已尽到了合理安全保障义务,并在账号、装备被盗时及时采取有效措施,未侵害用户合法权益的,无须对游戏用户的虚拟财产损失承担民事责任。在俞某某诉广州某网络科技有限公司网络服务合同纠纷案中,法院认为,在网络虚拟财产被他人盗取的情况下,网络服务提供者因未履行网络安全保护义务从而违反附随义务的,应承担违约责任。与一般违约责任适用严格责任原则不同,违反合同附随义务应当适用过错责任原则,网络服务提供者应当在其未尽网络安全保护义务的范围内承担相应责任。同时,该责任的确定应当基于诚实信用原则,从行为时应有的技术和服务水平考量,符合社会的一般价值判断。换言之,要结合

运营商和用户在履约过程中的过错程度,衡量双方过错对损害后果的原因力大小,合理分配责任比例。

关于第三方交易平台的安全保障义务问题。为满足新游戏玩家快速投入游戏的需求,第三方游戏账号交易平台兴起。交易平台通常以格式条款免除自身安全保障及监管责任,而不法分子则通过游戏联系玩家,提出以高价收购账号,诱导玩家通过虚假第三方交易平台输入个人信息,并以交押金、充值后提现等方式骗取玩家个人财产,由此滋生出复杂的黑灰产业生态体系,引发交易安全、个人信息安全等各方面的风险。在"售后盗回"问题的司法治理上,法院在张某某诉广州某信息技术有限公司网络服务合同纠纷案中,认定平台的安全保障义务属于法定义务,是消费者对人身、财产安全获得保护的一项基本需求,具有强制性,无法通过格式条款免除。并且,基于电商平台经营者技术上的优势,应科以高于传统公共场所的注意义务,做到预防与救助并重,努力营造健康有序的产业发展环境。

二、明确账号类网络虚拟财产的权属认定

随着网络游戏、网络社交、电商、直播等新业态、新交易、新模式的发展,网络账号作为进入相关平台的凭证,逐渐成为数字时代人们生产生活中一类重要的网络虚拟财产。实践中,基于对虚拟财产利益的最大化利用或者规避网络实名制监管等需求,借用、转让、多频道网络(Multi-Channel Net work,MCN)机构与主播共同经营账号等情况很常见,相应的注册人、实际使用人、运营商、MCN机构之间常常会因"谁"真正享有账号权益而产生纠纷。由于目前网络虚拟财产的法律性质尚不明确,司法裁判大多根据当事人选择的请求权基础,把用户与运营商基于网络服务建立的合同关系作为审查重点,依据双方之间签订的注册协议、玩家守则、直播协议等,从合同法的角度调整各方的关系,审查认定权利归属和流转情况等。具体原则如下:

一是尊重平台治理规则,根据用户协议界定权属。不同平台针对账号的归属所制定的管理规则呈现差异化。部分平台的服务协议明确约定账号的所有权归属平台,用户仅享有账号使用权,而部分平台未作出限制。在判断账号归属时,首先要厘清平台的账号管理制度。在某文化传媒有限公司诉陈某某、北京某科技有限公司网络侵权责任纠纷案中,法院认为,《用户服务协议》未约定

用户对账号享有所有权,MCN 机构主张其对账号的运营投入与收益有约定,进而获得账号所有权,缺乏依据。尽管基于账号内已有的流量,MCN 机构可以较低成本快速培育新的艺人,从而获取收益,但账号与平台难以明确分割,脱离平台,账号对 MCN 机构而言没有使用价值,虽然 MCN 机构实质上对案涉账号享有的是财产权益,但不能因为享有财产权益而要求与平台共享账号所有权。在王某甲诉广州某信息科技有限公司、王某乙网络侵权责任纠纷案中,法院同样基于对平台用户协议的审查,认为王某甲未经平台允许,转让或者出让账号,构成违约,平台终止向其提供服务并根据账号的实际使用情况变更实名认证信息不具有违法性,不构成侵权。

二是遵循意思自治原则,根据合同约定界定权属。互联网上订立的格式合同具有主体不特定、意思表示电子化等特点。对于平台来说,用户通过勾选同意用户协议、服务协议,即与其建立了合同关系。如果在合同履行过程中,原始注册人将账号转让而未告知,平台很难从海量用户群体中及时甄别到服务对象已经变更,其真实意思表示依然是与原始注册人建立合同关系。因此,在注册人与平台的合同存续期间,注册人作为用户协议的相对方,始终享有账号的使用权。但如果有些平台允许用户在向平台备案申请后转让使用权的,也应尊重当事人之间的意思自治,但需要注意转让应符合一定条件。在某文化传媒有限公司诉陈某某、北京某科技有限公司网络侵权责任纠纷案中,法院认为,转让使用权需要 MCN 机构与主播之间存在转让使用权的明确约定,且必须符合网络实名制和《互联网用户公众账号信息服务管理规定》的要求,遵循平台关于账号转让的相关规则,依照平台规则履行相应手续。

三是遵循行业发展规律,尊重劳动者劳动创造获得的网络虚拟财产。网络虚拟财产的稀缺性、价值性,决定着用户希望其可以像其他财产一样,通过交易、赠与、租借、继承等方式流转,这也是造成账号类虚拟财产注册信息与实际使用人不一致的主要原因。用户基于私权利处分了虚拟财产,平台基于实名制的管理机制对财产采取管理措施,导致私处分行为无法实现,进而产生"公""私"冲突。从目前的司法实践来看,MCN 机构与主播之间关于账号归属约定不清以及出借账号导致"名""实"不符的现象较为普遍。处理此类纠纷时,既要尊重 MCN 机构与主播的约定,鼓励直播行业新业态发展,又要考虑将相关虚拟财产权益分配给真正的创造者,以契合公平原则的实质要求以及劳有所得的价值导向。

三、探索数据权利保护规则

随着信息技术的快速发展,互联网企业运用算法不当抓取、使用数据的案件日渐增多。部分网络平台利用“偏好算法”从事窃听、“杀熟”、泄露个人信息等违法行为,或游走在法律边缘,获取不正当利益,对网络空间、社会风气、市场秩序带来恶劣影响。不当使用数据案件既可能出现在侵害商标权等知识产权纠纷与不正当竞争纠纷中,也可能涉嫌侵害企业或自然人的名誉权、个人信息权益。相应地,互联网企业运用算法不当抓取、使用数据的案件日渐增多。无论技术手段如何先进,算法仍是运用者处理数据的工具,是运用者意志得以实现的辅助手段。算法输出的结果,归根结底是运用者意志的体现,算法错误造成的损害,最终亦应由算法的运用者承担。因此,网络服务提供者以算法技术主动向用户推送内容链接或发布内容信息的,应就其主动推送或发布的信息承担注意义务。注意义务标准的提高,并非无端加重网络服务提供者的负担,而是“能力越强,涉入越深、利益越大、责任越重”的必然要求。相应地,司法规制亦有几个层面的难题需要解决:一是“技术中立”是否使得算法不具有可规制性;二是算法运用者的法律主体地位如何确定;三是如何对由算法抓取数据引发的纠纷进行有效的司法审查。在梁某、广东某实业有限公司诉某科技有限公司网络侵权责任纠纷案中,法院从以下几个方面回应了上述问题:征信类平台等运用算法进行数据处理,应对算法运行造成的错误结果承担相应责任。以“技术中立”为由免责,不符合民法诚信原则和公平原则。平台还对源于裁判文书网等公开数据进行抓取,通过算法技术对数据进行加工、整合,并向平台用户提供其加工、整合后的信用报告,对梁某某的个人信息存在处理行为。在此过程中,违反个人信息的准确性、完整性要求,则构成侵害自然人的个人信息权益。至于在判断算法运用者对运用行为是否尽到合理注意义务方面,应结合平台的法律主体地位、算法错误的明显程度、数据所涉权益的重要程度、平台规模、平台营利模式及获利情况等动态因素综合考量,确保在个案裁判中实现对数据主体、数据处理者及社会公众三方主体利益的平衡保护。

一滴水,能折射太阳光辉;一件案,能彰显法治规则。本章选取的案例,直面网络虚拟财产、数据权益界定、人工智能技术等司法实践中最前沿的问题,高度提炼了最有价值的裁判规则。通过明确虚拟财产权属认定的判断标准，强化互联网平台虚拟财产保障义务，规范数据权益纠纷中企业的实质审查义务，生动阐释了促进数字权益市场多元、动态、衡平发展的司法保护进路。司法工作紧跟数字时代的步伐。随着司法裁判深入数字经济新领域、全场景，这些典型案例所凝聚的司法智慧将充分发挥划定网络行为底线与边界、重塑网络空间秩序、推动数字经济治理的积极作用，为服务保障数字经济高质量发展不断注入新动能。

类案典型

案例 1

网络游戏虚拟财产被盗后游戏运营商的责任界定

——崔某某诉广州某计算机系统有限公司网络服务合同纠纷案①

冯立斌　李　佳

裁判要旨

在立法尚未有关于虚拟财产保护具体规定的情况下，司法实践对于涉网游虚拟财产纠纷应遵循游戏用户与运营商之间的合同约定界定双方权利义务与责任。网络游戏运营商负有保障网络游戏运行安全的义务，用户负有妥善保管账号密码的义务。网络运营商证明己方已尽到了合理的安全保障义务，并在账号、装备被盗时采取了及时有效措施，未侵害用户合法权益的，无须对游戏用户的虚拟财产损失承担民事责任。

基本案情

崔某某在广州某计算机系统有限公司运营的一款网络游戏中注册了账号，

① 广州互联网法院民事判决书，(2019)粤0192民初271号。

绑定的手机号是134×××。盗号者使用账号和密码登录崔某某账号，并将旧“将军令”（一种动态密码保护器）升级替换为新“将军令”，同时将账号内装备出售、游戏币转移到其他游戏账号。在此过程中，崔某某曾正常进行游戏，广州某计算机系统有限公司也曾向手机134×××发送短信验证码。后广州某计算机系统有限公司协助崔某某找回被盗装备，但要求其支付价值2000多元的游戏币赎回装备。崔某某认为，该公司开发的游戏存在漏洞，遂起诉要求直接恢复被盗游戏装备。

| 裁判思路 |

一、网络游戏账号和装备的法律性质及权利保护

在网络游戏中，游戏账号是网络游戏用户进入游戏的身份凭证，且与账号中的游戏角色、虚拟装备等具有唯一的对应关系，游戏运营商通过比对游戏账号、密码，对网络游戏用户的身份进行确认，从而为其提供个性化的游戏服务。游戏装备是网络游戏用户在网络游戏过程中，其游戏虚拟人物所使用的物品，在游戏运行过程中表现为宝物、武器、工具等，实际是存储在计算机服务器中数据在网络游戏中的表现形式。网络游戏账号和装备均依附于虚拟、特定的网络游戏而存在，具有一定的使用价值和交换价值，属于虚拟财产的范畴。

存在于网络游戏的虚拟财产实际由游戏用户支配，账号、装备在用户与用户之间、用户与游戏运营商或其代理之间转让、交易的现象非常普遍，我国尚未出台相关的法律规范对虚拟财产的性质作出界定。《民法典》第127条规定：“法律对数据、网络虚拟财产的保护有规定的，依照其规定。”据此，虚拟财产被正式纳入法律保护范围，但该规定仅为引致规定，实际是将虚拟财产的保护引致于其他法律规定，并未作出具体规定。因此，在立法尚不明确的情况下，司法实践对于涉及网络游戏账号、装备纠纷的处理应遵循私法尊重意思自治的原则，根据用户与游戏运营商之间签订的网络游戏服务协议确定彼此的权利义务范围，基于合同法的规定调整双方的法律关系。

二、网络游戏服务协议的法律性质和法律效力

网络游戏服务协议设立了用户和运营商之间的民事权利义务关系，在法律性质上属于合同。综上所述，在立法未对网络游戏账号、装备的性质、归属作出具体规定情况下，崔某某与广州某计算机系统有限公司之间关于账号、装备被盗纠纷应基于双方签订的网络游戏服务协议形成的服务合同关系进行权利、义务和责任的界定。通常来说,网络游戏服务协议包含两类条款。一类为服务型条款,主要约定游戏运营商在向用户提供网络游戏服务过程中,两者作为平等主体相互之间的权利义务,如本案中崔某某的身份信息提供义务和广州某计算机系统有限公司对登录用户身份的审查权利。另一类为管理型条款,主要约定用户有遵守法律、法规和游戏秩序的义务,游戏运营商有管理并对违反上述义务用户采取必要措施的权利,如崔某某有报告账户异常、安全漏洞的义务,广州某计算机系统有限公司有调查账号、冻结账号和回收虚拟物品的权利。虽然此类协议多由游戏运营商预先拟定,且在订立合同时未与用户协商,属于典型的格式合同,但是用户在进入游戏时已经确认了运营商设置的条款,只要游戏服务协议不存在违反法律、法规强制性规定的情形,即应基于合同意思自治的原则,对协议效力予以认可。本案中,崔某某表示确认双方签订的服务协议、用户守则等系列网络服务的内容,应认定上述协议对其具有法律效力,即上述协议可以作为确定本案双方权利义务的依据。

三、网络游戏装备被盗情况下游戏运营商的责任界定和责任承担

鉴于用户与游戏运营商之间的基础法律关系为合同关系,因账号丢失、被盗现象引发的纠纷,用户首先可基于运营商负有的保障网络游戏环境安全的义务要求其承担违约责任。此外,根据《民法典》第1197条的规定,如果游戏运营商对于其他用户的侵权行为未采取必要措施,存在过错的,被侵权用户也可向运营商主张侵权责任。具体来说,游戏运营商可能因以下三种情形承担民事责任:一是因技术安全措施不到位导致用户虚拟财产丢失、被盗的;二是监测到用户账户异常但怠于通知,导致用户无法及时防损、止损的;三是用户履行账户异常报告义务后,怠于采取保护性措施,导致虚拟财产无法被追回或损失扩大的。司法实践中,用户通过违约之诉或侵权之诉向运营商主张权利,如果运营商实际并不存在上述违约、侵权情形,则无须承担相应的民事责任。

本案中,在案涉网络游戏运行中,广州某计算机系统有限公司采取了“账户+密码+将军令动态密码”的方式对游戏用户进行身份验证,采取了“账户+密码+绑定手机短信验证码”的方式进行密保管理,无论盗号者通过何种途径盗取崔某某的虚拟财产,均需要同时通过静态和动态验证。因此,可以认定广州某计算机系统有限公司已经采取了合理的技术安全措施,并未违反保障游戏运行环境安全的合同义务。此外，在崔某某账号、装备被盗过程中，广州某计算机系统有限公司及时通知崔某某其账号存在异常情况，并及时帮崔某某追回了涉案网络游戏道具，可以认定其已经采取了必要措施，不存在违反双方协议约定的违约行为或者侵害崔某某合法权益的侵权行为，故而无须承担相应赔偿损失的责任。因此，崔某某要求广州某计算机系统有限公司返还被盗的网络游戏道具，缺乏事实和法律依据，法院不予支持。

| 相关规定 |

《民法典》

第 127 条："法律对数据、网络虚拟财产的保护有规定的，依照其规定。"

第 1197 条："网络服务提供者知道或者应当知道网络用户利用其网络服务侵害他人民事权益，未采取必要措施的，与该网络用户承担连带责任。"

案例 2

网络虚拟财产被盗的事实认定与责任分配

——俞某某与广州某网络科技有限公司网络服务合同纠纷案[①]

曹 钰

| 裁判要旨 |

网络服务合同中，网络服务提供者和用户均应依法履行通知、协助、保密等附随义务，包括网络安全保护义务。对于用户主张违约责任的，应当根据案件的具体事实判断用户与网络服务提供者在此事件前后是否依法、依约履行了各自义务，以此判断双方是否存在过错，进而衡量双方过错对损害后果的原因力大小，合理分配责任比例。

① 广州互联网法院民事判决书，(2019)粤 0192 民初 70 号；广东省广州市中级人民法院民事判决书，(2019)粤 01 民终 24469 号。

| 基本案情 |

2017 年 4 月 6 日,俞某某的 YY 直播平台账号显示在异地被登录并被盗刷了价值 1180 元的红钻券。账户被盗后,俞某某立即联系运营 YY 直播平台的广州某网络科技有限公司的客服要求提供盗刷者的账户信息及采取相关冻结措施,广州某网络科技有限公司仅要求其向公安机关报案,未应允其要求,致红钻券被盗窃者使用。俞某某遂起诉要求该公司赔偿损失。

| 裁判思路 |

网络虚拟财产通常由网络用户通过使用货币兑换、在网络空间付出时间精力等方式获得,不仅在网络空间内具有特定的使用价值和交换价值,而且与有形财产之间存在一定的换算机制和交易途径,故其具有财产属性,《民法典》已对此予以认可,应当予以保护。

网络虚拟财产具有可通过技术手段异地盗取的特点,成为不法分子觊觎的对象,被盗事件时有发生。与银行卡被盗刷相比,网络虚拟财产的支取不受是否占有实体银行卡的限制,很多时候仅需知晓账号、密码即可,且通常可以由多人在短时间内甚至同一时间在多地使用,判断该财产是否被盗具有更高的难度。另外,在该类财产被盗后,用户主张网络服务提供者承担责任时,两者的责任如何合理分配,涉及用户与网络服务提供者的基本权利、义务范围划定。本案尝试对网络虚拟财产被盗的事实认定与责任分配规则进行探索。

一、网络虚拟财产被盗的事实认定

根据民事诉讼“谁主张,谁举证”的举证责任原则,用户主张其虚拟财产被盗的,对该事实的存在负有举证责任。不法分子通常利用盗号软件、数据库查询、钓鱼网站、木马程序,非法获取安全码、修改用户的账号数据等方式盗取网络账号、密码,进而转移虚拟财产。该过程具有隐蔽性和专业性,一般用户难以直接证明盗窃的过程和具体手段,更难以确定侵权行为人。

最高人民法院《关于适用〈中华人民共和国民事诉讼法〉的解释》第 108 条规定:“对负有举证证明责任的当事人提供的证据,人民法院经审查并结合相关事实,确信待证事实的存在具有高度可能性的,应当认定该事实存在。对一方当事人为反驳负有举证证明责任的当事人所主张事实而提供的证据,人民法院经审查并结合相关事实,认为待证事实真伪不明的,应当认定该事实不存在。法律对于待证事实所应达到的证明标准另有规定的,从其规定。”据此,用户主张网络虚拟财产被盗的,在其举证证明该事实具有高度可能性,而其他当事人未能举证证明该事实真伪不明时,应当认定该事实存在。

通常而言,网络虚拟财产被盗前后,用户往往会发现虚拟财产账户出现异常情况。例如,账号内的财产或具有财产属性的物品在短时间内转出,账号内财产较多且对单笔转出设置了数额限制的,通常呈现出短时间内的高频转出操作;用户无法使用其设定的密码或者原有方式登录账户,盗号者通过修改登录密码、更换绑定手机号码、更改密保措施、变更可信任的登录设备设置等方式排除真正用户的使用,这种情况主要发生在账号的价值无法剥离原账号而存在,盗号人需要排除用户的登录来实现其目的的情况;账号短时间内在多地登录,或者在非用户授权的设备上登录,或者用户被强制退出登录,这种情况主要出现在用户和盗号人同时登录账号的情况;恶意用户利用他人账户短时间内与众多账户建立联系,如短时间内发送大量好友申请,进而传播诸如色情、垃圾广告、网络钓鱼等恶意信息,这种情况在社交账号被盗时比较常见,不法分子借此达到某种不法目的。

发现账户异常情况后,用户通常会通过以下方式寻求救济:一是通过密保问题或手机验证码等方式取回账号,修改账号保护措施以增强登录安全性,包括修改密码、设置更多的登录或者支付限制等;二是向网络服务提供者反映情况,并要求冻结账户内虚拟财产、协助取回账户或者虚拟财产,或者要求网络服务提供者提供相关信息;三是向相关部门反映,如向公安机关报案或者通过网络违法犯罪举报网站等途径举报;四是告知亲友和账号内的联系人账号的异常情况,以寻求帮助、提高亲友和联系人的警惕性以免遭受损失等。

如果用户在诉讼中能够举证证明其虚拟财产账户发生了异常情况,且其采取了相应补救措施,一般而言可以认定其完成了举证责任。网络服务提供者等其他当事人主张虚拟财产被盗的事实不存在的,有义务举证证明。网络服务提供者通常掌握相关账户的登录信息、交易日志、虚拟财产流向等信息,有能力也有义务提供用户的登录、使用习惯和争议交易发生时的各方面数据,用以证明用户所称的被盗事实不存在。法官在审查证据的同时,应当结合相关事实,如该用户过往反映虚拟财产被盗的次数、用户采取的救济措施与虚拟财产被盗金额的相称程度、用户的知识和技能背景等，运用逻辑推理和日常生活经验，作出合法合理的判断。

本案中，俞某某提交了被盗刷虚拟财产的消费截图、账号被异地登录的短信、其向广州某网络科技有限公司客服反映情况的对话截图、其与微信好友的对话截图和公安机关的相关受案回执等证据，且上述证据在日期、内容等方面能够互相印证，能够反映其账户的异常情况和俞某某事后寻求救济的行为，俞某某所称的账号及虚拟财产被盗事实的存在具有高度可能性。广州某网络科技有限公司虽抗辩认为该事实不存在，但所举证据不足以使该事实真伪不明，故法院认定该事实存在。

二、网络服务提供者对网络虚拟财产的安全保护义务

网络虚拟财产的本质是数据，该数据大多存储于网络服务提供者管理的服务器。网络服务提供者是网络平台的经营者和平台数据的管理者，亦是平台规则的制定执行者，根据《网络安全法》第9条、第76条和《消费者权益保护法》第7条的规定，其应当履行网络安全保护义务，保障消费者财产安全。因此，网络服务提供者有义务排除网络平台的安全隐患，制止网络平台中的侵权行为。

用户注册、登录特定网站接受服务，用户与网络服务提供者之间成立网络服务合同关系。网络服务提供者在依约履行各项合同主要义务，向用户提供即时通信、网络媒体、互联网增值、互动娱乐、金融支付、广告等服务的同时，应当按照《民法典》第509条的规定，依法履行通知、协助、保密等附随义务。在用户使用上述服务的过程中，可能会产生网络虚拟财产，如各类有价值的网络账号、游戏道具以及各种虚拟货币等，这些财产对于网络服务合同的履行往往是不可或缺的。证明这些虚拟财产的状况和权属的数据由网络服务提供者管理、掌握，因此在网络服务合同中，对网络虚拟财产安全的保护义务是网络服务提供者附随义务中的应有之义。在网络虚拟财产被他人盗取的情况下，网络服务提供者因未履行网络安全保护义务而违反附随义务的，应承担违约责任。与一般违约责任适用严格责任原则不同，违反合同附随义务应当适用过错责任原则，网络服务提供者应当在其未尽网络安全保护义务的范围内承担相应责任。

以上“未尽网络安全保护义务的范围”应当基于诚实信用原则，从行为时应有的技术和服务水平考量,符合社会的一般价值判断。在日常运营中,网络服务提供者有义务采取防范计算机病毒和网络恶意攻击等扰乱平台正常运营秩序的技术措施,对用户进行风险提示,对平台运营中的异常状况及时发现和处置,在知道侵权行为发生后应采取必要的冻结账号、道具、限制交易等措施,同时有义务向用户提供相应帮助,如向密码被非法篡改的用户提供密码找回服务以防止损失扩大等。

三、用户对其网络虚拟财产的安全保护义务

在网络服务合同中,《民法典》第 509 条规定的通知、协助、保密等附随义务不仅是网络服务提供者的义务,同时亦是用户应当负有的义务,用户对网络虚拟财产同样负有安全保护义务。用户履行安全保护义务,一方面体现在对网络账号、密码和身份相关重要信息的妥善保管、保密,不将账号、密码和相关身份信息告知陌生人,不点击钓鱼网站、钓鱼邮件等,以免被他人非法获取账号和密码等;另一方面则体现于积极采取必要措施确保虚拟财产安全,包括密码不应过于简单、在网络服务提供者提供了更高等级的可选安全保障措施时积极采用等。如果用户未尽安全保护义务,相应的责任应由其自行承担。

四、用户与网络服务提供者未尽安全保护义务的责任分配

《民法典》第 592 条第 1 款规定:“当事人都违反合同的,应当各自承担相应的责任。”在虚拟财产被盗后,应当根据案件事实判断用户与网络服务提供者在此事件前后是否依法、依约履行了各自义务,以此判断双方是否存在过错,进而衡量双方过错对损害后果的原因力大小,合理分配责任比例。该比例并非固定,而应根据个案案情具体衡量。值得一提的是,在网络虚拟财产被盗事件中,实施盗窃行为者系直接侵权人,用户可以依法向直接侵权人追索相应损失,网络服务提供者向用户承担责任后亦可依法向直接侵权人追偿。

本案中,俞某某以网络服务合同纠纷提起诉讼,应当按照上述规定审理。案涉 YY 账号输入账号、密码即可登录,俞某某在上述虚拟财产被盗前,密码比较简单,且未选用广州某网络科技有限公司提供的更高等级的安全保障方案,其未能妥善地保管账号、密码并采取必要措施防止虚拟财产被盗,对受损结果应负主要责任;广州某网络科技有限公司在案涉行为发生时向用户提供的防盗措施,特别是默认状态下的防盗措施不够周密,且在俞某某向其通报财产被盗后,未能及时采取必要保全措施,亦未能提供或截取被盗财产流向等信息,造成损失难以被追回,在技术和服务上存在一定疏漏,对用户财产受损负有次要的责任。据此,法院酌情确定广州某网络科技有限公司对俞某某的损失承担40%的赔偿责任,其余60%的损失由俞某某自行承担。

| 相关规定 |

《民法典》

第509条第1款、第2款:"当事人应当按照约定全面履行自己的义务。

当事人应当遵循诚信原则,根据合同的性质、目的和交易习惯履行通知、协助、保密等义务。"

第592条第1款:"当事人都违反合同的,应当各自承担相应的责任。"

《消费者权益保护法》

第7条:"消费者在购买、使用商品和接受服务时享有人身、财产安全不受损害的权利。

消费者有权要求经营者提供的商品和服务,符合保障人身、财产安全的要求。"

最高人民法院《关于适用〈中华人民共和国民事诉讼法〉的解释》

第108条:"对负有举证证明责任的当事人提供的证据,人民法院经审查并结合相关事实,确信待证事实的存在具有高度可能性的,应当认定该事实存在。

对一方当事人为反驳负有举证证明责任的当事人所主张事实而提供的证据,人民法院经审查并结合相关事实,认为待证事实真伪不明的,应当认定该事实不存在。

法律对于待证事实所应达到的证明标准另有规定的,从其规定。"

案例 3

电子商务平台对虚拟财产交易的安全保障义务

——张某某诉广州某信息技术有限公司网络服务合同纠纷案①

朱晓瑾　冯立斌

｜ 裁判要旨 ｜

电子商务平台应当保障网络安全，采取技术措施和其他必要措施修复交易安全漏洞，保证虚拟财产交易安全；对于消费者反映的平台内交易安全问题，应采取及时、有效的措施防止损害的发生，并对消费者积极履行救助义务。否则，可以认定电子商务平台违反安全保障义务，应承担相应的民事责任。

｜ 基本案情 ｜

某日 17 时 6 分，张某某在广州某信息技术有限公司运营的某平台上从销售者 Tim147 处购买了一个游戏账号，实际支付 7272 元。17 时 6 分至 18 时 50 分，Tim147 假冒平台客服要求张某某提供手机号及验证码，在此期间，Tim147 账号的头像仍显示其为“卖家”，张某某未察觉异常并将相关信息提供给 Tim147。后张某某发觉上当，向平台寻求帮助。平台客服提示张某某重新登录平台，刷新验证码并帮其登记反馈处理。后张某某重新登录多次，但仍未避免损失。张某某认为，由于平台客服的误导以及平台安全漏洞、平台不作为等原因，让销售者成功骗取其账号，致使其“钱号两空”，遂起诉要求广州某信息技术有限公司赔偿 7272 元。

｜ 裁判思路 ｜

随着互联网功能的日新月异、蓬勃发展，互联网平台已经成为获取信息与商业、社交、娱乐、参与公共事务的重要途径。电子商务平台（以下简称电商平台）发展势头尤为迅猛，从有体物到虚拟财产的交易，均可以通过平台进行。电

① 广州互联网法院民事判决书，(2020)粤 0192 民初 28060 号。

商平台带给人们高效、便捷的购物、娱乐等体验的同时,也存在安全隐患,如钓鱼网站、计算机病毒引发的盗用身份、信息泄露等损害网络用户利益的案例屡见不鲜。电商平台对网络用户人身、财产安全是否承担保障义务以及应尽到何种程度的保障义务是目前司法实践中的重要课题。本案将安全保障义务引入虚拟财产交易中,通过赋予电商平台法定的义务来实现对网络乱象的治理。

一、追根溯源:安全保障义务核心在于危险防范

电商平台系指在电子商务中为交易双方或者多方提供网络经营场所、交易撮合、信息发布等服务,供交易双方或者多方独立开展交易活动的平台。电商平台具有开放性,也属于面对不特定消费者的公共场所,网络交易媒介的复杂性还加大了消费者的交易风险,如在平台交易时,用户需要注册、使用平台的账户,若作为交易介质的网络存在漏洞,一旦遭受攻击,海量个人信息泄露,极大侵犯用户的个人隐私,并时刻威胁着消费者的人身和财产安全。同时,还存在技术风险、维权风险等问题,因此,从侵权责任角度可以说平台开启了某些特定的危险。安全保障义务的核心在于危险防范,具有公共属性的电商平台,应视为线下实体公共场所的延伸,同样应赋予其安全保障义务。

本案所涉及的某平台系典型的电商平台经营者,该平台面向广大消费者开放,利用信息网络进行网络游戏虚拟财产交易,在为玩家提供交易机会的同时也开启了虚拟财产交易的风险,同时其有能力避免或者减少危险造成的损失,故可以作为负担安全保障义务的民事主体。

二、现实思考:虚拟财产的人身依附性及平台优势

电商平台承担安全保障义务的法理基础在于其开启了风险,并可以控制危险的发生,而具体到本案中提供网络游戏虚拟财产交易的电商平台,这种义务的落实由于虚拟财产的人身依附性显得更为必要和迫切,而平台占据技术优势,适用该制度也具有天然优越性。

(一)网络游戏虚拟财产交易的人身依附性

随着网络游戏的盛行,各类游戏账号、道具等虚拟财产也成了明码标价的商品。与有体物交易相比,通过电商平台交易的虚拟财产主要依附于买卖双方的手机号码、身份证号等解绑、换绑,具有强烈人身依附性。由于平台虚拟财产的交易属于非现货交易且收货检验需要换绑身份信息,而换绑则意味着交易完成,故如无正规交易平台的介入,则会引发交易乱象,如存在交易的真实性难以保证、交易后玩家无法登录、游戏账号被找回、游戏装备未实际转移等风险。

根据本案某平台的交易说明，游戏账号交易中，在等待发货环节由平台客服介入，客服会进行验号，截图给买家询问是否继续购买，由客服进行改密、换绑。但是，平台的介入仍无法避免账号被找回的风险，卖家仍然可以通过原注册游戏账号的网站提交身份信息、手机号码等手续，成功找回卖掉的游戏账号。

（二）平台承担安全保障义务的天然优越性

首先，从技术角度来讲，作为提供交易撮合及信息技术服务电商平台，制定交易规则，提供交易信息，掌握着交易技术。平台具有维护交易安全的强大技术能力，其可以通过在中央服务器及用户端的程序中设定特定的保护程序，如防漏洞、查杀木马等程序保护虚拟财产不被恶意盗取，也可以通过程序设置向交易方发出各种安全提醒，以保障交易的正常进行。同时，发生第三人侵权时，有能力采取冻结交易、强制用户下线等方式及时制止损害的发生。因此，由平台来维护虚拟财产交易的安全，无可厚非。

其次，根据收益与风险一致原理的要求，在网络交易中，电商平台往往能够从交易中获利，或者是收取商家入驻商务平台的入驻费用，或者是收取买卖交易双方一定比例的服务费用，如本案中的某平台收取销售方 8% 的服务费。因此，根据利益平衡的原理，平台从危险中获利亦负有减少危险产生的正当性。

三、违反安全保障的责任认定：契约义务与法定义务的辨析

电商平台的安全保障义务到底是何种性质的义务？目前，主要有以下两种观点：第一种观点认为属于契约型义务，强调基于合同关系使平台负有保障用户人身、财产安全的义务；第二种观点认为属于法定义务，强调该义务的目的在于防止平台不作为造成用户的人身、财产损失，违反该义务就要承担侵权责任。

我们认为，平台安全保障义务属于法定义务。安全保障义务作为一种防范危险的制度安排，是人们对人身、财产安全获得保护的一项基本需求，法定性正符合这一义务的本质要求。另外，法定性具有强制性，也能排除平台通过服务协议、规则等格式合同排除其主要义务，使平台无法逃避，更好地保护用户的交易安全。2018 年《电子商务法》颁布，其中第 30 条规定："电子商务平台经营者应当采取技术措施和其他必要措施保证其网络安全、稳定运行，防范网络违法犯罪活动，有效应对网络安全事件，保障电子商务交易安全。"第 38 条规定："电子商务平台经营者知道或者应当知道平台内经营者销售的商品或者提供的服务不符合保障人身、财产安全的要求,或者有其他侵害消费者合法权益行为,未采取必要措施的,依法与该平台内经营者承担连带责任。对关系消费者生命健康的商品或者服务,电子商务平台经营者对平台内经营者的资质资格未尽到审核义务,或者对消费者未尽到安全保障义务,造成消费者损害的,依法承担相应的责任。”据此,网络安全和交易安全保障义务正式上升为法定义务。

值得强调的是,将交易安全保障义务确定为法定义务,并不阻碍当事人适用合同法来主张权利。平台与用户之间就交易安全达成的约定,仍然有效。并且,随着侵权行为的合同责任化现象越来越多,法定义务更加频繁地渗透到合同中。在既有法律规定又有约定的情况下,若合同中的约定已经渗透或者高于法定,则适用约定,此时并不是否认该义务本身具有法定性。本案中,某平台在用户协议中就明确约定了“本网站有义务在现有技术上维护整个网上交易平台的正常运行,并努力提升和改进技术,使用户网上交易活动能够顺利进行”“用户在交易过程中可能产生用户名被盗或被骗的情况,为维护您的权益,本网站可以视情况采取要求重置用户密码及限制资金支付的操作”等具体的安全保障义务。张某某以网络服务合同纠纷诉请某平台对其损失承担违约责任,并无不当。因此,法院结合法定义务以及约定义务同时进行了审查。经审查,某平台明知账号存在可以在不同设备中同时登录的不可控风险,却未采取相关的技术措施填补这一风险漏洞,防范网络违法犯罪活动,有效应对网络安全事件,可以认定违反了法定的安全保障义务。此外,在张某某反映问题后,该平台也未能及时采取冻结交易、要求重置密码、限制资金支付等措施保障交易安全,可以认定违反了双方约定的安全保障义务。无论是法定义务还是约定义务,该平台均未能充分履行,应对张某某的交易损失承担法律责任。

四、延伸思考:电商平台安全保障义务的范围与内容

电商平台属于电子化的公共场所,其安全保障义务可抽象归纳为对电子商务交易安全的保障,即对其所能控制交易平台空间安全性负有保障义务。由于计算机技术的复杂性,以及涉及用户账号等虚拟财产,一般人员无法通过专业手段修补漏洞,追回被盗虚拟财产等,所以基于电商平台经营者技术上的优势,应科以其高于传统公共场所的注意义务,做到预防与救助并重。

(一)预防义务

电商平台的预防义务,体现在危险尚未发生时采取的预防性措施,包括硬件和软件两方面。从硬件方面来看,电商平台要保证其所提供的服务器及其他配套的硬件设备具有安全性,而且运营过程中对这些硬件设施进行不定期的维护与性能检测。从软件方面来看,电商平台经营者应当采取技术措施和其他必要措施保证其网络安全、稳定运行,主要措施包括保护网络安全、保护应用服务安全和保护系统安全三个方面,各方面都要综合考虑安全防护的物理安全、防火墙、信息安全、媒体安全等。

预防义务应贯穿于交易始终。电商平台在交易前应加强主体审核,区分自营与他营,对于他营业务,严格审核平台内销售者身份,同时落实用户实名注册信息。在交易中履行警示和通知义务,对于交易中出现的风险及时作出提示,如在平台用户间的对话过程中,出现验证码、转账等词汇时,可自动予以安全提示;对于用户账号的绑定、换绑、解绑等行为及时向用户发送安全验证码、短信提示等安全保障措施。交易结束后履行通知、协助等义务。值得强调的是,电商平台应制定并启动应急预案,对于可以预估到的风险制定相应的补救措施,做到防患于未然。

(二)救助义务

当用户的人身、财产安全遭遇第三人侵权的情况下,及时采取暂停相关服务、重置用户密码、限制资金支付等必要、有效的措施禁止虚拟财产的再流转,保障交易安全。事后有义务配合司法、公安等部门的调查取证工作,及时披露经营者主体身份信息,提供完整、可用的交易电子数据,同时应确保数据完整并保存 3 年,以救助遭到损失的用户。

| 相关规定 |

《电子商务法》

第 30 条第 1 款:“电子商务平台经营者应当采取技术措施和其他必要措施保证其网络安全、稳定运行,防范网络违法犯罪活动,有效应对网络安全事件,保障电子商务交易安全。”

第 38 条第 1 款:“电子商务平台经营者知道或者应当知道平台内经营者销售的商品或者提供的服务不符合保障人身、财产安全的要求,或者有其他侵害消费者合法权益行为,未采取必要措施的,依法与该平台内经营者承担连带责任。”

案例 4

“借名”直播中实际使用人劳动创造所取得的虚拟财产应予保护

——王某甲诉广州某信息科技有限公司、王某乙网络侵权责任纠纷案[①]

冯立斌　李　佳

| 裁判要旨 |

对于账号类虚拟财产的保护,应当兼顾账号本身以及账号上添附的财产利益。注册人违约出借账号,平台终止向其提供服务并根据账号的实际使用情况,变更实名认证信息,该行为不具有违法性,不构成侵权。基于公平原则和效率原则的考量,账号实际使用人因个人劳动付出所享有的财产权益,应予保护。

| 基本案情 |

2016 年,王某甲在广州某信息科技有限公司运营的某直播平台实名注册了账号,注册后一直由王某乙使用,直播收入打入王某甲名下的银行账户,但银行卡由王某乙持有。账号运营后拥有 30.6 万粉丝并获得若干荣誉。2020 年 1 月,经王某乙向广州某信息科技有限公司申请,案涉账号的实名认证信息变更为王某乙。王某甲认为,广州某信息科技有限公司与王某乙恶意串通,侵犯其虚拟财产权益,遂诉至法院请求将案涉直播账号的实名认证人重新更改为王某甲。

| 裁判思路 |

一、账号类虚拟财产纠纷的裁判困境

（一）网络虚拟财产的法律性质不明

网络虚拟财产存在于虚拟空间中,表现形式主要为虚拟的电子数据,但其又具有现实价值,可以映射到现实社会中实质的财产价值。虚拟财产的双重

① 广州互联网法院民事判决书,(2020)粤 0192 民初 38173 号。

属性使其可以在虚拟与现实中双向兑换、转换，也使其法律性质较为复杂。对于网络虚拟财产的属性问题，存在物权说、债权说、知识产权说、新型财产权说等不同观点。基于上述争议，网络虚拟财产的法律性质问题始终未能形成较为一致的结论。唯一较为一致的是，各种学说基本上都认同虚拟财产是一种能够用现有的标准度量其价值的数字化的新型财产，属于财产权保护的范畴。

（二）网络虚拟财产的权益归属不清

用户协议通常是虚拟财产运行、存储以及权力变动的依据，其履行情况会对虚拟财产权益关系产生直接影响。实践中，一般会将用户协议作为界定各方权利义务关系的重要依据。大多数平台会在用户协议中约定平台享有账号所有权，用户仅享有用权。所谓“所有权”，已然把虚拟财产作为了物权。但是，虚拟财产虽然依赖于平台的技术服务而存在，用户依然可以按照自己的意愿行使对虚拟财产的支配权，平台并不是完全享有“所有的”权利。与此同时，用户也会认为账号上的虚拟财产凝结着用户的劳动成果，将账号完全归平台损害了用户的利益，该条款本身就属于无效的格式条款。在当前未有法律明确规定账号类虚拟财产属于物权，用户协议关于权属的约定亦不被认可的情况下，网络虚拟财产的权属问题常常引发争议。

（三）账号类网络虚拟财产的“名”“实”不符

2015 年，我国开始对互联网用户采取“后台实名，前台自愿”的实名制管理机制。用户在获取账号前都必须进行实名注册，网络实名制可有效维护网络安全，但同时也为账号类虚拟财产的权属认定带来困难。各大互联网平台通常会在用户协议中禁止或者限制用户对账号进行流转。然而，网络虚拟财产的稀缺性、价值性，决定着用户希望网络账号可以像其他财产一样，通过交易、赠与、租借、继承等方式予以流转。实践中，一些用户也会出于对个人财产处分的需求，转让或者出借账号，使账号的实名注册信息与实际使用人不一致。本案即直播账号的注册人王某甲与实际使用人王某乙“名”“实”不符，导致被平台终止服务并变更实名注册信息，进而引发的侵权责任纠纷。

二、“名不符实”情形下账号类虚拟财产的权属认定

网络账号属于网络虚拟财产，同时账号经过用户的个性化使用、经营，产生了存储于网络服务器之上新的、具备财产属性的信息。因此，账号类的虚拟财产权益实际上包含两层内容：一是“账号”本身，二是附着于账号之上的其他虚拟财产权益。但是，账号与附属其上的虚拟财产本身不可分离，对于账号的处理必然涉及由其衍生的、新的财产权益。在本案“名不符实”情形下，我们暂时搁置了对网络虚拟财产法律属性进行定性的惯性思维，回归到法律保护虚拟财产的立法目的与所追求的社会效果，基于账号类虚拟财产的上述特点，结合合同订立和履行的情况，并参考一些基本的价值判断予以综合分析认定。

(一)从“赋权”思维路径走向“功能”思维路径

在缺乏专门的法律规范情况下，涉账号类虚拟财产纠纷的处理有赖于裁判者厘清案件中的基本法律关系，给出法律上的合理解释，并稳妥进行保护。一种较为行之有效的裁判思路是，以功能为导向进行法律解释和适用。《民法典》第 127 条保护虚拟财产的目的在于虚拟财产属于一种财产权益，应当在权利或利益受到侵害时满足最低限度的救济需求。那么，司法裁判中就需要考虑当事人寻求权利救济的基础是什么？如何保护才能发挥虚拟财产的最大效用？实际上，大多数纠纷都是对虚拟财产的使用权益产生争议，当事人比较关心谁能够支配、使用账号，谁享有相应的财产权益。据此，法院一般会立足于当事人的请求权基础，区分不同的应用场景，在现有法律法规、行政规章等框架之下作出裁判。本案中，王某甲以广州某信息科技有限公司变更实名认证人的行为构成侵权为由提起诉讼，因此法院将审查的重点回归到《民法典》关于侵权责任的规定，也即广州某信息科技有限公司的行为是否具有违法性、是否存在损害后果、是否具有因果关系、是否具有主观过错。此外，广州某信息科技有限公司认为王某甲违规出借账号构成违约，终止了双方之间的服务合同。对此，国家网信办颁布的《互联网用户公众账号信息服务管理规定》第 11 条第 1、2 款规定：“公众账号信息服务平台应当依法依约禁止公众账号生产运营者违规转让公众账号。公众账号生产运营者向其他用户转让公众账号使用权的，应当向平台提出申请。平台应当依据前款规定对受让方用户进行认证核验，并公示主体变更信息。平台发现生产运营者未经审核擅自转让公众账号的，应当及时暂停或者终止提供服务。”在认定用户协议禁止账号出借的格式条款效力时，亦可以参考上述规定。

(二)审查要点：合同外观与合同实际履行情况

互联网订立的合同具有合同主体虚拟化、广泛化，意思表示电子化等特点。

对于平台来说,用户通过勾选同意用户协议、服务协议,即与其建立了合同关系。如果在合同履行过程中,原始注册人将账号转让、赠与他人而未告知平台,平台显然不会察觉到服务对象发生变更,其真实意思表示依然是与原始注册人建立合同关系。因此,在合同存续期间,无论实际使用人为何人,注册人作为用户协议的相对方,始终享有账号的使用权。但是,平台一般会出于安全性和身份识别的考虑,同时约定用户不得赠与、借用、租用、转让、售卖账号,或者以其他方式许可他人使用账号。如果用户未经平台允许,将账号转让或者出借给他人使用,则构成违约。违约责任的承担形式包括停止服务、封禁账号等。这就意味着,如果平台发现用户违约可以行使合同解除权,用户则失去了对账号的使用权。此外,还有一些平台允许用户向其备案申请后,许可他人使用账号,如果平台可以与让与人或实际使用人重新订立合同,则使用权自然归于该人。注册人、实际使用人和平台之间发生争议时亦可以循合同法确定相关权属。不过实践中,用户可能会主张平台上述限制账号转让的条款属于无效的格式条款,该问题应结合具体情况予以分析。如果平台出于维护账号安全、保护个人隐私等正当事由,禁止或者限制账号转让、出借,应当对平台的自治权予以尊重。如果平台允许用户通过自己指定的方式流转账号却禁止用户自由转让,则属于一边承认用户对账号具有处分的权利,一边又为了平台利益限制用户使用该项权利,属于利用优势地位把不公平条款强加于用户,此时该限制性条款可能会被认定为无效。本案中,王某甲以自己的身份信息进行了实名认证,从合同外观上看,该合同本身未违反法律法规的效力性强制性规定,应为合法有效,故在账号实名认证人为王某甲期间,王某甲享有使用权。王某乙认为其掌控账号密码并实际使用账号,应当享有使用权,缺乏依据。但是,在广州某信息科技有限公司发现王某甲违约出借账号,终止双方之间的服务协议,并基于与王某乙之间的合意重新订立合同、变更实名认证人后,王某乙合法地享有了账号的使用权。

三、账号类虚拟财产保护中的价值判断

在"名不符实"情境下,如果仅从合同订立的外观上看,账号本身的使用权确实属于原始注册人。但实际使用人通过个人劳动创造,增加了账号的虚拟财产价值,其是否也享有相应的财产权益?如何保护实际使用人的该项财产权益呢?对此,可以将一些基本的价值判断融入权属分配中,合理地对虚拟财产进行实质保护。

一是从公平原则出发认定各方对网络虚拟财产的形成作出的贡献。网络虚拟财产一个重要的特征是具有价值,民事主体为获得相应的价值付出了一定的劳动,因此,应在遵循诚实信用原则的前提下鼓励劳动、鼓励创造社会财富。在注册人与实际使用人产生纠纷时,可以通过比较各方在账号权益中所做的贡献予以认定。本案中,王某甲从未使用过案涉账号,而王某乙自账号注册开始直播,其在过程中付出了大量的劳动并通过各种方式增加了账号的价值。其中,最能反映账号价值的是"明星等级""主播荣誉""粉丝关注数量"等无形的数据价值,这亦是源自用户对王某乙个人或者其直播内容的肯定,具有一定的人身依附属性。此种情况下,将相关权益给予付出劳动较多的一方,符合公平原则的实质要求。反之,如果将权益给予并未付出很多劳动与精力的王某甲,让其取得一个拥有30多万粉丝以及一定荣誉的虚拟账号显然是不公平的。据此,虽然王某甲在合同存续期间拥有账号使用权,但是王某乙享有向其主张账号上添附的虚拟财产权益的权利。因此,广州某信息科技有限公司变更实名认证人时,一并将账号上附着的虚拟财产继受转让给了王某乙,不构成侵害王某甲的权益,毕竟该部分权益本身就是王某乙劳动创造取得的。

二是从效率原则出发,最大限度发挥网络虚拟财产的经济价值。根据波斯纳定理,真正的公平,需要以效率为出发点。在确认权属时,我们还需要考虑分配的结果能否达到提高交易效率、监管效率,增加社会财富的效果,使财产权益的归属更能彰显虚拟财产的经济价值。

四、账号类虚拟财产的多维保护路径

(一)规范平台自治权的行使

相较于普通用户,互联网平台往往具有较大的自治管理权限。虽然平台作为运营方,拥有制定、发布与执行服务协议和平台规则的权利,但是其不能利用优势地位通过格式合同过分限制用户处分虚拟财产。本案平台公司在系列用户协议中,设置了较多的管理性、宣示性条款,如平台可以不经通知对账号采取管理措施、变更实名认证信息等,这样很容易侵害用户的私有财产权。对此,平台应当规范管理规则,更加尊重用户的主体地位,尊重用户的付出和劳动创造。特别是在终止用户对账号的使用权限时,应当完善并履行必要的告知、申诉等程序,合理行使平台自治权,推动平台经济的健康、规范发展。

(二)完善网络实名制监管机制

从虚拟财产保护的角度来看,网络实名认证可以穿透注册人的真实身份,保障财产安全。但是在游戏类账号交易中,注册人利用原始身份信息重新掌握网络虚拟财产后再次出售,侵害他人财产权益的纠纷越来越多。平台应进一步完善实名制管理,如在涉及财产交易时,在许可范围内协助用户调取交易方的真实身份,促进纠纷妥善解决。平台也可以通过推广人脸识别技术、加强定期抽查核验等方式,提升实名制监管的精准性,真正做到"实名"又"实人",有效打击借用、冒用他人身份信息规避监管的行为,保障网络用户的合法财产权益。

(三)强化网络虚拟财产的司法保护

新的技术对传统事务及其存在、转移方式的解构是颠覆性的,且这个过程仍正在进行。对此,司法裁判应当尊重虚拟财产的发展规律,在审判中厘清财产权保护的基本逻辑,将用户与平台预设为"理性的经济人",平衡好各方的经济地位与利益关系。同时,虚拟财产的价值性决定着其能够增进社会财富,促进市场繁荣。从推动相关行业发展的角度出发,司法机关亦可以秉持谦抑审判的理念,营造竞争中性、开放包容的环境,保障数字经济蓬勃发展。此外,司法实践对于虚拟财产纠纷的回应有助于弥补成文法的不足。在相关法律规范出台之前,也可以通过发布典型案例、指导性案例等方式稳定社会预期,规范虚拟财产发展秩序。

| 相关规定 |

《民法典》

第127条:"法律对数据、网络虚拟财产的保护有规定的,依照其规定。"

案例5

MCN机构对签约主播实名注册账号不享有所有权

——某文化传媒有限公司诉陈某某、北京某科技有限公司网络侵权责任纠纷案①

袁玥 江蔼

| 裁判要旨 |

MCN机构与主播签约运营其本人注册的直播账号，可依约对账号享有财产利益，但不享有所有权。账号使用权转让应遵循网络实名制规定、网络平台用户协议、MCN机构与主播的运营协议。

| 基本案情 |

2019年3月，某文化传媒有限公司与陈某某订立《经纪合约》，约定合作运营由陈某某实名注册的抖音账号。2020年3月，双方解除合作合同关系，之后双方就抖音账号由谁控制使用问题产生争议。陈某某多次向抖音平台申请换绑账号所绑定的手机号码，某文化传媒有限公司则不同意换绑，抖音平台对账号采取冻结措施。某文化传媒有限公司遂以陈某某侵权为由提起诉讼，请求确认案涉抖音账号归其所有，要求陈某某停止侵害、赔偿损失等。

| 裁判思路 |

时下，"主播经济"发展如火如荼，伴随直播和网红的爆发式生长，网红主播与网络表演经纪机构（MCN机构）间的纠纷大大增加。纠纷主要涉及公众账号相关权益、维权路径、经济利益分配等问题。其中，公众账号相关纠纷较为典型。MCN机构作为与主播开展公众账号运营、内容供给等合作的第三方机构，通常与主播约定账号归属于MCN机构，但由于公众账号可能由主播个人身份实名注册，因此是否依照上述约定确定公众账号归属成为此类纠纷的焦点问题。

① 广州互联网法院民事判决书，（2020）粤0192民初39275号。

一、公众账号性质界定

根据《互联网用户公众账号信息服务管理规定》第 22 条第 1 款的规定，互联网用户公众账号，是指互联网用户在互联网站、应用程序等网络平台注册运营，面向社会公众生产发布文字、图片、音视频等信息内容的网络账号。

公众账号的存在依赖于抖音、快手、虎牙等网络平台及其提供的计算机技术，具有虚拟性特征。用户通过账号发布文字、音视频等信息内容，吸引互联网流量，据此获得经济利益。因此，公众账号具备一定的使用价值和交换价值，且可用货币进行衡量，符合财产的基本属性，属于网络虚拟财产，依法应予保护。根据《互联网用户公众账号信息服务管理规定》第 22 条第 3 款的规定，公众账号生产运营者包括自然人、法人或者非法人组织。其中，自然人注册运营的公众账号即具有明显的人身属性，主要体现在以下三个方面：一是从行业惯例上看，公众账号系由用户通过实名认证方式使用身份信息、手机号码等注册产生。根据国家监管要求，账号注册人须进行实名认证。二是从使用情况上看，尽管自然人注册运营的公众账号中的信息内容可能由机构或团队运营制作而成，但信息内容的发布一般由自然人完成，需要自然人以自身肖像、行为等呈现信息内容，账号粉丝、流量等财产性权益的产出与自然人付出的劳动息息相关。以本案涉及的直播账号为例，粉丝因主播的直播行为关注主播所在账号，与主播签约的经纪机构没有直接必然关系。三是从附带信息上看，公众账号可能附带自然人的姓名等个人信息，使得账号具备一定的人身属性。

二、公众账号权属认定

现实中，由于继承、离婚析产、解除合作关系等原因，存在变更公众账号主体的需求，变更主体的前提是确认公众账号的权属与使用。

（一）理论分歧

就网络虚拟财产权属问题，目前存在以下三种观点：观点一认为，应归于用户，即网络服务接受者所有。以韩国立法为例，理由是网络服务商仅仅为用户提供了存放虚拟财产的场所，但无权修改和删除虚拟财产。观点二认为，应当属于网络服务提供者所有，根据用户与网络服务提供者间的合同，用户仅有使用权益。观点三认为，应综合考虑网络虚拟财产是否与网络服务提供者明确可分、是否有独立使用价值、是否可导出等要素确定权属。如果网络虚拟财产与网络服务提供者明确可分、有独立的使用价值且可以通过导出或者转换的方式另行存储，则用户享有所有权;如果网络虚拟财产与平台难以明确分割、无法导入给用户或者即使导入给用户但没有使用价值,则网络虚拟财产归属于网络服务提供者。①

具体到公众账号权属问题,观点一忽视用户与网络服务提供者间的网络服务合同关系对虚拟财产的决定性作用,不符合现实情况。依照观点三,公众账号应归属于网络服务提供者,结论与观点二相同。相较而言,观点二较为妥当。理由如下:第一,公众账号基于用户与网络服务提供者间的网络服务合同产生,本质上系因网络服务提供者根据合同约定履行合同义务,抛开合同关系谈公众账号归属问题容易脱离现实情况。第二,以目前的行业惯例来看,多数网络服务提供者在与用户签订的用户服务协议中明确约定公众账号所有权归其所有,仅向用户转移使用权益。例如,虎牙用户服务协议第2.2条约定:"虎牙账号的性质是用户使用虎牙服务的凭证,虎牙账号的所有权属于虎牙,用户仅有账号的使用权。用户不得有偿或无偿转让虎牙账号,以免产生纠纷。用户应当自行承担由此产生的任何责任,同时虎牙保留追究上述行为人法律责任的权利"。②第三,现实中,用户对于虚拟财产的掌控力远低于网络服务提供者,网络服务提供者是否对虚拟财产进行修改并不一定为用户所知。如网络服务提供者终止提供服务,无法为用户继续保存虚拟财产,也必然涉及数据删除问题。

本案中,MCN机构起诉主张确认其享有账号所有权,而《"抖音"用户服务协议》未约定用户对账号享有所有权,MCN机构主张案涉账号归其所有,实为要求确认MCN机构有权以案涉账号"用户"身份使用抖音软件及接受网络服务,应当受前述《"抖音"用户服务协议》的约束。鉴于微播视界公司("抖音"应用程序开发者)已明确用户不享有账号所有权,故MCN机构主张案涉账号归其所有,与微播视界公司的真实意思相悖。

(二)实践争议

由于存在网络服务提供商(平台)、用户(主播)、网络表演经纪机构(MCN机构)三方主体,因此在按照合同约定划分账号权属时,不仅考虑平台与用户间

① 最高人民法院民法典贯彻实施工作领导小组主编:《中华人民共和国民法典总则编理解与适用》(上),人民法院出版社2021年版,第185页。

② 虎牙直播平台规则,https://hd.huya.com/huyaDIYzt/6811/pc/index.html#diySetTab=5,最后访问日期:2021年12月12日。

的用户服务协议,还需要考虑用户与 MCN 机构间的协议。在公众账号相关纠纷中,用户与 MCN 机构通常约定账号归 MCN 机构所有,但在平台已与用户约定账号所有权归属于平台的前提条件下,用户无权通过与 MCN 机构的约定将不属于自己的账号所有权让渡给 MCN 机构。

从案件审理情况看,MCN 机构会在诉讼中强调其对账号的运营投入与收益约定,以此主张获得账号的所有权。诚然,MCN 机构因对账号的运营、投入,享有分配收益的权利,也正是由于账号已积累了一定流量,如 MCN 机构能继续使用该账号,基于账号内已有的流量,MCN 机构可以较低成本快速培育新的艺人,从而获取收益。但账号与平台难以明确分割,脱离平台,账号对 MCN 机构而言没有使用价值,MCN 机构实质上对案涉账号享有的是财产权益,因此,不能因为享有财产权益而要求与平台共享账号所有权。

本案中,用户与 MCN 机构签订的《经纪合约》和《账号归属协议》未对账号所有权予以明确约定。《经纪合约》第 3. 3 条约定 MCN 机构享有主播微博、微信公众号等的线上使用权和线上经纪权,未约定享有所有权。《账号归属协议》第四条约定主播被解雇或离职的情况下,应将账号/密码相关资料变更并交接予 MCN 机构。该条约定实为保证主播被解雇或离职后,MCN 机构依然享有对账号的控制权,即能够继续使用账号,亦非对账号所有权的约定。况且,在抖音平台已明确用户不享有所有权的情况下,即便主播与 MCN 机构对账号所有权进行了明确约定,该约定对抖音平台也不发生法律效力,主播无法通过约定将账号所有权让渡给 MCN 机构。

三、公众账号使用问题

公众账号作为财产权的客体,原则上由相关民事主体自由处分,司法实践尊重民事主体意思自治,根据合同约定确定使用主体。但需要注意的是,MCN 机构不得仅凭与注册人约定当然取得使用权。由于行政监管和平台管理对于公众账号使用主体变更要求严格,因此,公众账号转让应确保转让的合规性,即公众账号使用和主体变更符合国家网络实名制监管要求,履行法律法规和平台规则规定的相关程序和手续。

质言之,公众账号转让应当具备以下条件:一是 MCN 机构与主播之间存在转让使用权的明确约定;二是符合国家实名制要求和《互联网用户公众账号信息服务管理规定》(以下简称《账号信息管理规定》)等规定;三是符合平台关于账号转让的相关规则,依照平台规则履行相应手续。

(一)尊重主播与MCN机构的合同约定

MCN机构在账号运营、内容扶持、专业培养、流量变现、商业策划和包装等方面具有专业的能力和资源,可为主播提供专业化培训和输出,帮助主播迅速吸引流量。合作期间,公众账号通常由MCN机构与主播共同使用,MCN机构工作人员登录账号进行公众账号日常运营、粉丝管理、内容供给等,主播登录账号负责出镜直播、与粉丝互动等。相较于尚未成为网红的主播而言,MCN机构拥有更加强势的地位,因此,在MCN机构与主播间的账号归属协议中,MCN机构通常要求主播在约定解除合作关系后将自身使用的账号交接给公司。一般情形下,鉴于自愿、平等原则,应以主播与MCN机构的合同约定为基础确定享有公众账号使用权益的主体,除非出现不合理限制或排除一方主要权利,加重一方责任等内容导致合同无效。

(二)符合网络实名制规定

网络实名制是国家关于互联网网络安全的基本制度,《网络安全法》《账号信息管理规定》等法律法规中明确规定了网络实名制。该制度设立的重大意义在于落实网络主体责任,打击违法犯罪行为,维护网络公共秩序,保障网络空间治理措施得以落地见效。例如,《互联网直播服务管理规定》第15条规定了主播黑名单制度,禁止纳入黑名单的直播服务使用者重新注册账号。如不要求账号实名,允许账号私下转让、出租,则黑名单内主播将轻而易举绕过限制,主播黑名单制度将被架空。

网络实名制要求账号注册人与使用人一致,公众账号生产运营者承担信息内容生产和公众账号运营管理主体责任,对使用行为负责。《账号信息管理规定》第11条第1款规定:"公众账号信息服务平台应当依法依约禁止公众账号生产运营者违规转让公众账号。"因此,如果认可MCN机构基于与主播的约定变更账号主体,将账号转由注册人以外的其他主播使用,将造成账号注册人和实际使用人的分离,出现权责不对等,即注册人无法控制账号,无法履行主体责任,进而面临不必要的风险。

《账号信息管理规定》第11条第2款规定:"公众账号生产运营者向其他用户转让公众账号使用权的,应当向平台提出申请。平台应当依据前款规定对受让方用户进行认证核验,并公示主体变更信息。平台发现生产运营者未经审核擅自转让公众账号的,应当及时暂停或者终止提供服务。”此款规定禁止未经平台审核擅自转让账号的行为,明确转让公众账号使用权必须实现账号与原注册人身份的脱离,应当由公众账号生产运营者向平台提出申请,并履行平台认证核验、公示变更等必要程序。据此,MCN 机构不得通过与主播约定使账号注册人和使用人分离,在未按程序办理账号实名变更的情况下,取得账号使用权益。本案中,双方仅约定主播负有交接账号(密码)的义务,未明确 MCN 机构基于账号使用所应承担的义务内容。主播作为案涉公众账号生产运营者,在公众账号完成转让前,仍应履行信息内容生产和公众账号运营管理主体责任,也就是说,主播仍应对案涉抖音账号 2020 年 3 月 16 日之后的内容生产和运营管理对外承担责任。正因双方未就账号转让后的义务承担问题进行约定,在案涉抖音账号脱离主播控制的情况下,如仅强调 MCN 机构合同权利的行使,而忽视其应当负担的义务,或加重主播的责任,将使双方之间的权利、义务、责任处于不平衡的状态,有违公平原则。因此,在案涉账号脱离主播后,账号注册人与实际使用人分离违反了网络实名制规定,此时,主播向抖音平台申请换绑手机号码的行为本身不具有违法性。

(三)遵循平台规则

由于用户对账号的使用权益来源于其与平台的用户服务协议,因此,平台对于用户使用权益的规定应当优先适用。换言之,主播与 MCN 机构约定让渡公众账号的使用权益应当符合平台规则,履行相应手续。具体到本案,MCN 机构虽与主播约定,主播应将账号(密码)相关资料变更并交接于 MCN 机构,但未确定交接的期限和方式,双方均未就账号转让向抖音平台提出申请,MCN 机构亦未要求主播提出申请,故账号尚未完成由主播转让给 MCN 机构的过程。

直播行业门槛低、受众广、限制少、赚钱快的特点吸引大量 MCN 机构涌入,MCN 机构与主播合作模式逐渐普及,纠纷也越来越多。从目前司法实践来看,MCN 机构与主播签订的经纪合同普遍存在违约金偏高、合同期限偏长、收益分配不均衡、账号归属约定不清等问题。内容生产是 MCN 机构的基础业态,拥有头部原创账号是 MCN 机构占领市场份额的关键因素,故账号归属成为主播与 MCN 机构争议焦点。处理 MCN 机构与主播公众账号类纠纷时,既要尊重 MCN 机构与主播的约定,鼓励直播行业新业态发展,依法保护相关民事主体合法权益,又要贯彻国家实名制要求,充分尊重平台自治。

| 相关规定 |

《民法典》

第127条:"法律对数据、网络虚拟财产的保护有规定的,依照其规定。"

案例6

算法运用者是算法错误结果的承责主体

——梁某、广东某实业有限公司诉某科技有限公司网络侵权责任纠纷案[①]

张春和　麦应华

| 裁判要旨 |

征信类平台等运用算法进行数据处理,应对算法运行造成的错误结果承担相应责任。以"技术中立"为由免责,不符合民法诚信原则和公平原则。判断算法运用者对运用行为是否尽到合理注意义务,应结合平台的法律主体地位、算法错误的明显程度、数据所涉权益的重要程度等动态因素综合考量,确保在个案裁判中实现对数据主体、数据处理者及社会公众三方主体利益的平衡保护。

| 基本案情 |

2021年3月,广东某实业有限公司、梁某发现在某科技有限公司运营的信息平台搜索"广东某实业有限公司",并在结果页面点击查看其法定代表人"梁某",搜索结果显示广东某实业有限公司、梁某名下被错误关联了无关信息。上述无关企业的司法案件信息、被执行人信息、终结本次执行案件信息、失信被执行人信息、限制消费令信息等也被错误关联至梁某名下。广东某实业有限公司、梁某认为某科技有限公司的上述行为侵害了其名誉权、个人信息权益,遂起诉要求该公司赔礼道歉、赔偿经济损失。

---

① 广州互联网法院民事判决书,(2021)粤0192民初14729号;广州市中级人民法院民事判决书,(2021)粤01民终29639号。

| 裁判思路 |

大数据与人工智能时代,算法因较人工处理方式更为高效、优越,已成为数据处理不可或缺的工具。可以说,平台之间的竞争在很大程度上是算法竞争。算法运用带来的不只有福祉和效益。随着算法运用的普及,涉算法侵权纠纷频发。该类纠纷通常表现为因算法模型漏洞、算法运行错误、算法歧视、算法自动化推荐不当等产生的侵权纠纷,所涉主体包括数据主体、数据处理者、社会公众等。本案纠纷即是由算法错误关联征信信息引发。本案中,广东某实业有限公司作为算法运用者,对案涉错误关联结果提出“技术中立”的抗辩意见,力图否认其责任主体地位。对此,本案裁判从算法的运用者意志性、运用者控制能力以及危险后果创设等角度,明确算法运用者应对算法运用造成的错误结果承担相应责任,对算法侵权纠纷中普遍存在的“技术中立”意见作出回应。在此基础上,针对算法黑箱、机器自动学习、算法专业性等带来的审查困境,确立“外观主义”的审查规则,实现对数据主体、数据处理者、社会公众三方利益的平衡保护。本案裁判对同类案件的处理具有树立规则的典型意义。

一、大数据时代的算法司法规制困境

民法上的损害赔偿以过错责任为一般归责原则,据此,根据“谁主张,谁举证”规则,权利受损的一方,如主张算法运用者承担损害赔偿责任,需要证明算法运用者主观上具有过错,算法错误造成其损害等。一方面,该证明对权利受损主体而言存在一定困难。另一方面,算法运用者普遍以“技术中立”为由要求免责,以机器自动学习否认主观过错。大数据时代的算法司法规制面临多重困难。

(一)算法运用者以“技术中立”为由要求免责

算法作为自动化工具的一种,最大的特征是去人为化。算法的输出目标一旦被设定,就会自动通过深度学习无限趋近。算法深度学习的结果,可能与设计之初大相径庭,其运行规则、运作方式,连设计者本身可能都难以理解。基于此,算法运用者往往以算法错误结果系由机器自动化决策造成进行抗辩,企图以“技术中立”否认其责任主体地位。

(二)算法运用者的主观过错难以认定

算法的原理和互动机制具有一定隐秘性,外界难以得知。从外观来看,社会公众只能看到算法的输出结果,无从得知其设计模型、机制机理等,在此情况下,主张权利受损的一方难以证明算法运用者主观上具有过错,司法对此也难

以审查。这就是算法黑箱带来的规制挑战。另外,即使算法运用者披露了算法模型、机制机理,司法审查也依然面临困难。首先,算法具有一定的复杂性和专业性,即使是业内人士,对同一套算法的评价也可能见仁见智。算法本身不断学习、不断变化,难以从算法模型、机制机理本身评判其优劣。其次,算法错误结果的形成因素具有多样性,算法的结果错误,可能源于算法模型本身的漏洞,算法部署和运行的错误,数据收集清洗的瑕疵以及机器深度学习的偏差等。仅就算法漏洞而言,就包括了输入漏洞、读取漏洞、加载漏洞等多种类型。据此,对算法模型、机制机理进行司法审查,成本高、效率低,缺乏可操作性。最后,某些算法运用者并没有恶意利用算法歧视、算法黑箱侵权的主观故意,其算法模型、机制机理本身不一定有明显问题,但仅此也并不意味着算法运用者对错误结果不存在主观过错。故此,对算法模型、机制机理进行审查,并不能有效解决主观过错的认定问题。

(三)算法错误造成的损害结果难以认定

民法侵权损害赔偿责任的承担需要以受害人遭受实际损害为要件。然而,算法错误造成的损害往往并非表现为金钱方面的损失,它更多的表现为个人信息不完整、不准确造成的人格权益损失,仅提供针对用户个人特征的选项造成的权益损失等。此类损失难以用金钱衡量。因此,主张权利受损的一方即使能够证明算法运用者主观上存在过错,也依然面临其他维权障碍。司法对算法的规制也面临多重难题。

二、确立算法运用者的责任主体地位——否定“技术中立”

法律规制的对象只能是人的行为。算法运用者有关“技术中立”的抗辩,实质是对算法受法律规制的否认。因此,涉算法侵权纠纷所要解决的第一个问题,就是算法的可规制性问题。算法运用者应对算法运用造成的错误结果承担相应责任,理由如下:

(一)算法输出结果是人类意志的体现

算法是人机交互的结果,是人类通过代码设置、数据运算与机器自动化判断进行决策的一套机制。就算法的单个输出结果来看,算法运用者主观上可能并不希望发生错误,但从算法运用的整体来看,算法输出的结果,归根结底是人类意志的体现。算法通过深度学习获得的“自我决策权”,是在人类设定的目标范围内所取得。算法错误造成的损害,最终亦应由算法运用者承担。如以“技术中立”否认算法运用者的责任主体地位,将陷入算法错误无人承责、算法损害无从主张的境地，不符合公平原则和诚信原则。

（二）算法运用者对算法具有控制能力

算法的设计、部署、运行到算法的调整、补漏，均是人为实施的结果，算法的自我学习能力亦是算法设计者所赋予。平台作为算法设计者，其对算法基于外部实时网络环境作出的反应并非完全不可预测。简言之，算法对不良数据的反应能力仍在算法设计者的控制范围内。再者，纵使算法基于自我学习发生运行偏差，算法运用者也完全有能力对算法的机制机理、模型、数据和应用结果等进行审核、评估、验证，并及时纠正。

（三）算法运用者对算法的运用创设了危险后果

从危险后果创设的角度，算法运用者对算法这一工具的利用包含了对该利用可能带来的结果的容许，正是算法运用者对算法这一技术的利用本身创设了危险发生的可能性，故而由其对算法运用产生的损害后果承责，具有合理性。由此，也可以迫使算法运用者通过增加投资、加强管理、优化机制等方式，提升算法安全性，减少算法错误率。

（四）符合经济学上的“风险—收益”理论

利益之所在，风险之所归。算法运用者因算法的运用结果而获益，便应对算法运用造成的错误结果承责。如前所述，算法个别的错误结果也许是运用者主观所否定的，但就算法运用存在的风险而言，仍在运用者的主观预测范围内。况且，对个别错误结果的承责，与算法运用带来的获利是相匹配的。对个别错误结果的承责，也不足以影响以算法运用为根基的大数据行业的整体发展。

三、审查算法运用者主观过错的“外观主义”规则

算法透明规则要求算法设计者或运用者公开和披露包括源代码在内的算法要素。《互联网信息服务算法推荐管理规定》也要求算法服务提供者披露算法模型、运行机制机理等，但该规则为行政监管规则，如前所述，在司法审查中，该规则并未能实际解决主观过错的认定问题。基于此，司法审查应将关注视角从技术本身转移到技术带来的权利、义务、责任关系变动，不拘泥于从算法本身审查主体过错，而是从外部动态要素综合考量算法运用者的主观过错，以此应对算法黑箱、算法复杂性专业性、机器自动学习等带来的审查干扰。进一步而言，认定算法运用者的主观过错，应结合平台的法律主体地位、算法错误的明显程度、数据所涉权益的重要程度、平台规模、平台营利模式及获利情况等动态因素，在个性化的场景中综合判断。

首先，平台的法律主体地位直接影响到平台所应承担的注意义务程度。具体而言，应判断平台系属于网络技术服务提供者还是网络内容服务提供者。如平台是网络技术服务提供者，仅是通过算法对用户发布的内容提供自动化推荐、排序等技术性服务，不对信息内容进行实际的管理与控制，则其仅在知道或者应当知道侵权行为存在或者接到被侵权人的通知后未采取有效措施时，承担相应法律责任；如平台是网络内容服务提供者，则其应对算法运行的错误结果直接负责，承担更高的注意义务。

其次，应结合算法错误的明显程度认定算法运用者的主观过错。算法错误越常规、越明显，与业务的基础架构、底层建筑、功能发挥越相关，算法运用者对该类错误应承担的注意义务就越高，未尽到相应注意义务，被认定为侵权的可能性就越大。相反，如错误结果是算法运行过程中出现的不能被合理预料的偏差，或是仅仅由于数据来源不准确、技术发展瓶颈等导致的非常规错误，则应尽量从保护大数据产业发展的角度对侵权与否作出认定。

再次，应结合数据所涉权益的重要程度认定算法运用者的主观过错。对数据进行分级分类管理，是《数据安全法》《个人信息保护法》的要义，也是平衡保护数据主体权益、社会公共利益，保障数据有效利用的必然要求。一方面，针对非敏感数据，在发生错误结果时原则上应当允许算法运用者通过事后救济的方式予以纠正。另一方面，针对敏感数据，如案涉负面信用信息等与数据主体权益关涉较大的数据，应当要求算法运用者秉持更加审慎、严谨的态度，采取更为有效的核查手段。对有效核查手段的判断，可结合算法运用者在事前、事中、事后的处理方式综合考量。如考察其在事前是否建立了健全的数据安全管理制度、是否进行了个人信息保护影响评估，在事中是否设置了技术过滤机制、是否引入人工辅助审查等交叉机制，在事后是否主动复核并及时纠正等。

最后，应结合平台规模、平台营利模式及获利情况综合认定算法运用者的主观过错。对提供重要互联网平台服务、用户数量巨大、业务类型复杂的算法运用者，因其提供平台服务的获利较大，社会影响力较大，控制力较强，其对数据管理所承担的“守门人”责任较高，其应承担的注意义务也相应较高。

四、算法责任的分配应考虑多方主体利益平衡

大数据时代，数据处理者往往不是具有生物情感意志的自然人个体，而是法人或非法人组织。数据处理活动往往发生在企业的商业活动或政府机关履行职责的公务活动中。

对数据处理者的过错判断,不能仅仅停留在道德非难层面。过错判断应侧重客观化,成为一种用于协调各种法律价值的技术手段。对于过错的认定应基于价值的考量、利益的权衡,从被告防范损害发生的成本与受害人损害的大小和发生概率的关系角度出发,确认被告有无过错,进而建立一种刺激经济上更有效率的行为机制。算法规制的最终目的是在尽可能不牺牲社会总体福祉的基础上,利用规则引导算法运用者、技术开发者自行消化算法不当结果导致的社会成本。

在考虑算法侵权责任的成立及责任承担具体方式时,应根据不同的场景,在个案中通过判断不同变量的强弱效果,作出最终的认定。一方面,要着重考虑数据主体的权益保护,充分救济其因遭受算法错误结果侵害带来的损失。另一方面,应使个案裁判发挥促进算法运用者优化算法模型机制机理、引导大数据产业良性健康发展的正面效应。同时,还应保障社会公众从算法运用、大数据产业发展中获得的福祉利益,保障其知情权及信赖利益。因此,对算法责任的最终审核,应在平衡数据主体、数据处理者、社会公众三方主体利益的基础上作出。

| 相关规定 |

《民法典》

第 998 条:“认定行为人承担侵害除生命权、身体权和健康权外的人格权的民事责任,应当考虑行为人和受害人的职业、影响范围、过错程度,以及行为的目的、方式、后果等因素。”

第 1000 条第 1 款:“行为人因侵害人格权承担消除影响、恢复名誉、赔礼道歉等民事责任的,应当与行为的具体方式和造成的影响范围相当。”

第 1034 条:“自然人的个人信息受法律保护。个人信息是以电子或者其他方式记录的能够单独或者与其他信息结合识别特定自然人的各种信息,包括自然人的姓名、出生日期、身份证件号码、生物识别信息、住址、电话号码、电子邮箱、健康信息、行踪信息等。个人信息中的私密信息,适用有关隐私权的规定;没有规定的,适用有关个人信息保护的规定。”

第 1036 条:“处理个人信息,有下列情形之一的,行为人不承担民事责任:(一)在该自然人或者其监护人同意的范围内合理实施的行为;(二)合理处理该自然人自行公开的或者其他已经合法公开的信息,但是该自然人明确拒绝或者处理该信息侵害其重大利益的除外;(三)为维护公共利益或者该自然人合法权益,合理实施的其他行为。”

第1037条："自然人可以依法向信息处理者查阅或者复制其个人信息；发现信息有错误的，有权提出异议并请求及时采取更正等必要措施。自然人发现信息处理者违反法律、行政法规的规定或者双方的约定处理其个人信息的，有权请求信息处理者及时删除。"

疑难指引

未阐明的规则：数据权益不正当竞争的实证检视、路径重塑与具案证成

吴博雅　张竤宇

随着数字经济的快速崛起，数据已成为新的关键生产要素和基础性、战略性资源，被誉为数字经济时代的"石油"。[①] 与此同时，以数据占有、使用和控制为目的的"数据大战"与日俱增，催生出一批新型不正当竞争纠纷。但司法实践中，数据权属边界认知模糊、不正当竞争认定泛化、个案裁判标准不一、司法规则续造现象普遍，存在过度干预市场竞争之嫌。是否应为数据创设专有权利？是否应扩张竞争法一般条款适用范围？是否应调整传统竞争行为正当性判断标准？是数据市场对司法理念及审判智慧提出的现实命题。对此，本文以互联网环境下企业数据竞争行为[②]的实证分析作为法律评价基础，从类型化的数据竞争中归纳司法裁判的一般要素，以期为塑造互联网产业内在有序竞争规则提供有效的路径参考。

---

① See *The world's Most Valuable Resource is no longer Oil, but Data*, The Economist, May 6, 2017.

② 本书所指数据竞争行为主要限于互联网企业间围绕数据收集、使用、获取、加工等环节开展的市场竞争活动。

一、案例群像:数据权益不正当竞争纠纷的表征分析

当前国内数据竞争规则仍在孕育,涉数据法律法规松散错落,数据竞争边界尚不明晰,由此引发的纠纷大多有赖于司法在个案中以不正当竞争纠纷视角予以调整。本文依托"案例群"归纳法,对60个数据权益不正当竞争纠纷进行统计分析和归纳梳理,[①]从中窥探该类型纠纷呈现出的特质及其之于《反不正当竞争法》的影响。

(一)曲线递增:案件数量持续增长

受数据红利驱动,自2015年起,竞争主体争相通过诉讼方式将数据背后涉及的利益诉求权利化,以巩固自身在"大数据革命"中的市场地位,涉数据权益不正当竞争纠纷数量整体呈逐年增长态势。其中,2019年、2020年增长集中,与我国大数据技术发展及数字经济规模趋势一致。[②] 此外,纠纷集中分布于北京、上海、广东、浙江等地区,与经济区域发展、科技及人才因素呈正相关关系,见图1-1。可以预见,未来数据不正当竞争纠纷数量仍将持续增长。

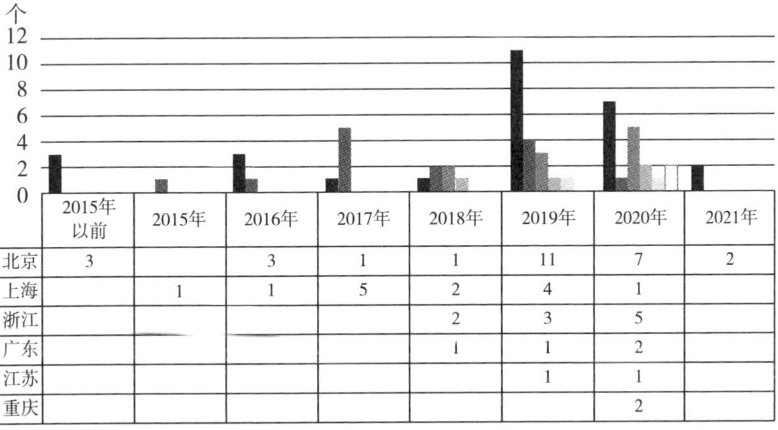

	2015年以前	2015年	2016年	2017年	2018年	2019年	2020年	2021年
■北京	3		3	1	1	11	7	2
■上海		1	1	5	2	4	1	
■浙江					2	3	5	
■广东					1	1	2	
■江苏						1	1	
□重庆							2	

图1-1 数据权益不正当竞争案件时间与地域分布情况

注:案例年份以裁判文书作出时间计算。

① 本文所涉案件检索时间截至2021年5月31日,检索对象为中国裁判文书网民事裁判文书(含一审、二审),检索方式为以"不正当竞争纠纷"为案由、以"数据""数据抓取""数据获取"等为关键词,累计获取397份裁判文书,经对本院查明及争议焦点部分是否涉及数据不当抓取、数据撞库、数据妨碍使用等问题进行人工排筛,并手动补充知名典型案例,最终累计采集60份有效裁判文书。

② 中国信息通信研究院:《中国数字经济发展白皮书(2021)》,2021年4月。

(二)多端延伸:数据竞争类型混杂

样本显示,纠纷集中发生于网络社交、影视点播、网上购物等生活 O2O 服务领域,占比达 68.3%,与该等类型企业对数据流量及其衍生利益的核心需求相契合。所涉数据类型主要包括用户发布数据、用户信息数据、经营衍生数据、企业经销数据 4 类,既有直接产生于用户的基础数据,也有经过二次加工挖掘形成的衍生数据,见表 1-1。竞争行为方式上,主要涉及数据不当获取、数据不当使用、数据妨碍使用及数据污染 4 类,且 4 类行为在具体案件中时有交叉,见表 1-2。可见,数据权益不正当竞争案件所涉领域、数据客体及竞争类型均趋于新颖化、混合化、复杂化,不断为数据治理提出新问题、新要求。

表 1-1 数据权益不正当竞争案件行业领域、数据类型、竞争类型分布

<table>
<tr><th>行业领域</th><th>例</th><th>数据类型</th><th>例</th><th>竞争类型</th><th>例</th></tr>
<tr><td>求职简历</td><td>4</td><td>用户发布数据</td><td>19</td><td>数据不当获取</td><td>29</td></tr>
<tr><td>社交软件</td><td>17</td><td rowspan="2">用户信息数据</td><td rowspan="2">6</td><td rowspan="3">数据污染</td><td rowspan="3">12</td></tr>
<tr><td>用户点评</td><td>4</td></tr>
<tr><td>办公软件</td><td>4</td><td rowspan="3">经营衍生数据</td><td rowspan="3">15</td></tr>
<tr><td>网上购物</td><td>10</td><td rowspan="3">数据妨碍使用</td><td rowspan="3">10</td></tr>
<tr><td>视频播放</td><td>14</td></tr>
<tr><td>交通出行</td><td>1</td><td rowspan="4">企业经销数据</td><td rowspan="4">20</td></tr>
<tr><td>搜索引擎</td><td>2</td><td rowspan="3">数据不当使用</td><td rowspan="3">9</td></tr>
<tr><td>电子阅读</td><td>3</td></tr>
<tr><td>在线支付</td><td>1</td></tr>
</table>

表 1-2 数据权益不正当竞争行为类型归纳

<table>
<tr><th>行为类型</th><th>行为方式</th><th>代表案例</th></tr>
<tr><td rowspan="2">数据不当获取</td><td>利用网络爬虫技术直接抓取其他竞争者数据资源、程序脚本</td><td>酷米客诉车来了案</td></tr>
<tr><td>通过撞库方式获取其他经营主体的网站用户账号、密码导出数据资源</td><td>女装网撞库案</td></tr>
<tr><td rowspan="2">数据不当使用</td><td>超出合理限度、约定范围使用其他竞争主体数据</td><td>大众点评诉百度地图案</td></tr>
<tr><td>不当使用政府机关依法采集、制定并开放公示的公共数据</td><td>蚂蚁金服诉企查查案</td></tr>
</table>

续表

行为类型	行为方式	代表案例
数据妨碍使用	利用技术手段妨碍其他主体合法获取数据,阻碍数据功能实现	字节跳动诉新浪微博案
数据污染	干扰、破坏其他主体数据真实反馈机制,造成其他主体合法获取的数据受到污染、存在瑕疵,影响后续开发利用	腾讯诉企鹅电竞刷量案

(三)趋于笼统:依赖原则性条款裁判

当前,《反不正当竞争法》第2条"一般条款"是数据权益不正当竞争纠纷的主要裁判依据,占比达65%。其中,笼统适用第2条的占比40.4%,单独适用第2条第1款的占比8.5%,与虚假宣传、商业诋毁等类型化条款叠加适用的占比34%。除一般条款外,2017年新《反不正当竞争法》修订实施后,第12条"互联网专条"逐渐引入适用,但仅占25%,且基本均援引第4款"其他妨碍、破坏其他经营者合法提供的网络产品或者服务正常运行的行为"的兜底条款,见图1-2。

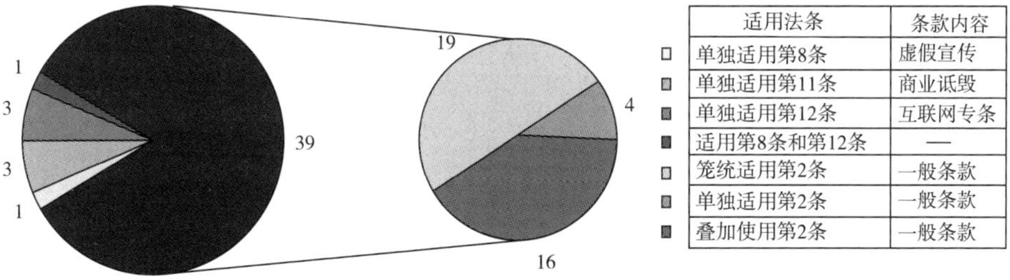

图1-2 数据权益不正当竞争案件法条适用情况

仅统计涉《反不正当竞争法》实体性法条适用情况,其他程序性法条未计入;相关条款对照2017年、2019年修改情况进行整合,以2019年《反不正当竞争法》条款为准。

(四)相对离散:竞争认定思路未定型

在竞争行为认定中,个案法官的具体考量因素不统一,且均案所涉及的认定要素达3~4个,而要素间的叠加组合形成了近30种裁判路径,如"竞争关系—未支付成本—行为道德判断"、"确定数据法益—行为手段判断—利益受有损害"或"竞争关系—肯定数据价值—未支出成本"等。但绝大部分认定要素均在于强调经营者利益保护,仅有26.4%的案件将消费者利益、社会公共利益考量在内,见表1-3。不同法官在个案中的规制理念和推理路径各有不同,释法和适法问题争议不断。

表1-3 数据权益不正当竞争行为审裁认定要素

审裁认定要素	提及次数	占样本案件比率/%
案涉数据有价值	12	20.00
原告享有数据权利	2	3.33
原告合法权益受损	29	48.33
双方存在竞争关系	21	35.00
被告获取非法利益	4	6.67
被告存在主观恶意	8	13.33
被告未支出成本	18	30.00
采用非法技术手段	23	38.33
行为不符合诚信原则、商业道德	21	35.00

（五）普遍胜诉：不正当竞争认定率偏高

据统计，数据权益不正当竞争纠纷平均审理时长超470天，可以窥见法官对该类案件的审裁似乎尤为谨慎。但从裁判结果上看，法官对新型竞争行为的判断又显得格外大胆且一致，认定案涉行为构成不正当竞争的比率达88.3%，较同期不正当竞争纠纷胜诉率高出47.6%、较同期涉互联网不正当竞争纠纷胜诉率高出13.4%。裁判中对竞争问题的论证多集中于行为"为什么是不正当的"，而不是优先考虑"为什么不是"，体现出一种积极干预的"家长式"思维。

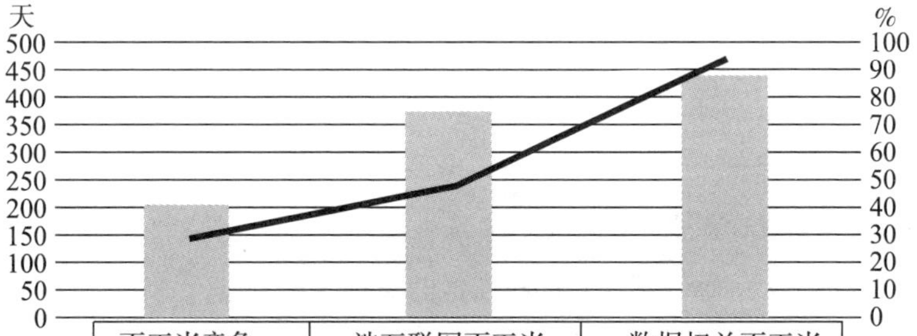

	不正当竞争纠纷	涉互联网不正当竞争纠纷	数据权益不正当竞争纠纷
原告胜诉率/%	40.7	74.9	88.3
平均审理时长/天	148	240	470

图1-3 不正当竞争纠纷案件原告胜诉率、平均审理时长对比

二、问题追溯:数据权益不正当竞争判定的现实困境

数据之争所引发的法律关切是新老问题叠加竞合的结果。就老问题而言,如何在《反不正当竞争法》的范畴内对所谓的不正当竞争作出准确的法律评价一直存在法理争议,[①]而互联网浪潮带来的数据权属、竞争关系认定等新问题,又加剧了司法裁判困境。可以说,目前的司法实践并没有为数据共享与专享、数据控制与使用等竞争边界给出一个清晰的答案。

(一)认知混沌:数据权属认定边界模糊

1. 数据法律性质不明。当前国内关于数据权益的规范散落于《民法典》《网络安全法》《数据安全法》《个人信息保护法》等法律法规中,且多为原则性、指引性条款,并未明确数据的法律定位和保护方式。在制度供给不足的情况下,司法类案裁判参差不一,竞争利益权利化趋势明显:个别法院以私法自治为基础,根据诉争双方的合同约定确定数据权利边界;[②]个别法院则遵循"劳动赋权"模式,直接将数据产品作为"劳动成果"保护;[③]个别法院则宽泛地以数据权益、商业模式受到侵害为论证起点,将经营者的竞争优势上升为权利加以保护。[④]

2. 数据归属主体不清。数据生成包含数据采集、归集存储、分析处理等多个环节,是个人、企业、组织等多元主体、多重归属的复杂映射,[⑤]见图1-4。由此,在理论与实务界产生了数据归个人所有、平台所有、个人与平台共用、社会公众共有等多种观点。如欧盟《一般数据保护条例》所确立的数据可携带权[⑥]被视为数据归个人所有的佐证;"新浪诉脉脉案"中法院提出的"用户授权+平台授权+用户授权"的"三重授权"模式,则体现了个人与平台共有的裁判倾向。无论将数据权利配置给哪一方均有质疑。

---

① 丁晓东:《互联网反不正当竞争的法理思考与制度重构——以合同性与财产性权益保护为中心》,载《法学杂志》2021年第2期。

② 北京知识产权法院民事判决书,(2016)京73民终588号。

③ 杭州铁路运输法院民事判决书,(2017)浙8601民初4034号。

④ 上海知识产权法院民事判决书,(2016)沪73民终242号。

⑤ 梅宏:《数据治理之论》,中国人民大学出版社2020年版,第65页。

⑥ 欧盟《一般数据保护条例》第20条规定:数据主体有权获取其提供给控制者的相关个人数据,且其数据格式应当是经过整理的、普遍使用的和机器可读的,数据主体有权从其供给的一方控制者那里无障碍地将此类数据传输给另一个控制者。

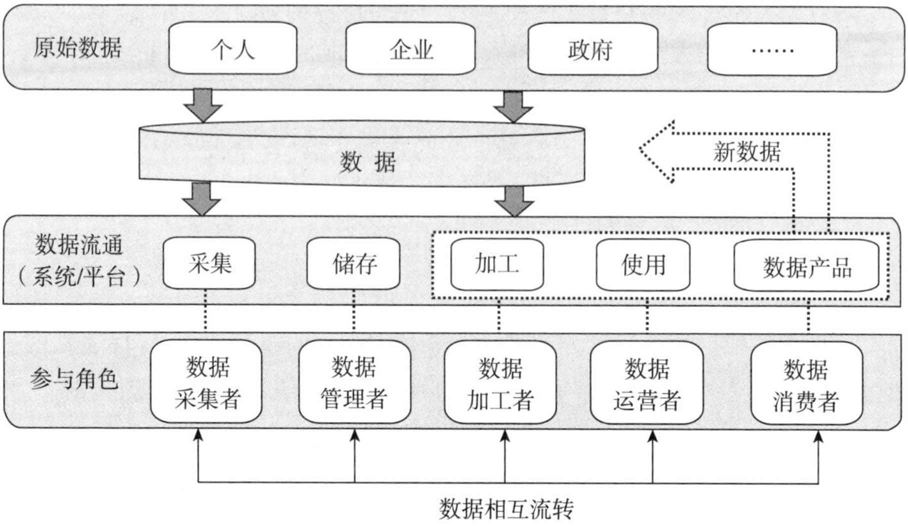

图1－4　数据生成、流转所涉环节及主体

3. 数据行为规则缺失。数据已然成为市场利益交换的复合型客体，但关于数据收集、使用、抓取等行为秩序仍缺乏基础共识：是否所有的数据抓取行为都先天地应被贴负面标签？是否所有的数据使用行为都需要经过数据控制者的许可？涉数据竞争行为会在哪些领域、在多大程度上影响竞争秩序、增进或削弱市场效率？司法一旦在个案中确立某些权利的优先性，将引发"蝴蝶效应"式的市场结构变更，使司法在市场和数据的不确定性面前显得犹豫不决。

（二）无序扩张：竞争关系认定标准异化

1. 竞争关系趋于泛化。在数字经济去中心化、去结构化的发展环境下，跨界竞争、多维竞争成为主流，市场主体竞争对象由"经营产品"转变为"连接红利"，[①]更加强调对用户群体及其数据资源的直接争夺和占有。这就导致无论市场主体是何种行业、处何种量级，都可能成为特定细分领域的竞争者，传统竞争关系的相对性被消解，也使相对保守的司法陷入了窘境：在缺乏足够经验和共识的前提下，贸然判定特定竞争模式的属性，反而会恶化市场竞争状况、挤占市场在资源配置中的作用空间。

2. 竞争关系界定错杂。为应对不断涌现的新型数据竞争行为，司法实践不

① 罗珉、李亮宇：《互联网时代的商业模式创新：价值创造视角》，载《中国工业经济》2015年第1期。

得不持续扩大竞争关系的认定阈值,但其解释方法莫衷一是,包括广义竞争关系说、潜在竞争关系说、损害竞争关系说等(见表1-4),甚至在同一案件的不同审理阶段,对同一主体间的竞争关系认定标准都无法统一。"一千个案件,就有一千个不同的竞争关系界定",不仅增加了法官释法、造法的随意性,也降低了司法的公信力,甚至为公权力干预和管制市场的"家长情结"提供寻租空间。

表1-4 数据权益不正当竞争裁判中对"竞争关系"的界定

主要观点	认定标准	典型案例	典型案例裁判文书中的论述
广义竞争关系	以商业利益此消彼长认定竞争关系	新浪微博诉鹰击系统案	虽然原被告经营领域不同,但被告行为会减损原告利用该部分数据而可能获得的经营利益,二者之间的经营利益显然存在"此消彼长"的关系,故认定双方构成竞争关系
潜在竞争关系	以争夺网络用户群体认定竞争关系	新浪微博诉饭友App案	对于竞争关系的判定不应仅限于同业之间的竞争关系。原告经营新浪微博向用户提供创作、分享和查询信息,被告经营饭友App系向明星粉丝提供服务的应用,二者的用户和经营范围高度重叠,故双方具有广义上的竞争关系
损害竞争关系	以不正当损害他人合法权益认定竞争关系	蚂蚁金服诉企查查案	即使经营者之间不存在直接的竞争关系,经营者也因破坏其他经营者的竞争优势与其产生了竞争关系……数据质量决定了被告与原告在竞争利益损害上的因果关系,因此在本案中原被告双方存在竞争关系

3. 竞争关系要件虚置。事实上,实践中对竞争关系的扩张解释已使其要件地位名存实亡:以不正当损害他人合法权益为标准,混同了竞争关系与损害结果,本质上是对同一竞争行为因果的循环论证;注意力经济模式下,一方优势的确立即意味着另一方劣势的产生,以网络用户群体争夺和"商业上的此消彼长"为认定标准,无疑等同于"全网竞争",为法官说理论证打开自由闸门。而在部分法官绞尽脑汁释明竞争关系时,已有超6成的法官选择淡化甚至直接否定竞争关系的要件地位。[①] 个案理念的矛盾与冲突不利于司法裁决的明确性,易导致法官恣意和"类案不同判"现象的发生。

(三)尺度缺失:竞争行为判断泛道德化

1. 一般条款适用随意。适用一般条款调整数字权益竞争行为,逐渐成为司

① 杭州铁路运输法院民事判决书,(2018)浙8601民初1020号。

法实务的共识与趋势,但存在被过度依赖甚至滥用的倾向,主要表现为:一是将一般条款与具体条款同时适用,以增加裁判的保险系数;二是适用一般条款调整部分本应由具体条款所规制的竞争行为。如在“酷米客诉车来了案”[①]中,法院认定被告采取技术手段破坏或妨碍他人正常运营活动,却仍适用一般条款而非互联网专条予以规制。这既揭示了裁判中对一般条款的具化随意、考量因素不一,也凸显了法官在数据权益竞争规制中缺乏应有自信与熟练,法律适用与思维软化。

2. 道德标准诠释泛化。《反不正当竞争法》第 2 条相当于立法者给予法官的空白令状,为法官对弹性的、演变的生活事实裁判提供一个许可范围。[②] 但其中关于商业道德、诚实信用等价值词具有天然的主观性、抽象性和不确定性,法官对其认知、判定和分析参差不一,常常会出现超出法律文本的个案解读。例如,部分案件直接套用“搭便车”“不劳而获”理论,简单地将其与违反商业道德及诚实信用原则画等号,而缺乏对行为本身的实质性考量;[③]部分案件则采取损害倒推规则,以行为“破坏其他经营者经营活动”反向推导出“违反诚实信用原则”结论;更有多数案件未对行为为何违反商业道德等进行说理,直接得出行为不正当评价。抽象原则的循环论证使判决充斥各种“道德大词”,市场主体难以探知数据竞争的合理边界。

3. 个案规则创设遭受质疑。为将一般条款涵摄到具体数据竞争行为,法官常常主动界定特定市场领域的行为规则,“非公益必要不干扰”“三重授权”“最小特权”等各类原则竞相出现,质疑和批判不绝于耳:将竞争行为预设为“干扰”行为与《反不正当竞争法》所倡导的市场竞争原则背道而驰,且何为“公益”、何为“干扰”同样无法明确界定;“三重授权”存在伪隐私保护之嫌,[④]对所有数据均设置流通“高标”将抑制技术创新与开发,甚至助长“赢者通吃”的数据垄断格局,等等。可见,一般条款的规则化虽然有利于向社会释放指向性信号,但在瞬息万变的数据竞争领域,恣意“创造”个案数据权益竞争规则的行为,反而加剧了利益分析失衡的混杂局面。

4. 竞争损害因果认定困难。在数据权益竞争纠纷中,原告主张的损害主要为流量损失、交易机会减少、广告收入减损、商誉遭损坏等非物质形态损失,难以

---

① 深圳市中级人民法院民事判决书,(2017)粤 03 民初 822 号。

② [英]尼尔·麦考密克:《法律推理与法律理论》,姜峰译,法律出版社 2005 年版,第 150、158 页。

③ 上海市浦东新区人民法院民事判决书,(2015)浦民三(知)初字第 528 号。

④ 许娟:《互联网疑难案件中数据权利保护的风险决策树模型》,载《南京社会科学》2019 年第 3 期。

依据某个孤立的“数据”或“数据库”评断竞争损害程度。由于网络生态的复杂性和易变性，原告是否确有损害、所受损害是否源于不正当竞争行为、损害结果受竞争行为影响多深等均无判定标准。而在裁判中，大部分法官均采用罗列方式对损害因素一笔带过，各因素之间的优先序列、对裁判结果的影响程度等不得而知。

三、逻辑纠偏：数据权益不正当竞争认定的路径探究

在互联网领域熊彼特式“创新性毁灭”的竞争模式下，司法裁判之于行业规则的意义，更多的在于以法律规范确认和保护某一领域内所应遵循的价值体系。为此，回归《反不正当竞争法》的立法定位，根据个案数据属性及竞争行为进行场景化认定，理顺司法判断范式及逻辑进路，将有助于降低法官对数据权益竞争的“知识成本”，从而推动数据竞争规制向精确化迈进。

（一）欲破先立：构建市场优先的不正当竞争规制理念

1. 回归竞争法谦抑属性。竞争首先是一个市场问题，自由和不受限制的竞争是优位的，[①]在变动不居的数据领域更是如此。因此，应首先破除当前裁判者管制市场的偏好和惯性，坚持竞争行为合法推定原则，不贸然限制或禁止新兴数据技术及其应用模式。尤其应对个案创设具体行为规则保持谨慎，着重考量“规则续造行为”是否会不当地加重行为人的竞争注意义务或不当地介入相关领域的具体竞争行为，以为合理的技术创新和正当的技术中立预留空间。

2. 严格一般条款介入必要。在数据使用、流转尚缺乏具体法律规定时，运用一般条款对数据权益不正当竞争行为加以规制，不失为一种可行的路径。但在适用时应做到“两个明确”：一是明确《反不正当竞争法》与其他部门法的调整边界，凡是特定法律规范已作出穷尽性保护的行为方式，原则上不再适用《反不正当竞争法》扩展保护。二是明确一般条款与具体类型化条款的适用顺位，即要求法官在法律适用中积极探寻、发现具体规范，仅在法律确无明文规定，竞争行为确有不正当性或可责性，不制止不足以维护市场公平竞争秩序时，方可适用一般条款予以规制。[②]

3. 关注市场多元动态平衡。社会相关公众已不再是竞争市场的场外人，而

① Anselm Kamperman Sanders, *Unfair competition Law: The Protection of Intellectual and Industrial Creativity*, Clarendon Press, 1997, p. 8.

② 参见最高人民法院在(2009)民申字第1065号“海带配额案”及最高人民法院《关于充分发挥知识产权审判职能作用推动社会主义文化大发展大繁荣和促进经济自主协调发展若干问题的意见》(法发〔2011〕18号)第24条中提出的《反不正当竞争法》第2条的适用要件。

是直接以参与和抗衡的角色介入数据竞争,成为评判市场主体间数据行为正当性的“参考法庭”。[①] 故在个案中,应摒弃“竞争者保护”逻辑,从消费者权益、社会整体利益与竞争者利益平衡的角度规范竞争秩序。这就要求裁判者提升数据市场意识,以发展的眼光审视数据市场需要什么样的竞争秩序,以在最大限度上实现相关利益的兼容。具体考量因素如表1-5所示。

表1-5　数据权益不正当竞争纠纷中的利益考量框架

利益主体	考量因素	代表例证
竞争者利益	基于数据市场自由竞争所享有的利益	数据获取、使用、转让的成本投入和实际收益
		数据使用者自由获取数据而产生的竞争优势
消费者利益	基于数据收集、使用、流通等自由决策不受扭曲所享有的利益	用户数据被遗忘权
		新型数据应用模式对用户体验的提升、消费选择的丰富
社会公众利益	基于不受扭曲的数据市场竞争秩序所享有的利益	公众当前及未来可自由获取数据的渠道和数量

(二)理性回应:具化分级分类分层的数据规制场景

1.不为数据创设专有权。《反不正当竞争法》的立足点在于通过行为规范以维护竞争秩序,而不是保护具体权利。[②] 超越现有法律保护体系,创设数据专有权既无理由也无必要:一是权利确实包含某种利益、资格、选择等内容,但不代表其内容要素反过来就一定都是权利。[③] 在对数据属性及发展前景缺乏足够认知和共识的前提下,赋予数据某种新型法定权利,尤其是排他性权利,可能引发权利“乌龙效应”,[④]甚至成为阻碍数据流通和技术创新“制度瓶颈”。[⑤] 二是若以数据专有权强化互联网企业既有的数据力量,将催生反竞争性的“数据垄断”或“数据封建主义”风险。因此,应更多地立足于竞争机制考量,纠正数据竞

① 吴太轩:《互联网新型不正当竞争行为法律规制的实证研究》,法律出版社2019年版,第59页。

② 孔祥俊:《反不正当竞争法新原理总论》,法律出版社2019年版,第45页。

③ 王方玉:《权利的内在伦理解析——基于新兴权利引发权利泛化现象的反思》,载《法商研究》2018年第4期。

④ 权利话语中的“乌龙效应”指在权利设置目标与实效、权利的分类与保障、国家与社会、权利与道德等方面造成冲突。参见陈林林:《反思中国法治进程中的权利泛化》,载《法学研究》2014年第1期。

⑤ 本庄智也、横澤誠、木下貴史(2013)「ビッグデータのオーナーシップに関する国際比較分析」、『情報処理学会研究報告』。

争审判中“保护即要赋权”的思维逻辑,[①]避免在个案中续造数据专有权。

2. 从数据类型具化规制路径。数据属性对具体场景具有高度依赖性,不同情境所体现出的数据要素、使用范围及价值位阶各有不同,见图1-5。因此,根据数据类型讨论具体数据权限和规制要点,有助于实现数据的“场景性公正”。[②] 分类、分层规制路径如下:(1)根据数据是否能单独或与其他信息结合识别特定自然人,区分个人信息数据与非个人信息数据;(2)根据是否采取技术保护措施及其保护程度,将非个人信息数据分为企业公开、非公开、半公开数据;(3)对于企业公开数据应允许数据自由开放流通,对于企业非公开数据可提供商业秘密保护,对于企业半公开数据应区分原始数据及衍生数据类型区别对待。同时,根据不同数据分类给予相应的数据流通、使用及规制要点。

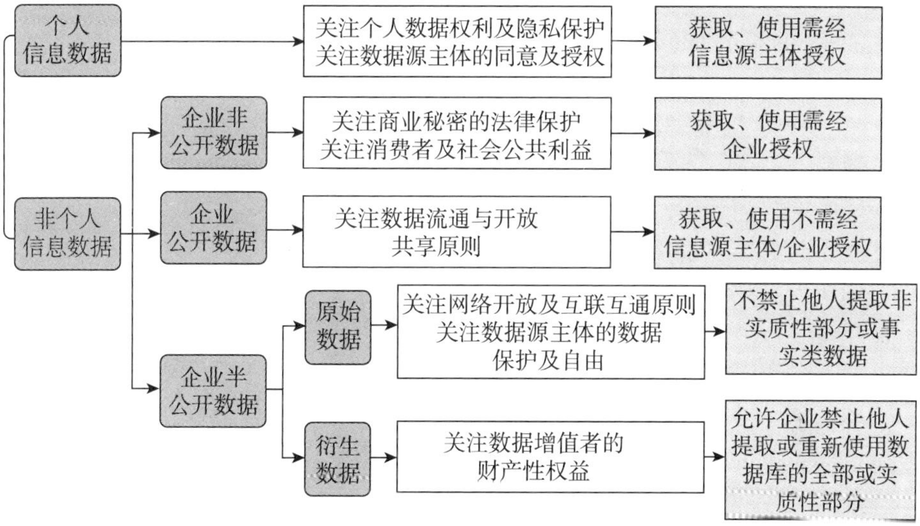

图1-5 数据类型、使用权限和规制要点分类、分层流程

(三)步骤提炼:厘定行为正当性判定的三级架构

1. 舍弃竞争关系要件地位。首先,我国《反不正当竞争法》第2条对不正当

① Chisholm, M., *What is data ownership*?, available at www.b-eye-network.com/view/15697, accessed on 6 June 2021. Helen Nissenbaum, *Privacy in Context: Technology, Policy, and the Integrity of Social Life*, Stanford University Press, 2009, p. 127.

② Helen Nissenbaum, *Privacy in Context: Technology, Policy, and the Integrity of Social Life*, Stanford University Press, 2009, p. 127.

竞争的立法定义并未预设竞争关系要件，国际上《巴黎公约》、英国《仿冒法》、美国《兰哈姆法》[①]、德国《反不正当竞争法》[②]等均未明文规定竞争关系标准，故放弃竞争关系的要求恰恰是立法本意的回归。其次，数据环境下竞争关系很大程度上已被竞争行为所吸收，实践中竞争关系要素的持续扩张，也在事实上将该要件推向虚置，再在司法裁判中花费大量时间、精力对该问题加以论证已无实质必要。

2. 以竞争行为细化正当竞争边界。不正当竞争行为认定的关键，在于判断行为方式本身。根据数据权益竞争的行为特征，划定不正当竞争与合理使用边界，可将商业道德标准转化为一个根据竞争效果展开的利益权衡框架，从而避免抽象道德的不确定性。数据权益不正当竞争行为判定见图1－6。

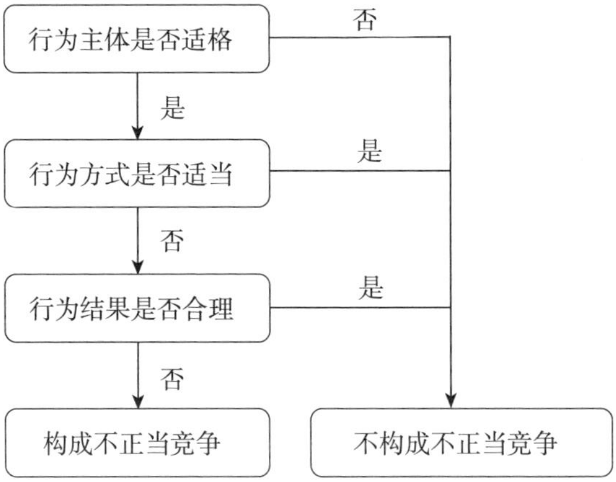

图1－6　数据权益不正当竞争行为判定示意

（1）行为主体是否适格。即行为主体是否为参与或影响市场数据获取、使用、流通等竞争活动的市场主体。非市场主体、非市场活动的纯粹私人性质行为以及国家公权行使行为，如个人的数据抓取、行政机关数据采集管理行为等，不属于不正当竞争行为认定范畴。

① Lisa Logan, *The Emperor's New Clothes? The Way Forward: TV Format Protection under Unfair Competition Law in the United States*, United Kingdom and France, Thomson Reuters (Legal) Limited and Contributors, 2009 Ent. L. R., ISSUE 3.

② Germany, Act Against Unfair Competition (version published on 3 March 2010), http://www.wipo.int/wipolex/en/text.jsp? file_id = 229700, 2021－07－7.

(2)行为方式是否适当。主要考虑要素包括:①行为是否符合数据市场效益,即以理性经济人视角进行成本—收益分析,双方为数据的收集和聚合的实质性投资和付出,对竞争行为的限制是否有利于降低生产交易成本和市场进入壁垒、是否更能增进市场竞争力。②行为是否违反行业标准或道德公约,即首先查明与系争行为相关的市场习惯或行业规范;其次审查相关标准是否符合法律相关规定、是否有阻碍公平竞争的内容、是否与社会公德存在冲突;最后,只有在行为违反行业规则中的禁止性规定时,才有可能构成违背商业道德。

(3)行为结果是否合理。即行为是否造成不必要的损害,具体分析步骤如下:①识别各利益位阶及冲突。竞争造成的损害是中立的,损害本身并不具有行为正当与否的判定倾向。如某一行为虽损害了特定竞争者利益,但有利于增进消费者福利和社会福祉或未严重威胁消费者的长远利益,则不宜简单认定构成不正当竞争。②推定行为未造成损害。对竞争损害的考量以竞争者生存不受威胁为底线,[①]允许对既有利益的合理损害才能为新业态提供适当的发展空间。故竞争损害考量关键在于原告对竞争行为是否具有市场和技术应对能力,消费者自主决策机制是否受到实质扭曲,竞争行为所造成的损害范围及程度等。

四、范式推演:数据权益不正当竞争裁判的具案论证

个案正义是法之价值所在。面对数据权益竞争呈现出的新问题新情况,需要法官通过裁判文书说理开示裁判结的逻辑推演与自由心证过程,具化抽象原则的分析范式,减弱一般条款适用上的模糊性与不确定性,以更好地输出市场可资遵循的裁判规则。

(一)场景说理:"个案情节"的模型构建

任何案件裁判结果都是情节化的产物。通过对个案构成要素的整体考察与要素提取,有助于让竞争法的普适性价值在差异性实然场景中展现出来。具体可参见表1-6。

---

① 张占江:《论反不正当竞争法的谦抑性》,载《法学》2019年第3期。

表 1 – 6　数据权益不正当竞争纠纷中个案情节的说理参考

要素提取		个案情节
(1)诉争双方经营情况及经营模式		A 成立于××××年××月××日,是 A′(软件、网页或产品)的经营者/计算机软件著作权人,经营范围为……A′平台的经营模式主要是……为用户提供……服务等。 B 成立于××××年××月××日,是 B′(软件、网页或产品)的经营者/计算机软件著作权人,经营范围为……B′平台的经营模式主要是……为用户提供……服务等
(2)诉争双方经营规模		A 提交的行业报告显示,A′平台用户已超×人次,日点击、浏览量超×,在相关领域具有较大影响力、知名度。 据 B′平台公开信息显示,B′平台用户×人次,上年度经营收入达×
(3)系争行为所涉领域特点		随着互联网的迅猛发展,网络用户面对海量信息已不可能再继续沿用原有的方式获取信息,案涉互联网数据服务模式应运而生。平台通过数据整合、挖掘、分析、二次加工等,使网络用户能在较短时间内从互联网的海量信息中获取所需信息。在该模式下,数据获取及其变现成为互联网经营者之间竞争核心,数据流量越大,经营者获利越大,并可根据已建立起的数据模型为后续经营决策提供重要方向指引。案涉双方均围绕该新型商业模式,获取用户注意力经济
(4)案涉竞争行为表现形式	数据不当获取	A 通过信息化数据分析技术,对 A′平台上用户发布的基础数据进行分类、比对、挖掘等处理,并为用户提供数据服务,由此获取增值收益及交易机会。 B 利用网络爬虫软件获取包括 A 在内的竞争对手公司服务器中的实时数据,日均×万至×条次,用于向 B′平台提供与 A′相似的网络服务
	数据不当使用	B 运用信息技术手段对公共数据领域海量、分散的数据信息进行整合加工,形成特定领域的数据集合,并通过提供免费和付费查询功能,向用户开放,实现经济利益。 B 通过多种渠道抓取公共数据中涉及 A 的企业数据,经过分类整理供 B′平台用户查询,但其发布与国家企业信用信息公示系统公示的信息、A 公司客观实际不相符,存在数据真实性、准确性瑕疵
	数据妨碍使用	B 利用 robots 协议或其他技术手段,针对性限制和阻碍 A 获取互联网上公开发布的数据内容,产生数据隔离效果,并从中争夺用户资源和商业利益,导致 A′功能无法正常发挥
	数据污染	B 在未获得互联网经营者 A 允许的情况下,故意躲避 A′平台监管和数据反馈机制,采取插入、搭载、链接或者劫持等技术手段,虚构其在 A′平台的粉丝、点击率等数据×条次,导致 A′平台无法获取真实、准确数据
(5)案涉行为持续时间		A 提交的证据显示,B 自××××年××月××日起实施诉争行为,并延续至今/B 提交证据证明,其已于××××年××月××日停止相关行为
(6)案涉行为产生的影响范围		A 提交的证据显示,案涉行为引发了大量媒体报道,报道内容围绕 A′平台商业信誉、产品服务质量等内容,报道点击阅读量达×次/案涉行为造成使用 A′平台网络用户上网体验降低,用户投诉反馈率提升,用户数量流失;等等

（二）论证说理："本院认为"的逻辑推理

法律论证的功能即在于为裁判提供"法律正当性的标准"。[①] 鉴于当前大部分数据权益竞争行为仍需通过一般条款调整，且其适用跨度较大、论证成本较高。故以一般条款的个案运用为例，运用阿列克西提出的融贯证成理论，[②]通过提取次级规范命题（T）、由多个"次级要件"（M）涵摄多个小前提（S）方式，简单阐明其证成过程，见表1－7。

表1－7　数据权益不正当竞争案件中"本院认为"部分的说理逻辑

判决理由	法律论证的内容与逻辑
本院认为，本案中B的被诉侵权行为集中表现为：未A经授权许可，通过侵入服务器、破解或规避技术措施等方式，抓取A′平台数据用作B′平台的数据内容，从而吸引用户注意力以获取商业利益，客观上属于有竞争目的的市场竞争行为。	论证维度1： T_1：《反不正当竞争法》所规制的行为对象是经营者在生产经营活动中发生的行为。 S_1：被诉经营者（M_1）为争夺市场竞争优势，实施了参与或影响市场数据获取、使用、流通等市场竞争行为（M_2）。 R_1：案涉行为属竞争行为。
由于互联网经济作为新型市场形态正处在形成与新兴过程中，调整互联网平台经营者之间数据竞争行为的法律规范尚处于探索创立阶段。当《反不正当竞争法》第二章列举的常见不正当竞争行为无法涵盖的多样、可变市场竞争行为，可根据《反不正当竞争法》第2条规定介入行为评价，但应秉持审慎谦抑态度，在充分考虑数据保护与自由利用之间的恰当平衡的基础上，综合考量法律规定、双方间法律关系属性以及有利于社会公共秩序与社会公众利益维护等因素予以评判。综合本案实际，具体考量如下：	论证维度2： T_2：穷尽具体规则方可适用原则性条款。 S_2：案涉数据权益竞争行为不属于《反不正当竞争法》第二章列举的常见不正当竞争行为（M_1），但不加节制又可能损害健康竞争机制（M_2）。 R_2：案涉行为可适用《反不正当竞争法》第2条予以调整。

① ［荷］伊芙琳·T.菲特丽丝：《法律论证原理——司法裁决之证立理论概览》，张其山等译，商务印书馆出版社2005年版，第1页。

② 阿列克西认为，当其他条件不变时，证立的陈述数量越多、证立链条越长、拥有相同初始前提的证立链条越多、拥有相同结论的证立链条越多、理由的权重越大、优先关系越多、相互间的经验性证立越多、分析性证立越多等则论证越融贯。［德］罗伯特·阿列克西：《法：作为理性的制度化》，雷磊译，中国法制出版社2012年版，第111页以下。

续表

判决理由	法律论证的内容与逻辑
第一,对特定经营者利益的影响。在自由、开放的市场经济秩序下,数据自由流通利用是原则,特殊保护是例外。经营者的数据权益并非可以获得像法定财产权的高强度保护,数据资源所对应的商业机会并不当然属于经营者,经营者必须将损害作为一种竞争结果予以适当的容忍。但对于他人数据的利用必须控制在合理范围内,避免对他人经营活动造成不当干扰、破坏良性互动市场氛围。本案中,A 为案涉数据的收集、处理投入了必要成本,并由此形成了一定规模的网络用户注意力及相应的交易机会,案涉数据已然成为 A 的核心竞争资源。B 通过抓取 A′平台中数据,并通过 B′平台充分展示与 A′平台高度同质化内容,使一般用户无须进入 A′平台即可获得足够信息,实质性替代了 A′平台的市场功能,削弱了并损害了 A 的市场竞争优势,故其行为具有可责性。	论证维度 3: T_3:其他经营者因竞争行为受到实际竞争性损害是认定构成不正当竞争行为的最低标准。 S_3:原告为收集、加工、处理案涉数据投入了实质性成本(M_1),被告超出对他人数据适当应用的合理范围,造成原告交易机会的丧失和减少。 R_3:案涉行为具备适用《反不正当竞争法》予以调整的条件。
第二,对诚信竞争秩序的影响。市场经济鼓励市场主体在信息的生产、搜集和使用等方面进行各种形式的自由竞争,但在注意力争夺过程中应当充分尊重竞争对手在信息的生产、搜集和使用过程中的辛勤付出,恶意利用他人的诚信付出攫取商业利益的行为,有悖市场诚信竞争秩序。本案中,A 通过对数据的深度分析过滤、提炼整合以及匿名化脱敏处理,形成了区别于原始网络数据的可识别、可管理的衍生数据,并通过 robot 协议(或其他技术措施)予以保护。B 在靠自身无法获取足够数据信息的情况下,直接利用技术手段突破 A 的管理措施,复制、抄袭、使用 A′平台的数据资源,并由此产生商业利益,具有"不劳而获""搭便车"的行为特点,有违诚信竞争原则。	论证维度 4: T_4:法律鼓励竞争者通过劳动付出获取诚信竞争,以破坏管理措施等不正当手段获取和利用他人可识别性数据的,可构成不正当竞争。 S_4:被告未经许可或超出许可范围(M_1),通过技术方式突破他人技术保护或约束措施(M_2),擅自利用他人的诚信付出而获取的商业利益及交易机会(M_3)。 R_4:案涉行为具有不正当的行为属性,应予以调整。
第三,对互联网领域商业道德的影响。《反不正当竞争法》是特定商业领域中市场交易参与者所普遍认知和接受的行为标准。与本案相关的行业规范主要为《互联网爬虫排除标准》,其是互联网领域内从业者自发形成的行业管理,既要求数据抓取行为应遵守受访网站的 robots 协议,也要求受访网站应合理设置 robots 协议,不得违背"促进信息共享"初衷,反映了互联网行业市场竞争的实际和正当竞争需求。本案中,A 设置 robots 协议以维护数据完整性、安全性。对此,B 既未与 A 协商通过申请授权、开通"白名单"等途径获取数据抓取使用权限,亦未依据行业专门解决机制提出认定 A 设置 robots 协议行为不合理质疑,而直接跳过该协议开展数据抓取行为,不符合该行业的一般实践和行为方式,属于违反公认的商业道德的行为。	论证维度 5: T_5:竞争行为违反互联网领域中合法的行业惯例、通行做法或行业公约等的,属于违反公认商业道德的行为表现方式之一。 S_5:案涉行为违反《互联网爬虫排除标准》中的禁止性规定(M_1),且该等规定系符合法律相关规定、无碍于公平竞争的有效行业约定(M_2)。 R_5:案涉行为具有违反公认商业道德的行为属性,应予以调整。

续表

判决理由	法律论证的内容与逻辑
第四,对行业效率、竞争秩序的影响。市场主体通过对处于粗放状态的原始数据的提炼整合,赋予原本单一且价值有限的碎片化数据信息成倍提升数据的使用价值,可提高社会各方面活动效能。B 作为拥有强大的技术能力及领先的市场地位,本应承担更多激励正当竞争的市场引导效能,却凭借其市场优势地位以极低的成本攫取他人成果,达到排挤竞争对手的目的,可能导致同行业经营者效仿,产生扭曲竞争机制、扰乱数据行业竞争秩序的负面影响。	论证维度 6: T_5:竞争行为对行业效率产生负面影响的,属于不正当竞争行为的表现方式之一。 S_5:被告破坏了互联网环境中的公平竞争的市场秩序,引发负面市场效应。 R_5:案涉行为损害行业竞争秩序,应予以调整。
第五,对消费者/用户的影响。数据的收集、使用往往涉及数据源主体/用户、数据采集平台、数据转用平台等多方主体,且数据大都涉及用户个人信息,故对于涉及个人信息流动、易手等数据再利用行为,应给予用户、数据提供方必要的保护及控制空间。本案中,B 未经 A 或 A′平台用户同意,在用户不知情的情况下将他人数据转入 B′平台公开展示,未考虑、亦未尊重用户对个人数据是否公开、如何公开的自主意愿,超出了法律所容许的正当边界,侵害了用户的知情权。	论证维度 7: T_7:消费者的自主决策权、知情权、隐私权不应受到干扰,对有可能损害消费者合法利益、妨碍消费者正常交易的行为应予以禁止。 S_7:被告以侵害消费者知情权的方式非法抓取、使用竞争对手的用户数据。 R_7:案涉行为应予禁止。

结语

随着物联网、大数据、算法等技术和产业生态圈的极速增长,数据竞争模式和竞争格局还将在不断激化和重塑中迭代推进,构建怎样的数据竞争秩序将是数据产业发展亟须解决的问题。透析当前数据权益不正当竞争规制现状,可见,个案过分强调数据专有权利,过度扩张不正当竞争调整范围,过多介入新类型数据竞争,不利于数据产权制度构建和数据产业发展。对此,坚持市场优先的不正当竞争规制理念,从数据的多重属性和场景化出发,依托竞争行为主体、行为方式、行为结果三级架构,锚定个案场域下数据保护基准、流通秩序和竞争行为正当性认定边界,是推进数据共同共享、促进数据市场多元动态衡平、防止超级平台利用通过不合理数据竞争诉讼实施数据垄断的有效路径。如此一来,通过司法裁判者的审慎证成与市场参与者的利益博弈,为未来"数据话语权"的输出与"数据战争"的准备提供智识上的积累。

第二章　数字产权

本章概述

数字产权是指对数字内容的法律保护和控制权,涉及对数字媒体、数字作品或数字化内容的独占使用、复制、传播、展示、表演和改编等权利的授予和管理。数字产权确保创作者、艺术家、制作人或其他合法权利人可以控制和从其创作中获得经济回报。数字产权涵盖了各种形式的数字内容,包括但不限于音乐、电影、电视节目、游戏、软件、电子书、照片、插图和艺术品等。它是知识产权体系的重要组成部分,旨在保护创作者的权益,鼓励创作和创新,并促进数字内容的合法传播和使用。

数字产权的保护是维护知识产权的尊重与保护的重要方面。知识产权的保护不仅鼓励知识创造和技术创新,还推动企业竞争力的提升。在数字化时代,保护数字产权是维护知识产权体系完整性和有效运作的必要条件,有助于建设创新型国家和知识经济。互联网时代,数字产权产业的发展水平日益成为国际竞争力的重要衡量标准,与文化强国的建设息息相关。2013 年以来,随着文化产业的不断升级,我国网络版权产业市场规模逐年扩大,且年增速基本保持在 20% 以上,2020 年市场规模达到 11847.3 亿元,首次突破 10 万亿元,同比增加 23.6% 。我国拥有丰富的文化资源和创意人才,数字产权的保护对于鼓励创新和创造力培育、促进文化产业的繁荣和多样化发展至关重要。

一、积极防范跨国域名抢注，保障本土企业权益

数字产权的保护对于促进国际交流与合作具有重要意义。我国是全球重要的数字内容市场和创意产业中心，通过建立健全的版权保护制度和执行机制，我国可以吸引更多国际合作伙伴，推动数字内容的跨国交流与合作，提升国际影响力和竞争力。在数字产权促进国际交流与合作的过程中，跨国版权侵权问题普遍存在。由于互联网的全球性质，数字内容可以轻松地在国际范围内传播和访问，因此，侵权行为可能涉及多个国家的法律和司法管辖区。版权所有者可能需要在不同国家或地区寻求司法救济，这可能引发跨境纠纷和复杂的法律程序。此外，不同国家对数字产权的法律和规定存在差异，例如，版权保护期限、合理使用原则和数字内容的授权规定等。这些法律差异可能导致在跨国交流和合作中产生纠纷，因为参与方可能对于适用的法律标准和责任分配存在分歧。在陈某与某国布某公司网络域名权属、侵权纠纷案中，法院明确在国际域名权益与商标权益冲突而引发的域名纠纷中，应遵循利益平衡原则，严格侵权认定标准，避免商标权利过度扩张侵犯域名持有人合法权利，应妥善认定域名侵权中的“恶意”，结合涉诉域名持有人对域名的注册及使用的客观行为模式及主观状态，综合判断是否构成域名侵权，维护权利主体的合法权益。

二、厘定数据、虚拟财产的司法保护边界

目前，缺乏全球一致的法律框架来规范数据和虚拟财产的权属和保护。不同国家和地区采取的法律规定和司法实践存在差异，导致权属和保护边界的不一致和不确定。快速的技术进步和创新使新型数据和虚拟财产不断涌现，如数字内容、加密货币、区块链资产等。这些新型财产形式的权属和保护边界尚未完全明确，因为现有的法律和制度往往无法及时跟上技术的发展。数据和虚拟财产可以在全球范围内传输、存储和交易，而传统的国家和地区法律框架往往局限于特定的司法管辖区域。这导致了权属和保护边界的复杂性，难以确定适用的法律和管辖权。数据和虚拟财产的产生和使用往往涉及多个参与方，包括创作者、用户、平台运营商等。权属和保护边界的确定涉及不同利益相关者之间的权益平衡和协商，这可能导致复杂的纠纷和边界争议。此外，数据和虚拟

财产领域缺乏普遍接受的技术标准和行业规范，这使权属和保护的界定变得更加困难。缺乏统一的标准和规范导致不同参与方对于数据和虚拟财产的权属和保护存在不同的理解和要求。在深圳某计算机系统有限公司诉杭州某网络技术有限公司等著作权侵权、不正当竞争纠纷案中，法院针对5G云游戏平台获取用户数据行为的正当性进行了认定，以数据是否进行加工为划分标准分为原始数据与衍生数据，以原始数据与衍生数据二者在处理数据时所付出的创造性劳动不同，给予差别化的保护路径与保护程度，即对于用户因注册、浏览、交互式参与等行为而在平台上留下的原始数据，如果数据收集方在数据收集后，未投入更多的运营或保护成本使其转化为衍生数据的，则不应简单认定其享有数据权益而给予保护；对游戏用户原始数据的收集，并非游戏运营平台的专有权利，5G云游戏平台以获得用户授权的合法手段收集原始数据的行为，未损害游戏运营平台数据权益的，不构成不正当竞争，贯彻了数据分类分级保护的指导思想。

上述问题只是在数字产权领域中的一部分，然而，这些都是当前业界关注的重要问题。由于互联网的全球性质，跨国数字产权侵权行为广泛存在。通过建立和加强国际合作机制，共享情报、打击侵权行为，并制定适用的国际法律框架，可以更好地应对跨境数字产权侵权问题，促进国际交流与合作。对于跨国域名抢注的防范对于保护品牌和商标权益、预防业务竞争风险、维护在线声誉和信任、预防法律纠纷、降低成本以及提升用户安全和信任具有重要意义。通过采取适当的措施和策略，通过采取适当的措施和策略，如注册相关域名、进行品牌保护和监测、遵循合规程序等，可以有效减少这些风险，确保本土企业在数字领域的可持续发展。对于跨域证据证明和取证困难，需要我们建立国际合作机制，促进跨国司法合作和信息共享，以便更有效地获取和处理跨境数字证据。国际社群可以制定共同的数字证据获取和取证标准，以确保在跨国纠纷中的一致性和可靠性。与此同时，为法律从业人员、法官和执法机构提供关于数字取证和证据管理的专业培训和技术支持，以提高他们在数字产权纠纷中的能力，加强技术合作与研究，促进技术创新和合作，发展数字取证工具和技术，以提高取证过程的效率和准确性，提高数字产权纠纷解决的效率和公正性。对于数据和虚拟财产权属和保护边界的不确定性和模糊性，应当。制定适应数字时代的法律框架和国际合作机制，以确保数据和虚拟财产的权益得到合理的保护和管理。同时,技术社区、行业组织和法律界应积极合作,推动技术标准和行业规范的制定,为数据和虚拟财产的权属和保护提供更清晰的指导和规范。

类案典型

案例 1

国际域名侵权中“恶意”要件的司法认定

——陈某与某国布某公司网络域名权属、侵权纠纷案[①]

苏映霞　吴博雅

| 裁判要旨 |

在国际域名权益与商标权益冲突而引发的域名纠纷中,应遵循利益平衡原则,严格侵权认定标准,避免商标权利过度扩张侵犯域名持有人合法权利。

应妥善认定域名侵权中的“恶意”,结合涉诉域名持有人对域名的注册及使用的客观行为模式及主观状态,综合判断是否构成域名侵权,维护权利主体的合法权益。

| 基本案情 |

陈某于2002年3月注册域名“bulu. com”,经申请延期,域名到期时间为2022年3月,域名注册商为广州某信息科技有限公司。布某公司成立于2012年,系一家经营健康产品线上零售的美国公司,其于2012年6月首次商业使用“BULU”标记,并先后于2014年5月6日、2018年1月23日在美国境内注册取得“BULU BOX”和“BULU”商标。2018年11月12日,布某公司认为陈某恶意注册并使用涉案域名,向美国国家仲裁院提出仲裁申请,请求将涉案域名“bulu. com”从陈某转移至布某公司。2019年1月2日,美国国家仲裁院出具

① 广州互联网法院民事判决书,(2019)粤0192民初69号。

《裁决书》,认定如下事实:(1)陈某注册的域名与布某公司拥有权利的商标或服务商标相同;(2)陈某未将涉案域名投入使用,故对域名不享有任何权利或合法权益;(3)布某公司提供的电子邮件显示,布某公司联系陈某购买涉案域名时,陈某最初要价 200000 美元,之后要价 500000 美元,具有要约高价出售或转让涉案域名以获取不正当利益的恶意情形;(4)涉案域名的 WHOIS 信息显示,其“名称服务器”(name server)下拥有 7177 个域名,可证明陈某恶意注册涉案域名。据此,美国国家仲裁院认定陈某存在恶意注册使用域名,裁决将“bulu. com”域名从陈某转至布某公司。陈某不服裁决结果,故提起诉讼,请求确认域名“bulu. com”为其所有,并要求布某公司赔偿经济损失 60000 元。

| 裁判思路 |

域名作为互联网的关键基础资源,是数字时代的重要网络入口和人机交互标识,具有商业性、战略性、公共性、国际性等多重属性,也是促进互联网与经济社会各领域融合发展、推动我国由网络大国向网络强国迈进的基础支撑和重要引擎。随着数字经济及电子商务的快速发展,互联网域名作为企业“网上商标”所发挥的商业价值和广告效益日益提高,也衍生出域名恶意抢注、域名变造、反向域名侵夺等新类型侵权问题。同时,由于域名逐渐如同商标那样,具有区分商品或服务来源、承载市场主体商誉等功能,加之其非地域性的特点和独特的取得方式,域名权利人与商标权利人之间的矛盾冲突日益多发,而国际域名资源更是相对有限,围绕国际域名的争议也更为普遍。

当前,解决国际域名争议的主要途径有二:一是向专门性域名争议解决机构投诉,二是向法院起诉。两种纠纷处理方式如何协调,如何在司法裁判中,正确对待国际专门性域名争议机构的专家组裁决结果,妥善适用关于“恶意”侵权行为的认定要件,有效平衡域名与商标权益,依法保护域名权利人与商标权利人的合法权益,是司法裁判者必须面对并解决的问题。

一、专门性域名解决机制与司法裁判的衔接

对于国际域名争议,通常情况下,出于控制成本和节省时间的考虑,权利人会首先选择域名争议解决程序。当前公认的专门性域名争议解决机制是互联网名称与数字地址分配机构(ICANN)根据其制定的《统一域名争议解决政策》(UDRP)构建的专门性域名争议解决机制。其所认可和授权的世界知识产权组织、美国国家仲裁院等8家域名仲裁和解决中心成为当前解决国际顶级域名争议的主要机构。

根据《统一域名争议解决政策》的规定，只要投诉的内容符合机构受理条件和范围，任何个人和组织都可以向指定的争议处理机构投诉以寻求域名争议的解决。[①] 同时，该机制又允许任何一方当事人在争议处理程序开始之前、进行中或结束之后，随时将原争议提交有管辖的法院处理。而由于ICANN裁决机制所依据的规则效力，仅源于域名持有人与域名注册机构之间的域名注册协议，该协议并不具有国际公约(条约)的属性，因而其作出的裁决仅具有相对确定性，并不会在各国国内产生当然的法律效力。大量因当事人不服专门性域名解决机构裁决，转而寻求司法途径救济的域名纠纷案件由此产生。

本案即在ICANN域名争议解决机制下，被投诉人陈某对美国国家仲裁院所作出的关于转移"bulu. com"域名的裁决结果不服，认为投诉人布某公司的投诉行为侵害了其对涉案域名享有的合法权益，而向法院提起诉讼。鉴于域名争议解决机构仅处理争议域名的权属纠纷，并不对域名持有人(被投诉人)的行为进行法律评价，专家组的审查标准、裁决理念、判断原则与司法裁判并不完全一致。因此，人民法院在受理案件后，不应直接将域名裁决机构所作出的裁决结果作为案件审理的主要或唯一参照依据，而应当依法根据我国关于域名民事纠纷案件的相关法律法规，对案件事实及法律适用问题进行审慎、完整的审查。

二、域名与商标权益冲突的侵权要件

从国际域名争议的产生与发展来看，域名与商标之间的标识性、商业性权益冲突，是域名纠纷日益增多的重要诱因。由于域名在全球范围内具有唯一性和通用性，商标则具有严格的地域性和类别性，不同国家的法律主体可以就相同商标分别享有专用权，却无法分别就同一域名享有权利。因此，如果域名与商标的主要部分高度重合且主体不同时，则可能发生不同国家法律主体之间商标权与域名权益的冲突。这要求司法在商标的跨界保护及对域名侵权认定中，

① 《统一域名争议解决政策》第4条a款规定：投诉人在行政程序中必须举证证明投诉内容同时具备以下三种情形：(1)域名与投诉人享有权利的商品商标或服务商标相同或混淆相似；(2)域名持有人对该域名并不享有权利或合法利益；(3)域名持有人对该域名注册和适用具有恶意。

秉持利益平衡原则，既要解决互联网发展下“商标淡化”的问题，也要警惕商标权利过度扩张到域名领域，侵害域名持有人的合法权利。

当前司法实务中，解决商标与域名冲突的主要法律依据包括最高人民法院《关于审理商标民事纠纷案件适用法律若干问题的解释》（以下简称《商标纠纷司法解释》）第1条第3项的规定，以及最高人民法院《关于审理涉及计算机网络域名民事纠纷案件适用法律若干问题的解释》（以下简称《域名纠纷司法解释》）第4条、第5条的规定。前述规定分别从商标与域名两个角度划定了域名侵权认定的严格要件体系。实际上，《商标纠纷司法解释》规定的侵权情形，也属于《域名纠纷司法解释》规定的侵权具体情形之一。《域名纠纷司法解释》规定，域名持有人注册、使用行为必须同时满足所有侵权要件，方可认定侵权：(1)注册商标持有人请求保护的民事权益合法有效；(2)涉诉域名与注册商标相同或相似；(3)域名的注册、使用行为使相关公众产生混淆或误认；(4)域名持有人对该域名或其主要部分不享有权益，且无注册、使用域名的正当理由；(5)域名持有人的注册、使用行为具有恶意。

本案属于典型的域名权益与商标权益冲突而引发的纠纷类型之一，其特殊之处在于，陈某诉求法院确认涉案域名归其所有，表面看似是确权之诉，实际上是请求法院针对布某公司向美国国家仲裁院的域名争议投诉行为，作出一个“不侵权裁判”。因此，只要陈某的行为不满足前述侵权要件的任何其一，则应被认定为不具有侵权行为，无须将涉案域名转移给布某公司。同时，对于域名侵权行为的构成要件，ICANN的《统一域名争议解决政策》以及《域名纠纷司法解释》均规定要求域名持有人存在恶意注册、使用域名的行为。因此，本案的侵权判定焦点和难点，落在了判断域名持有人陈某对涉案域名的注册、使用是否具有主观恶意的问题上。

三、域名纠纷中“恶意”要件的司法认定

所谓“恶意”指出于私利或不良意图实施某一隐秘计划所表现出的一种心理状态，更多侧重于行为人不诚信或缺乏道德而有意实施的错误行为。由于互联网的开放性及发展的不可预期性，域名侵权的具体行为是不可穷尽的。关于域名纠纷中“恶意”的具体表现，《域名纠纷司法解释》第5条规定的4种类型化情形和1项兜底条款。同时，中国互联网信息中心（CNNIC）制定的《域名争议解决办法》第9条规定进一步明确了注册、使用域名的行为构成恶意的各种情形。[①] 以上规则与ICANN制定的《统一域名争议解决政策》第4(b)条列举的恶意情形基本一致。[②] “恶意”虽然具有主观性,但其意图总是通过客观行为反映出来的。因此,结合以上规定细则及司法实践,通常可以通过域名持有人在域名注册、使用中的以下4类行为模式,判断域名纠纷中域名持有人的“恶意”。

1. 关于故意抢注的恶意。该行为主要表现为域名持有人以营利为目的,意图通过注册、使用与他人的注册商标相同或近似的域名以获取商业利益。该行为模式的认定可结合域名持有人注册域名的时间、使用域名的具体方式进行综合判断。(1)域名注册时间。一般而言,域名注册先于商标注册时间的,能够排除恶意,因为不可能要求一个域名注册人能够预见第三人尚未取得的权利。如本案中,陈某注册域名的时间远远早于涉案商标的注册时间,甚至早于布某公司的成立时间,其无法基于域名的注册行为攫取布某公司未产生的商业利益。(2)域名使用目的。商业利益包括利用域名停放付费广告、以搜索引擎方式链接其他网站获取流量等,同时也意味着非商业性使用及合理使用不能成为恶意的证据。如在法国皇家宠物食品公司与刘某泽域名纠纷案[③]中,法院认为刘某泽注册使用与法国皇家宠物食品公司商标相近似的“royal canin. cn”域名,是用该域名解答网友在使用皇家公司生产的狗粮时遇到的问题,未对皇家公司造成经济损失,反而有利于其产品推广,故认定其行为不具有恶意。

---

① 中国互联网络信息中心《域名争议解决办法》第9条:被投诉的域名持有人具有下列情形之一的,其行为构成恶意注册或者使用域名:(一)注册或受让域名的目的是为了向作为民事权益所有人的投诉人或其竞争对手出售、出租或者以其他方式转让该域名,以获取不正当利益;(二)多次将他人享有合法权益的名称或者标志注册为自己的域名,以阻止他人以域名的形式在互联网上使用其享有合法权益的名称或者标志;(三)注册或者受让域名是为了损害投诉人的声誉,破坏投诉人正常的业务活动,或者混淆与投诉人之间的区别,误导公众;(四)其他恶意的情形。

② 《统一域名争议解决政策》第4(b)条:恶意地注册和使用域名的行为。针对第4条(a)(iii),如果专家组发现存在以下情况(特别是以下情况但不仅限于),则可将其作为恶意注册和使用域名的证据:(i)一些情况表明,你方已注册域名或已获得域名,主要用于向投诉人(商标或服务标记的所有者)或该投诉人的竞争对手销售、租赁或转让该域名注册,以获得比你方所记录的与域名直接相关之现款支付成本的等价回报还要高的收益;或者(ii)你方已注册该域名,其目的是防止商标或服务标记的所有者获得与标记相对应的域名,只要你方已参与了此类行为;或者(iii)你方已注册该域名,主要用于破坏竞争对手的业务;或者(iv)你方使用该域名是企图故意吸引互联网用户访问你方网站或其他在线网址以获得商业利益,方法是使你方网站或网址或者该网站或网址上的产品或服务的来源、赞助商、从属关系或认可与投诉人的标记具有相似性从而使人产生混淆。

③ 详见北京市高级人民法院民事判决书,(2008)高民终字第1157号。

2. 关于故意造成混淆的恶意。其具体包括：(1)域名持有人通过域名开展与商标权持有人相关商品交易，或提供相关服务；(2)将消费者自商标权持有人在线地址诱导至该域名标识的网站；(3)从网站来源、主办人、从属关系或批准关系等方面制造混淆等。以上情形暗含的要素是，域名必须被付诸使用，仅仅是注册行为无法满足。如阿里巴巴集团与马某天网络域名纠纷案[①]中，法院认定马某天在争议域名"alijiedai. com"所指向的网站突出位置使用"阿里借贷"标记，并自称"阿里集团"、模仿"阿里"系列商标、使用阿里巴巴集团总裁照片等，具有利用阿里巴巴集团知名度，误导并吸引互联网用户访问其以涉案域名开通的网站的明显恶意。而本案中，布某公司主要从事健康产品的零售服务，其服务对象及范围主要在美国境内，而涉案域名并未投入相关商业领域的使用中，不存在造成混淆、误认的可能。

3. 关于获取不正当利益的恶意。不正当利益包括：(1)获取非法利益，如域名被用于提供色情、在线赌博等内容或用于"捕鼠"目的，即利用一项迫使用户停留在域名所在网站以组织关闭浏览器或开启新窗口的网页技术；(2)获取其不应当得到的利益，具体指向商标持有人或商标持有人的竞争对手主动提出要约，高价出售、出租或转让域名以获取额外收益。构成该行为的关键有二：一是域名持有人主动发出要约；二是获取额外收益。换言之，若是商标持有人或其他公众提出的域名交易要约，则可作为支持其不具有恶意的证据；若要约是基于双方平等、善意协商解决争议的意思表示，则域名持有人对自身域名的合理商业评估不应作为认定"恶意"的证据。本案中，美国国家仲裁院依据布某公司向陈某发出购买域名要约后，陈某答复出售价格的前后变化，判定陈某具有获取不正当利益的恶意。但法院认为，双方在域名交易过程中的出价、还价，是基于平等主体之间对域名投资价值考量及商业谈判手段，在诉讼相对方未对交易情况进行进一步举证的情况下，仅凭域名持有人答复他人购买域名的报价行为，无法直接认定其主观上存在恶意。

4. 关于域名囤积的恶意。由于域名申请与获得的数量不受限制，一个持有人可同时持有多个域名，催生出域名囤积现象。即个人或者组织专门注册多个简单、识别度高、易被开发为商标的域名，以伺机高价出售。域名囤积多与域名

---

① 详见青岛市中级人民法院民事判决书，(2011)青知民初字第356号。

抢注同时发生,也是实践中“其他恶意的情形”兜底条款下主要涉及的情形,其主要表现为:(1)抢先将他人注册商标注册为域名;(2)同一主体同时持有的域名数量超出合理范围;(3)“消极持有”域名,未将域名投入使用。该类情形的司法审理难点在于,要求法官具备一定的互联网跨界知识储备或理论常识,以科学查明涉诉域名持有人是否具有同时持有多个域名的事实。本案中,美国国家仲裁院以涉案域名的“名称服务器”(name server)拥有7177个域名为依据,认定陈某同时持有多个域名,而推定其具有恶意。但根据互联网域名管理和解析规则,名称服务器是指在互联网中提供域名解析服务的程序或服务器,保存着域名空间中所管辖区域的域名数据。因此,涉案域名的名称服务器下,存储着同一域名管理公司所服务的所有域名信息,该服务器信息仅能证明陈某所持有的涉案域名是该名称服务器所授权管辖的域名之一,而不能证明陈某持有该服务器下的所有域名。在布某公司未进一步举证的情况下,无法由此认定陈某对涉案域名的注册、使用行为具有恶意。

综上,陈某不存在恶意注册、使用涉案域名的行为,不满足域名侵权的全部要件。因此,无论根据ICANN的《统一域名争议解决政策》或者《域名纠纷司法解释》的规定,均不构成域名侵权。

| 相关规定 |

最高人民法院《关于审理涉及计算机网络域名民事纠纷案件适用法律若干问题的解释》

第4条:“人民法院审理域名纠纷案件,对符合以下各项条件的,应当认定被告注册、使用域名等行为构成侵权或者不正当竞争:

(一)原告请求保护的民事权益合法有效;

(二)被告域名或其主要部分构成对原告驰名商标的复制、模仿、翻译或音译;或者与原告的注册商标、域名等相同或近似,足以造成相关公众的误认;

(三)被告对该域名或其主要部分不享有权益,也无注册、使用该域名的正当理由;

(四)被告对该域名的注册、使用具有恶意。”

第5条:“被告的行为被证明具有下列情形之一的,人民法院应当认定其具有恶意:

（一）为商业目的将他人驰名商标注册为域名的；

（二）为商业目的注册、使用与原告的注册商标、域名等相同或近似的域名，故意造成与原告提供的产品、服务或者原告网站的混淆，误导网络用户访问其网站或其他在线站点的；

（三）曾要约高价出售、出租或者以其他方式转让该域名获取不正当利益的；

（四）注册域名后自己并不使用也未准备使用，而有意阻止权利人注册该域名的；

（五）具有其他恶意情形的。

被告举证证明在纠纷发生前其所持有的域名已经获得一定的知名度，且能与原告的注册商标、域名等相区别，或者具有其他情形足以证明其不具有恶意的，人民法院可以不认定被告具有恶意。”

案例 2

劳动合同约定非职务作品著作权归属条款的效力与解释

——广州某信息科技有限公司诉杨某、某科技公司、某汽车用品公司著作权侵权纠纷案①

戴瑾茹　李　婷

| 裁判要旨 |

构成职务作品必须符合两个条件：第一，创作作品的自然人是单位工作人员；第二，作品是为了完成单位工作任务，根据单位下达的书面或口头指示而产生。员工并非为完成单位工作任务实施创作行为，完成的作品不是职务作品。

当劳动合同条款约定非职务作品的著作权归属单位时，如果是双方真实意思表示且未损害公众和社会利益，该条款具有法律效力。因该条款属于格式条

① 广州互联网法院民事判决书，（2021）粤 0192 民初 4671 号。

款,当发生争议时应当作出不利于提供格式条款一方的解释。

| 基本案情 |

杨某系广州某信息科技有限公司汽车事业部负责人,岗位职责为全权分管汽车事业部日常工作及管理运营,完成公司下达的汽车内容需求和销售业务。广州某信息科技有限公司与杨某等公司员工签订的合同约定,职务开发软件或职务作品,或在业余时间,利用公司提供的资金、技术、信息或其他条件完成的有关新产品开发研制的软件、产品、图纸稿件、书籍等产权都属于公司所有。

某科技公司系杨某注册成立的自然人独资企业。

广州某信息科技有限公司经调查发现,杨某自 2019 年 5 月起,持续以其个人和/或其注册成立的某科技公司的名义,与某汽车用品公司进行合作,在未获得广州某信息科技有限公司许可的情况下,擅自在某汽车用品公司所运营的抖音账号传播广州某信息科技有限公司汽车事业部开发创作的类电作品短视频,以谋取利益。

广州某信息科技有限公司起诉要求杨某等被告停止侵权、赔礼道歉、赔偿经济损失。杨某、某科技公司认为,案涉视频并非职务作品,也不属于杨某与广州某信息科技有限公司在合同中约定的非职务作品权属归属广州某信息科技有限公司的情形,故广州某信息科技有限公司不享有案涉视频著作权,无权主张权利。某汽车用品公司认为,某汽车用品公司聘请杨某的某科技公司运营抖音短视频项目并签订服务合同,某汽车用品公司对于杨某在广州某信息科技有限公司任职并利用该公司资源帮某汽车用品公司做运营并不知情。

| 裁判思路 |

员工利用工作之便以个人名义为第三方创作的作品是否为职务作品?若员工与用人单位签订的劳动合同中约定员工创作的某些非职务作品权属归用人单位,此约定是否有效?当员工与用人单位对上述约定发生争议时,司法应如何回应?上述问题是审判实践中常会遇到的争议较大的问题,回答该问题需要对职务作品、非职务作品、格式条款等进行系统化、理论化的分析。

一、职务作品:以完成明确的工作任务为必要非充分条件

职务作品是著作权中较为常见的作品生成类型,也称雇佣作品,即为雇员

在受雇期间和受雇范围内创作的作品,其权属规则也以劳动者与单位之间的劳动关系为基础进行设计。《著作权法》(2010 年修正)第 16 条第 1 句规定,“公民为完成法人或者其他组织工作任务所创作的作品是职务作品”。

(一)工作任务应当明确

《著作权法实施条例》第 11 条第 1 款规定:“著作权法第十六条第一款关于职务作品的规定中的‘工作任务’,是指公民在该法人或者该组织中应当履行的职责。”基于该项规定,职务作品应具备两个要件:第一,创作作品的自然人是单位工作人员;第二,作品是为了完成单位工作任务。此处法律规定的工作任务较为模糊,实践中常发生争议。为避免不必要的纠纷,“创作作品”的工作任务应当相对明确,单位应以书面或口头指示的形式下达,不能过于笼统。若员工凭借本职工作积累相关的经验或利用职务之便完成作品创作,但与单位指派的工作任务无关,则不应认定为职务作品。

本案中,参与案涉视频创作的杨某等人虽均系原告员工,根据劳动合同约定,杨某等人的工作职责均为概括性的工作岗位职责要求。原告并未明确指示杨某等人为某汽车用品公司拍摄案涉视频。杨某为某汽车用品公司拍摄视频系其个人安排,与某汽车用品公司签订并履行合同的也是杨某经营的某科技公司,与原告无关。因此,案涉视频并不属于职务作品。

(二)完成工作任务是职务作品的必要非充分条件

是否所有为完成工作任务而创作的作品,都属于职务作品?回答该问题仍应区分不同情形。如果单位安排工作任务,具有当下或未来使用作品的主观意图,则员工完成的作品应属于职务作品。如果单位要求员工创作作品只是为了管理或考核员工,比如学校要求老师必须制作教案,通过教案把控教学质量,或者要求老师必须发表论文,以此作为考评晋升的依据。虽然随之产生的教案、论文也都是为了完成工作任务,但由于在此项工作任务中,单位并不存在利用作品的意图,则该作品也不应当被认定为职务作品,应属于老师的个人作品。也就是说,职务作品必然是为完成工作任务产生,但并非为完成工作任务产生的作品均为职务作品。

二、特殊职务作品:作品权利的二次分配

职务作品分为普通职务作品与特殊职务作品,普通职务作品的著作权由作者享有,单位在两年内有优先使用权。特殊职务作品的署名权归属于作者,但单位享有其他全部权利。特殊职务作品必须首先是职务作品，在符合一定条件之后，被视为特殊职务作品，作者的权利被压缩，单位的权利被扩大，是两者权利的二次分配。《著作权法》规定的特殊职务作品包括了法定特殊职务作品和约定特殊职务作品两大类。

（一）法定特殊职务作品

法律规定的第一类特殊职务作品，即“主要是利用法人或者非法人组织的物质技术条件创作，并由法人或者非法人组织承担责任的工程设计图、产品设计图、地图、示意图、计算机软件等职务作品”。此类作品的客体较为特殊，通常难以依靠一两个人的力量单独完成，必须借助于单位专门提供的资金、设备、资料等物质技术条件，并由单位承担责任。为了鼓励单位对作品创作进行投资，保护单位对投资的合理利益，法律规定该类特殊职务作品除署名权外的著作权归属于单位。

法律规定的第二类特殊职务作品，即2020年《著作权法》修改中新增的“报社、期刊社、通讯社、广播电台、电视台的工作人员创作的职务作品”。此类作品的主体较为特殊。在报社、电视台员工创作作品过程中，很多时候需要利用单位的特殊身份，即必须系上述单位员工，才有机会接触到创作素材。将该类单位员工创作的作品直接规定为特殊职务作品，进一步明确其著作权归属。从司法实务的角度看，在一定程度上解决了上述单位对此类职务作品的后续利用和维权难题，也更有利于解决网络转载、传统媒体与网络媒体深度融合等现实问题。

（二）约定特殊职务作品

著作权属于私权，如不违反强制性规定，法律尊重当事人意思自治。著作权法规定，特殊职务作品可以是“合同约定著作权由法人或者非法人组织享有的职务作品”。

本案中，原告以双方签订的劳动合同中有关于知识产权的约定为由，主张案涉视频属于特殊职务作品。如上所述，约定特殊职务作品的前提是相关作品本身系职务作品。如果相关作品本身并非职务作品，则单位和作者并不能通过合同将其约定为特殊职务作品。由于案涉视频不属于职务作品，故不能被约定为特殊职务作品。

三、非职务作品：著作权权属约定之效力与解释

案涉作品属于非职务作品，当事人签订的劳动合同中约定该类作品著作权归属用人单位，此约定是否有效？

（一）条款效力：非职务作品权属约定不宜直接认定无效

对于劳动合同中约定非职务作品著作权归属单位的条款效力，实践中存在不同观点。有观点认为，《著作权法》对于职务作品及其权利归属有明确刚性的规定，仅仅允许法定类别的作品当作职务作品，如果认定约定有效，则会违反立法目的。也有观点认为，合同约定只要是双方真实意思表示且未损害公众和社会利益，应当贯彻合同约定优先的原则，承认权属约定条款效力。

我们较为赞同上述第二种观点，非存在法定事由，应承认权属约定条款效力。一方面，意在尊重意思自治。著作权具有私权属性，对于作品著作权归属的确定应重视约定的效力。法定向约定权利空间扩展是著作权归属制度自身发展的需要，也是实践中完善法律制度的需要。另一方面，旨在激发创作活力。充分调动作者和单位的创作积极性，赋予创作者和单位更加灵活配置作品的著作权及相关财产权利，以便更好地鼓励双方对作品倾注更多的“心血”。具体而言，对于条款效力认定，首先，应探究是否为双方真实意思表示。合同本是基于当事人合意，依据《民法典》第 502 条第 1 款的规定，“依法成立的合同，自成立时生效，但法律另有规定或当事人另有约定的除外”。如果一份合同系双方真实意思表示，且不存在法定无效情形，则合同有效。其次，在不存在违反法律、行政法规的强制性规定或是违背公序良俗及其他法定情形下，如果合同当事人均未提出确认合同无效的请求，则人民法院不应主动确认某条款无效，本案正是这种情况。案涉条款属于格式条款，《民法典》第 497 条对格式条款无效规定了具体情形，被告在本案中未明确主张案涉条款约定无效，但主张对条款的理解应作出不利于格式条款提供方的解释。本院对此予以支持。

（二）条款解释：应当作出不利于格式条款提供方的解释

意思自治虽然是私法的基本原则，实践中，受语言表达、生活习惯等的影响，以及合同当事人双方地位差别、信息不对称等因素的存在，都可能会导致当事人在订立合同时对部分条款的约定或是“真实意思”发生争议。此时就需要准确运用解释方法以探究合同背后的真实含义。

原《合同法》第 125 条规定了文义解释、体系解释、目的解释、习惯解释及诚

信解释为并列关系的合同解释方法。《民法典》第 142 条第 1 款规定："有相对人的意思表示的解释,应当按照所使用的词句,结合相关条款、行为的性质和目的、习惯以及诚信原则,确定意思表示的含义。"也就是说,当事人对合同条款的理解有争议的,首先且必须采取文义解释规则来确定该条款的含义,并可以辅之以体系解释、目的解释等解释规则中的一种或多种。该法第 498 条同时规定,对格式条款的理解发生争议的,应当按照通常理解予以解释。对格式条款有两种以上解释的,应当作出不利于提供格式条款一方的解释。

具体而言,一方面,从维护公平的目的出发,对合同没有规定或规定不完备的事项,不得采取类推或扩张的方法进行解释;另一方面,在约定范围不明确时,应从"最狭义"的含义进行解释。本案中,双方约定的"其他条件"以及"等创作形式"均应解释为与先前所列举的具体事项属于同一种类。案涉视频拍摄过程中,资金、音响产品、汽车、场地、出镜人员等资源并非本案原告提供;作品表现形式为视频文件,亦并非约定的作品形式种类,故案涉视频不符合合同明确约定的第三类情形。如果按照原告的意见将约定情形作类推或扩张解释,将会导致单位利用缔约优势侵害员工权益,同时不利于文化创新。

综上,职务作品必须是为完成单位任务产生,员工并非为完成单位工作任务实施创作行为,完成的作品并非职务作品。当劳动合同条款约定非职务作品的著作权归属单位时,如果是双方真实意思表示且未损害公众和社会利益,该条款具有法律效力。因该条款属于格式条款,发生争议时应当作出不利于提供格式条款一方的解释。

生活中,员工在外兼职的现象并不少见,多因利益驱使。本案中,被告杨某在与原告劳动合同存续期间,占用工作时间,组织公司其他员工利用公司提供的部分物质条件,从事与公司经营业务相关的个人业务,并从中牟利。一方面,该行为违背社会主义核心价值观,侵害了公司的合法权益。另一方面,由于缺乏监管,易出现违法违规行为,甚至对第三方造成损害。本案判决对该行为明确作出否定评价,但由于该行为并非《著作权法》调整的范畴,因此本案未支持原告的诉讼请求。但是,双方涉及的类似纠纷有上百起,虽然本案驳回了原告的诉讼请求,但在另案中成功组织当事人达成调解,一并调处了原被告之间著作权侵权纠纷以及在其他法院审理的劳动争议纠纷,达到了以判促调、案结事了的良好审判效果。

| 相关规定 |

《民法典》

第498条:“对格式条款的理解发生争议的,应当按照通常理解予以解释。对格式条款有两种以上解释的,应当作出不利于提供格式条款一方的解释。格式条款和非格式条款不一致的,应当采用非格式条款。”

《著作权法》(2020年修正)

第18条:“自然人为完成法人或者非法人组织工作任务所创作的作品是职务作品,除本条第二款的规定以外,著作权由作者享有,但法人或者非法人组织有权在其业务范围内优先使用。作品完成两年内,未经单位同意,作者不得许可第三人以与单位使用的相同方式使用该作品。

有下列情形之一的职务作品,作者享有署名权,著作权的其他权利由法人或者非法人组织享有,法人或者非法人组织可以给予作者奖励:

(一)主要是利用法人或者非法人组织的物质技术条件创作,并由法人或者非法人组织承担责任的工程设计图、产品设计图、地图、示意图、计算机软件等职务作品;

(二)报社、期刊社、通讯社、广播电台、电视台的工作人员创作的职务作品;

(三)法律、行政法规规定或者合同约定著作权由法人或者非法人组织享有的职务作品。”

《著作权法实施条例》(2013年修订)

第4条第11项:“电影作品和以类似摄制电影的方法创作的作品,是指摄制在一定介质上,由一系列有伴音或者无伴音的画面组成,并且借助适当装置放映或者以其他方式传播的作品。”

第11条第1款:“著作权法第十六条第一款关于职务作品的规定中的‘工作任务’,是指公民在该法人或者该组织中应当履行的职责。”

案 例 3

数字时代图书馆合理使用的边界认定

——某音出版社有限公司、某文音像电子出版社有限公司诉广州某图电子科技有限公司侵害作品信息网络传播权纠纷案①

邓丹云　李晓红

| 裁判要旨 |

图书馆在提供数字作品时，判断是否为合理使用，应平衡著作权人权益和社会公共利益。合理使用范围当限定于两方面的条件：其一，服务对象为实名注册并获取电子借阅证等凭证的读者；其二，仅提供作品的浏览和阅读，不包含作品的下载。搭建数字平台的相关技术提供者可以作为数字作品合理使用的适格主体，但不能超出图书馆合理使用的边界。

| 基本案情 |

原告某音出版社有限公司（以下简称某音公司）、某文音像电子出版社有限公司（以下简称某文公司）是录音制品《巴斯蒂安成人钢琴教程》（第一册）的制作者，对案涉制品享有信息网络传播权。被告广州某图电子科技有限公司（以下简称某图公司）未经许可通过其运营网站“云图网”向公众提供案涉制品，且存在利用案涉制品进行商业营利的情形。某音公司、某文公司认为某图公司的行为侵害了其对案涉录音制品的信息网络传播权，为此向法院提起诉讼，请求判令某图公司向某音公司、某文公司赔偿经济损失 9000 元，律师费 900 元及公证费 100 元。

某图公司辩称：其受多家图书馆委托授权构建案涉平台“云图网”，为相关图书馆用户提供数字作品资源服务，其行为未影响作品的正常使用，也未不合理损害著作权人合法权益，应属对案涉录音录像制品的合理使用。

① 广州互联网法院民事判决书，（2020）粤 0192 民初 36894 号。

| 裁判思路 |

为了促进公共图书馆事业发展，发挥公共图书馆功能，我国于2018年1月1日开始实施修正后的《公共图书馆法》，其中第8条明确规定："国家鼓励和支持发挥科技在公共图书馆建设、管理和服务中的作用，推动运用现代信息技术和传播技术，提高公共图书馆的服务效能。"然而，在图书馆信息化建设进程中，应当如何界定图书馆对各类数据资源的信息网络化传播，在何种情况下属于合理使用，在何种情况下又该取得著作权人的授权，目前只有依据《信息网络传播权保护条例》(2013年修订)第7条的规定："图书馆、档案馆、纪念馆、博物馆、美术馆等可以不经著作权人许可，通过信息网络向本馆馆舍内服务对象提供本馆收藏的合法出版的数字作品和依法为陈列或者保存版本的需要以数字化形式复制的作品，不向其支付报酬，但不得直接或者间接获得经济利益。当事人另有约定的除外。前款规定的为陈列或者保存版本需要以数字化形式复制的作品，应当是已经损毁或者濒临损毁、丢失或者失窃，或者其存储格式已经过时，并且在市场上无法购买或者只能以明显高于标定的价格购买的作品。"该条将图书馆通过信息网络传播的合理使用行为进行了以下限制：(1)传播的对象为本馆馆舍内服务对象；(2)提供的内容为合法出版的数字作品，以及符合特定条件的为陈列或者保存版本的需要以数字化形式复制的作品。对于该规定的理解，在司法实践中存在较大争议，导致图书馆一方面有进行信息化建设的现实需求；另一方面又对信息化的行为将会面临何种法律后果而难以预知，故迫切希望能在具体的案例中明确合理使用的边界。本案对此作了尝试性的分析。

一、数字作品应当包含光盘中存储的作品

《信息网络传播权保护条例》第7条将图书馆可以通过信息网络合理使用的作品分为两类：本馆收藏的合法出版的数字作品及数字化形式复制的作品。而对于何为数字作品，《信息网络传播权保护条例》未作定义，现行法律法规也没有相关界定。学术通说认为，数字作品是以二进制数字编码形式表达并能被计算机读取、加工、存储和传输的各种作品。直接在计算机上完成并存储的作品为数字作品，当无疑义，但对于以首次以光盘为载体存储的作品是否属于数字作品的范畴，则存在争议。

从光盘的性质来看，光盘是利用激光原理进行读、写的设备，可以存放各种

文字、声音、图形、图像和动画等多媒体数字信息。光盘中存储的内容可以直接在计算机上读取，而在计算机上完成的数字作品也可以存储在光盘中，光盘应当视为数字作品的辅助存储器。因此，合法出版的随书光盘中的音频制品，应当认定为数字作品。

二、公共图书馆对于数字作品合理使用的边界

《信息网络传播权保护条例》第 7 条将图书馆通过信息网络提供数字作品的行为进行了场所和对象的双重限制，即本馆馆舍内的服务对象。对于这种限制，应当从互联网技术的实际应用状况及对著作权人的有效保护两个方面的因素来综合理解。

（一）关于数字作品提供的场域

图书馆通过互联网进行数字作品的供给，不以必须在馆所内借阅为场域限制。《公共图书馆法》第 40 条第 2 款规定："政府设立的公共图书馆应当加强数字资源建设、配备相应的设施设备，建立线上线下相结合的文献信息共享平台，为社会公众提供优质服务。"图书馆建设数字资源线上共享平台，实质上是从线下物理空间场域向线上网络空间延伸，使读者通过线上平台更便捷地获得作品，从而实现公共服务升级，因此线上共享平台仍属图书馆管理范围，读者从线上平台获取作品并未超越图书馆服务管理场域之外。若线上服务局限于场馆内借阅或者必须利用场馆内服务器借阅，则是将线上共享平台功能局限于线下实体场域之内，无法充分发挥互联网共享传播的功能，也无法实现线上线下共享的目标。因此，读者即使在图书馆馆所之外通过该馆的数字平台获得作品，也应当属于图书馆提供数字作品的合理使用范畴。

（二）关于数字作品提供的对象

为方便管理和提高服务效能，图书馆一般会采用办理借阅证等身份识别的方式明确其馆所服务对象。基于图书馆的公益性质，这些服务对象在图书馆的数字平台上是否可以扩充为全体社会公众？显然不能。如果图书馆数字作品向全体公众开放，则社会公众会越来越趋向从图书馆的数字平台免费获得相关作品，从而严重损害著作权人的经济利益。所以，当图书馆超越其馆所服务范围，对登录其数字平台的人员不加限制的行为，不属于合理使用的范畴。在采取相应技术控制措施下，图书馆应当要求社会公众在依法进行实名注册并获取如电子借阅证等凭证后，才能通过互联网数字平台在线借阅馆藏数字资源。

（三）关于数字作品的提供方式

《信息网络传播权保护条例》第 10 条第 4 项规定，不经著作权人许可、通过信息网络向公众提供其作品的，应当采取技术措施，防止本条例第 7 条、第 8 条、第 9 条规定的服务对象以外的其他人获得著作权人的作品，并防止本条例第 7 条规定的服务对象的复制行为对著作权人利益造成实质性损害。从该条规定可以看出，图书馆合理使用数字作品时仅能提供作品线上阅读和浏览，而不能提供下载功能。对于图书馆线下书籍的借阅，即使借阅人将图书转借他人，在特定时段内所传阅的范围也是有限的。但当图书馆提供数字作品下载后，该作品有可能在网络环境下被快速大量复制与传播，图书馆将无法控制该作品仅用于公共服务，从而挤压著作权人对该作品的正常使用和获利空间，违背合理使用制度价值取向。因此，图书馆在提供数字作品时须采取相应措施对作品传播范围作出控制，从而维持著作权人权利与公众利益之间的价值衡平。

三、搭建数字平台的相关技术提供者可作为数字作品合理使用的适格主体

《信息网络传播权保护条例》第 7 条规定，数字作品合理使用主体为图书馆、档案馆、纪念馆、博物馆、美术馆等。那么，对于为实现图书馆数字资源化，接受图书馆的委托搭建相关数字平台的技术提供者，能否作为数字作品合理使用的适格主体呢？目前尚无定论。笔者认为，这些技术提供者亦可以纳入相关合理使用行为的适格主体。

首先，法律并未直接排除相关技术提供者成为著作权合理使用的主体。限定著作权人的权利，设立著作权合理使用制度的价值在于保证公平的同时，兼顾效率。既然所有的创作都需要吸收他人的成果，那么著作权人在适当范围内让渡自己的权利，允许他人使用，保证信息获取和享有的畅通，既能为更多的创作创造更好的环境，又能实现社会总体利益的最大化。而在保证信息获取和享有的畅通时，需要有相关传播主体的协助，《著作权法》在对合理使用进行立法时，没有直接排除相关技术提供者作为合理使用传播主体的存在。

其次，相关技术提供者为公共图书馆搭建的数字平台系图书馆职能的延伸。本案中，某图公司建立的云图网不以营利为目的，通过全面、准确揭示馆藏图书信息，提高读者检索和甄选图书的准确性，大幅缩减读者甄选及借阅图书所耗费的时间，方便读者使用图书，提高馆藏图书利用率，本质上是延伸和优化各图书馆在互联网时代的职能。

最后,相关技术提供者搭建的数字平台不能超出合理使用的边界。依据《著作权法》第24条的规定,合理使用的前提是:(1)应当指明作者姓名或者名称、作品名称;(2)不得影响该作品的正常使用;(3)不得不合理地损害著作权人的合法权益。因此,相关技术提供者搭建的数字平台若不采取技术措施对注册用户予以限制,并且将用户使用数字作品的行为限制在阅读和浏览的范围,在使用相关作品时就得取得著作权人的同意。

某图公司受图书馆委托构建线上共享平台"云图网",对相关图书馆的馆藏书籍名称、内容简介、作者介绍、目录以及随书光盘,随书光盘中的内容进行共享传播,符合对数字作品合理使用的场域及作品类型的条件。但因"云图网"未采取必要措施筛选访问人员,且提供对案涉数字作品下载功能,使非馆所服务对象能够获得及传播相关作品,从而影响该数字作品的正常使用及导致著作权人的合法利益遭受不合理的贬损,因此其行为不能认定为对数字作品的合理使用。但需要指出的是,若某图公司仅是针对图书馆的特定用户群体在线提供案涉录音制品的浏览服务,则既符合公共政策目标,激励作品的再创作和传播,促进文化传承与创新,又不会影响该制品的正常使用,也不会不合理地损害某音公司、某文公司的合法利益,应属合理使用的范畴。

本案通过明确数字时代下图书馆合理使用的边界范围,回应当前图书馆数字化建设发展需求,实现在严格保护知识产权的同时保障公共利益和激励创新,从而推动社会公共服务信息化、现代化、智能化建设,构建便民利民公共服务体系,以激发创新活力推动构建知识产权司法保护新发展格局。

| 相关规定 |

《著作权法》(2020年修正)

第44条:"录音录像制作者对其制作的录音录像制品,享有许可他人复制、发行、出租、通过信息网络向公众传播并获得报酬的权利;权利的保护期为五十年,截止于该制品首次制作完成后第五十年的12月31日。

被许可人复制、发行、通过信息网络向公众传播录音录像制品,应当同时取得著作权人、表演者许可,并支付报酬;被许可人出租录音录像制品,还应当取得表演者许可,并支付报酬。"

最高人民法院《关于审理侵害信息网络传播权民事纠纷案件适用法律若干问题的规定》(2020 年修正)

第 3 条:“网络用户、网络服务提供者未经许可,通过信息网络提供权利人享有信息网络传播权的作品、表演、录音录像制品,除法律、行政法规另有规定外,人民法院应当认定其构成侵害信息网络传播权行为。

通过上传到网络服务器、设置共享文件或者利用文件分享软件等方式,将作品、表演、录音录像制品置于信息网络中,使公众能够在个人选定的时间和地点以下载、浏览或者其他方式获得的,人民法院应当认定其实施了前款规定的提供行为。”

案例 4

“抄袭”网页设计是否构成著作权侵权及不正当竞争

——广州某科技公司与某技术公司、某网络公司侵害著作权纠纷及不正当竞争纠纷案①

周 扬 梁珺怡

| 裁判要旨 |

网页中罗列的各类菜单相当于一本书的“目录”,并未相对完整地表达或反映出作者的思想情感、传递一定的信息,不属于汇编作品的保护范围。

“抄袭”网页设计不构成著作权侵权,但在网页中利用了他人的成功精品案例作为商业宣传,属于欺骗误导消费者的虚假宣传行为,该行为可使其不当获得竞争优势,破坏市场竞争秩序,构成不正当竞争。

| 基本案情 |

广州某科技公司诉称,其创作完成的网站在行业内享有较高知名度,网站版面设计、内容编排、页面视觉效果等方面均具有高度的独创性,属于汇编作品。某网络公司网站内容与广州某科技公司网站基本相同,构成著作权侵权和不正当竞

① 广州互联网法院民事判决书,(2019)粤 0192 民初 23002 号。

争。某技术公司与某网络公司共同制作了上述侵权网站,因此同样构成著作权侵权及不正当竞争,故起诉请求:判令某网络公司、某技术公司赔偿广州某科技公司经济损失共计100万元;判令某网络公司、某技术公司立即停止侵犯广州某科技公司著作权及不正当竞争的行为;判令某网络公司、某技术公司在侵权网站首页及腾讯新闻App、《南方都市报》显著位置连续30天登载致歉声明并消除影响。

某网络公司辩称,其名下网站所使用的源码软件是从某技术公司处购买,有合法来源。

某技术公司辩称,广州某科技公司主张的网页并非作品,不受《著作权法》保护;广州某科技公司网站各板块内容与某技术公司的网站内容均不相同,不会造成相关公众的混淆,某技术公司的行为不构成不正当竞争。

| 裁判思路 |

一般而言,对于知识产权专门法本身已足够提供保护的客体,不宜再利用不正当竞争法在这些客体上创设新的保护权能,此为知识产权专门法的独占适用原则。虽然《反不正当竞争法》对于知识产权或者商业成果可以提供附加和补充的保护,但必须基于不同于专有权保护的额外原因,或者基于另外的利益平衡,即行为人只有在违反市场竞争秩序,损害了其他经营者、消费者的利益或公共利益的情况下,法院才能将其行为认定为不正当竞争。

一、网页设计的作品类型认定

(一)汇编作品可否构成独立的作品类型

根据著作权法相关原理,可以将汇编的结果与传统作品的关系分为两种:第一,如果独创性地选择或编排形成的是能够独立表现思想或文艺美感的内容,则选择或编排仅仅是创作《著作权法》第3条中各类作品的手段,并不产生汇编作品;第二,如果独创性选择或编排无法形成独立表现思想或文艺美感的内容,无法被归入文字、美术等作品之中的,则选择编排成果可以作为汇编作品受到保护。从这个意义上说,汇编作品是《著作权法》第3条之外的独立作品类型,具有“兜底”的作用。

(二)网页设计可属于汇编作品,但需满足汇编作品的独创性要求

网页设计是通过创作构思将多种元素信息进行整合与排列,以营造丰富的视觉体验,本身亦是一种劳动创造,当网站版面的素材选取、表现形式及内容编

排等达到一定独创性要求，网站整体可作为汇编作品进行保护。司法实践对于网页设计的审查一般从以下两个方面入手：

第一，结构安排。对于网页框架性结构，无论汇编者是按照拼音字母顺序、汉字笔画顺序此类常见的或者根据行业特点以通用的顺序进行编排，还是按照自己的理解，能体现其个性的编排，均因为“框架”不能向社会公众提供具体的内容、传递一定的信息，仅仅类似于一本书的目录，不属于汇编作品的保护范围。

第二，内容选择。如果汇编者不加选择，把某一领域或某一时段的内容全部收录，则该种选择没有独创性。如果汇编者按照自己关于针对性、重要性、关联性的理解，从中选取特定的内容，则其选择具有独创性。本案中，广州某科技公司的网页展示是基于大数据统计分析后的选择，目的是提升商业效率，属于功能性表达，不能体现其独创性，无法获得《著作权法》保护。

二、如何认定构成不正当竞争

（一）经营者之间不需要存在竞争关系

现代化、信息化和全球化时代的企业竞争是三维、四维乃至更高维度的跨度竞争，空前激烈的竞争使市场边界也渐趋模糊，不同市场之间关联度提高，这种市场竞争已不限于狭义的竞争行为和竞争关系。同时，《反不正当竞争法》属于行为法，如果从市场竞争行为的角度定位，则经营者之间的竞争关系不是不正当竞争行为的构成要件，更不是《反不正当竞争法》的适用条件。不正当竞争行为既可能损害特定竞争者，也可能损害消费者或者社会公众，而并不以损害特定竞争者且其相互之间具有竞争关系为必要。不正当竞争行为只是根据其是否违反竞争原则或者其他具体法律标准进行认定。因此，经营者之间具有竞争关系不是认定构成不正当竞争的必要条件。

（二）“抄袭”若不造成混淆，则不构成不正当竞争

在市场经济中，“抄袭”是一种较为普遍的现象。通过《反不正当竞争法》评价“抄袭”行为的正当性不能仅作空洞、片面的道德判断，而应当主要从客观角度进行衡量。如果“抄袭”行为不会产生混淆，则一般不属于《反不正当竞争法》第 6 条所称的不正当竞争行为。如本案中将涉案侵权网页作为商品出售及使用行为，因属于不同领域，不会使社会公众产生混淆，故此种“抄袭”不构成不正当竞争的“混淆”。

（三）“抄袭”构成虚假宣传，可认定不正当竞争

《反不正当竞争法》第 8 条规定的重点在于“引人误解”，仅“虚假”而不“引人

误解”则不应认定为该条所规定的侵权行为。两被告在经营过程中未与相关客户签订合同,不存在涉案网页中的成功精品案例,却“抄袭”广州某科技公司的成功精品案例作为商业宣传,属于欺骗误导消费者的行为,将造成消费者误以为两被告具备较强的竞争力。该虚假宣传行为不仅损害了消费者的利益,亦削弱了广州某科技公司在市场上的竞争力,破坏了公平的市场竞争秩序,构成不正当竞争。

| 相关规定 |

《反不正当竞争法》

第2条:“经营者在生产经营活动中,应当遵循自愿、平等、公平、诚信的原则,遵守法律和商业道德。

本法所称的不正当竞争行为,是指经营者在生产经营活动中,违反本法规定,扰乱市场竞争秩序,损害其他经营者或者消费者的合法权益的行为。

本法所称的经营者,是指从事商品生产、经营或者提供服务(以下所称商品包括服务)的自然人、法人和非法人组织。”

第6条:“经营者不得实施下列混淆行为,引人误认为是他人商品或者与他人存在特定联系:

(一)擅自使用与他人有一定影响的商品名称、包装、装潢等相同或者近似的标识;

(二)擅自使用他人有一定影响的企业名称(包括简称、字号等)、社会组织名称(包括简称等)、姓名(包括笔名、艺名、译名等);

(三)擅自使用他人有一定影响的域名主体部分、网站名称、网页等;

(四)其他足以引人误认为是他人商品或者与他人存在特定联系的混淆行为。”

第8条:“经营者不得对其商品的性能、功能、质量、销售状况、用户评价、曾获荣誉等作虚假或者引人误解的商业宣传,欺骗、误导消费者。

经营者不得通过组织虚假交易等方式,帮助其他经营者进行虚假或者引人误解的商业宣传。”

《著作权法》

第15条:“汇编若干作品、作品的片段或者不构成作品的数据或者其他材料,对其内容的选择或者编排体现独创性的作品,为汇编作品,其著作权由汇编人享有,但行使著作权时,不得侵犯原作品的著作权。”

案 例 5

5G 云游戏平台获取用户数据行为的正当性认定

——深圳某计算机系统有限公司诉杭州某网络技术有限公司等著作权侵权、不正当竞争纠纷案①

李俊松 李 婷

| 裁判要旨 |

对于用户因注册、浏览、交互式参与等行为而在平台上留下的原始数据，如果数据收集方在数据收集后，未投入更多的运营或保护成本使其转化为衍生数据的，则不应简单认定其享有数据权益而给予保护。

对游戏用户原始数据的收集，并非游戏运营平台的专有权利。5G 云游戏平台以获得用户授权的合法手段收集原始数据的行为，未损害游戏运营平台数据权益的，不构成不正当竞争。

| 基本案情 |

深圳某计算机系统有限公司主张其享有 5 款知名游戏软件及全部游戏内元素的著作权。杭州某网络技术有限公司从深圳某计算机系统有限公司的网站下载涉案网络游戏，并在自主运营的“5G 芝麻”平台上传了涉案网络游戏，但未收费，还计划推出“一元租号”等游戏外功能。深圳某计算机系统有限公司认为，杭州某网络技术有限公司未经授权在其平台上传了涉案网络游戏，利用游戏的知名度和吸引力夺取用户和流量、游戏云平台市场份额，构成著作权侵权和不正当竞争。广州某网络科技有限公司提供“5G 芝麻”App 的下载和分发服务，对杭州某网络技术有限公司的侵权提供帮助，构成共同侵权，遂成此讼。

| 裁判思路 |

本案涉及数据获取的不正当竞争行为认定。在司法实践中，适用反不正当

① 广州互联网法院民事判决书，(2020) 粤 0192 民初 20405 号。

竞争法保护数据权益时存在违法行为认定边界模糊、法律规则指引不足等问题,如何妥善应对数据领域新类型不正当竞争纠纷,是当前司法审判面临的一大难题。本案从数据权益正当性及手段正当性两方面划定行为边界,有效规制不正当竞争行为,以期促进数字经济市场的有序竞争。

一、行为内因考量:是否僭越数据权益边界

数据获取不正当竞争行为产生的原因在于对数据资源与数据权益的竞争,法院在认定主体数据获取行为正当与否时应从数据本身出发,即主体是否对数据享有相应的数据权益及是否僭越权益边界。

(一)数据的定义及分类

数据指任何以电子或者其他方式对信息的记录,其不仅是虚拟符号代码,更是信息的动态形式,是促进经济社会发展的生产要素。2021 年施行的《民法典》第 1034 条、2021 年 6 月 10 日通过的《数据安全法》第 7 条①均对数据及数据权益保护进行了规定。

不同类型数据所承载利益的不同,其是否享有数据权益及对数据权益的保护力度也有所不同。

1. 以数据的“可识别性”为标准分为个人数据与非个人数据。自然人对个人数据依法享有人格权益;自然人、法人和非法人组织对其合法处理形成的个人数据与非个人数据享有财产权益。对于涉及个人敏感信息的数据应采取较强的保护力度,而对于非个人数据则可以侧重流通利用的需要给予弱保护。

2. 以数据是否进行加工为划分标准分为原始数据与衍生数据。原始数据是用户因注册、浏览、交互式参与等行为而在平台上留下的数据,此类数据是否应予保护及保护程度,需结合数据本身情况、收集和维护投入成本等进行综合判断。衍生数据是网络平台通过对数据进行挖掘、存储、分析与计算,经过脱敏化处理与再加工而形成,网络平台对此付出的大量智力劳动成本投入,因此享有财产性权益,2021 年 7 月 6 日通过的《深圳经济特区数据条例》②即明确了此

---

① 《数据安全法》第 7 条规定:“国家保护个人、组织与数据有关的权益,鼓励数据依法合理有效利用,保障数据依法有序自由流动,促进以数据为关键要素的数字经济发展。”

② 《深圳经济特区数据条例》第 3 条规定:自然人对个人数据享有法律、行政法规及本条例规定的人格权益。第 4 条规定:自然人、法人和非法人组织对其合法处理数据形成的数据产品和服务享有法律、行政法规及本条例规定的财产权益。

项权益规则。区分原始数据与衍生数据是因为二者在处理数据时所付出的创造性劳动不同,因此保护路径与保护程度也应有差别。

本案中,深圳某计算机系统有限公司收集的游戏用户的账号信息及参与游戏的相关数据,属于原始数据,其在收集后没有投入更多的运营和保护成本将这些数据转化为衍生数据。鉴于原始数据收集并非游戏运营平台享有的专有权利,5G 云游戏也可以通过用户授权对游戏用户原始数据进行收集,故不能因该公司的主张而给予数据权益保护,否则将导致数据封闭和数据垄断。

(二)以不损害其他数据主体的合法权益为权益边界

对于数据的法律属性问题,存在物权说、知识产权说、新型财产权说等不同观点,目前尚未有一种学说可以对数据及数据权进行准确定性。数据作为一种抽象虚拟的客体,具有"无形性",且数据从形成、采集、筛选、处理、分析、利用等经过多个环节,涉及用户、数据收集方、数据使用方、数据平台等多方主体,并非某个主体专有与排他,①由此无法满足物权法所规定的具有可支配性和排他性、可以被特定主体专有的物权客体要件。数据的无形性虽与知识产权的权利客体相似,但本质却有所不同,知识产权是对特定智力创造成果依法享有的专有权利,是相关主体某种思想的外在呈现。而数据则是一种客观存在,并不体现数据提供者的创造性思想。② 在无法对数据及数据权进行法律定性时,应当如何对数据进行保护?

1. 主体享有数据权益。目前,理论界与司法界基本上都认同从数据权益的角度入手对数据进行保护,即数据权益是一种法律保护的利益,当合法权益受到侵害时,可以请求法律保护。数据权益包括人格权益与财产权益。其中,数据财产权益指经营者对于投入成本而收集、处理、存储的数据享有财产性利益,类似于用益物权,享有占有、使用、收益的权利。

2. 数据权益的行权界限是不损害其他数据主体权益。数据生产流通过程往往涉及多个主体,并不能准确界定谁是原始取得或权益应该归谁享有,类似于"多人之物"。从推进社会经济发展的角度,应当允许不同主体在不损害其他

① 丁晓东:《论企业数据权益的法律保护——基于数据法律性质的分析》,载《法律科学(西北政法大学学报)》2020 年第 2 期。

② 申卫星:《论数据用益权》,载《中国社会科学》2020 年第 11 期。

主体合法权益的基础上，自主地对数据进行占用、使用、收益。在司法实践中，应当以“损害其他主体的合法权益”作为数据权益不当行使的界限，通过设置必要的法律规范，划定不当行权的红线，以此明晰主体享有数据权益的边界。

就本案而言，5G 云游戏收集游戏用户相关数据的行为并未妨碍游戏运营商对用户数据的收集和使用，也未切断用户与游戏运营商之间的关系，用户通过 5G 云游戏平台玩游戏时仍需登录游戏运营商账户。游戏运营商不会因云模式的转变造成数据权益受损，相反，5G 云游戏平台使得游戏的操作、推广更便捷，可以有效增加游戏用户数量。5G 云游戏平台与游戏运营商各自收集数据并享有数据权益，没有僭越数据权益边界。

二、行为外观分析：数据获取手段是否正当

在权益正当的前提下，违背行业公认商业道德，扰乱市场公平竞争秩序的不正当获取数据的手段也为反不正当竞争法所禁止。

（一）数据获取手段

数据获取方式有两种：一是基于向用户采集、加工等事实行为取得。数据的采集加工要有用户的合法授权，数据收集方应当在《网络安全法》①允许的范围内，制定用户服务协议，对数据的收集、授权等事项进行合理规定。二是通过共享、交易等方式继受取得。数据共享、交易要在合法范围内，不能通过技术手段破解其他网络平台的技术保护措施，采用违反行业惯例或对网络生态产生消极影响的手段。

（二）数据不正当获取手段

数据不正当获取手段指未经授权或超越授权范围，或使用不当方式获取数据。司法实践中常见的不当获取手段包括：利用爬虫技术盗用他人数据；②经营者以“撞库”方式收集其他经营者的账号和密码信息；③第三方通过群控软件擅自收集、存储网络平台的用户数据；④第三方应用未经用户同意且未经开放平台

---

① 《网络安全法》第 41 条规定：“网络运营者收集、使用个人信息，应当遵循合法、正当、必要的原则，公开收集、使用规则，明示收集、使用信息的目的、方式和范围，并经被收集者同意。网络运营者不得收集与其提供的服务无关的个人信息，不得违反法律、行政法规的规定和双方的约定收集、使用个人信息，并应当依照法律、行政法规的规定和与用户的约定，处理其保存的个人信息。”

② 参见广东省深圳市中级人民法院判决书，（2017）粤 03 民初 822 号。

③ 参见《人民法院报》2019 年 11 月 5 日，第 3 版。

④ 参见《人民法院报》2020 年 6 月 4 日，第 3 版。

授权,获取并使用平台用户信息;[①]未经授权,通过技术手段破坏或者绕开网络平台所作的技术限制,抓取、存储、展示网络平台数据[②]等。

(三)5G 云游戏平台通过用户协议获取数据具有正当性

5G 云游戏是以云计算为基础的游戏方式,本质上为交互性的在线视频流。在云游戏的运行模式下,用户通过云游戏平台预装的客户端登录游戏之后,在该平台对游戏发送操作指令,由云平台对数据进行计算,并将渲染完毕后的游戏画面或指令压缩后通过网络传送给用户。[③] 传统大型网络游戏需要在电脑或手机上本地安装游戏客户端及游戏的资源库,游戏运行对 CPU、内存、显卡等的性能都有相当高的要求。而云游戏采用 software as a service(SAAS 软件即服务)的应用模式,游戏中的画面渲染、数据同步、交互逻辑所有计算全部在云端服务器进行,云服务商以提供云端服务器的方式达到与本地运行软件同样的游戏效果,其特点是免下载、免配置、跨终端。

5G 云游戏获取数据的方式主要通过向游戏用户采集并存储数据,收集的数据主要是账号相关信息及部分个人游戏历史信息。在 5G 云游戏平台进行登录操作时,交互行为由用户发起,凭证信息由用户服务方派发和校验,操作结果由游戏供应方向用户服务校验和响应,用户信息与运行环境相对隔离,只有部分用户愿意留下的数据会存储在云游戏平台上。

以本案为例,杭州某网络技术有限公司的《用户隐私政策》第 1.1 条、[④]第 1.4 条提出,为充分保障用户的游戏体验,平台可能会自动关联用户的第三方游戏账号及部分游戏数据至用户的云游戏平台账号,便于用户自动登录及下次登录时可以继续上一次的游戏进度,但以上功能用户均可自行选择是否使用。杭州某网络技术有限公司获取数据时并非通过 open API 或者破坏深圳某计算机

---

① 参见北京知识产权法院判决书,(2016)京 73 民终 588 号。

② 参见北京知识产权法院判决书,(2019)京 73 民终 3789 号。

③ 中国信息通信研究院、国家广播电视总局广播电视科学研究院、中国新闻出版传媒集团有限公司、5G 云游戏产业联盟:《云游戏产业发展白皮书——5G 助力云游戏产业快速发展(2019 年)》。

④ 《用户隐私政策》第 1.1 条:"用户可以使用微信、QQ、微博等第三方账号登录本平台,此时,平台可能采集到用户的微信号、QQ 账号、微博账号等账号信息或与前述账号有对应关系的信息,该信息由前述账号服务商提供,平台获取的信息仅限于用户授权同意且账号服务商许可的部分。"第 1.4 条:"本平台上提供的一部分游戏的数据仍然由该游戏的运营厂商保存,平台不会采集该数据。本平台上提供的另一部分游戏的数据(游戏存档)会保存在本平台上并与用户的平台账号关联,这是为了用户下次登录本平台时可以继续上一次的游戏进度。"

系统有限公司的技术保护措施获取,而是通过用户服务协议向用户直接采集的方式获取。因此,网络平台抓取用户数据的手段合法、服务协议本身不存在无效事由,云游戏平台获取相应数据具有正当性。

三、5G云游戏平台数据问题的反不正当竞争法规制思路

(一)法律适用:反不正当竞争法一般条款的适用

在司法实践中,游戏运营商通常以《反不正当竞争法》第2条即一般条款作为保护其数据权益的依据。而适用《反不正当竞争法》一般条款救济,需要满足以下要件:一是法律对该种竞争行为未作出特别规定;二是其他经营者的合法权益确因该竞争行为受到实际损害;三是该种竞争行为因确属违反诚实信用原则和公认的商业道德而具有不正当性或者说可责性。目前,不正当竞争的类型化条款并未规定涉及数据权益的不正当竞争形态,故以《反不正当竞争法》一般条款作为规制数据不正当竞争行为的法律依据是当前最为适宜的选择。

(二)审查要点:聚焦行为的内因与外观

适用《反不正当竞争法》一般条款时,需要聚焦权利主体的内在基础、竞争行为的损害结果与外观形式三个方面:第一,经营者是否对数据享有合法权益。《反不正当竞争法》的立法目的是维护市场公平竞争秩序,制止不正当竞争行为,保护经营者合法权益,因此,权利主体主张反不正当法救济,其内在基础必然是其享有合法财产权益。第二,竞争行为是否对其他经营主体的正当利益造成损害。获取、使用数据要在合法边界内,不能超过合理必要限度或掠夺了他人的数据资源,对经营者利益造成损害。第三,竞争行为外观是否合法,即获取数据的手段是否违反自愿、平等、公平、诚信原则和商业道德,扰乱数据市场竞争秩序。

(三)遵循原则:平衡技术创新与权益保护

数据的收集、流通、利用等经过多个环节,涉及用户、数据收集方、数据使用方、数据平台等多方主体,各方主体对于数据资源有着不同的利益诉求。数据权益保护应协调兼顾各主体的人格性权益、财产性权益及公共政策等多重利益,遵循数据保护与数据共享平衡的原则。法院在审理此类涉网新型案件中,需始终秉持着包容审慎的态度,以促进创新和利于消费者的长远利益为指引,既要肯定数据收集者的利益,又要考虑新技术推广过程中对数据开放、共享、流

通和运用的需求，充分权衡不同主体之间的利益，促进社会利益最大化，保障数字经济良性发展。

随着云游戏这种新业态的出现，未来5G云游戏平台将面临行为合规、数据安全、知识产权等多方面的法律风险。因此，有必要促成游戏行业协会形成统一的治理规范和指导，倡导行业文明自律、明确竞争规则，树立积极向上的企业形象，游戏内容提供商、云服务提供商、电信运营商、渠道商、终端设备商等各个参与主体要建立完整、合法的授权链条，通过产业链上下游企业依法依规的融合发展，构建共享共治共赢的5G云游戏生态。

| 相关规定 |

《民法典》

第1034条："自然人的个人信息受法律保护。

个人信息是以电子或者其他方式记录的能够单独或者与其他信息结合识别特定自然人的各种信息，包括自然人的姓名、出生日期、身份证件号码、生物识别信息、住址、电话号码、电子邮箱、健康信息、行踪信息等。

个人信息中的私密信息，适用有关隐私权的规定；没有规定的，适用有关个人信息保护的规定。"

《反不正当竞争法》

第2条："经营者在生产经营活动中，应当遵循自愿、平等、公平、诚信的原则，遵守法律和商业道德。

本法所称的不正当竞争行为，是指经营者在生产经营活动中，违反本法规定，扰乱市场竞争秩序，损害其他经营者或者消费者的合法权益的行为。

本法所称的经营者，是指从事商品生产、经营或者提供服务（以下所称商品包括服务）的自然人、法人和非法人组织。"

延伸阅读

打开二次创作的"枷锁":短视频二次创作的侵权认定路径重构

刘梦薇

UGC(User-Generated Content)主要指网络用户在线创作和传播作品的行为,①其中短视频二次创作在自媒体异军突起的大背景下数量增长迅猛。广大网络用户既是阅读者又是创作者,涌现了"一分钟看完××电影""××精彩集锦""××电视剧新编"等短视频二次创作作品,日益成为大众碎片化娱乐的主要内容。而在数字网络时代下,短视频二次创作突破传统纸媒时代的局限性,在创作主体、创作行为、传播范围等方面展现出鲜明的技术与时代特征(见图2-1)。

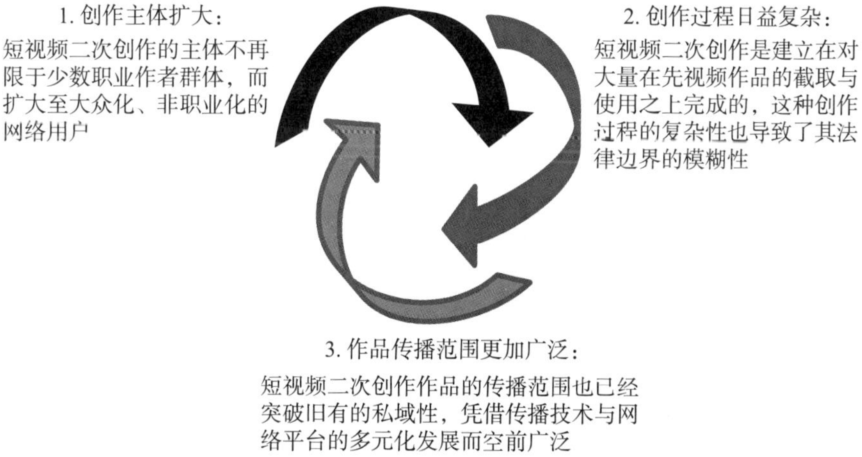

图2-1 数字时代短视频二次创作的特征

① 熊琦:《"用户创造内容"与作品转换性使用认定》,载《法学评论》2017年第35期。

如今,短视频二次创作已经成为社会公众进行自我表达、参与文化交流的有效渠道,也是促进社会文化繁荣、推进文化产业革新的重要力量。[①] 与此同时,大量短视频内容基于未经授权作品进行剪辑、引用与再创作,二次创作者的涉诉风险正随着著作权人权利意识的增强而逐步提升,原作品版权方与短视频创作者之间的利益矛盾冲突日益加剧。从 2006 年的"一个馒头引发的血案"事件到 2017 年的"谷阿莫电影解说侵权案",相关法律规范的缺失导致裁判标准的不统一与判决结果的不确定,暴露了二次创作所面对的司法裁判难题。

究其根源,短视频二次创作面临诸多现实挑战与困境的原因在于其法律层面的定位不明与边界不清。因此,与其将短视频二次创作的著作权法规范问题解读为传统文化产业利益与新生文化消费模式之间的一场博弈,不如将其看作数字技术变革与文化产业转型对既有著作权法律制度作出的检视与完善。[②] 对此,作为司法工作者的我们应当结合相关行业发展现状与司法实践经验,严格把握短视频二次创作的合法性边界,防止以损害著作权人创作利益为代价换取二次创作"昙花一现"的繁荣。著作权法律法规在规范二次创作现象时,应当从"规制侵权"转为"促进授权",平衡原始创作激励与二次创作自由之间的矛盾关系,实现私人权利保护与社会文化繁荣的双赢。

一、实证检视:短视频二次创作侵权类案件的司法观察

(一)短视频二次创作的常见类型及创作特点分析

短视频二次创作的典型创作手段是重混(remix),形成作品多为通过剪辑各影视片段进行拼贴组合再创作的影音杂糅作品(mash up)、通过引用或模仿原作以达到讽刺、批判效果的戏仿作品(parody)等。可将现在在网络上流行的短视频二次创作进行非完全的类型化。

1. 改编型短视频二次创作

改编型是指将一个作品或一个作品的部分内容作为基础进行评论、解说等二次创作。例如,"带你×分钟看完××剧/××电影"系列,基本维持了原作品的要旨,抓取片段相对完整,但经过重新剪辑配音,形成新作品。改编型短视频二次创作对原作品的影响分析见图 2-2。

① 储翔、陈倚天:《影视二次创作短视频版权保护及协同治理》,载《中国出版》2022 年第 6 期。

② 林妍池:《数字网络时代二次创作的著作权法规范困境与进路》,载《南海法学》2022 年第 6 期。

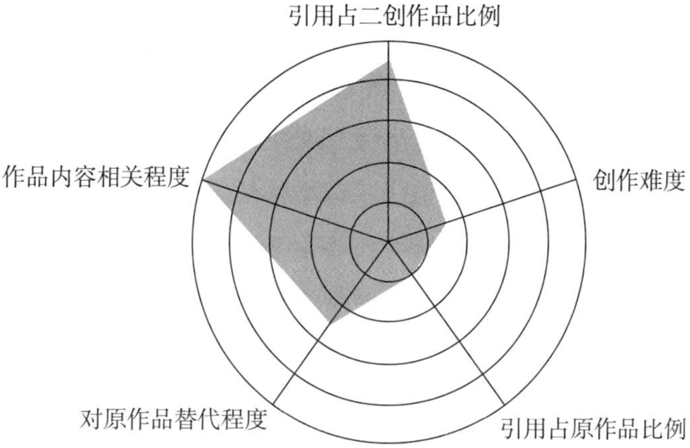

图 2－2　改编型短视频二次创作对原作品影响分析

2. 汇编型短视频二次创作

汇编型是指按照统一的思路与标准将多个不同的作品进行拼接。例如，哔哩哔哩网站的知名上传者（uploader，UP 主）"达文西的暴躁解说"，将不同粗制滥造的电视剧进行混剪、解说，形成新作品。汇编型短视频二次创作对原作品的影响分析见图 2－3。

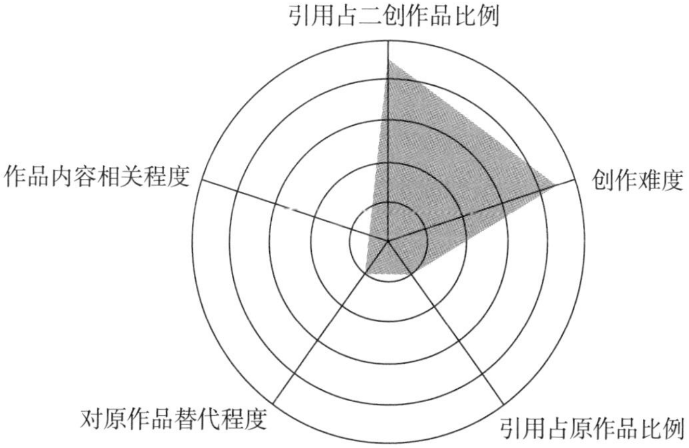

图 2－3　汇编型短视频二次创作对原作品影响分析

3. 采样型短视频二次创作

采样型是指将其他作品的少量片段抓取至原创内容长度占比较大的素材中。例如，生活分享类博主常常会拍摄的视频博客（Vlog）短视频中插入了其他作品的几秒用以转场或表达某种情绪或者烘托氛围效果。采样型短视频二次创作对原作品的影响分析见图 2－4。

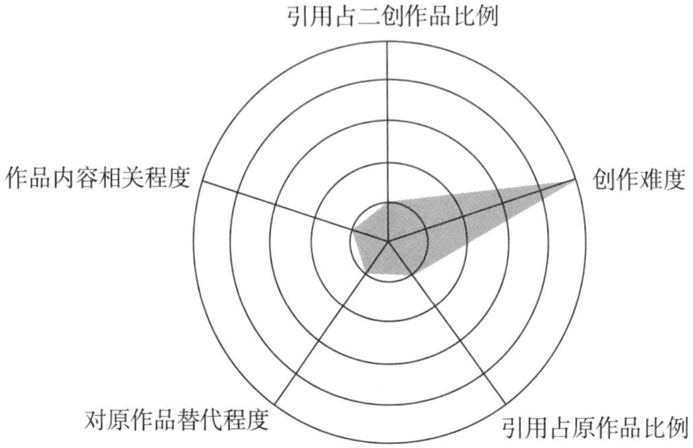

图 2－4　采样型短视频二次创作对原作品影响分析

4. 融合型短视频二次创作

融合型是指创作者通过对多个不同作品的采样，应用于与原作品内涵、要旨并不相同的作品表达。例如，从冷门电影、电视剧进行中抓取其构思底本所需要的形象、动作片段，重新组合成一个全新剧情内容的故事。[①] 融合型短视频二次创作对原作品的影响分析见图 2－5。

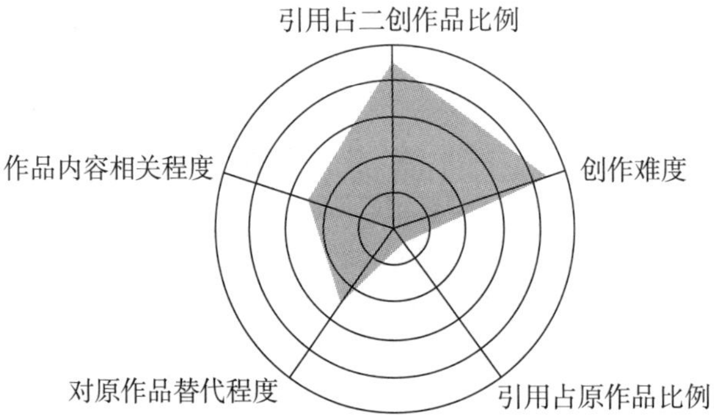

图 2－5　融合型短视频二次创作对原作品影响分析

① 袁真富：《用户创造内容（UGC）的著作权合理使用问题研究——兼论〈中华人民共和国著作权法修正案（草案二次审议稿）〉合理使用制度的完善》，载《科技与出版》2020 年第 10 期。

(二)我国司法认定“合理使用”逻辑分析

在我国相关司法裁判中,对于短视频二次创作的著作权法规制,被诉侵权的二次创作者往往以合理使用作为其侵权抗辩依据。但由于现行法律规定的严重不足,法官裁量尺度较大,法律适用相对比较混乱,故我们选取裁判文书网中以“二次创作”“视频”“知识产权纠纷”为关键词检索案件,并除去相同系列案件,以实例分析拆解司法实务中认定短视频二次创作是否构成“合理使用”的不同审判逻辑(见表2-1)。

表2-1 各地法院对于视频类合理使用制度认定标准适用

序号	审理法院	案号	审级	案件名	是否构成合理使用	裁判依据
1	北京知识产权法院	(2017)京73民终656号	二审	中国科学技术大学与北京盛世骄阳文化传播有限公司侵害作品信息网络传播权纠纷上诉案	否	不属于法定列举情形
2	北京知识产权法院	(2016)京73民终143号	二审	北京易联伟达科技有限公司与深圳市腾讯计算机系统有限公司侵害作品信息网络传播权纠纷上诉案	否	不属于法定列举情形
3	北京知识产权法院	(2020)京73民终187号	二审	深圳市蜀黍科技有限公司与优酷网络技术(北京)有限公司著作权权属、慢权纠纷案	否	“三步检验法”
4	北京知识产权法院	(2020)京73民终573号	二审	上海美术电影制片厂有限公司与北京完美创意科技有限公司著作权权属、侵权纠纷案	否	“三步检验法”
5	广东省广州市海珠区人民法院	(2014)穗海法知民初字第359号	一审	原告飞狐信息技术(天津)有限公司诉被告广东第二师范学院侵害作品信息网络传播权纠纷案	否	不属于法定列举情形
6	广东省广州市海珠区人民法院	(2014)穗海法知民初字第361号	一审	深圳市迅雷网络技术有限公司诉被告广东第二师范学院侵害作品信息网络传播权纠纷案	否	不属于法定列举情形
7	广东省广州市天河区人民法院	(2009)天法知民初字第330号	一审	深圳市零点星广告艺术发展有限公司诉广东星艺装饰有限公司等著作权侵权纠纷案	否	不属于法定列举情形
8	广东省广州市天河区人民法院	(2014)穗天法知民初字第1114号	一审	上海美术电影制片厂诉广州网易计算机系统有限公司著作权侵权纠纷案	否	“三步检验法”、注明作者姓名
9	广州知识产权法院	(2015)粤知法著民终字第613号	二审	南方医科大学与深圳市迅雷网络技术有限公司侵害作品信息网络传播权纠纷上诉案	否	不属于法定列举情形
10	湖南省高级人民法院	(2020)湘知民终179号	二审	唐亮、长沙广播电视集团著作权权属、侵权纠纷案	否	不属于法定列举情形

续表

序号	审理法院	案号	审级	案件名	是否构成合理使用	裁判依据
11	湖南省长沙市中级人民法院	(2020)湘01民终3977号	二审	广州世娱文化传播有限公司、湖南快乐阳光互动娱乐传媒有限公司侵害作品信息网络传播权纠纷案	否	不属于法定列举情形
12	浙江省嘉兴市中级人民法院	(2011)浙嘉知初字第16号	二审	北京盛世骄阳文化传播有限公司诉桐乡市实验小学教育集团侵犯著作财产权纠纷案	否	不属于法定列举情形
13	浙江省嘉兴市中级人民法院	(2008)嘉民二初字第30号	一审	中影衰亚音像制品有限公司诉上海点堪网络科技有限公司嘉兴分公司等侵犯著作财产权纠纷案	否	不属于法定列举情形
14	天津市第二中级人民法院	(2018)津02民终2342号	二审	兰州大学与乐视网(天津)信息技术有限公司侵害作品信息网络传播权纠纷案	否	不属于法定列举情形
15	天津市第二中级人民法院	(2021)京73民终202号	二审	乐视网(天津)信息技术有限公司诉中国科学技术大学侵害作品信息网络传播权纠纷案	否	不属于法定列举情形
16	山东省济南市中级人民法院	(2007)济民三初字第320号	一审	中影衰亚音像制品有限公司诉山东新华电脑学院侵犯信息网络传播权纠纷案	否	不属于法定列举情形
17	江苏省无锡市中级人民法院	(2005)锡知初字第9号	一审	江云龙诉无锡市贸易资产经营公司著作权侵权纠纷案	否	不属于法定列举情形

1."三步检验法"为多种主观解释留有空间

第一种司法认定标准中应用的"三步检验法"(见图2-6)是指《保护文学和艺术作品伯尔尼公约》第9条第2款对复制权的例外限制规定,该规定表示,各成员对专有权作出的任何限制或例外规定仅限于某些特殊情况,且与作品的正常利用不相冲突,也不得无理损害权利持有人的合法权益。

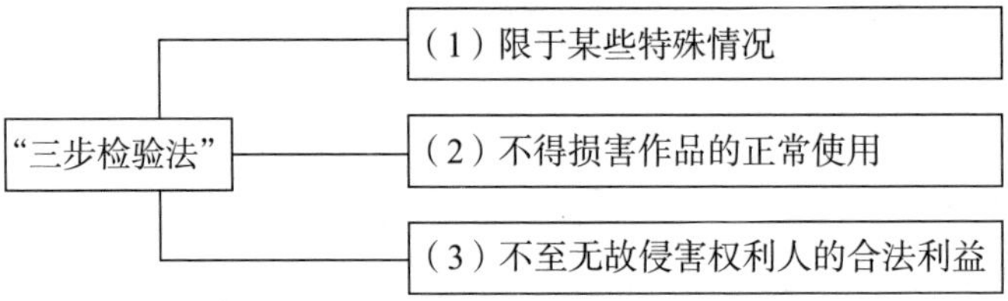

图2-6 "三步检验法"

对于这三个条件的整体应用思路其实存在分歧。一种观点认为,"三步检验法"应分步串联适用,即如果不符合第一步的"某些特殊情况",则无须再进行后两步的判断而直接被排除在合理使用范围之外。另一种观点认为,以马普所2009年发布的《在版权法中对三步测试法进行平衡解释的宣言》为典型,认为“三步检验法”的三个步骤并不一定是渐进且缺一不可的关系,“没有哪一个步骤是占决定性地位的,而是应当将三步骤结合起来进行综合衡量”。[①] 此种观点分野只是“三步检验法”模糊不定的一种体现,事实上,“三步检验法”在草拟时就存在诸多分歧。例如,建议稿重点落在以损害经济数额的定量计算手段考察合理范围,而公约定稿的法语版则将重点放在以不合理反向推论存在合理损害的正当性,试图设置法定标准以保障合理损害的范围。[②]

我们应清楚地认识到,“三步检验法”最初只是作为一个宣示性条款存在,它的目的并非直接适用,而是用以指导成员国依据本国的实际情况、立法传统进行相应的立法,其本身的表述就具有一定的概括性与模糊性。所以,法官在适用“三步检测法”时也因其模糊性而产生了多种主观解释,在司法判断的确定性方面存在较大缺陷。

2.“四要素”认定标准自由裁量空间仍然较大

第二种司法认定标准是使用所谓合理使用的一般判定要件,多是套用美国的“四要素”[③]规定(见图2-7)。美国《1976年版权法案》首次将合理使用作为侵权抗辩写入成文法案,美国的司法实践逐渐接受通过四个要素分析研判使用行为是否构成合理使用。

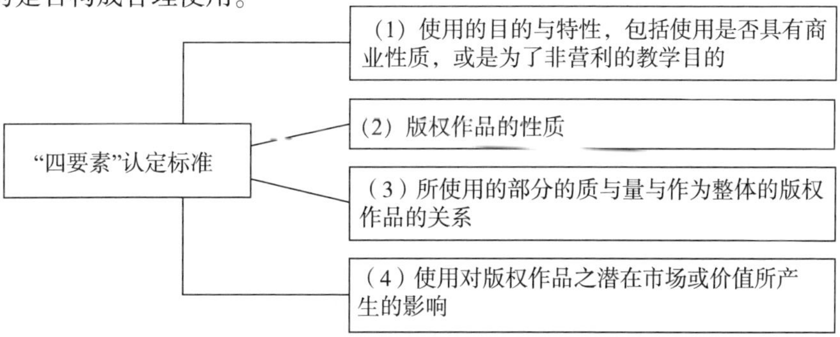

图2-7 “四要素”认定标准

---

① 张曼:《论TRIPS协议中“三步检验法”存废之争和解决途径》,载《暨南学报(哲学社会科学版)》2016年第11期。

② 熊琦:《著作权合理使用司法认定标准释疑》,载《法学》2018年第1期。

③ 本书翻译组:《十二国著作权法》,清华大学出版社2011年版,第731页。

其中,第一项使用的目的和性质可以说是"四要素"原则的灵魂所在。有学者认为,《1976 年版权法案》第 107 条中"批评、评论、新闻报道、学术研究"的使用情形以及四要素的判定也并非具有穷尽性,其旨在给合理使用的判定提供指导而非"精确的条文"。[①] 如著名的 Campbell 诉 Acuff-Rose 案[②]中,法官对四要素进行了进一步的分析厘定,认为针对案件的戏仿作品,第四个要素需要考虑的并非讽刺手法所带来的公众对原作的负面评价,尽管此种负面评价会给原作带来潜在市场或价值的影响,法官仅仅需要在其中认定哪些行为是盗用原作、哪些行为是可能影响原作市场需求的。[③]

尽管该案对"四要素"进行了相当具有标杆性的一种解读,但是,法官在判案时仍然有不同的理解方式,四个要素的地位轻重、如何适用均无定论,自由裁量空间仍然较大。由于"四要素"的合理性、指导性,以及需要综合考量的公认特征,国内审判实践也常将其与"三步检验法"糅合使用,目的在于扩张我国《著作权法》法定例外情形的范围,使合理使用的辐射范围更贴合实际生活。

3. "转换性使用"难以成为单一认定标准

第三种司法认定标准是指在相关案件中引入"转换性使用"概念的使用。"转换性使用"是 1990 年由皮埃尔 · 赖伐尔(Pierre Leval)首次提出的概念。他的观点是,具有区别于原作表达方式或目的之创造性特征才能构成合理使用。"转换性使用"是在原作品的基础上增添新的审美元素、思想元素等其他元素,或以其他方式使新作在原作的基础上产生新的价值、功能或性质,而此种使用方式是有利于增加社会财富的。[④] 不难发现所谓的"转换性使用"实质上只属于"四要素"之中第一个要素的子要素。

但随着"转换性使用"理论不断发展,它不再只作为"四要素"的子要素存在,而是独立地成为判断合理使用与否的标准。在其他三个要素被忽略的情况下,"转换性使用"实际上已将美国版权法的"四要素"规定架空。在 Kienitz 诉

① 参见[美]罗伯特 · P. 墨杰斯等:《新技术时代的知识产权法》,齐筠等译,中国政法大学出版社 2003 年版,第 108 页。

② Campbell v. Acuff-Rose music, 510 U. S. 569 (1994).

③ 刘超:《著作权法中"适当引用"研究》,西南政法大学 2017 年硕士学位论文。

④ See Pierre N. Leval, *Toward a Fair Use Standard*, Harvard Law Review, Vol. 103, No. 5.

Sconnie 案[①]中,第七巡回法院开始批判第二巡回法院在 Cariou 诉 Prince 案[②]中仅凭"转换性使用"的单一标准来判断合理使用的做法。

现阶段,我国一些法院也在本院认为中应用"转换性使用"的概念来判定一些新行为是否构成合理使用,如"盐酸情人案"。[③] 但我们直接在司法实践中使用域外法官造法的概念,甚至将其独立适用于判定是否构成合理使用的做法是欠妥的。

二、问题剖析:短视频二次创作"合理使用"的现实困境

诚然,二次创作所承载的社会文化繁荣价值在一定程度上与合理使用的制度宗旨相一致,在其传播范围与社会影响相对可控的前互联网时代,以合理使用制度规范二次创作具有一定的合理性基础。然而,在数字网络时代下,二次创作之表现形态、传播范围、商业价值与侵权风险均随创作技术的革新与产业结构的调整而发生转变,继而导致其与合理使用制度业已出现适用上的局限与失调,此种不适用性在合理使用的理论基础、规范内容与制度定位均有所体现。

(一)"信息封建主义"下版权、公权双重倾轧短视频二次创作生存空间

短视频二次创作目前面临的困境有历史因素的存在,前互联网时代,职业化主体是内容创造群体的主体,使用权可以通过合理成本实现。随着数字技术的发展,普通人进入视频市场所需要投入的固定成本大幅降低,与此同时,技术也改变了传播的方式,数字化的传播行为不再需要依附于实际的载体就可以在大范围内快速发生。在终端用户大量生产基于改编的创作内容的现实大背景下,改编权许可机制仍然要求改编要经过事先许可,并且要求之后每一次对其生成内容的利用都要经过许可,已经不能满足效率需求,合理使用制度就是在这样的社会背景下诞生。

尽管如此,合理使用制度在新权利不断涌现的信息时代里也异常羸弱,版权中心主义的非理性单向发展使内容二次创作者面临着彼得·德霍斯(Peter Drahos)教授口中"信息封建主义"[④]的倾轧,著作权的持续扩张使"合理使用"

---

① Kienitz v. Sconnie Nation LLC,766F. 3d 756 (7th Cir. 2014).

② Cariou v. Prince,714F. 3d 694 (2d Cir. 2013).

③ 北京市第一中级人民法院民事判决书,(2011)一中民初字第1321号。

④ See Drahos P., Braithwaite J., *Information Feudalism: Who Owns the Knowledge Economy*, Contemporary Sociology,2002,32(5).

不断走向萎缩。在产业层面,二次创作的经济价值已经在市场与技术的双重推动之下逐渐凸显,并日渐形成了相对固定的消费群体与较为独立的版权市场,其流量分流的运营效果极有可能冲击在先作品的市场价值,影响在先作品著作权人对其作品的正常使用与获利。对此,如果仍然以合理使用制度作为二次创作的合法性基础,在实质上是以抑制传统版权产业、损害既有版权市场为代价换取此种新生文化产业"昙花一现"的繁荣。①

同时,国家行政机关也在不断通过行政管理手段,对抄袭、搬运等"低质量二次创作"短视频进行打击。2018 年 3 月 22 日,国家广电总局发布通知,要求所有视听节目网站不得擅自对经典文艺作品、广播影视节目、网络原创视听节目作重新剪辑、重新配音、重配字幕。同年,"剑网 2018"专项行动针对"以合理使用为名对他人作品删减改编并通过网络传播,滥用避风港规则对他人作品进行侵权传播等版权问题",下架了 15 家短视频平台侵权作品 57 万部。在这样的严厉打击之下,网络上依旧不断出现新的采取抄袭、搬运等"低质量二次创作"的短视频,在"劣币驱逐良币"效应之下,优质二次创作短视频生存空间越发紧缩,愈加需要在法律层面将"二次创作"短视频创作的合法界限进行明确、规范限定。

(二)流量经济模式下"合理使用"制度的固有滞后性日益凸显

从法经济学的视角来看,合理使用制度产生的基础,除交易不能导致的市场失灵之外,就是由正外部性产生的市场失灵。外部性理论是指主体通过自己的行动对"旁观者"的福利产生了正面或负面的影响,而主体本身并不获得抑或承担随之而来的收益或成本。根据马歇尔的阐述,在两个当事人并无交易的情况下,一方向另一方提供的物品束所涉及的成本或收益并不在市场价格中得到反映,这种非市场化影响就是外部性。② 正外部性就是指此种无法在市场价格中体现的成本或收益对"旁观者"是有利的。短视频二次创作彻底扭转过去"只读模式"的被动消费,"读写模式"大大促进了文化的繁荣,基于信息自由的表达自由也在短视频二次创作的形式中充分实现。短视频二次创作还推动了各行业的革新,逐渐发展成了新的商机。新形势下的"内容—流量—利益"链条促进

① 刘友华、魏远山:《知识付费平台的著作权纠纷及其解决》,载《知识产权》2021 年第 6 期。

② [英]马歇尔:《经济学原理》(上卷),朱志泰译,商务出版社 1983 年版,第 280 页。

了多方的良性循环,实现文化与互联网经济的双丰收,这些都是短视频二次创作正外部性的表现。

但合理使用的制度供给,在新形态网络空间的情境下,逐渐暴露出了其本身具有的滞后性一面,使短视频二次创作的正外部性无法得到正常体现。作为Web 2.0时代下日渐主流化、规模化、多元化的作品使用形式,短视频二次创作已经突破了著作权法基于旧有版权产业模式设计的权利配置体系,使我们无法轻易辨别一个行为是否属于合理使用。最典型的就是流量经济模式下,合理使用制度中的"合目的性"要求的捉襟见肘。

同理,若视收取平台给予内容生产者的经济激励(如"哔哩哔哩创作激励计划")为判定OGC(Occupationally-generated Content,职业生产内容)生产者的充分条件,而要求所有该类内容生产者与新闻媒体等职业平台一样全面获取授权才能进行创作,是脱离实际且严重压抑短视频内容正外部性实现的。简言之,流量经济模式下营利性界限的模糊使传统合理使用制度正向作用的发挥产生了困难。若仍固守著作权法的旧有范式,完全以合理使用这一权利限制制度作为二次创作的行为规范,极易造成对著作权人创作利益的过分挤压。

(三)我国著作权合理使用制度在短视频二次创作中运行困难

在2020年《著作权法》修法前被称为合理使用条款的是《著作权法》(2010年修正)第22条第1款规定的12种形式。其中,短视频二次创作主要涉及的是第(2)项规定的形式,即"为介绍、评论某一作品或者说明某一问题,在作品中适当引用他人已经发表的作品"的"适当引用"。为进一步对引用行为的适当性进行界定,《著作权法实施条例》(2013年修订)第21条规定:"依照著作权法有关规定,使用可以不经著作权人许可的已经发表的作品的,不得影响该作品的正常使用,也不得不合理地损害著作权人的合法利益。"

2020年修法将《著作权法实施条例》(2013年修订)第21条吸收至《著作权法》第24条。该条规定:"在下列情况下使用作品,可以不经著作权人许可下向其支付报酬,但应当指明作者姓名或者名称、作品名称,并且不得影响该许也不得不合理地损害著作权人的合法权益……"可以说,《著作权法》(2010年修正)第2条、《著作权法实施条例》(2013年修订)第21条以及现行《著作权法》第24条即我国"合理使用"制度。但实际上,因为我国"合理使用"制度相关法律法规是"封闭式权利+例外列举",此种穷尽列举更接近于大陆法系版权法

“权利限制与例外”的模式，而不是美国版权法中的“合理使用”抗辩，且由于国内习惯将可以不经著作权人同意而无偿使用其作品的行为称为“合理使用”，故我们将其一并称为“合理使用”。

在大陆法系模式下，司法机关没有增加著作权例外的权力，但可以对现有法定类型作出司法解释。法院不能超出《著作权法》规定的权利限制范围（包括依据修改后的《著作权法》由法律或行政法规新规定的权利限制范围），自行认定一种未经许可利用作品的行为不侵权。[①] 而在英美版权法模式下，法官基于一般判定要件，在个案中对要件进行解释以确定权利例外范围、决定未经许可行为合法性的认定标准才是严格意义上的合理使用，而此种以一般判定要件为特征的合理使用也长期被公认为一项重要的制度优势。[②]

要注意的是，尽管大陆法系国家如德国，虽然应用的也是封闭式列举，但是其列举的权利限制数量远超我国《著作权法》。现行《著作权法》增加了第13种情况“法律、行政法规规定的其他情形”，日后修改该条的可能性微乎其微，难以满足社会生活的需要，也给审判实务带来了一定障碍。简言之，现行《著作权法》的权利限制列举过窄导致短视频二次创作的创作者陷入动辄得咎、构成侵权的巨大风险。

三、理论基础：运用法律续造在司法政策上破除“合理使用”制度封闭性

关于短视频二次创作是侵权还是合理使用的争论，正迎合了内坦内尔（Netanel）教授的感慨：“著作权法之永恒困境在于决定著作权人专有权的止境与公众获取作品自由的起点。”[③]著作权法作为私人权利和公共利益的双向节流器，本身就是通过“赋权”与“限权”手段的结合来实现创作者、传播者和使用者的利益平衡。然而，著作权中心主义的立法模式却使国内短视频二次创作创作者仅能从极不完善的权利限制制度产生的反射效果中被动地享有稀少的间接利益。合理使用“权利限制制度”的功能定位也导致其难以对二次创作进行有效规范。

基于现实，最高人民法院曾通过司法政策，允许法院突破《著作权法》的类

---

① 王迁：《〈著作权法〉修改：关键条款的解读与分析》（上），载《知识产权》2021年第1期。

② 熊琦：《著作权合理使用司法认定标准释疑》，载《法学》2018年第1期。

③ 张咏梅：《著作权合理使用制度研究》，华东政法学院2005年硕士学位论文。

型规定,“考虑作品使用行为的性质和目的、被使用作品的性质、被使用部分的数量和质量、使用对作品潜在市场或价值的影响等因素”,[①]认定合理使用的情形。北京市高级人民法院2018年发布的《侵害著作权案件审理指南》(以下简称《指南》)则对合理使用的“适当引用”进行了指引,其指出应考虑“被引用的作品是否已经发表;引用目的是否为介绍、评论作品或者说明问题;被引用的内容在被诉侵权作品中所占的比例是否适当;引用行为是否影响被引用作品的正常使用或者损害其权利人的合法利益”。可见,司法机关针对局限性较大的法条,已有意识地通过各种标准,以具有实务可操作性的审判指引等形式,推动了法官进行法律续造。

根据法律续造的分类,北京高院的《指南》与最高人民法院的意见分别促成法内续造与法外续造两种形式。从解释论角度来说,循最高人民法院意见增加合理使用抗辩规则的法外续造并不符合新《著作权法》第24条的规定,但在最高人民法院未改变其司法政策的情况下,法院仍可循该意见突破类型限制认定合理使用,以达到良好的社会效果。例如,造成社会轰动的“谷歌数字图书馆一案”的法官以“四要素”认定不构成侵权,避免了因僵化适用法条而产生的虽合法理却不令人信服的局面。[②] 在立法滞后的情形下,法的续造,不仅在填补法律漏洞,毋宁是在采纳乃至发展一些在法律中至多只是隐约提及的新的法律思想。[③]

如果前文所述的包括实证法缺憾的种种困境体现出基于新《著作权法》进行“合理使用”制度重构的必要性,那么司法政策的法律续造指引则为制度细化重构提供了可能性。

但转换性使用是一把“双刃剑”,将其泛化使用存在另一个危险损害原作作者的利益,因为美国该制度设计是将其纳入合理使用制度中,意味着适格的转换性使用者可以对原作品自由、无偿地利用。而相较于二次创作,原作作者才是创作的源头,如果为了激励二次创作而导致牺牲原始创作的激励,那是不可取的。因此,建议将转换性使用作为一个论证思路,应用到“评论或说明问题”

① 参见最高人民法院《关于充分发挥知识产权审判职能作用推动社会主义文化大发展大繁荣和促进经济自主协调发展若干问题的意见》第8条。

② 参见王迁:《著作权法权利限制模式阐释》,载《中国版权》2020年第6期。

③ [德]卡尔·拉伦茨:《法学方法论》,陈爱娥译,商务印书馆2003年版,第246页。

类的合理使用，而且“评论或说明问题”在解释时也可以尽量从宽解释，从而给予二创作品更大的发展空间。

四、路径重构：审理涉短视频二次创作侵权纠纷的路径探究

基于现行《著作权法》第24条的条文及合理突破其类型规定的立场，我们认为，需要围绕使用目的、使用性质、是否构成实质性损害三个方面重构、细化“合理使用”制度（见图2－8）。

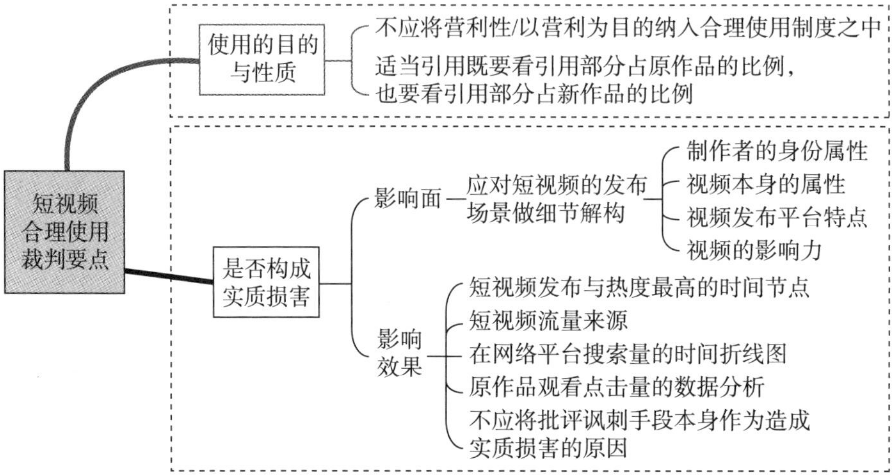

图2－8　细化新思路“合理使用”裁判要点总览

（一）避免僵化套用“使用的目”条款

在涉及短视频二次创作的《著作权法》第24条第1款第2项中，使用目的被框定为“为介绍、评论某一作品或者说明某一问题”，此种规定难称周全。面对各种新型的短视频二次创作，司法上并不应以不符条文僵化的介绍、评论、说明的目的而将之排除在合理使用之外，而要参考“转换性使用”的思路，看其是否通过增添新的审美、思想等元素，或以其他方式使新作产生新的价值、功能或性质。但在裁判文书中的说理部分不应略去解释辨析而直接应用该概念，更不能忽略实质损害问题而将之视为单一判断标准。

以下根据前文对短视频二次创作的非完全化分类进行使用目的的逐一考察。

1. 改编型短视频二次创作。该类作品一般是影评类内容居多，其二次创作的目的就是对某部影片进行介绍、评论并加入个人情感或者背景研究等内容，这类短视频二创基本符合介绍、评论的目的。

2. 汇编型短视频二次创作。该类作品可能有介绍、评论、说明问题的内容，但也有可能是通过繁复、细碎的剪辑手段单纯展示出新的美学价值，本身并无介绍、评论、说明等意义，典型就是在电玩文化、动漫文化、同人文化界别中盛行的 AMV（Anime Music Video，动画音乐录像）与 MAD（マッド－，二次创作影像）作品。AMV 为动画爱好者以动画作品为主要素材自行剪辑、编排而成的音乐短片，通过分割动画得到动态图片进行剪辑、转场渲染、重配背景音乐形成的类同人 MV 作品。源自日本的 MAD 具有更高的技术含量。如二次创作者会以游戏的静态图片作为素材（多出自一种互动游戏与漫画作品）并叠加自制的素材，通过剪切和特效的运用使原本静态的计算机动画（CG）动起来。该类作品的制作周期较长，也更贴合域外法“转换性使用”的概念，但此类作品很难归为“介绍、评论某一作品或者说明某一问题”的目的，在司法实务中对其进行保护就需法官更深入地扩张说理。

3. 采样型短视频二次创作。该类作品一般与原作品相关性不大，使用原作品的部分仅仅是抓取零点几秒或几秒的片段应用于自己的视频，目的是转场或营造特殊的氛围，例如，使视频片段更具幽默效果和观赏性，此种目的也很难被归入现行《著作权法》第 24 条第 1 款第 2 项。实践中，法官可能需要基于“说明某一问题”进行扩张解释。

4. 融合型短视频二次创作。该类作品通过天马行空的剪辑，运用他人的素材讲述全新的体现自己创作意识的故事，创作者只是取材而非“为介绍、评论某一作品”。将全新的故事创作称为“说明某一问题”也明显不恰当，但在实践中，法官也只能从说明问题的目的着手使其合理化。

（二）对于“使用性质”的考量应与时俱进

1. “以营利为目的”不应再纳入合理使用标准

使用的性质问题一方面是指营利性问题，也就是是否以营利为目的的问题。作为原作品著作权方的原告往往会举证短视频二次创作创作者的获利情况，并且在国内外的审判实践中，法官也普遍以是否具有营利性目的作为合理性判准之一，也就是说，如果以营利为目的进行使用将无法构成合理使用。当今，知识经济的大众化生产方式在版权领域得到延伸，诞生了网红、大 V、博主等群体，他们积极主动地接触知识并传播态度，在各大短视频平台展开高频度、多领域的信息互动。同时,商业推广的模式也逐渐下沉,广告依流量而居,商家开始大面积与作为短视频生产者的网红、大V等进行合作。这部分群体在无偿分享知识、传播信息的同时,也将天然带有经济利益性质的流量红利全盘消化。简言之,流量本身就是经济利益。然而,使用原作生产内容与流量带来广告费用仅具有间接的因果关系,在主观性上殊难判定哪些短视频生产者在生产传播内容时的目的是获取商业利益,而哪些又不是。[①] 时代日新月异,如果仅因个体是否获得任意形式的经济利益来断定创作行为的主观目的,已经与现代社会脱节,在逻辑上存在严重缺陷。这就是《民法典》将《民法通则》中以营利为目的作为判定肖像权侵权的要件之一删去的原因,法律也在时代的前进中不断更新。因此,不应将以营利为目的纳入合理使用制度之中。

2."使用比例"应当符合"合理需要"

使用的性质问题在另一方面则常被聚焦于使用比例。在审判实践与理论界都有观点认为,使用比例也是判定使用具有合理性、适当性与否的重要判定标准,这与"合理引用""适当复制"的规范传统密切挂钩。北京高院《指南》中也有"被引用的内容在被诉侵权作品中所占的比例是否适当"的规定。但此种观点稍显不妥。二次创作者要达到戏仿讽刺效果,就必然需要使观众想起原作品的主要情况,在此基础上进行改造与讽刺。如果"讽刺性模仿"对原作品的使用甚少,根本无法让人将新作品与原作联系起来,则不可能实现嘲讽目的。[②]

事实上,适当引用既要看引用部分占原作品的比例,也要看引用部分占新作品的比例,两个比例需结合案件事实综合认定。也就是说,允许引用的长度和比例,应取决于介绍、评论或说明的合理需要,不应当机械地以占比或者时长为衡量标准,对于使用目的进行"一刀切"的判断。

(三)从影响面与影响效果看是否构成实质损害

《著作权法》第24条第1款规定,"不得影响该作品的正常使用,也不得不合理地损害著作权人的合法权益",对此可以进行细化探讨。

对未经发表的作品进行二次创作,及使用原作品的盗版进行二次创作,当然构成实质损害,应无疑问。而较为难以判定,又必须考虑的是二次创作作品

---

① 董彪:《二次创作短视频合理使用规则的适用与完善》,载《政治与法律》2022年第5期。

② 王迁:《电影介绍节目著作权侵权问题研究》,载《中国版权》2014年第2期。

是否影响到原作品的潜在市场的问题。目前,国内主流观点认为,各大平台上推广的影视剧剪辑类短视频作者为了通过视频的点击量和产品推广来获得商业价值,该商业价值的取得程度与原影视剧作品密切相关。因此,该类短视频在各大短视频平台的推广会损害原影视剧的现有价值和潜在市场。

1. 多维解析网络空间影响面因素。在实际审理过程中,裁判者应当对短视频的发布场景做细节解构,多元解析视频在网络空间的实际影响力。对于一个完整的短视频二次创作作品,它在网络空间的属性包括很多方面,有视频制作者的身份属性(如粉丝数量、黏度)、视频本身的属性(如时长、核心表达等)、视频发布平台特点(如推广机制)以及视频的影响力(如播放数据、评论热度),这些因素都有可能改变短视频的影响力,从而干扰原视频的正常使用或者对原视频著作权人合法权益产生不合理的损害,应进行综合、动态的考虑。

2. 影响效果考量应区分负面评价与实质损害。个性化解读本身是一把"双刃剑",它在一定程度上可能起到引流的作用,让本身并无观影需求的观众因看了影片介绍短视频而对整部影片产生好奇,无形中增加了公众对原视频的讨论热度,使原视频著作权人获得更多收益,并非天然会减损原作品潜在市场。

因此,在审理时,可以综合比对短视频发布与热度最高的时间节点、流量来源等与原作品在网络平台搜索量的时间折线图、原作品观看点击量的数据分析表等内容,充分考虑对立成因,来建立短二次创作视频与原作品潜在市场受影响的关联关系,进行个案判断。

同时,需要明确的是,虽然部分短视频二次创作对原作的批判、嘲弄和讽刺可能会使公众对原作产生厌恶之情而不再愿意再观看,对原作的市场造成"损害",但这属于社会公众有对作品进行批评的言论自由,法官在分析说理时不能误将批评讽刺手段本身作为造成实质损害的原因。

综上,判定短视频二次创作是否构成"合理使用"需从使用目的、使用性质、是否存在实质性损害等方面考虑。即案涉二次创作的短视频是否通过增添新的审美、思想等元素,或以其他方式使新作产生新的价值、功能或性质;是否影响原作品的正常使用或不合理地损害原作品著作权人的合法权益。

结语

从现行《著作权法》来看,短视频二次创作不仅大部分从形式上不符合"合理使用"的法律规定,在实质上也与其价值导向不符。只有以与时俱进的世界观架构短视频二次创作作品著作权侵权行为的认定标准，才能最大限度地保护优质的短视频二次创作作品，推动文化事业的繁荣发展，让公众利益和著作权人利益保持在平衡、和谐的状态。

第三章　数 字 安 全

本章概述

当前，数字安全已经成为影响数字经济发展最迫切的问题。数字经济发展速度之快、辐射范围之广、影响程度之深前所未有。2022 年 1 月，国务院印发了《"十四五"数字经济发展规划》，部署的八大重点任务之一，就是着力强化数字经济安全体系，增强网络安全防护能力，提升数据安全保障水平，有效防范各类风险。2021 年《最高人民法院工作报告》也指出，促进数字经济健康发展，通过依法公正裁判为数字经济发展和技术创新明晰规则，引导新技术新业态新模式在法治轨道上健康有序发展，要合理确定平台责任和行为边界，促进平台经济、共享经济依法规范发展，同时加强个人信息保护，维护数据安全。2022 年《最高人民法院工作报告》再次强调，探索数据权利保护规则，服务数字经济，促进电子商务发展，维护公民个人信息安全。广州互联网法院充分发挥审判职能作用，加强网络空间法治治理，保障互联网新技术新业态、新模式在法治轨道上健康有序发展，以一个个生动的案例彰显司法担当，着眼互联网空间的风险防范和化解，促进数字经济发展，维护数字安全。

一、保障网络空间个人信息安全，筑牢网络安全防火墙

党的十八大以来，习近平总书记就网络空间治理法治发表

了一系列重要论述,就“什么是网络空间治理法治”、“为什么要推进网络空间治理法治”以及“如何推进网络空间治理法治”等提出了一系列新概念、新观点、新范畴,推动我国网络空间治理法治理论与实践取得历史性成就。而网络治理法治化、现代化必然涉及个人信息保护和数据安全问题,特别是随着大数据时代的到来,数据开始充斥人们的生活,数据的重要性及潜在经济价值属性日益显现。但与此同时,也必然产生技术发展的溢出效应,衍生各种问题。针对数据的攻击、窃取、滥用、劫持等活动持续泛滥,网络平台之间的竞争越来越倾向于针对数据资源,尤其是针对个人数据资源的竞争,通过收集用户个人信息,对用户进行大数据画像,由此进行个性化客户端定制、符合用户偏好的推荐等操作,平台也可通过对数据的处理和挖掘来预测市场变化、调整战略布局,在此过程中涌现出基于用户个人信息处理的一系列纠纷。

个体在享受数字化技术便利的同时,也面临着诸多风险,个体为无所不在的数据处理感到深深不安,从移动互联网、物联网、无人驾驶、面部识别,到可穿戴设备、智能家居、医疗监测器械,数据驱动的创新背后,人们担忧物联网设备的秘密记录,无意中健康信息的暴露,超出消费者授权的个人数据共享、信用卡欺诈、数据杀熟、名誉损害。《2021 全国网民网络安全感满意度调查“个人信息保护与数据安全”专题调查报告》中指出,网民表示各种类型的网络服务存在不同程度的个人信息风险,对生物识别信息的利用充满忧虑,认为个人信息泄露发生在多个环节,并且应用程序(App)存在多种违规收集个人信息问题等,大量个人信息侵权与数据泄露案件的出现让人们的个人信息保护与数据安全需求进一步增强。

从党的十九届四中全会首次提出将“数据”正式纳入生产要素,形成完整的生产要素体系;到 2020 年 4 月,中共中央、国务院《关于构建更加完善的要素市场化配置体制机制的意见》中强调要“加快培育数据要素市场”,并对构建和完善数据要素市场化配置体制机制作出部署;再到 2021 年 8 月,中共中央、国务院印发的《法治政府建设实施纲要(2021—2025 年)》中,提出加强重要领域立法,及时跟进大数据相关法律支持。可以看出,数据安全和治理已经提升至国家战略层面。而《网络安全法》《数据安全法》《个人信息保护法》等法律法规的相继出台,也标志着我国网络安全法律体系的不断完善。

大数据时代,数据是推动经济社会创新发展的关键生产要素。应准确界定数据权利属性，通过明晰数据所有者、持有者、管控者、经营者在数据资源占有、持有、利用、经营、处置方面的法律地位，建立与之相适应的激励约束相容机制，有效释放数据资源聚合、开发、利用、经营对经济社会发展的动力作用。要加强数据保护，从刑法、民法、知识产权法等多角度探究数据的保护路径。广州互联网法院充分履行服务和保障网络空间法治化发展的重要职责，通过依法裁判规制平台违反“告知—同意”原则收集用户个人信息的行为，要求平台切实贯彻收集、使用个人信息的合法、正当、必要原则，严厉打击平台超范围收集个人信息、超权限调用个人信息等违法行为，强调信息数据的处理应以保护个人信息权益和隐私权为前提。广州互联网法院在审理 App 访问剪贴板案中，明确手机剪贴板属个人隐私范畴，App 未经许可检测、读取手机剪贴板的行为属于侵犯隐私权的行为，丰富了隐私权保护的内涵，同时也准确划定个人信息采集运用的合法边界，互联网平台、手机 App 作为个人信息处理者，应当按照隐私政策，以用户知情同意为前提，严格根据法律规定收集和使用个人信息，主动告知收集的个人信息种类，严禁超出用户授权范围收集个人信息，切实保护用户的个人信息权益。在审理网站给个人信息“打标签”案中，以个人信息具有可识别性、有一定的载体、主体为自然人三个要件准确界定个人信息的内涵，明确网络平台须履行相应的个人信息保护平台义务，应根据个人信息的处理目的、处理方式、个人信息的种类，以及对个人权益的影响、可能存在的安全风险等，采取对个人信息实行分类管理、进行相应加密、去标识化等安全技术措施，有力保障网络空间个人信息安全。在审理二手车车况信息案中，认定经脱敏处理的历史车况信息不属于个人信息或隐私，提供历史车况信息查询的行为不构成对个人信息权益或隐私权的侵犯，促进二手车交易行业健康发展，明确个人信息的单独识别可从信息内容、来源、特征等方面进行认定，间接识别需考虑识别成本，并以普通多数人能采取的、合法且通常的方法为限。在审理“被刷脸”贷款案中，明确人脸识别技术是核验交易对手真实身份的一种方式，但人脸识别比对结果不能作为判定交易对手真实身份的唯一依据，应结合数字金融交易过程中使用到的身份证件、手机号码等信息数据及其他相关证据进行综合审查认定交易对手的真实身份，促进金融机构在开展金融业务中尽到合理的审查义务。

二、打击虚拟货币交易行为，有效地维护金融监管秩序

与此同时，随着数字经济的飞速发展，以比特币、以太币等为代表的虚拟货币在互联网平台热炒，其具有匿名化、去中心化、无国界化等特点，上述特点导致虚拟货币交易难以追查，很容易被洗钱或者其他违法犯罪行为所利用，成为犯罪分子新的青睐对象。虚拟货币的生产和交易在危害金融管理秩序和滋生违法犯罪行为等方面有潜在的巨大风险，如“挖矿”催生了计算机类犯罪、虚拟货币交易成为洗钱新通道、跨境支付成为逃避外汇监管新形式等，如何有效监管、防范、打击虚拟货币犯罪活动，保护民众财产安全，保护国家金融稳定，成为各国探索的课题。

相较于世界其他国家，我国对虚拟货币采取了严厉的监管措施。2013 年中国人民银行、工业和信息化部、中国银行业监督管理委员会、中国证券监督管理委员会、中国保险监督管理委员会《关于防范比特币风险的通知》和 2017 年中国人民银行、中央网信办、工业和信息化部、工商总局、银监会、证监会、保监会《关于防范代币发行融资风险的公告》，不仅否定了虚拟货币作为货币的合法性，而且禁止任何所谓的代币融资交易平台从事法定货币与代币、“虚拟货币”相互之间的兑换业务，不得买卖或作为中央对手方买卖代币或“虚拟货币”，不得为代币或“虚拟货币”提供定价、信息中介等服务。2021 年，中国人民银行、中央网信办、最高人民法院等十部门联合引发的《关于进一步防范和处置虚拟货币交易炒作风险的通知》再次强调，虚拟货币不具有与法定货币等同的法律地位，不应且不能作为货币在市场上流通使用。虚拟货币相关业务活动属于非法金融活动。开展法定货币与虚拟货币兑换业务、虚拟货币之间的兑换业务、作为中央对手方买卖虚拟货币、为虚拟货币交易提供信息中介和定价服务、代币发行融资以及虚拟货币衍生品交易等虚拟货币相关业务活动涉嫌非法发售代币票券、擅自公开发行证券、非法经营期货业务、非法集资等非法金融活动，一律严格禁止，坚决依法取缔。参与虚拟货币投资交易活动存在法律风险。任何法人、非法人组织和自然人投资虚拟货币及相关衍生品，违背公序良俗的，相关民事法律行为无效，由此引发的损失由其自行承担。司法裁判应秉持维护社会公共利益原则，强调社会公共利益是明确国家和个人权利的行使边界，判断民事法律行为正当性与合法性的标准，自然人和法人只有在法律允许的范围内

行使权利,才会受到国家法律的保护。广州互联网法院积极回应司法实践需求,在审理XIN币投资交易案中,明确虚拟货币作为特定的虚拟商品,不具备货币的合法性,投资者通过在境外募集的方式获取虚拟货币并进行投资获取收益的投资交易行为因违反社会公共利益而无效,由此引发的损失由其自行承担,有力打击虚拟货币交易行为,有效维护金融监管秩序。

三、明确平台网络安全保护义务,促进网络服务新业态健康发展

党的十八大以来,我国大力实施发展数字经济和大数据等一系列重大战略,取得举世瞩目的成就。伴随数字经济发展,平台企业迅速发展壮大,在促进地方经济发展、推动技术进步、带动就业等方面发挥了积极作用。2021年12月,国家发展改革委等部门联合印发的《关于推动平台经济规范健康持续发展的若干意见》指出,平台经济是我国数字经济的重要组成部分,是提高全社会资源配置效率、贯通国民经济循环各环节、提高国家治理体系和治理能力现代化水平的重要推动力量。平台在网络治理中发挥的作用愈加明显,是网络治理的关键节点,平台应深入落实网络安全等级保护制度,探索开展数据安全风险态势监测通报,建立应急处置机制。

通过裁判合理界定平台责任和义务,平台应严格依照《网络安全法》的规定履行网络安全保护义务,既包括作为义务,如履行实名制登记、报送数据、提供技术支持、采取信息安全措施等,也包括不作为义务,如禁止不法交易、停止传输违禁信息、避免泄露隐私等,通过采取技术措施和其他必要措施防范网络违法犯罪活动。在审理网络婚恋交友平台侵权案中,明确网络婚恋交友平台提供的是婚恋中介服务而非普通的交友服务或者信息发布平台服务,平台用户对其他用户资料真实程度的期望远高于一般的交友网站,类比中介合同中的中介人义务,明确网络服务提供者在探索新业态新模式的过程中必须遵循诚信原则,依法履行身份审核、如实报告和安全保护义务,未充分履行义务造成用户损害的,应当承担相应的赔偿责任,有利于促进包括网络婚恋服务等数字经济下的网络服务新业态的健康发展,更好地维护消费者的合法权益。

类案典型

案例 1

个人信息的界定、处理原则与平台义务

——高某诉某卫士副食商行网络侵权责任纠纷案①

李 朋 许燕玲

| 裁判要旨 |

经过特殊处理后未直接指向特定自然人的信息，如果结合其他信息能够识别特定自然人，仍然属于个人信息。

网络平台未经个人同意收集、加标签、公布个人未公开信息的，构成非法处理个人信息的侵权行为，如果加注的标签带有侮辱性的，同时构成侵害名誉权的侵权行为。

| 基本案情 |

自 2020 年 6 月开始，高某发现通过电商平台下单购买商品时，不少商家拒绝向其发货。经查，高某发现其姓名、联系方式、收货地址、电商平台注册账号等个人信息经部分加星处理后被公布在某卫士副食商行运营的"反恶"网站上，并被冠以"打假师、欺诈师、恶人、恶意欺诈"等称号。该网站系为电商商家提供曝光职业打假人的平台，商家在该网站注册账号并支付会员费后可以看到其他商家分享的买家信息。高某认为，某卫士副食商行作为网站运营者公布其个人信息，对其冠以上述称号，侵害了高某的个人信息权益及名誉权，故将某卫士副食商行诉至法院，诉请删除侵权信息、赔礼道歉、赔偿精神损失 3.15 元，并披露发布其个人信息及侵害其名誉权的网络用户的姓名、联系方式、网络地址。

① 广州互联网法院民事判决书，(2020) 粤 0192 民初 3434 号。

| 裁判思路 |

一、个人信息的界定

个人信息在提高政府决策水平、企业精准营销、社会管理创新等方面具有巨大的潜在利用价值,但个人信息的非法处理又使网络用户的个人隐私乃至人身安全受到威胁,因此,《民法典》和《个人信息保护法》均对个人信息提出保护。在讨论个人信息的利用和保护时,首先必须对个人信息进行界定。构成个人信息要满足三个要件:一是具有识别性,这是核心要件。所谓识别就是通过该信息可以直接或者间接地将某一自然人"认出来"。识别包括直接识别和间接识别,所谓直接识别是指通过该信息可以直接确认某一自然人的身份,无须其他信息的辅助。例如,某人的身份证号、基因信息等。所谓间接识别是指通过该信息虽不能直接确定某人的身份,但可以借助其他信息确定某人的身份。二是要有一定的载体,这是个人信息的形式要件。个人信息必须是要以电子或者其他方式记录下来。三是个人信息的主体只能是自然人,法人或者非法人组织不是个人信息的主体。个人信息类型众多,包括但不限于自然人的身份信息、生理信息、社会信息、健康信息等。

《民法典》第 1034 条第 2 款对个人信息以"下定义 + 不完全列举"的方式作了规定,又在第 3 款将个人信息中的私密信息纳入隐私权的保护范围,从而圈定了个人信息的基本范围。

本案中,某卫士副食商行发布的案涉信息是否属于个人信息的认定难点在于是否具有识别性。法院认为,虽然案涉信息经过部分加星("*")处理,但是,通过关键词搜索高某的姓名或者输入其手机号,结果显示的收件人姓名、平台账号、手机号码、收件地址、曝光记录与高某的个人信息、淘宝账号、京东账号、手机号码、收货地址相互重合,可以认定该信息具有识别性,即能够通过案涉信息将高某"认出来"。

二、个人信息的收集处理原则

个人信息是一个多元价值的集合体,在承载信息主体的人格利益的同时,又包含着信息处理主体的商业利益和社会公共利益。尤其是在大数据时代下,个人信息既是建设智慧城市的政府进行公共管理服务的基础资源,又是企业优化服务、创造智能产品的资源,社会的进步发展迫切依赖于信息的流通和利用,这与个人信息的保护又形成了矛盾。因此,既不能禁止对个人信息的处理,又要充分保护信息主体的个人信息权益,这就要求对个人信息的处理需要遵循一定的原则。

我国《个人信息保护法》将知情同意列为基本原则,而《民法典》第 1035 条规定的个人信息的收集处理原则,其内核也是"知情—同意"。"知情—同意"实际上分为"知情"和"同意"两部分,前者指信息主体对于信息处理主体处理其个人信息的知悉,后者指信息主体对于这种处理行为的准许。个人信息收集处理中的知情至少应当包括以下内容:收集处理的原因、收集处理的方式、收集处理的内容、后续信息的保存与安全等,而这些内容有赖于信息处理主体履行其公开、明示义务。

另外,《网络安全法》《民法典》《个人信息保护法》中提出的"合法、正当、必要"原则也是个人信息处理中的基本原则。其中,合法原则是形式合法性的范畴,即要求信息处理主体在处理个人信息时应当遵守法律的有关规定,而正当、必要原则是实质合法性的范畴,分别体现对个人信息处理的目的和手段的规范。正当原则要求处理个人信息的目的要特定、明确、合理,符合法律规定或者当事人约定以满足社会公共利益或者特定个人合法利益的需要,不得擅自扩大处理个人信息的目的,更禁止基于不正当目的收集处理个人信息。必要原则要求处理个人信息应当以实现正当目的所必要的范围为限,且在处理个人信息时应当以对个人权益影响最小的方式进行,禁止超出必要限度收集处理个人信息,也禁止使用严重损害信息主体个人权益的方式处理个人信息。

具体到本案,某卫士副食商行发布的案涉信息是高某为购买商品授权平台商家在履行信息网络买卖合同范围内使用的个人信息,某卫士副食商行未经高某同意,且某卫士副食商行将这些个人信息贴上有损自然人名誉的标签,处理目的也不正当,有违"合法、正当、必要"原则。

三、网络平台对个人信息保护的平台义务

网络平台既可能作为独立第三方为网络用户提供信息、交易渠道,也可能在自身设立的平台上从事直接经营活动,如京东、网易的自营业务。但无论作为何种角色,平台在运营过程中都在收集、获取了大量的用户信息,并以此构建起强大的用户数据库,这种数据库甚至成为网络平台的核心竞争力,以便平台对用户进行精准推送、定向投放。然而,平台掌握大量用户信息的同时,对用户个人信息安全也构成了巨大的威胁,如2016年京东平台12GB的用户信息遭泄露并在黑市上贩卖,使相应用户的财产乃至人身安全都受到了严重威胁。于此情况下,网络平台在拥有收集处理用户信息的权利同时,应当做好个人信息保护"守门人",主动承担平台义务。

根据《个人信息保护法》和《网络安全法》的规定,"守门人"角色包含的平台义务可以分为三个部分。第一部分是事前义务,主要包括制定相应的内部管理制度和操作规程、进行个人信息保护影响评估、按照国家规定建立健全个人信息保护合规制度体系、遵循公开、公平、公正的原则制定平台规则以明确平台内产品或者服务提供者处理个人信息的规范和保护个人信息的义务等;第二部分是事中义务,主要是平台应当遵循前述收集处理个人信息的"知情同意"以及合法、正当、必要原则;第三部分是事后义务,主要是平台对个人信息的保密义务,包括平台对其收集的用户信息应当严格保密,不得泄露篡改毁损收集的用户信息,并应当采取加密、去标识化等技术措施和其他必要措施以确保其收集的个人信息安全。在发生或者可能发生个人信息泄露、毁损、丢失的情况时,应当立即采取补救措施,按照规定及时告知用户并向有关主管部门报告等。

四、案例启示

随着互联网技术的蓬勃发展,网络平台在提供信息渠道、交易渠道等方面发挥着越来越大的作用,给人们的生活带来了很大的便利,这是以个人信息流通和利用为基础的智能化社会发展产生的红利,也标志着个人信息由完全承载信息主体人格利益的私人价值客体转向兼具承载社会公共利益的多元价值客体。为此,我们应当理解并且赋予网络平台以收集处理个人信息的权利,但是这并不意味着网络平台可以为所欲为,网络平台在收集和处理个人信息时,仍需要遵循"知情—同意"的原则,并且遵循合法、正当、必要的原则。此外,公民在让渡个人信息权益以换取便利和社会发展时也应当得到充分的保护,而网络平台作为掌握大量个人信息的处理主体,需要扮演好个人信息保护"守门人"的角色,认真履行平台义务,否则不仅需要承担相应的民事和行政责任,更会阻碍平台自身乃至整个信息社会的健康发展。

| 相关规定 |

《民法典》

第1034条第2款:"个人信息是以电子或者其他方式记录的能够单独或者

与其他信息结合识别特定自然人的各种信息,包括自然人的姓名、出生日期、身份证件号码、生物识别信息、住址、电话号码、电子邮箱、健康信息、行踪信息等。”

第1035条:“处理个人信息的,应当遵循合法、正当、必要原则,不得过度处理,并符合下列条件:

(一)征得该自然人或者其监护人同意,但是法律、行政法规另有规定的除外;

(二)公开处理信息的规则;

(三)明示处理信息的目的、方式和范围;

(四)不违反法律、行政法规的规定和双方的约定。

个人信息的处理包括个人信息的收集、存储、使用、加工、传输、提供、公开等。”

第1037条第2款:“自然人发现信息处理者违反法律、行政法规的规定或者双方的约定处理其个人信息的,有权请求信息处理者及时删除。”

第1038条第1款:“信息处理者不得泄露或者篡改其收集、存储的个人信息;未经自然人同意,不得向他人非法提供其个人信息,但是经过加工无法识别特定个人且不能复原的除外。”

案例2

手机存储空间属于个人隐私的认定

——李某诉上海某网络科技有限公司网络侵权责任纠纷案①

李　朋　许燕玲

裁判要旨

私密空间是自然人隐私的重要组成部分,任何组织或者个人不得进入、窥视他人的私密空间,App的运营者未经用户许可监测、读取手机剪贴板信息的

① 广州互联网法院民事判决书,(2020)粤0192民初4664号。

行为系以技术手段侵入用户虚拟私密空间方式的行为，该行为造成用户私密信息处于不安全的高风险状态，超出用户的合理期待，属于侵害用户隐私权的行为。

| 基本案情 |

李某在使用上海某网络科技有限公司运营的某购物 App 时发现，该 App 存在未经用户同意监测、收集手机剪贴板信息的情形，并提供了自行编写的《某购物 App 读取剪贴板信息技术分析报告》和某司法鉴定所出具的鉴定意见，上述报告结果和意见均为某购物 App 具有监控手机剪贴板功能，当检测到剪贴板有数据时，某购物 App 自动获取剪贴板所有数据。李某认为，剪贴板可以存储身份证号、手机号、照片等涉及隐私的个人信息，但某购物 App 的《隐私政策》并无将收集手机用户剪贴板信息的说明，也未履行告知提醒义务征得用户同意，上海某网络科技有限公司的行为侵害其个人信息权益以及隐私权。故将上海某网络科技有限公司诉至法院，要求其删除未经许可收集的信息、赔礼道歉、消除影响，并赔偿精神损失。

上海某网络科技有限公司辩称为了用户体验，该 App 需要获取剪贴板数据，但仅将符合格式要求的数据上传网络服务器分析并匹配对应的商品，如有对应的商品则进行跳转，如无对应的商品则丢弃不存储。

经法院审理查明，某购物 App 的《隐私政策》关于"用户信息的收集和使用"中对 App 拟收集的用户信息进行了列举，用户剪贴板信息并未包括在列举上述范围内，成功安装 App 后，手机页面显示的 App 权限内容也未包含剪贴板信息，结合鉴定意见和上海某网络科技有限公司的答辩，法院确认上海某网络科技有限公司存在未经李某许可监测、读取剪贴板信息的行为。

| 裁判思路 |

隐私权是人们保障自己的私生活安宁、私生活秘密不被他人非法侵扰、知悉、收集、利用和公开的一项重要权利。然而，随着互联网和信息技术的发展，侵扰个人生活的手段日益发达，如生物技术、信息技术、网络技术等，都时刻对个人的隐私构成前所未有的严重威胁，而且在网络时代一旦将个人隐私泄露予以传播，其所引发的后果难以估量并具有无限放大效应。在这样一种背景下，隐私保护已经提到了一个日益重要的位置。

一、空间隐私的理论基础及司法适用

(一)空间隐私的理论基础

对于隐私的概念,历来存在争议,迄今尚无统一的定论,其内涵从限于私人生活安宁扩大到包括信息隐私、空间隐私及自决隐私等领域。《民法典》第1032条规定:“自然人享有隐私权。任何组织或者个人不得以刺探、侵扰、泄露、公开等方式侵害他人的隐私权。隐私是自然人的私人生活安宁和不愿为他人知晓的私密空间、私密活动、私密信息。”从该条可以看出,自然人的隐私主要有两层含义:一是自然人的私生活安宁;二是不愿为他人知晓的私密空间、私密活动、私密信息。的确,随着隐私权的发展,个人空间不被打扰的权利也越来越重要,这主要是指当事人就特定私密空间不受他人窥伺、侵入、干扰的权利。[①] 私密空间是指私人支配的空间场所,其核心是“不公开性”和“私密性”。一是住宅等物理空间,这是私人空间最典型和最早的形态,二是住宅空间之外的其他私人空间,此种空间不是物理意义上的空间,而是指个人所生活的隐秘范围,包括旅客行李、学生的书包、日记以及网络虚拟空间,其中网络虚拟空间有个人电子邮箱、个人云空间等。

传统的私人空间主要是局限于住宅空间,无论是个人自有的房屋,还是通过租用、借用等方式占有的房屋,都属于个人的住宅空间,对该财产中的空间的支配,形成个人的隐私,侵入他人的住宅,就侵害了他人支配的空间,从而侵害了他人的隐私权。但是随着互联网的发展,现代社会出现了网络虚拟空间,从而产生了网络虚拟空间的法律保护问题。有学者认为,凡是私人支配的空间场所,无论是有形的,还是虚拟的,都属于个人隐私的范围,虚拟的电子空间也属于空间隐私的保护范畴。[②] 侵害空间隐私权必须是侵害了自然人不愿意暴露于他人的空间,这就要求所侵害的空间是自然人不愿对外公开、不愿为他人知晓的。

(二)互联网时代手机剪贴板属个人隐私的认定

根据前述空间隐私权的理论分析,结合手机存储空间的定义,即通过物理

---

① 王利明:《人格权法研究》(第三版),中国人民大学出版社2018年版,第566页。

② 王利明:《人格权法研究》(第三版),中国人民大学出版社2018年版,第613页。

存储介质存储、管理数据的载体空间，其属于手机用户私人支配的虚拟空间，且从隐私合理期待标准来看，一方面，用户显然对该空间具有真实（Actual）的隐私期待（主观标准）。首先，虽然上海某网络科技有限公司读取的是符合格式要求即两个"€"符号之间的剪贴板信息，但上海某网络科技有限公司未将该 App 能够监测、读取个人手机剪贴板的事实告知用户，超出用户对 App《隐私政策》中关于拟收集的信息种类的期待；其次，正如李某诉称，手机剪贴板的存储内容多样，除了可以存储商品链接等非个人信息外，还可以存储身份证号、手机号、银行卡号等涉及隐私的个人信息，也就是说手机剪贴板可能含有私密信息，用户对该信息可能存在不愿被他人知晓的期待。另一方面，这一期待在社会看来是合理的（客观标准），①一般用户对于手机剪贴板信息的隐私期待是相同的。因此，手机存储空间应纳入个人隐私保护范畴，而手机剪贴板作为手机存储空间的一部分，亦属于个人隐私。

因此，上海某网络科技有限公司未将某购物 App 能够监测、读取个人手机剪贴板的事实告知李某，采用技术手段侵入李某虚拟私密空间，该行为造成用户私密信息处于不安全的高风险状态，超出用户的合理期待，属于侵害李某隐私权的行为。

二、隐私权与个人信息的关系

本案中，李某还主张上海某网络科技有限公司侵害其个人信息权益，并要求上海某网络科技有限公司删除已经收集的个人信息，虽然法院以该诉请不具有可执行性驳回了该诉请，但是也从侧面反映出个人信息和隐私具有密切关联。其中，隐私是指自然人的私人生活安宁和不愿为他人知晓的私密空间、私密活动、私密信息，私人空间是指私人支配的空间场所。而个人信息是以电子或者其他方式记录的与已识别或者可识别的自然人有关的各种信息，包括个人姓名、住址、出生日期、身份证号码、医疗记录等单独或与其他信息对照可以识别特定的个人的信息。个人隐私与个人信息呈交叉关系，即有的个人隐私属于个人信息，而有的个人隐私则不属于个人信息；有的个人信息特别是涉及个人私生活安宁的敏感信息属于个人隐私，但也有一些个人信息因高度公开而不属

① 参见石佳友：《隐私权与个人信息关系的再思考》，载《上海政法学院学报》2021 年第 5 期。

于隐私。[1] 但是，在强调二者之间存在密切的内在联系的同时，应注意到二者之间存在本质差异，有学者认为，隐私权与个人信息在权利性质、权利内容、侵权手段、保护方式、举证内容等方面存在诸多差异，二者主要的区别在于其权利内涵与功能定位不同。个人信息是客观的，仅针对与个人身份直接或间接联系的信息，个人信息保护制度的宗旨在于保持个人对其身份信的控制和决定权。隐私权具有明显的主观性，其内容非常宽泛，其核心在于强调个人保持其独特性和个别性的“差异性”（包括其独特的个人空间、生活方式等），避开他人的关注。[2]

本案中，李某认为，剪贴版可以存储涉及隐私的个人信息，但是经查明，上海某网络科技有限公司读取的是符合格式要求即两个“€”符号之间的剪贴板数据，认定上海某网络科技有限公司构成侵害个人信息权益的前提是两个“€”符号间含有私密信息，但是结合案件情况，两个“€”符号间含有私密信息仅是一种可能，故法院在审理过程中，根据实际情况，不囿于探究李某的何种具体的个人信息被实际侵害，而是从隐私权保护的角度入手，认定上海某网络科技有限公司未经许可监测、读取李某手机剪贴板信息的行为属于以侵入私密空间、侵扰私人生活安宁的方式侵害隐私权的行为，从而实现了对李某民事权益的保护。

三、案件启示

该案明确用户手机存储空间属个人隐私范畴，手机剪贴板作为手机存储空间的一部分，亦属于个人隐私，App 未经许可检测、读取手机剪贴板的行为属于侵犯隐私权的行为，丰富了隐私权保护的内涵。同时，也提醒互联网平台、手机 App 作为个人信息处理者，应当按照隐私政策，以用户知情同意为前提，严格根据法律规定收集和使用个人信息，主动告知收集的个人信息种类，严禁超出用户授权范围收集个人信息，切实保护用户的个人信息权益。

| 相关规定 |

《民法典》

第 1024 条：“民事主体享有名誉权。任何组织或者个人不得以侮辱、诽谤

① 张新宝：《从隐私到个人信息：利益再衡量的理论与制度安排》，载《中外法学》2021 年第 5 期。

② 石佳友：《隐私权与个人信息关系的再思考》，载《上海政法学院学报》2021 年第 5 期。

等方式侵害他人的名誉权。

名誉是对民事主体的品德、声望、才能、信用等的社会评价。”

案例 3

网络婚恋交友平台的如实报告和安全保护义务

——刘某与深圳市某信息技术有限公司、第三人北京市某科技开发有限公司网络侵权责任纠纷案①

曹 钰 戴瑜霞

| 裁判要旨 |

网络婚恋交友平台提供的是婚恋中介服务而非普通的交友服务或者信息发布平台服务，平台用户对其他用户资料真实程度的期望远高于一般的交友网站。类比中介合同中的中介人义务，网络婚恋交友平台应当遵循诚信原则，依法履行身份审核、如实报告和安全保护义务，未充分履行义务造成用户损害的，应当承担相应的赔偿责任。

| 基本案情 |

案涉网站系由深圳市某信息技术有限公司运营的知名网络婚恋交友平台。用户刘某希望尽快找到配偶，该网工作人员向其推荐了“××通”服务并向其表示：“这是您的下半生，我们不会跟您玩笑的，最起码，身份证、离婚证，我们都会验证，女士情况我们都了解。”刘某遂支付 2999 元购买了三个月“××通”高级会员服务，服务内容包含自动推荐匹配会员、自动推送消息、电话红娘等。后经网站系统推荐、推送，刘某的网站账户向昵称为“幸福的意义”的用户自动发送了“打招呼”消息，“幸福的意义”于当日回复“早上好”。随后在“幸福的意义”提议下，两人开始通过 QQ 交流。刘某向网站工作人员询问“幸福的意义”的用

① 一审：广州互联网法院民事判决书，(2020) 粤 0192 民初 24295 号。二审：广州市中级人民法院民事判决书，(2021) 粤 01 民终 23858 号。

户资料，该工作人员向刘某发送资料截图显示，该用户姓名杜某，婚姻状况离异，学历大学本科，职业高级管理，收入 12001 ~ 20000 元，籍贯为广东潮州潮安，工作地为广东广州天河区等，但未向刘某提示该信息仅为用户自行填写。"幸福的意义"通过 QQ 向刘某表示，想专心与刘某交往，故注销了其在网上的账号。同日，网站工作人员向刘某告知，"幸福的意义"注销了其网站的账户，电话亦拨打不出去，刘某表示知悉。经过一段时间的线上沟通，"幸福的意义"向刘某推荐某比特币投资平台，其后数日内，刘某受"幸福的意义"劝诱进行所谓"投资"，先后向指定账户转入资金 106 万元。后刘某发现该投资平台的网址无法打开，"幸福的意义"也随之失联，刘某遂向警方报案，公安机关对"刘某被诈骗"一案立案侦查后，查实"幸福的意义"系由诈骗团伙伪装的用户。刘某虽然经公安机关追回人民币 64883 元，但大部分损失未能追回。刘某认为：涉案网站有能力也有义务保障注册会员信息的真实性，但是网站为了经济利益，任由虚假注册的会员存在，从而导致刘某被骗，遭受巨大经济损失和严重精神创伤。请求法院判令深圳市某信息技术有限公司赔偿经济损失 106 万元以及精神损害 10 万元。深圳市某信息技术有限公司辩称，其已履行了身份认证及安全提示的义务，在网站 App 首页、平台安全中心、聊天界面、增值服务购买界面等均进行了征婚交友相关的安全提醒，网站工作人员也在与刘某电话沟通中进行安全提醒。在其充分提示风险的前提之下，刘某仍然按照"幸福的意义"指示转到第三方平台，并因"投资"导致财产损失。上述侵权行为与其无关，且刘某的财产损失与网站的服务之间并无直接因果关系，其不应承担侵权责任。请求法院驳回刘某全部诉讼请求。

| 裁判思路 |

该案判决以用户通过婚恋交友网站结识他人后被诈骗、起诉网站要求承担侵权责任的案件为切入点，探究网络婚恋交友平台在向用户提供相关服务过程中应当履行何种法定义务，对进一步规范网络婚恋服务进行了研究。

一、网络婚恋交友平台服务的法律性质

网络婚恋交友平台向用户提供的是一种网络服务。网络服务合同并非《民法典》或者原《合同法》规定的有名合同，在数字经济蓬勃发展的大背景下，各种新类型的网络服务层出不穷，对于其法律性质，应结合相关服务的特点具体分析，进而适用或者参照适用相关法律规定处理。

用户在享受网络婚恋交友平台提供的服务时，平台的功能和作用主要有两方面，一方面是向用户发布信息和供用户发布信息，使用户既能了解到自己关注的其他用户的情况，也能够将自己的有关情况展示给其他用户；另一方面是媒介服务，按照用户的需求寻找合适的其他用户，采用了解情况、传递信息等方式居中斡旋，努力促成用户缔结亲密关系。婚恋交友平台通过以上功能吸引用户注册、获取经济利益。这种功能作用与《民法典》对中介合同的定义“中介人向委托人报告订立合同的机会或者提供订立合同的媒介服务，委托人支付报酬的合同”中中介人的功能作用最为接近，网络婚恋交友平台属于婚恋中介服务提供者。有的案例认为，根据现有的、通常的网站管理方式和技术手段，平台不可能对所有会员个人信息进行事前逐一审查，只要平台依照相关法律法规和规定，制定了会员注册条款及相关上网规则，对免责条款采用了足以引起对方注意的特别标识予以注明，对会员的注册信息的真实性尽必要审核义务，对会员交友的风险进行了相应的提示，就会员的投诉设置了相应的处理措施，对不良会员设置了排查、监控和屏蔽手段，就足以在他人利用平台侵害用户权益的纠纷中排除平台的责任。这种观点看到了婚恋交友平台作为互联网平台相较于线下婚介服务的特点和局限性，但对婚恋交友平台不同于一般交友平台，更接近于中介人的如实报告义务关注不足，未能注意到婚恋交友平台通过自我宣传带来的用户期望与平台通过制定格式条款自我免责之间的落差，不足以切实地规范网络婚恋交友秩序。

本案判决实际上是基于民法的诚信原则，类比中介合同（原《合同法》称为居间合同）的有关法律规定，并基于《网络安全法》的有关规定，认定网络婚恋交友平台作为婚恋中介服务提供者，应当履行身份审核、如实报告和安全保护义务，在平台故意隐瞒有关的重要事实或者提供虚假情况，未尽安全保护义务、损害用户利益的情况下，应当承担损害赔偿责任。

二、网络婚恋交友平台应当承担的义务

《民法典》第 962 条规定：“中介人应当就有关订立合同的事项向委托人如实报告。中介人故意隐瞒与订立合同有关的重要事实或者提供虚假情况，损害委托人利益的，不得请求支付报酬并应当承担赔偿责任。”原《合同法》第 425 条对居间人的义务规定基本相同。国家质量监督检验检疫总局、国家标准化管理委员会于2009年发布了《婚姻介绍服务国家标准》,其中要求婚姻介绍服务机构要“查验征婚者的身份证、户口簿、学历证书等身份证明文件”“让有婚史的征婚者出示离婚证明或丧偶证明”“不向征婚者提供虚假信息”。以上规定和标准均表明,婚恋中介服务提供者应当对介绍、撮合的婚恋对象的有关事项向委托人如实报告。如实报告义务实际上就是中介人的忠实义务,在中介合同中,对中介人忠实义务的主要要求包括:第一,中介人应将所知道的有关订约情况或者商业信息如实告知给委托人或者相对人,不得故意隐瞒与订立合同有关的重要事实或者提供虚假情况;第二,不得对订立合同实施不利影响,影响合同的订立或者损害委托人的利益;第三,中介人对于所提供的信息、成交机会以及后来的订约情况,负有向其他人保密的义务。婚恋中介促成的用户之间缔结亲密关系的结果虽然不能称为“订立合同”,但非常接近,要求婚恋中介平台服务提供者履行上述如实报告的义务,符合案件事实和法理。

《网络安全法》第9条规定:“网络运营者开展经营和服务活动,必须遵守法律、行政法规,尊重社会公德,遵守商业道德,诚实信用,履行网络安全保护义务,接受政府和社会的监督,承担社会责任。”第10条规定:“建设、运营网络或者通过网络提供服务,应当依照法律、行政法规的规定和国家标准的强制性要求,采取技术措施和其他必要措施,保障网络安全、稳定运行,有效应对网络安全事件,防范网络违法犯罪活动,维护网络数据的完整性、保密性和可用性。”第24条第1款规定:“网络运营者为用户办理网络接入、域名注册服务,办理固定电话、移动电话等入网手续,或者为用户提供信息发布、即时通信等服务,在与用户签订协议或者确认提供服务时,应当要求用户提供真实身份信息。用户不提供真实身份信息的,网络运营者不得为其提供相关服务。”上述规定表明了网络运营者负有身份审核和安全保护义务。基于网络婚恋交友平台引导撮合用户之间建立强信任关系的特点,网络婚恋交友平台更应充分履行以上义务,对于因技术能力和服务特性造成的身份核验、信息审核的实际情况应当向用户如实告知,不应隐瞒甚至错误诱导。

三、网络婚恋交友平台未依法履行义务时的法律责任

本案中,用户刘某系通过涉案网站的付费服务即用户推荐、推送服务而与诈骗团伙假装的用户“杜某”建立联系,在此过程中,深圳市某信息技术有限公司未向刘某提示与对方用户“杜某”相关的所在地、职业、收入等基本信息未经核实,而是向刘某表示“这是您的下半生,我们不会跟您玩笑的,最起码,身份证、离婚证,我们都是验证,女士情况我们都了解”等,对刘某予以了误导,违反了如实报告义务。同时,深圳市某信息技术有限公司虽然在用户注册时采用了人脸识别方式对注册人身份进行验证,但当前网络账号买卖、盗号、冒用等情况多发,对于诈骗团伙假装婚恋网站网友身份实施诈骗的行为,深圳市某信息技术有限公司未采取充分措施予以识别、防范,确保账号使用人与注册人身份一致,表明深圳市某信息技术有限公司未能充分履行安全保护义务。深圳市某信息技术有限公司的推荐、推送和未如实描述会员信息、未充分核验用户身份的行为是刘某建立对诈骗团伙成员信赖的原因之一。以上行为既违反了合同义务,也可以视为以误导陈述和未充分履行安全保护义务的方式侵权的行为,该行为与刘某基于该信赖最终被诈骗存在一定的因果关系,深圳市某信息技术有限公司对此存在过错,应当承担相应的侵权责任。依照原《合同法》第 122 条关于“因当事人一方的违约行为,侵害对方人身、财产权益的,受损害方有权选择依照本法要求其承担违约责任或者依照其他法律要求其承担侵权责任”的规定,刘某在本案中要求深圳市某信息技术有限公司承担侵权责任,符合法律规定。

不可否认的是,刘某作为有一定社会阅历和生活经验的成年人,对于素未谋面的陌生人应具有基本的安全意识和防范措施,其在与诈骗团伙成员脱离涉案网站平台沟通联系时,在未进一步核实相对人所推荐的理财产品安全性的情况下,其即按照陌生网站的要求,向陌生人交付巨额的款项导致损失,刘某对此应自负主要责任。基于深圳市某信息技术有限公司的侵权行为方式、过错程度和原因力大小,法院酌情确定深圳市某信息技术有限公司对刘某被诈骗而尚未追回的财产损失承担 5% 的赔偿责任,而非主要责任。

通过该案判决,法院试图引导婚恋交友平台从以下几方面更好地履行义务:一是向用户如实告知相关情况。在符合法律规定和合同约定的基础上,更加准确地收集用户的信息,如难以确保用户自行填写的信息的真实性,平台除应在作为格式合同的用户协议中注明对于一般的会员资料“不保证其内容的正确性、合法性或可靠性”并采取合理的方式提示用户注意以外,还应在相关服务页面、服务过程中对此作必要提示,如实报告其他用户的情况,不应作与事实不符的误导。二是更好地履行安全保护义务。当前利用网络实施的犯罪多发,网络婚恋交友平台除应履行对用户进行事前安全提示、在知道侵权行为后及时采取必要措施的义务以外，还应更好地采取技术措施和其他必要措施，更好地确保账户实际使用人与注册人身份一致，防范网络违法犯罪活动。

| 相关规定 |

《民法典》

第1165条第1款："行为人因过错侵害他人民事权益造成损害的，应当承担侵权责任。"

第1194条："网络用户、网络服务提供者利用网络侵害他人民事权益的，应当承担侵权责任。法律另有规定的，依照其规定。"

案 例 4

XIN币投资交易因违反社会公共利益而无效

——韦某、吴某等诉章某、李某等网络侵害虚拟财产纠纷案①

李 朋 许燕玲

| 裁判要旨 |

XIN币作为特定的虚拟商品，不具备货币的合法性。投资者通过在境外募集的方式获取XIN币并进行投资获取收益的投资交易行为因违反社会公共利益而无效，由此引发的损失由其自行承担。

| 基本案情 |

原告与被告共同投资XIN币(虚拟货币)创建、运营联合节点获取收益，但被告删除其保管的私钥导致双方投资的虚拟货币永久性丢失，双方无法就赔偿事宜达成一致意见，故将被告诉至法院，要求赔偿损失，金额以XIN币丢失当天的市场价格1190万元计。被告辩称，XIN币属于扰乱社会主义经济秩序的虚

① 广州互联网法院民事判决书，(2021)粤0192民初17773号。

拟货币，且原告所持的 XIN 币系通过公开募集所得，不受法律保护。同时，根据我国法律和相关政策规定，禁止任何金融机构、平台、个人进行虚拟货币的兑换、定价、交易等行为，原告的诉请违反我国强制性规定，故请求驳回原告的全部诉讼请求。法院审理查明，XIN 币为一种加密虚拟"货币"，由新加坡 BigOne 交易所首发，供应总量为 100 万个，现已发行 50 万个，剩余 50 万个待开发。2019 年 7 月，韦某和吴某组成 A 团队，姜某和温某组成 B 团队，章某、李某、刘某组成 C 团队，三团队共同投资 XIN 币创建、运营联合节点获取收益，其中原告四人投入的 XIN 币非其所有，而是向散户募集所得，委托、募集行为均发生在中国境外。2020 年 3 月章某将 C 团队保管的私钥删除，导致原被告投资的 XIN 币无法取出。

| 裁判思路 |

虚拟货币相关案件比较新颖，本案着眼从以下方面进行审查。

一、厘定涉虚拟货币交易的相关规定

2013 年 12 月，中国人民银行、工业和信息化部、中国银行监督管理委员会等联合印发的《关于防范比特币风险的通知》规定："虽然比特币被称为'货币'，但由于其不是由货币当局发行，不具有法偿性与强制性等货币属性，并不是真正意义的货币，从性质上看，比特币应当是一种特定的虚拟商品，不具有与货币等同的法律地位，不能且不应作为货币在市场上流通使用。"根据 2017 年中国人民银行、中央网信办、工业和信息化部等联合发布的《关于防范代币发行融资风险的公告》规定："代币发行融资是指融资主体通过代币的违规发售、流通，向投资者筹集比特币、以太币等所谓'虚拟货币'，本质上是一种未经批准非法公开融资的行为，涉嫌非法发售代币票券、非法发行证券以及非法集资、金融诈骗、传销等违法犯罪活动。""任何所谓的代币融资交易平台不得从事法定货币与代币、'虚拟货币'相互之间的兑换业务，不得买卖或作为中央对手方买卖代币或'虚拟货币'，不得为代币或'虚拟货币'提供定价、信息中介等服务。"2021 年，中国人民银行、中央网信办、最高人民法院等十部门联合印发的《关于进一步防范和处置虚拟货币交易炒作风险的通知》规定："虚拟货币不具有与法定货币等同的法律地位。比特币、以太币、泰达币等虚拟货币具有非货币当局发行、使用加密技术及分布式账户或类似技术、以数字化形式存在等主要特点，不具有法偿性,不应且不能作为货币在市场上流通使用。”“虚拟货币相关业务活动属于非法金融活动。开展法定货币与虚拟货币兑换业务、虚拟货币之间的兑换业务、作为中央对手方买卖虚拟货币、为虚拟货币交易提供信息中介和定价服务、代币发行融资以及虚拟货币衍生品交易等虚拟货币相关业务活动涉嫌非法发售代币票券、擅自公开发行证券、非法经营期货业务、非法集资等非法金融活动,一律严格禁止,坚决依法取缔。”“参与虚拟货币投资交易活动存在法律风险。任何法人、非法人组织和自然人投资虚拟货币及相关衍生品,违背公序良俗的,相关民事法律行为无效,由此引发的损失由其自行承担。”

二、XIN 币投资交易的性质认定及法律后果

XIN 币与比特币性质相同,参照中国人民银行、工业和信息化部、中国银行监督管理委员会等联合印发的《关于防范比特币风险的通知》规定,XIN 币属于虚拟商品,不具有与法定货币等同的法律地位,不能且不应作为货币在市场上流通使用。本案中,原告投入的 XIN 币是在境外通过向散户募集所得,本质上是一种未经批准非法公开融资的行为,但该行为确已为中国人民银行等金融监管部门所明令禁止,涉嫌从事非法金融活动,严重扰乱了经济金融秩序,亦可能形成系统性金融风险,威胁人民群众的财产安全,并严重损害社会公共利益。因此,应对该类行为予以禁止,并作否定性评价。

社会公共利益是明确国家和个人权利的行使边界,判断民事法律行为正当性与合法性的标准,自然人和法人只有在法律允许的范围内行使权利,才会受到国家法律的保护。社会经济的有序发展,经济金融市场的管理秩序、公众财产安全等均涉及社会公共利益。虽然普通民众在自担风险的前提下,拥有参与虚拟货币交易的自由,但是,本案中原告通过非法募集的 XIN 币与被告共同投资创建、运营联合节点获取收益,该行为损害社会公共利益、违背公序良俗而不受法律保护,由此引发的损失应由其自行承担。

三、虚拟货币损失计算的司法实践和难点

本案中,因原被告之间进行的虚拟货币投资交易活动扰乱了经济金融秩序,损害了社会公共利益,不受法律保护,法院认定由此引发的虚拟货币损失由其自行承担,故不存在 XIN 币损失的赔偿标准问题。但是,不能否认虚拟货币具备虚拟财产、虚拟商品的属性,《关于防范比特币风险的通知》《关于防范代币发行融资风险的公告》均未对比特币等虚拟货币作为虚拟商品具有财产属性予以否定,我国法律、行政法规亦并未禁止虚拟货币的持有,因此若遭受侵害,应当予以司法救济。此时,便涉及到虚拟货币损失的赔偿标准问题。

在李某、布兰登·斯密特诉闫某等财产损害赔偿纠纷一案中,[①]被告通过殴打和威胁原告,将原告持有的比特币转入被告账户,法院认定被告的行为侵害了原告的财产权利,应将取得的比特币返还给原告,因比特币被冻结,被告无法返还,法院认定应折价赔偿,但非我国认可的虚拟币交易价格信息发布平台公布的比特币交易价格数据不能作为损失计算的认定标准,同时也不宜适用客观计算方法确定损失金额,因为根据《关于防范代币发行融资风险的公告》,任何组织和个人不得非法从事代币发行融资活动。任何所谓的代币融资交易平台不得从事法定货币与代币、"虚拟币"相互之间的兑换业务,不得买卖或作为中央对手方买卖代币或"虚拟币",不得为代币或"虚拟币"提供定价、信息中介等服务。各金融机构和非银行支付机构不得开展与代币发行融资交易相关的业务。我国不允许比特币的流通和交易服务,但可依双方认可价值予以折价赔偿。

2018 年深圳国际仲裁院裁决的首例比特币仲裁案[②]因违反社会公共利益被深圳市中级人民法院撤销裁决,法院认为,仲裁裁决被申请人赔偿申请人与比特币等值的美元,再将美元与人民币进行折算,实质上是变相支持了比特币与法定货币的兑付、交易,与《关于防范代币发行融资风险的公告》文件精神不符,违反了社会公共利益,对该裁决予以撤销。

通过上述两个案例可以发现,在司法实践中不宜以任何形式将虚拟货币与法币挂钩。本案中,对于原告诉请被告按照 XIN 币丢失当日 BigOne 交易所发布的收盘价格作为损失认定标准,法院也对此予以驳回,理由为此行为为《关于防范代币发行融资风险的公告》《关于进一步防范和处置虚拟货币交易炒作风险的通知》所禁止,虽然上述管理规范不属于法律、行政法规,在法律规范的效力位阶上属于部门规章,但系依据《中国人民银行法》《商业银行法》《证券法》《网络安全法》等法律而制定,旨在保护社会公众的财产权益,维护社会经济秩

① 一审:上海市闵行区人民法院民事判决书,(2019)沪 0112 民初 12592 号;二审:上海市第一中级人民法院民事判决书,(2019)沪 01 民终 13689 号。

② 广东省深圳市中级人民法院民事判决书,(2018)粤 03 民特 719 号。

序,原告诉请被告承担赔偿责任,该请求涉及以人民币对 XIN 币定价、XIN 币与人民币之间的折价兑换,实质上是变相支持了 XIN 币与法定货币之间的兑付、交易,与法律精神不符。

| 相关规定 |

《民法典》

第 8 条:“民事主体从事民事活动,不得违反法律,不得违背公序良俗。”

第 132 条:“民事主体不得滥用民事权利损害国家利益、社会公共利益或者他人合法权益。”

案例 5

经有效脱敏化处理的历史车况信息不属于个人信息或隐私

——余某诉北京某网络科技有限公司隐私权、个人信息保护纠纷案[①]

段莉琼　林北征　江　蔼

| 裁判要旨 |

经有效脱敏化处理的历史车况信息不属于个人信息或隐私,提供历史车况信息查询的行为不构成对个人信息权益或隐私权的侵犯。

个人信息的单独识别可从信息内容、来源、特征等方面进行认定,间接识别需考虑识别成本,并以普通多数人能采取的、合法且通常的方法为限。

| 基本案情 |

余某诉称,近期其打算出售其所有的丰田品牌汽车(以下简称“案涉车辆”,车牌号粤 A2××37,车架号 LV×××14),意向购买人通过北京某网络科技有限公司属下查博士 App 查询了案涉车辆的历史车况报告,并以报告中维修信息要求降低售价 3000 元,如果就此成交必然遭受损失。其认为,历史车况报告显

① 广州互联网法院民事判决书,(2021)粤 0192 民初 928 号。

示案涉车辆的车况评级、年均行驶里程、年均保养次数、最后保养时间、最后记录时间、每次维修时间、维修保养项目等信息，综合反映了本人驾驶习惯、驾驶特征、维保行踪、消费能力、消费习惯等，属于其个人信息及隐私。北京某网络科技有限公司未经其同意，擅自有偿向他人提供车况信息，导致转让车辆售价降低。遂起诉要求北京某网络科技有限公司停止侵犯余某的隐私权、个人信息权益，立即删除北京某网络科技有限公司属下查博士 App 中未经余某同意披露的汽车基本行驶数据、维保数据等信息，并赔偿余某经济损失 3000 元。

| 裁判思路 |

中国汽车流通协会最新数据显示，2020 年，全国累计完成交易二手车 1434.14 万辆，交易总金额达到 8888.37 亿元，二手车正成为国内汽车流通市场的新增长点。在庞大的交易体量下，历史车况信息是二手车交易中的重要参考内容。本案适用《民法典》认定在二手车交易场景下，经隐名处理的历史车况信息不属于个人信息或隐私，对今后此类案件的审理具有一定的借鉴与参考意义。

一、隐私与个人信息的区别与联系

隐私权与个人信息权益都属于人格权益，都是个体对私人生活自主决定的体现，二者区别主要表现为以下三点：一是保护方式不同。根据《民法典》的规定，隐私是一项独立的人格权，个人信息则是作为独立的法益受保护的，隐私受法律保护的力度比个人信息强。二是基本特征不同。隐私强调的是一种隐秘状态，一旦被披露就不再是隐私。而个人信息是具有身份识别性的信息，强调的是此种信息单独或与其他信息结合时能与个人人格、个人身份相联系，个人信息可被多次重复利用，不会同隐私一样产生不可逆的损害后果。三是表现形式不同。个人信息必须以固定化的信息形式表现出来，而隐私可以以个人活动、个人私生活等方式体现，不局限于信息的形态，也不需要被记载。①

隐私与个人信息由于客体内容交叉，存在密切联系。回归《民法典》第 1032 条和第 1034 条中对隐私及个人信息的定义可知，隐私和个人信息存在以

① 王利明：《论个人信息权的法律保护——以个人信息权与隐私权的界分为中心》，载《现代法学》2013 年第 4 期。

下交集：一是部分未公开的个人信息属于隐私的范畴。例如，银行账户、健康情况等个人信息都属于自然人不愿为他人知晓的私人信息。二是部分隐私属于个人信息的范畴。当私密谈话、私密活动等具有可识别性的隐私内容被以一定的载体记录下来形成信息时，也纳入个人信息的范畴。[①] 此外，《民法典》第1034条第3款规定："个人信息中的私密信息，适用有关隐私权的规定；没有规定的，适用有关个人信息保护的规定。"该规定试图通过私密信息的概念界定隐私与个人信息。有观点据此认为，构成隐私的信息首先属于个人信息。也有观点认为，从文义解释上看，"适用有关隐私权的规定"并不能当然得出如下结论，判断信息是否构成隐私的前提是该信息属于个人信息。但不可否认的是，随着数字技术飞速发展，个人信息和隐私之间的关联性将进一步加深，许多未公开的个人信息可能将属于隐私的范畴，许多隐私可能同时也具有个人信息的特征。

二、个人信息"可识别性"判定

随着数据科技的发展，附带保护个人信息越来越无法满足人们的个人信息保护需求，个人信息开始被作为一项独立的法律权益加以保护。《民法典》以及《个人信息保护法（草案）》的出台更是标志着个人信息专门保护的立法进程向前推进了一大步。

《民法典》第1034条第2款规定："个人信息是以电子或者其他方式记录的能够单独或者与其他信息结合识别特定自然人的各种信息，包括自然人的姓名、出生日期、身份证件号码、生物识别信息、住址、电话号码、电子邮箱、健康信息、行踪信息等。"该条采用"概括式+列举式"的立法模式，为个人信息的界定提供了一定的解释空间，赋予了个人信息权益保护的动态性和灵活性。可识别性是个人信息的主要特征，信息是否属于个人信息，关键在于信息是否具备可识别性，是否能够单独或者与其他信息结合识别特定自然人。

一方面，单独识别可从信息内容、信息来源以及信息所反映的特征三个方面予以考量。首先，信息内容方面可参照法律列举的个人信息进行判定，内容是否涉及具体个人，如果存在信息组合，需要特别注意是否因涉及多重信息而

---

① 王利明：《论个人信息权的法律保护——以个人信息权与隐私权的界分为中心》，载《现代法学》2013年第4期。

影响可识别性的判定。其次，信息来源方面具体考虑信息源是否包含个人信息、是否进行脱敏化处理、信息产生和形成主体是否为特定自然人、是否对应多个主体等情况。如果信息源不包括个人信息、已进行脱敏化处理或信息产生于多人，则难以判定所涉信息可单独识别。最后，信息所反映的特征方面主要是指信息是否用于评价具体个人的行为或状态。具言之，通过使用信息或信息反映出的特征能否锚定或指向特定自然人，能否了解或者影响特定自然人的行为。如果信息仅反映了物的特征，则不符合单独识别标准。

另一方面，由于结合其他信息识别存在泛化可能，在考量间接识别时需要以普通多数人能采取的、合法且通常的方法为限。① 间接识别方式应在合理且合法范围内进行成本效益分析，综合考虑多重因素，如技术门槛、第三方数据来源、经济成本、还原时间、预期利益等。如果识别成本过高，则不宜认为所涉信息具备间接识别性。而且，由于具有特殊权限的人员、内部人员等特殊主体的识别成本较一般人低，成功识别可能性较一般人高，因此应以普通多数人的识别成本为准。

本案中，案涉历史车况信息从内容上看未出现自然人身份信息、行踪信息、通信通信联系方式等能直接识别特定自然人的信息。从特征上看，仅能综合反映所查车辆的日常损耗程度、未来发生故障可能性、未来使用寿命、损坏程度、安全系数等，以第三人标准无法关联到原告的驾驶习惯、驾驶特征、消费能力、消费习惯等。从来源上看，案涉历史车况信息确与信息来源脱敏化约定一致，且产生车况信息的主体不一定是特定自然人，现实中存在多个自然人使用同一车辆的情况，故无法通过车况信息精准识别到车辆的实际使用人是否为原告本人，因此，案涉历史车况信息无法单独识别特定自然人，难以对个人产生不利影响。被告与数据提供方采用脱敏化技术传输数据，数据提供方的主体与协议细节均为商业秘密，且不对外披露，降低了一般公众将车况信息与第三方信息结合重新识别特定自然人的可能性。换言之，在车辆交易场景下，案涉历史车况信息与其他信息结合进行关联识别的可能性较低。综上，案涉历史车况信息无法认定为个人信息。

---

① 杨楠：《个人信息“可识别性”扩张之反思与限缩》，载《大连理工大学学报（社会科学版）》2021年第2期。

需要特别注意的是,可识别性高度依赖大数据,个人信息是否可识别特定自然人并非固定不变。随着数字化技术的发展,具备可识别性的个人信息范围将进一步扩张。特别是,与其他信息结合识别的信息范围的扩张很可能使脱敏后的匿名信息重新成为可识别信息,从而阻碍数据有序流动。例如,历史车况信息一旦加入机动车驾驶人评价信息等,则可能涉及个人信息。因此,对个人信息的界定不是预先完成的,而需要结合特定时空下的使用场景进行动态判断。司法实践需以平衡个人信息保护与数据有序流动间的关系为导向,严格审慎适用该条款,从动态角度看待可识别性,避免出现规制过度或者规制不足的现象。

三、隐私的界定

随着现代生活方式对个人生活的介入越来越多,人们对个人隐私的保护诉求日益增强,我国立法对隐私权的保护也从"类推保护"转向"独立保护",从"作为法益保护"转向"作为独立人格权保护",在保护范围、保护方式等方面不断进行完善,推动隐私权保护朝体系化、规范化发展。①

《民法典》设置专章对隐私权的概念、内涵、效力、范围等予以规范,进一步提升了隐私权保护的地位,体现了我国民法重视人格尊严和人格自由发展。《民法典》第1032条第2款规定:"隐私是自然人的私人生活安宁和不愿为他人知晓的私密空间、私密活动、私密信息。"据此,隐私包括自然人的私人生活安宁;不愿为他人知晓的私密空间、私密活动、私密信息。

自然人的私人生活安宁是指排除他人对日常生活安宁的打扰和妨碍。本案中,案涉车况历史报告主要包括案涉车辆车架号、基本行驶数据、维修保养数据、碰撞数据等,上述信息并非产生于纯粹的私人活动,其内容也未反映原告的秘密活动或秘密空间,原告既未因此遭受歧视性待遇,也未因此造成私生活的侵扰,因此并未打扰原告私人生活安宁。

空间、活动与信息能否界定为隐私,关键在于是否满足以下要件:一是主观上不愿为他人知晓,二是客观上具有私密性。由于隐私权具有克减性,需要受到一定的限制,因此,司法裁判在判定主客观要件时应注意不能仅仅站在当事人角度,还要考虑社会一般观念和公共利益,平衡好个人隐私权与社会公共

① 王利明、程啸:《中国民法典释评·人格权编》,中国人民大学出版社2020年版,第401~405页。

利益。

第一,主观层面的“不愿为他人知晓”是指当事人有内容不为他人所知的主观意愿,对内容受保护已经形成了预期。基于维护自身权益的心理状态,多数人都存在“不愿为他人知晓”的主观倾向,而且每个人主观心态不同,无法进行准确推定,司法实践中,不能仅从当事人主观感受判定是否“不愿为他人知晓”,还应从社会公众一般认知角度加以考量。具言之,此种主观心态或期待应是合理的,应符合社会一般观念,能得到社会普遍接受或认可。① 例如,当事人虽然主观上不希望他人知晓犯罪前科、违法记录等信息,但此种期待不为社会所认可,社会不允许将上述信息作为隐私进行保护。

具体到本案中,案涉历史车况报告是否属于不愿为他人知晓的私密空间、私密活动、私密信息,由于“私密空间”“私密活动”是指自然人所处物理空间和具体行为,而案涉历史车况报告以数字化的形式予以固定及表现行为信息,不属于“私密空间”“私密活动”的范畴。主观层面上,原告提起本案诉请即表明其主观上不愿意将历史车况信息公开,但以社会一般观念为标准,此种期待不具备合理性。原因在于,在二手车买卖过程中,历史车况信息是与买卖合同标的相关的重要事项,是买方做出是否购车决定及影响车辆交易价值的重要依据。而且,根据商务部 2017 年修订的《二手车流通管理办法》规定,二手车卖方有披露汽车维修保养信息的义务。

第二,客观层面的“私密性”是指存在空间、活动与信息处于隐秘状态的客观事实。也就是说,不属于公开空间、活动与信息,一般公众无法通过公开合法渠道获知。从立法目的上看,隐私权区隔私人和公共两个领域,使个人在私人领域中享有高度的自主。② 因此,此种隐秘状态还应符合以下条件,即与他人利益和社会公共利益无关,其存在并不会给他人利益或社会公共利益带来不可容忍的减损。

本案中,案涉历史车况信息从客观事实上看并未处于隐秘状态。年均行驶里程、年均保养次数、维修保养项目等基本行驶及维修保养数据产生于车辆日

---

① 张璐:《何为私密信息?——基于〈民法典〉隐私权与个人信息保护交叉部分的探讨》,载《甘肃政法大学学报》2021 年第 1 期。

② 李新天、郑鸣:《论中国公众人物隐私权的构建》,载《中国法学》2005 年第 5 期。

常使用和维修保养活动，由车主、保险公司、维修保养机构等多方主体参与过程中共同形成的。根据《机动车维修管理规定》（交通运输部令 2019 年第 20 号）第 33 条规定，机动车维修经营者应当按照规定如实填报、及时上传承修机动车的维修电子数据记录至国家有关汽车维修电子健康档案系统。故案涉车况信息按照行政监管要求，已被行政机关依法实际获取。此外，通过案涉历史车况信息可反映出特定车辆预估的使用寿命及出现故障的可能性，关乎机动车运行安全、公众的人身安全和不特定消费者合法权益。若将上述信息纳入隐私权保护范围，有可能增加二手车交易市场的信息不对称风险，增加二手车交易的逆向选择问题和安全隐患，从而损害社会公共利益。综上，案涉车况历史信息不属于隐私。

四、妥善处理个人信息保护与数据利用间的关系

2020 年 7 月，最高人民法院、国家发改委发布《关于为新时代加快完善社会主义市场经济体制提供司法服务和保障的意见》，其中明确提到“加强对数字货币、网络虚拟财产、数据等新型权益的保护，充分发挥司法裁判对产权保护的价值引领作用”，同时提出“把握好信息技术发展与个人信息保护的边界，平衡好个人信息与公共利益的关系”。《“十四五”规划和 2035 年远景目标纲要》也提到要“统筹数据开发利用、隐私保护和公共安全”，为司法实践加强数据权利和个人信息安全保护提供了重要指引。

数字时代离不开大量的数据利用和流动，信息的收集和处理是为促进数据有序利用、流动与共享，对网络信息科技和社会经济发展具有重要的促进作用。如果无限扩张个人信息、隐私的范围，会阻碍数据利用和流动，最终不利于大数据发展。如果任由数据无序利用和流动，则会造成个人权益和公共利益受到严重侵蚀，与强化人格权司法保护的法治导向背道而驰。划定数据合理使用边界，妥善处理好数据等新型利益保护与隐私和个人信息保护的关系，对于在确保个人信息得到充分保护的前提下促进数据有序流动，服务数据要素市场创新发展具有重要意义。因此，各国隐私和个人信息保护的立法取向并非单纯禁止他人使用或侵害，而是达致隐私和个人信息保护与数据利用间的平衡。

在司法实践中，一方面，要回应权益保护，通过涉人格权案例的审理，贯彻《民法典》相关规定，让人身自由得到充分保障，让人格尊严受到切实尊重，充分彰显我国《民法典》的人民立场。另一方面，要回应技术发展，通过涉数据使用前沿案件的审理，把握好数据合理使用边界，在合理使用与违法侵害、个人权益保护与公共利益维护、个人自治与公共安全等多重价值间平衡协调。在万物互联互通的网络时代,物与物、物与人的联系更加紧密,当信息以数字化形式呈现,其性质的界定更加具有不确定性和不稳定性,潜在的识别风险更加不可控,因此,司法裁判对上述多重价值的平衡和取舍应注意与时俱进,用发展的眼光看待个案,将动态兼顾多方利益的裁判理念贯穿于案件审理过程中。

此外,还需要加强数据利用的引导与规范。原因在于,数据利用过程中个人合法利益风险存在显名化和再识别风险,而且个人信息是否可以识别特定自然人会随着技术发展及由此产生的识别成本、识别时间等因素的变化而发生改变。① 本案中,公开汽车维修保养信息是目前全球监管惯例,从国家宏观政策和北京市朝阳区市场监督管理局对举报的回复可以看出,我国对此亦持鼓励态度。案涉车况信息虽然不属于个人信息,但是关乎原始个人数据的收集、存储、使用、加工、传输、提供、公开。因此,有必要加强行业准入管理,严禁再识别行为,建立严格的数据风险识别、评估、防范机制和信息披露机制,实现个人信息全生命周期保护。

｜ 相关规定 ｜

《民法典》

第 1032 条:“自然人享有隐私权。任何组织或者个人不得以刺探、侵扰、泄露、公开等方式侵害他人的隐私权。

隐私是自然人的私人生活安宁和不愿为他人知晓的私密空间、私密活动、私密信息。”

第 1034 条:“自然人的个人信息受法律保护。

个人信息是以电子或者其他方式记录的能够单独或者与其他信息结合识别特定自然人的各种信息,包括自然人的姓名、出生日期、身份证件号码、生物识别信息、住址、电话号码、电子邮箱、健康信息、行踪信息等。

个人信息中的私密信息,适用有关隐私权的规定;没有规定的,适用有关个人信息保护的规定。”

---

① 王利明、程啸:《中国民法典释评 · 人格权编》,中国人民大学出版社 2020 年版,第 431 页。

案例 6

人脸识别比对结果不能作为认定交易对手真实身份的唯一依据

——中国建设银行股份有限公司广州白云支行诉吴某金融借款合同纠纷再审案[①]

甘尚钊

| 裁判要旨 |

人脸识别技术是核验交易对手真实身份的一种有效方式,但人脸识别比对结果不能作为判定交易对手真实身份的唯一依据。认定交易对手的真实身份,应结合案涉借款合同及数字金融交易过程中使用的身份证件、手机号码、人脸识别影像、银行卡等证据进行综合审查判断。

双方当事人就同一待证事实提出相反证据的,应根据高度盖然性规则进行审查认定。金融机构未能举证证明其在开展金融业务中已尽合理审查义务的,应承担由此产生的不利后果。

| 基本案情 |

原告中国建设银行股份有限公司广州白云支行(以下简称建设银行白云支行)诉称,被告吴某于2016年12月18日通过线上方式与其签订《中国建设银行"快e贷"借款合同》申请贷款,案涉借款合同约定了借款额度、期限、利率、还款日以及利息、罚息、复利的计算方式和标准等贷款要素。合同签订后,吴某通过POS机渠道、网银渠道先后支用贷款4250元、5000元和2000元用于订单支付,但未依约还款。建设银行白云支行以吴某逾期还款为由诉至法院,要求吴某偿还暂计至2019年8月21日的贷款本息合计13912.28元,并承担律师费及诉讼费。建设银行白云支行提交了借款合同、STM机交易信息等证据。吴某辩称贷款不是其本人操作申请,其亦未签订案涉借款合同,借款合同预留的也不

① 一审:广州互联网法院民事判决书,(2019)粤0192民初23252号。再审:广州互联网法院民事判决书,(2020)粤0192民再1号。

是其本人的手机号码。吴某陈述称其身份证曾于2016年10月18日被盗窃,其当天已向公安机关报警并办理挂失备案手续重新补办了新身份证,并提交了报警回执及身份证挂失申报回执作为证据。

| 裁判思路 |

本案是互联网金融借款合同纠纷再审案件。双方当事人争议的焦点主要在于是否吴某本人签订案涉借款合同并申请及支用案涉贷款。因案涉借款合同系借贷双方以线上方式通过数据电文方式签订,建设银行白云支行向法院提供的案涉借款合同的打印文本中没有双方当事人的签名或盖章,故借贷双方之间是否存在建设银行白云支行主张的案涉借贷关系,根据《民事诉讼法》第67条第1款"当事人对自己提出的主张,有责任提供证据"以及最高人民法院《关于适用〈中华人民共和国民事诉讼法〉的解释》(2022年修正)第91条第1款第1项"人民法院应当依照下列原则确定举证证明责任的承担,但法律另有规定的除外:(一)主张法律关系存在的当事人,应当对产生该法律关系的基本事实承担举证证明责任……"的规定,建设银行白云支行应提供其他证据证明。

在本案的原审中,建设银行白云支行除提供案涉借款合同的打印文本之外,还提供了吴某的身份证资料、银行借记卡申办STM自助柜员机交易信息、资金流向一览表等证据,并在再审中补充提交了案涉银行借记卡的《百惠龙卡开卡签约申请表》作为证据,拟证明系吴某申办案涉银行借记卡并签订案涉借款合同以及申请、支用借款。由于案涉借款合同没有吴某的电子签名,而建设银行白云支行提供的身份证资料仅可说明其在办理案涉借款过程中获取了吴某的身份证资料的事实,无法证明是吴某办理案涉借款;资金流向一览表记载的案涉贷款的款项去向因系通过POS机支付方式发放,并未直接发放至吴某名下的银行账户,亦不能证明系吴某申请借款。关于STM自助柜员机交易信息,由于仅记载了案涉贷款使用的银行借记卡申办时留下的开卡人姓名、身份证号码、手机号码、人脸识别捕获的现场人像照片等开卡人信息,在吴某否认申办案涉银行借记卡及签订案涉借款合同的事实并提供案涉身份证挂失报警回执及挂失登记回执作为证据的情况下,查明是否吴某本人申办案涉银行借记卡并签订案涉借款合同申请贷款的事实,成为法官作出裁判的关键。

一、高度盖然性规则在本案的嵌入

(一)盖然性规则在民事诉讼司法解释中的规定

最高人民法院《关于适用〈中华人民共和国民事诉讼法〉的解释》(2022 年修正)第 108 条规定:"对负有举证证明责任的当事人提供的证据,人民法院经审查并结合相关事实,确信待证事实的存在具有高度可能性的,应当认定该事实存在。对一方当事人为反驳负有举证证明责任的当事人所主张事实而提供的证据,人民法院经审查并结合相关事实,认为待证事实真伪不明的,应当认定该事实不存在。法律对于待证事实所应达到的证明标准另有规定的,从其规定。"这被认为是盖然性规则在我国民事诉讼司法解释中的具体规定。

盖然性是一种可能性而非必然性。"盖然性规则是指由于受到主观和客观上的条件限制,司法上要求法官就某一案件事实的认定依据庭审活动在对证据的调查、审查、判断之后形成相当程度上的内心确信的一种证明规则。"①根据最高人民法院《关于适用〈中华人民共和国民事诉讼法〉的解释》(2022 年修正)第 108 条的规定,对于待证事实,双方当事人所负的举证责任并不完全相同。在诉讼中,"对待证事实负有举证责任的当事人所进行的证明活动为本证,不负有举证责任的当事人提供证据对本证进行反驳的证明活动为反证"。② 即对待证事实负有举证责任一方,其举证证明的目的在于使法官对待证事实的存在形成内心确信,这种内心确信应当满足证明评价的最低要求即法定的证明标准;而对待证事实不负有举证责任的一方,其提供证据的目的在于动摇法官对于本证所形成的内心确信,使其达不到证明评价的最低要求。故对于反证而言,其证明的程度要求相比本证要低,只需要使待证事实陷于真伪不明即可。

(二)高度盖然性的证明标准

大陆法系国家与英美法系国家均以盖然性作为民事诉讼的证明标准,但对盖然性程度的要求有所不同。③ 德国学者更是以刻度盘为例,对盖然性作出形象直观的描述,认为民事诉讼的证明标准应当以 75% 的证明程度作为分界线,在穷尽了可以获得的所有证据之后,若未达到 75%,应当认定事实不存在,超过

---

① 毕玉谦:《试论民事诉讼证明上的盖然性规则》,载《法学评论》2000 年第 4 期。

② 最高人民法院修改后民事诉讼法贯彻实施工作领导小组编著:《最高人民法院民事诉讼法司法解释理解与适用》(上),人民法院出版社 2015 年版,第 358 页。

③ 参见毕玉谦:《试论民事诉讼证明上的盖然性规则》,载《法学评论》2000 年第 4 期。

75%的则应当认定待证事实存在。[①] 这就是大陆法系国家和地区在民事诉讼中所普遍采用的高度盖然性的证明标准。

而所谓高度盖然性,即根据事物发展的高度概率进行判断的一种认识方法,是人们在对事物的认识达不到逻辑必然性条件时不得不采用的一种认识手段。最高人民法院《关于适用〈中华人民共和国民事诉讼法〉的解释》第108条对于高度盖然性的证明标准,从本证与反证两方面分别作出明确规定,对待证事实负有举证责任的当事人所进行的本证,需要使法官的内心确信达到高度可能性即高度盖然性的程度才能被视为完成证明责任;反证则只需要使本证的对待证事实的证明陷于真伪不明的状态,即达到目的。

(三)高度盖然性规则在本案中的适用

具体到本案中,建设银行白云支行作为贷款人,其主张与吴某之间成立借贷关系,但其提交的案涉借款合同中没有借款人的电子签名,故其应当承担证明其与吴某之间的借款关系成立的举证责任,建设银行白云支行承担的是本证的证明责任,其举证的证明标准应为让法官对是否成立借贷关系这一待证事实的存在形成内心确信。建设银行白云支在原审中提供了案涉银行账户开办的STM交易信息、借款合同等证据,在再审中提供案涉银行账户《百惠龙卡开卡签约申请表》作为证据。如上所述,STM交易信息仅能反映案涉银行账户开办的信息,无法证明案涉银行账户为吴某本人申请开办的事实,亦无法证明案涉借款合同系吴某签订的,而《百惠龙卡开卡签约申请表》因不是吴某签名,亦无法证明系吴某申办案涉银行借记卡。即建设银行白云支行提供的证据无法让法官确信其与吴某之间成立借贷关系。相反,吴某在原审中提交的报警回执、居民身份证挂失申报回执可以证明其居民身份证于2016年10月18日遗失的事实,这一事实让法官产生是否为吴某签订借款合同的合理怀疑。而开卡人线下填写的《百惠龙卡开卡签约申请表》上客户签名不是“吴某”本人签署的司法

① 德国学者汉斯·普维庭认为:“假定刻度盘两端为0%和100%,将刻度盘两端之间分为四个等级:1%~24%为非常不可能,26%~49%为不太可能,51%~74%为大致可能,75%~99%为非常可能。其中0%为绝对不可能,100%为绝对肯定,50%为可能与不可能同等程度存在。据此,民事诉讼的证明标准应当确定在最后一个等级,即在穷尽了可以获得的所有证据之后,如果仍然达不到75%的证明程度,则应当认定事实不存在;超过75%的,应当认定待证事实存在。”参见最高人民法院修改后民事诉讼法贯彻实施工作领导小组编著:《最高人民法院民事诉讼法司法解释理解与适用》(上),人民法院出版社2015年版,第358页。

鉴定意见,证明案涉银行借记卡不是吴某申办的事实。结合不是吴某申办案涉银行卡的事实,进一步动摇了法官对建设银行白云支行主张借贷关系成立的内心确信。再根据建设银行关于借款人申请案涉贷款产品前须持本人身份证原件在建设银行线下网点开办借记卡银行账户、领取网银盾或设置手机银行登录密码、开通电子银行功能才能线上申请贷款、签订案涉《中国建设银行"快 e 贷"借款合同》的内部规定,对案涉借贷关系成立与否负有举证责任的建设银行白云支行,其提供的证据无法使法官形成其与吴某之间成立借贷关系的内心确信,反而是不负举证责任的吴某提供的证据,完全动摇了法官认定是吴某本人签订案涉借款合同的内心确认。故法院依法认定案涉借款合同不是吴某本人签订的。

(四)审判实践中运用盖然性规则应注意的问题

在民事诉讼中,本证和反证的证明标准是不同的,对本证而言,法律上要求其应达到的证明标准是证据事实的高度盖然性,而对反证,法律上只是要求其具有对抗对方证据、阻却对方事实形成的适当证据,其证明标准只需达到使对方所提证据及其待证事实处于存疑状态、使法官对本证证据和事实的心证发生动摇即可。

在审判实践中应当注意以下几方面:其一,诉讼证明活动实际上是围绕本证展开的,反证由其性质决定,是用以挑战本证的证明效果。对于事实审理者而言,核心是在即使有反证的情况下对本证是否达到高度盖然性的证明标准进行判断。其二,本证与反证的证明要求不同,反证只需要将本证使法官形成的内心确信拉低到高度盖然性证明标准之下即实现目的。其三,无论本证还是反证,对其证明效果的判断,都应当在依照法定程序和要求的所有证据均提供的情况下,结合全部证据所作出的综合评价。[①]

二、司法鉴定结论与人脸识别比对结果的证明效力

(一)无相反证据推翻的司法鉴定结论应予采信

无相反证据推翻的司法鉴定结论应予采信。本案中,开卡人在建设银行线下营业网点的 STM 自助柜员机申办案涉银行借记卡时,经人脸识别后,办理了

---

① 最高人民法院修改后民事诉讼法贯彻实施工作领导小组编著:《最高人民法院民事诉讼法司法解释理解与适用》(上),人民法院出版社 2015 年版,第 358 页。

案涉银行借记卡。在诉讼中，建设银行提交了 STM 交易信息作为证据，其中有人脸识别捕获的开卡人的现场照片。吴某一方将开卡人的现场照片与案涉贷款使用的身份证照片进行人像比对，相似度为 67%。经法院释明要求建设银行白云支行提供人脸识别完整的影像源或其他影像资料，但建设银行白云支行在指定期限内未能提交。相反，吴某申请对建设银行白云支行提供的《百惠龙开卡签约申请表》上的客户签名进行笔迹鉴定，鉴定意见为不是"吴某"本人签署。作为证明是否为吴某本人申办案涉银行借记卡的事实的两份不同证据，如何确定其证明力？

关于司法鉴定意见的证明力问题，《民事诉讼法》及其司法解释载有明文。根据《民事诉讼法》第 72 条"经过法定程序公证证明的法律事实和文书，人民法院应当作为认定事实的根据，但有相反证据足以推翻公证证明的除外"以及最高人民法院《关于适用〈中华人民共和国民事诉讼法〉的解释》第 93 条"下列事实，当事人无须举证证明：……（七）已为有效公证文书所证明的事实。前款第二项至第四项规定的事实，当事人有相反证据足以反驳的除外；第五项至第七项规定的事实，当事人有相反证据足以推翻的除外"的规定，在建设银行白云支行为提交相反证据推翻该司法鉴定意见的结论，故对《百惠龙开卡签约申请表》进行笔迹鉴定作出的司法鉴定意见，法院应予采信。此外，建设银行在本案中未提交开卡人在申办案涉银行借记卡时进行人脸识别的比对结果，而吴某将人脸识别捕获的开卡人现场照片与其身份证照片进行图像比对，相似度仅为 67%，说明人脸识别相似度设置值不高，侧面说明建设银行白云支行仅以"身份证照片和本人看起来差不多"便审核通过，未尽审慎审查义务的情形。

（二）人脸识别比对结果不能作为认定真实身份的唯一依据

人脸识别信息属于高度敏感的个人生物识别信息。十余年的时间里，金融机构逐步在互联网金融业务中应用人脸识别技术核验客户身份。

1. 人脸识别在金融领域的应用发展情况

2015 年 1 月，中国人民银行出台《关于银行业金融机构远程开立人民币账户的指导意见（征求意见稿）》，确立"坚持柜台开户为主，远程开户为辅""实施客户身份识别机制的自证"的远程开户原则。指导意见为人脸识别在金融结构开展金融业务中普及打开了一条"门缝"。同年 12 月，中国人民银行出台《关于改进个人银行账户服务加强账户管理的通知》，要求银行业金融机构在提供个人银行账户开立服务时，有条件的银行可探索将生物特征识别技术和其他安全有效的技术手段作为核验开户申请人身份信息的辅助手段。2016 年 11 月，中国人民银行出台《关于落实个人银行账户分类管理制度的通知》，对金融机构变更、注销、个人信息验证办法、视频及人脸识别等技术手段以及不同账户的使用功能和限制等作了详细的规定。2017 年，人工智能首次写入国家政府报告，作为人工智能的重要细分领域，国家对人脸识别相关的政策支持力度在不断的加大。2017 年 12 月，工业和信息化部发布《促进新一代人工智能产业发展三年行动计划（2018—2020 年）》，规划“到 2020 年，复杂动态场景下人脸识别有效检出率超过 97%，正确识别率超过 90%”。当前，人脸识别技术在互联网金融领域得到了越来越广泛的应用，较好地满足了人们对互联网金融提出的安全性和便捷性需求。

2. 人脸识别的识别原理

人脸识别，是基于对人的脸部特征信息进行身份识别的一种生物识别技术。通常采用摄像机或摄像头采集含有人脸的图像或视频流，并自动在图像中检测和跟踪人脸。人脸识别技术原理简单来讲主要有三大步骤：一是建立一个包含大批量人脸图像的数据库；二是通过各种方式来获得当前要进行识别的目标人脸图像；三是将目标人脸图像与数据库中既有的人脸图像进行比对和筛选。根据人脸识别技术原理具体实施的技术流程主要包含 4 个部分，即人脸图像的采集与预处理、人脸检测、人脸特征提取、人脸识别和活体鉴别。目前，人脸识别主要包括基于特征脸的方法、基于几何特征的方法、基于深度学习的方法、基于支持向量机的方法和其他综合方法等方法。

由于人脸识别技术是通过图像采集设备捕捉人的脸部区域，然后把捕捉到的人脸和数据库中的人脸进行匹配，从而完成身份识别任务的一个过程，在该过程中，相对于固定不动的摄像头而言，人脸总是处在变动不居的状态，且摄像头采集到的人脸图像还会因为人脸的姿态、表情、光线等因素的影响而采集到不清晰、不完整、关键部位特征不明显的人脸图像，这时人脸识别系统可能就无法进行精准识别。在实际应用中，有的金融机构为了减轻人工核对成本，可能还倾向于设定相对较低的人脸图像相似程度数值，对于低于该相似程度数值的人脸图像作出提示，由人工介入进行二次审核。

3. 本案 STM 自助柜员机中的人脸识别

本案贷款发生在 2016 年 12 月，当时人脸识别在互联网金融业务中的应用处于初步发展阶段，应用尚不成熟。开卡人在建设银行线下营业网点的 STM 自助柜员机上申办案涉银行借记卡时，已然通过人脸识别环节进行身份核验。但是，从建设银行白云支行提供的 STM 交易信息来看，人脸识别虽然捕获了开卡人的现场照片，但吴某否认开卡人是其本人，并提交了其自行通过腾讯 AI 体验中心对现场照片与其身份证头像进行图像比对的结果，比对结果相似度为 67%。建设银行白云支行在诉讼中未提交开卡人进行人脸识别时的比对结果，亦未提交人脸识别捕获的完整影像源。建设银行白云支行在诉讼中虽然不认可吴某提交的自行比对的图像比对结果，但亦未对此提出司法鉴定或提供相反证据证明。鉴于案涉贷款发生在 2016 年，当时人脸识别技术在金融行业的应用尚不成熟，在无其他证据证明的情况下，仅凭一份相似度为 67% 的人脸比对结果，无法认定开卡人为吴某本人。

人脸识别技术是核验交易对手真实身份的一种方式，但人脸识别比对结果不能作为判定交易对手真实身份的唯一依据。在司法实务中，法院进行裁判时，应当结合数字金融交易过程中使用到的身份证件、手机号码等信息数据及其他相关证据进行综合审查认定交易对手的真实身份。

4. 人脸识别在身份核验应用中的发展趋势

人脸识别技术应用广泛，在公共安全、信息安全、政府职能等多个领域都有所涉及。随着人脸识别技术的发展，在互联网金融领域，运用人脸识别技术便捷认定交易对手真实身份的同时，金融机构进行真实身份核验应当坚持机器识别与人工识别相结合的双重审核审慎操作方法，这是人脸识别的发展趋势之一，也是金融机构防范风险的重要手段。同时，采用机器识别与人工识别相结合的方式，才能最大限度地做到人脸图像的精准识别。

| 相关规定 |

《民事诉讼法》

第 67 条第 1 款："当事人对自己提出的主张，有责任提供证据。"

最高人民法院《关于适用〈中华人民共和国民事诉讼法〉的解释》（2022 年修正）

第 90 条："当事人对自己提出的诉讼请求所依据的事实或者反驳对方诉讼请求所依据的事实，应当提供证据加以证明，但法律另有规定的除外。

在作出判决前，当事人未能提供证据或者证据不足以证明其事实主张的，由负有举证证明责任的当事人承担不利的后果。”

第108条："对负有举证证明责任的当事人提供的证据，人民法院经审查并结合相关事实，确信待证事实的存在具有高度可能性的，应当认定该事实存在。

对一方当事人为反驳负有举证证明责任的当事人所主张事实而提供的证据，人民法院经审查并结合相关事实，认为待证事实真伪不明的，应当认定该事实不存在。

法律对于待证事实所应达到的证明标准另有规定的，从其规定。”

延伸阅读

违法处理个人信息的法律责任浅析

袁 玥

《个人信息保护法》新增了对应用程序违法处理个人信息责令暂停或者终止提供服务的规定，从法律层面为执法者提供依据。根据违法情节区分直接负责的主管人员和其他直接责任人员责任，实施“双罚制”，体现了“强监管”的要求。明确对经营主体的罚款由省级行政机关实施，对违法企业处以高额罚款，强调了保护个人信息的力度。

在信用罚制度设计方面，关于建立信用档案的主体，从目前信用罚制度的设计安排来看，主要是由相应行政主管部门负责。个人信息保护信用档案亦应由履行个人信息保护职责的部门负责，此外，上级行政机关还应负责指导、监督下级行政机关的信用档案管理工作。关于信用档案的内容。个人信息处理者处理敏感个人信息的许可情况，应当是信用档案的基本内容，还应包括日常监督检查结果、违法行为查处、举报投诉情况等有关信息。对有不良信用记录的主体要加强监管,增加监督检查的频次,对长期信用良好的,给予宣传、支持和表彰。行政机关应当依法保障信用档案的安全,不得将信用档案信息用于信用管理以外的目的。要注意统筹协调,与其他监管部门实现信用资源共享,为公众营造良好的信用环境。此外,还应当允许"失信"个人信息处理者作出相应整改后申请移除相关公示,或对其信用情况予以更新。

在国家机关及其责任人员责任方面,《个人信息保护法》未明确"上级机关或履行个人信息保护职责的部门责令改正"的作出方式、程序要求等。实践中,特别是履行个人信息保护职责的部门与被责令机关在组织上不具有领导或监督关系时,责令改正应当按照何种程序、方式作出,需待相关规定进一步明确。

民事责任方面,明确侵害个人信息权益属于特殊侵权,适用过错推定责任原则;关于侵害个人信息权益造成财产损失的赔偿数额确定,明确个人因此受到的损失与个人信息处理者的获益是并列关系,不再强调先以个人受到的损失为赔偿标准,符合司法实践的需求。

刑事责任方面,明确违反《个人信息保护法》,构成违反治安管理行为,是指违法处理个人信息行为同时扰乱公共秩序,妨害公共安全,侵犯人身权利、财产权利,妨害社会管理,具有社会危害性。尚不够刑事处罚的,依法给予治安管理处罚。构成犯罪的,依法追究刑事责任。刑事责任是所有法律中调整社会关系、处理社会矛盾纠纷的最后一道防线,对个人信息权益的保护极为重要。

一、民事责任

《民法典》第 176 条规定:"民事主体依照法律规定或者按照当事人约定,履行民事义务,承担民事责任。"民事责任,是指当事人不履行民事义务所应承担的民法上的后果。民事责任的产生以违反民事义务为前提。[①] 法律规定或当事人约定特定民事主体应当为一定行为或不为一定行为,即为该民事主体应当履行的民事法律义务。民事责任具有强制性,可以通过国家强制力实现。当责任人拒不承担民事责任时,权利人可以请求国家公权力机关强制要求责任人承担责任。民事责任具有补偿性。补偿性集中体现了民事损害的填平原则,即民事主体所获得的补偿需要足以弥补权利人受损的范围和程度,但也仅以实际遭受

---

① 参见崔建远、陈进:《债法总论》,法律出版社 2021 年版,第 12 页。

的损失为限。民事责任具有损害预防功能。一方面,对于那些将要变成现实的民事权利损害风险,权利人可以通过请求义务人承担停止侵害、排除妨碍、消除危险等民事责任,预防损害的发生或者避免损害的进一步扩大。另一方面,民事责任作为对潜在义务违反行为的一般性后果宣誓,有助于帮助行为人预知违反义务的法律后果,并避免违反义务。惩罚性赔偿责任的科加则具有更强的预防功能。

(一)民事责任的方式

根据《民法典》第179条的规定,承担民事责任的方式主要有停止侵害,排除妨碍,消除危险,返还财产,恢复原状,修理、重作、更换,继续履行,赔偿损失,支付违约金,消除影响、恢复名誉,赔礼道歉等。消费者权益保护领域、食品安全领域等法律还规定有惩罚性赔偿责任,属于对赔偿损失数额计算方式的特别规定。《个人信息保护法》第69条规定:"处理个人信息侵害个人信息权益造成损害,个人信息处理者不能证明自己没有过错的,应当承担损害赔偿等侵权责任。前款规定的损害赔偿责任按照个人因此受到的损失或者个人信息处理者因此获得的利益确定;个人因此受到的损失和个人信息处理者因此获得的利益难以确定的,根据实际情况确定赔偿数额。"

(二)过错推定

侵害个人信息权益属于特殊侵权,适用过错推定责任原则。关于侵害个人信息权益责任的归责原则,经历两次修改,《个人信息保护法(草案)》第65条规定:"因个人信息处理活动侵害个人信息权益的,按照个人因此受到的损失或者个人信息处理者因此获得的利益承担赔偿责任;个人因此受到的损失和个人信息处理者因此获得的利益难以确定的,由人民法院根据实际情况确定赔偿数额。个人信息处理者能够证明自己没有过错的,可以减轻或者免除责任。"从该条前半部分表述来看,似乎初步确定了侵害个人信息权益适用无过错责任原则,因为行为人承担赔偿责任并不论行为人是否有过错;但后半部分将"个人信息处理者能够证明自己没有过错"规定为减轻或免除责任的事由,又与无过错责任原则需严格限制免责事由的要求相矛盾,且要求行为人证明自己没有过错,一般适用于过错推定责任原则。对此,一些常委委员和地方、部门、专家、企业建议,根据过错推定责任原则确定侵害个人信息权益的损害赔偿责任。因此,《个人信息保护法(草案二次审议稿)》第68条第1款规定:"个人信息权益因个人信息处理活动受到侵害,个人信息处理者不能证明自己没有过错的,应当承担损害赔偿等侵权责任。”《个人信息保护法》第 69 条在此基础上作了一些文字修改,最终确定了侵害个人信息权益适用过错推定责任原则。

(三)财产损失数额

个人信息具有人身属性,对个人信息的收集、使用、加工、提供、公开等关系个人人格尊严,故个人信息权益属于人格权范畴。《民法典》第 990 条第 1 款列举了具体人格权:“人格权是民事主体享有的生命权、身体权、健康权、姓名权、名称权、肖像权、名誉权、荣誉权、隐私权等权利。”该条第 2 款规定了其他人格权益:“除前款规定的人格权外,自然人享有基于人身自由、人格尊严产生的其他人格权益。”

个人信息权益当属该条第 2 款规定的其他人格权益范畴。《个人信息保护法》第四章规定了个人在个人信息处理活动中的权利,主要有个人对个人信息的处理享有知情权、决定权;个人有权向个人信息处理者查阅、复制其个人信息;有权请求将个人信息转移至其指定的个人信息处理者(可携带权);有权请求个人信息处理者更正、补充不准确或不完整的信息;有权请求删除个人信息;有权要求个人信息处理者对个人信息处理规则进行解释说明等。相较其他具体人格权而言,名誉是公众对民事主体的社会评价,此等评价本身不具有财产利益;而个人信息可以通过大数据分析,为企业带来商业利益,具有可交易性,由此产生财产利益。个人有权请求查阅、复制其个人信息,但名誉无从查阅、复制。又如姓名权,侵害姓名权主要表现为干涉、盗用、假冒他人姓名,受害人得以请求行为人停止前述行为;但侵害个人信息权益的形态复杂多样,除停止违法行为外,还包括积极行为,如对不准确、不完整的个人信息进行更正、补充等。由此可见,较上述具体人格权而言,个人信息权益有其独特的丰富内涵。

因个人信息具有人身属性,确立损害赔偿责任按照个人因此受到的损失或者个人信息处理者因此获得的利益确定;个人因此受到的损失和个人信息处理者因此获得的利益难以确定的,根据实际情况确定赔偿数额。这与《民法典》第 1182 条关于侵害人身权益造成财产损失的赔偿数额确定相一致。《民法典》第 1182 条规定:“侵害他人人身权益造成财产损失的,按照被侵权人因此受到的损失或者侵权人因此获得的利益赔偿;被侵权人因此受到的损失以及侵权人因此获得的利益难以确定,被侵权人和侵权人就赔偿数额协商不一致,向人民法院提起诉讼的，由人民法院根据实际情况确定赔偿数额。”需注意的是，个人因此受到的损失与个人信息处理者的获益是并列关系，不再强调先以个人受到的损失为赔偿标准。一方面，在个人信息保护纠纷中，个人要证明其个人信息权益受到侵害这一事实便具有很大难度，因为相关证据大部分掌握在个人信息处理者一方。另一方面，个人因其个人信息权益受到侵害产生的损失，除因维权支出的调查取证费、律师费等费用较易查明外，其他损失亦难以举证和查明。因此，将个人因此受到的损失与个人信息处理者的获益两个赔偿标准作为并列关系，是符合司法实践的。但由于通常情况下，个人信息处理者并非就某个自然人的信息进行单独处理，故在个案处理中，个人信息处理者因就违法处理受害人个人的信息获益情况也难以查明和确定。据此，司法实践可能更多地需要根据“实际情况”确定赔偿数额。当然，人民法院根据案件实际情况确定赔偿数额的适用亦应符合有关司法解释的规定，而不能随意确定。如最高人民法院《关于确定民事侵权精神损害赔偿责任若干问题的解释》（2020 年修正）第 5 条规定：“精神损害的赔偿数额根据以下因素确定：（一）侵权人的过错程度，但是法律另有规定的除外；（二）侵权行为的目的、方式、场合等具体情节；（三）侵权行为所造成的后果；（四）侵权人的获利情况；（五）侵权人承担责任的经济能力；（六）受理诉讼法院所在地的平均生活水平。”最高人民法院《关于审理利用信息网络侵害人身权益民事纠纷案件适用法律若干问题的规定》（2020 年修正）第 12 条规定：“被侵权人为制止侵权行为所支付的合理开支，可以认定为民法典第一千一百八十二条规定的财产损失。合理开支包括被侵权人或者委托代理人对侵权行为进行调查、取证的合理费用。人民法院根据当事人的请求和具体案情，可以将符合国家有关部门规定的律师费用计算在赔偿范围内。被侵权人因人身权益受侵害造成的财产损失以及侵权人因此获得的利益难以确定的，人民法院可以根据具体案情在 50 万元以下的范围内确定赔偿数额。”

（四）人格权请求权

《民法典》第 995 条规定：“人格权受到侵害的，受害人有权依照本法和其他法律的规定请求行为人承担民事责任。受害人的停止侵害、排除妨碍、消除危险、消除影响、恢复名誉、赔礼道歉请求权，不适用诉讼时效的规定。”个人信息权益属于人格权范畴，自然人可以根据前述规定行使人格权请求权。需要注意的是，行使人格权请求权无须考虑行为人是否具有过错，只要存在对人格权的侵害这一事实,无论是已经发生还是即将发生,均可行使人格权请求权。以停止侵害为例,只要行为人实施或即将实施侵害个人信息权益的行为,无论个人信息处理者是否有过错,权利人都可以要求个人信息处理者停止侵害。比如,某网站未经同意发布个人征婚信息,无论网站经营者是否有过错,个人均可要求停止发布征婚信息。这里的停止侵害责任方式的适用也不以诉讼为前提。也就是说,受害人可直接要求加害人停止侵害,如果加害人仍未停止侵害,受害人可以通过诉讼的方式要求法院判决加害人停止侵害。再如,个人信息更正、补充权的行使,并不以个人信息处理者主观有过错或者提起诉讼为前提,只要发现其个人信息有误,就可以要求个人信息处理者予以更正,且该请求不适用诉讼时效的规定。

关于人格权侵害禁令制度是否适用于个人信息保护的问题。《民法典》第997条规定:"民事主体有证据证明行为人正在实施或者即将实施侵害其人格权的违法行为,不及时制止将使其合法权益受到难以弥补的损害的,有权依法向人民法院申请采取责令行为人停止有关行为的措施。"尽管个人信息权益还未被法律确定为一项权利,但个人信息一旦遭到非法使用、泄露,极大可能导致权利人的名誉、隐私遭受侵害,甚至产生巨大财产损失。比如,个人信息被用于网络黑产、贷款诈骗等。从侵害人格权禁令制度的目的来看,将个人信息权益纳入适用范围,更有利于强化对人格权的保护。比如,最高人民法院《关于审理使用人脸识别技术处理个人信息相关民事案件适用法律若干问题的规定》第9条就明确规定:"自然人有证据证明信息处理者使用人脸识别技术正在实施或者即将实施侵害其隐私权或者其他人格权益的行为,不及时制止将使其合法权益受到难以弥补的损害,向人民法院申请采取责令信息处理者停止有关行为的措施的,人民法院可以根据案件具体情况依法作出人格权侵害禁令。"值得注意的是,权利人行使人格权请求权时,其对象包括但不限于个人信息处理者。

(五)损害赔偿请求权

1. 关于损害

"损害作为一种事实状态,是指因一定的行为或事件使某人受侵权法保护的权利和利益遭受某种不利益的影响。"[①]如某外卖 App 未经用户授权读取了

① 王利明、杨立新编著:《侵权行为法》,法律出版社1996年版,第55页。

用户的体检信息并上传通讯录信息至 App 服务器，那么，无论 App 是否使用这些体检信息，均构成对用户个人信息知情、决定权的侵害，损害体现为"未经用户同意获取体检信息"这一事实。又如，某出行 App 虽然依据履行服务合同的需要处理了用户的行程信息，但 App 即将对外公开这些行程信息，一旦行程信息公开，必然造成个人隐私的泄露，此种情形下，虽然行程信息尚未公开，但即将公开这一事实已经对用户的隐私产生不利影响，也属于损害的范畴。

2. 关于侵权损害赔偿责任

侵权损害赔偿责任的范围包括财产损失、人身伤害和精神损害。人身伤害主要体现为对自然人生命、身体、健康的侵害，人身损害赔偿主要包括医疗费、护理费、交通费、营养费、住院伙食补助费等为治疗和康复支出的合理费用，以及因误工减少的收入，残疾赔偿金、丧葬费、死亡赔偿金等。

就侵害个人信息权益而言，其损害赔偿主要是财产损失和精神损害。财产损失是最常见的损害类型，该损失既包括直接损失，还包括间接损失。直接损失是已得利益之丧失，间接损失是虽受害时尚不存在，但受害人在通常情况下如果不受侵害，必然会得到的利益的丧失，[①]是可得利益的减少。个人信息权益遭受侵害导致财产损失，如利用非法取得个人信息实施电信诈骗等侵害受害人的财产权益，还包括因维权产生的调查取证、律师费等合理支出；间接损失如求职、晋升受到影响，使其经济利益受到损失。司法实践中，对影响求职、晋升等带来的损失支持得较少。而且，间接损失一般也限定在财产损害范围，如房屋遭受毁损导致的租金收益减少。一些侵害具体人格权的情形下需赔偿间接损失，如侵害明星肖像权、姓名权，导致其基于肖像、姓名的商业化收益减少。还需注意的是，就财产损害而言，必须是损害与违法行为存在法律上的因果关系。司法实践中，受害人往往只能证明其受到损害的事实，如钱财被犯罪分子诈骗，但很难举证证明被诈骗是因为其个人信息被泄露，或者个人信息泄露是其被诈骗的原因。也就是说，违法处理个人信息的行为与受害人钱财被诈骗之间到底有无因果关系，是审判实践中的难点问题，而且争议较大。比如，个人信息被泄露后遭受电信诈骗，因个人的学识、经历有所不同，有的人可能会被诈骗，而有的人不会被诈骗，此种情形下，如何看待损害后果与违法行为之间是否具有因

① 张新宝：《中国侵权行为法》，中国社会科学出版社 1995 年版，第 36 页。

果关系？对此，关键在于准确适用最高人民法院《关于适用〈中华人民共和国民事诉讼法〉的解释》第108条有关民事诉讼证明标准的规定。第108条规定："对负有举证证明责任的当事人提供的证据，人民法院经审查并结合相关事实，确信待证事实的存在具有高度可能性的，应当认定该事实存在。对一方当事人为反驳负有举证证明责任的当事人所主张事实而提供的证据，人民法院经审查并结合相关事实，认为待证事实真伪不明的，应当认定该事实不存在。法律对于待证事实所应达到的证明标准另有规定的，从其规定。"该条规定了高度盖然性规则。也就是说，受害人只要举证证明违法处理个人信息具有高度盖然性，就可以认定损害事实的存在。有观点认为，应当在个人信息侵权案件中，降低证明标准，以便对受害人提供充分的救济，缓和证明标准，由"高度可能性"降低为"较大可能性"，①即证明违法行为有较大可能性即可。也有观点认为，受害人只要原告证明侵权行为与侵害结果存在引起和被引起的条件关系，即应认定存在因果关系。② 司法实践中，除了正确适用民事诉讼证明标准的规定外，还有必要强调日常生活经验法则的运用，即通过一般公众的认知去判断损害后果和违法行为之间是否存在因果关系。

精神损害赔偿体现为精神损害抚慰金，是指侵权行为致使他人严重精神损害的，得以金钱赔偿的方式进行弥补。一般情况下，侵害个人信息权益会造成受害人一定程度的精神困扰，对此，可以判令行为人对受害人赔礼道歉，以消除影响；如果造成严重精神损害，才会判令行为人赔偿精神损害抚慰金，是否产生严重精神损害，一般由受害人举证证明，并结合侵权行为的具体方式加以判断。根据第108条第2款的规定，财产损失和精神损害均可以根据个人因此受到的损失或者个人信息处理者因此获得的利益确定。无论是赔偿损失还是精神损害赔偿，均适用诉讼时效的规定。

3. 关于过错推定

侵害个人信息权益的损害赔偿责任适用过错推定原则。《民法典》第1165条第2款规定："依照法律规定推定行为人有过错，其不能证明自己没有过错

① 杨立新：《侵害公民个人电子信息的侵权行为及其责任》，载《法律科学（西北政法大学学报）》2013年第3期。

② 丁宇翔：《个人信息民事司法保护的难点及破解路径》，载《中国审判》2019年第19期。

的,应当承担侵权责任。”过错推定原则,是指在法律有特别规定的场合,从损害事实的本身推定加害人有过错,并据此确定造成他人损害的行为人赔偿责任的归责原则。个人信息当中的私密信息属于隐私权范畴,根据《民法典》第1034条第3款的规定,个人信息中的私密信息,适用有关隐私权的规定;没有规定的,适用有关个人信息保护的规定。实践中,违法处理个人信息可能同时侵害隐私权或名誉权。此时需要注意,侵害隐私权、名誉权,属于一般侵权,其损害赔偿适用过错责任原则;而侵害个人信息权益是特殊侵权,其损害赔偿适用过错推定责任原则,二者在举证责任分配上有所不同。在违法处理个人信息导致隐私权、名誉权受损害的情况下,因为损害后果具有同一性。受害人如果主张名誉、隐私侵权,则适用过错责任,受害人要证明加害人主观上具有过错(包括过失);主张侵害个人信息权益,适用过错推定责任,则由个人信息处理者证明其不存在过错。对此,可能需要考虑在违法处理个人信息导致侵害隐私权、名誉权等具体人格权的场景下,就侵权损害赔偿责任方面,统一适用过错推定责任原则。还应当注意的是,过错推定责任仅是对过错的推定,并不包括对因果关系的推定,因果关系的举证责任还是在受害人一方。

4. 关于侵害个人信息权益的免责事由

个人信息责任的免责事由须有法律明确规定。如《民法典》第999条规定:“为公共利益实施新闻报道、舆论监督等行为的,可以合理使用民事主体的姓名、名称、肖像、个人信息等;使用不合理侵害民事主体人格权的,应当依法承担民事责任。”根据此条规定,为公共利益实施新闻报道、舆论监督等行为合理使用民事主体个人信息的,即使未取得个人的同意,也无须承担民事责任。又如《民法典》第1036条规定:“处理个人信息,有下列情形之一的,行为人不承担民事责任:(一)在该自然人或者其监护人同意的范围内合理实施的行为;(二)合理处理该自然人自行公开的或者其他已经合法公开的信息,但是该自然人明确拒绝或者处理该信息侵害其重大利益的除外;(三)为维护公共利益或者该自然人合法权益,合理实施的其他行为。”最高人民法院《关于审理使用人脸识别技术处理个人信息相关民事案件适用法律若干问题的规定》第5条规定:“有下列情形之一,信息处理者主张其不承担民事责任的,人民法院依法予以支持:(一)为应对突发公共卫生事件,或者紧急情况下为保护自然人的生命健康和财产安全所必需而处理人脸信息的;(二)为维护公共安全,依据国家有关规定在公共场所使用人脸识别技术的;(三)为公共利益实施新闻报道、舆论监督等行为在合理的范围内处理人脸信息的;(四)在自然人或者其监护人同意的范围内合理处理人脸信息的;(五)符合法律、行政法规规定的其他情形。”第6条第3款同时规定信息处理者就其行为符合上述情形承担举证责任。

(六)违约赔偿请求权

实践中,大部分处理个人信息的场景是发生在履行合同的过程中,故出现个人信息权益遭受侵害时,权利人当然可以依据合同约定主张违约责任。最高人民法院《关于审理使用人脸识别技术处理个人信息相关民事案件适用法律若干问题的规定》第12条规定:“信息处理者违反约定处理自然人的人脸信息,该自然人请求其承担违约责任的,人民法院依法予以支持。该自然人请求信息处理者承担违约责任时,请求删除人脸信息的,人民法院依法予以支持;信息处理者以双方未对人脸信息的删除作出约定为由抗辩的,人民法院不予支持。”由此可见,诸如知情权、自决权、删除权等个人信息权益的行使,可以选择违约赔偿请求权的路径进行救济。如合同中约定了违法处理个人信息的违约金或违约责任条款,只要是双方真实意思表示,未违反法律、行政法规的效力性强制性规定,各方均应严格遵守。

在具体的民事审判实践中,个人信息权益受到侵害时可能会出现多种请求权竞合的状态,权利人应当根据权利受到侵害的状况以及最有利于保护个人信息的目的主张相应的请求权。当然,个人信息权益内涵丰富,侵权形态复杂多样,现有的司法样本较少,司法审判中仍有许多问题亟待解决。

二、个人信息公益诉讼

《个人信息保护法》第70条规定:“个人信息处理者违反本法规定处理个人信息,侵害众多个人的权益的,人民检察院、法律规定的消费者组织和由国家网信部门确定的组织可以依法向人民法院提起诉讼。”

对违法处理个人信息侵害众多个人的权益的行为,人民检察院及有关组织可以依法向人民法院提起诉讼,即个人信息保护公益诉讼制度。《个人信息保护法草案(二次审议稿)》第69条规定:“个人信息处理者违反本法规定处理个人信息,侵害众多个人的权益的,人民检察院、履行个人信息保护职责的部门和国家网信部门确定的组织可以依法向人民法院提起诉讼。”对此,中国消费者协会建议,与消费者权益保护法有关规定相衔接,明确法律规定的消费者组织可以对违法处理个人信息侵害众多个人权益的行为提起诉讼。宪法和法律委员会经研究,建议采纳上述意见,在草案三次审议稿第 70 条中增加相应规定。

值得注意的是,第一,个人信息处理者违法处理个人信息,主要是指违反个人信息保护法。第二,"个人信息处理者"应包括所有个人信息处理者,司法实践中,则主要体现为能够处理一定规模个人信息的大型企业。第三,提起公益诉讼的前提是违法行为侵害众多个人的权益,此处"权益"不限于个人信息保护法规定的个人信息权益,应作广义理解,因为违法处理个人信息可能最终导致侵害个人的其他人身财产权益。第四,只有法律规定的主体方可提起个人信息保护公益诉讼,即公益诉讼的原告只能是人民检察院、法律规定的消费者组织和由国家网信部门确定的组织。

《民事诉讼法》《行政诉讼法》《环境保护法》《消费者权益保护法》等法律以及相关司法解释均规定有公益诉讼制度。个人信息权益内涵丰富,侵害个人信息权益的形态复杂多样,在众多个人权益遭受个人信息处理者不法侵害时,迫切需要通过公益诉讼的制度去规范相关违法行为,以强制个人信息处理者依法履行其个人信息保护义务。因此,新增个人信息保护公益诉讼制度有其现实意义。

(一)提起个人信息保护公益诉讼的条件

之所以要设定公益诉讼保护个人信息权益,主要是考虑到实践中在发生侵害众多个人权益的行为时,个人往往很难主张权利,且从节约维权成本的角度看,个人都向法院起诉,在起诉的时间、起诉的法院、收集证据的成本方面,都会耗费当事人巨大的精力和司法资源。与私益诉讼相比,公益诉讼的本质特征是原告在诉讼中无自身的利益,而是为众多不特定个人的利益提起的诉讼。因此,只有那些侵害众多个人权益的行为,才可以提起公益诉讼。

司法实践中,"众多"是认定是否符合起诉条件的难点问题,一般认为,"众多"应指不特定公众;"众多个人的权益"应达到损害社会公共利益的要求。此外,公益诉讼以保护社会公共利益为其目的,对于公共利益的侵害,应当既包括实际损害,基于预防原则,在侵害行为可能造成大规模侵权行为时,应当允许提起诉讼阻止正在进行的可能导致侵害消费者人身财产权益损害社会公共利益的行为。也就是说,只要违法处理个人信息的行为具有危及众多不特定个人人身、财产安全,即可以提起公益诉讼,并不以损害实际发生为前提。

(二)提起个人信息保护公益诉讼的主体

1. 人民检察院

人民检察院是国家的法律监督机关,依法行使检察权,维护社会公共利益。最高人民检察院2020年发布的《关于积极稳妥拓展公益诉讼案件范围的指导意见》明确将个人信息保护作为网络侵害领域的办案重点,并对贯彻执行省级人大常委会专项决定提出要求。2021年4月,最高人民检察院发布检察机关个人信息保护公益诉讼典型案例,其中,行政公益诉讼案件涉及教育、市场监管、公安、网信、农业农村等行政机关个人信息监管、政府信息公开问题;涉及快递、医疗机构、校外培训机构等泄露个人信息问题。民事公益诉讼案件包括互联网企业违法违规收集个人信息和非法获取个人信息并进行消费欺诈等问题。刑事附带民事公益诉讼案件涉及通过技术软件、物业服务等不同手段非法获取并交易个人信息问题,除了依法打击行为人侵犯公民个人信息的犯罪行为,检察机关还将网络运营者作为共同被告要求承担公益损害责任。需注意的是,2021年5月1日起施行的《常见类型移动互联网应用程序必要个人信息范围规定》成为了重要的参考依据。典型案例如浙江省杭州市余杭区人民检察院发现某网络科技有限公司开发的音乐视频教学类App存在违法违规收集、储存、使用个人信息等情形,依法向法院提起民事公益诉讼。经调解,该公司自愿对App软件进行全面整改,删除违法违规收集、储存的全部用户个人信息,公开赔礼道歉,并承诺不再侵害用户个人信息。对该App软件后续整改情况,检察机关引入第三方代表评估,通过合规检测后才允许其重新上架。

2021年7月1日起施行的《人民检察院公益诉讼办案规则》第4条规定了人民检察院通过提出检察建议、提起诉讼和支持起诉等方式履行公益诉讼检察职责。办案规则对人民检察院提起行政公益诉讼与民事公益诉讼的程序进行详细规定。

2. 法律规定的消费者组织

最高人民法院《关于审理消费民事公益诉讼案件适用法律若干问题的解释》(2020年修正)第1条规定,提起消费民事公益诉讼的主体一般为中国消费者协会以及在省、自治区、直辖市设立的消费者协会。

3. 由国家网信部门确定的组织

"国家网信部门确定的组织"的具体范围和认定标准有待进一步明确。《环境保护法》第58条规定："对污染环境、破坏生态，损害社会公共利益的行为，符合下列条件的社会组织可以向人民法院提起诉讼：(一)依法在设区的市级以上人民政府民政部门登记；(二)专门从事环境保护公益活动连续五年以上且无违法记录。符合前款规定的社会组织向人民法院提起诉讼，人民法院应当依法受理。提起诉讼的社会组织不得通过诉讼牟取经济利益。"

(三)个人信息保护公益诉讼法律责任

《人民法院审理人民检察院提起公益诉讼案件试点工作实施办法》第3条规定："人民检察院提起民事公益诉讼，可以提出要求被告停止侵害、排除妨碍、消除危险、恢复原状、赔偿损失、赔礼道歉等诉讼请求。"《人民检察院公益诉讼办案规则》第98条规定："人民检察院可以向人民法院提出要求被告停止侵害、排除妨碍、消除危险、恢复原状、赔偿损失等诉讼请求。针对不同领域案件，还可以提出以下诉讼请求：(一)破坏生态环境和资源保护领域案件，可以提出要求被告以补植复绿、增殖放流、土地复垦等方式修复生态环境的诉讼请求，或者支付生态环境修复费用，赔偿生态环境受到损害至修复完成期间服务功能丧失造成的损失、生态环境功能永久性损害造成的损失等诉讼请求，被告违反法律规定故意污染环境、破坏生态造成严重后果的，可以提出惩罚性赔偿等诉讼请求；(二)食品药品安全领域案件，可以提出要求被告召回并依法处置相关食品药品以及承担相关费用和惩罚性赔偿等诉讼请求；(三)英雄烈士等的姓名、肖像、名誉、荣誉保护案件，可以提出要求被告消除影响、恢复名誉、赔礼道歉等诉讼请求。人民检察院为诉讼支出的鉴定评估、专家咨询等费用，可以在起诉时一并提出由被告承担的诉讼请求。"需注意的是，目前仅规定环境保护公益诉讼和食品药品安全领域案件，可提出惩罚性赔偿的诉讼请求。个人信息保护公益诉讼是否可提出惩罚性赔偿，还有待进一步明确。

三、行政责任

(一)行政处罚

《个人信息保护法》第66条规定："违反本法规定处理个人信息，或者处理个人信息未履行本法规定的个人信息保护义务的，由履行个人信息保护职责的部门责令改正，给予警告，没收违法所得，对违法处理个人信息的应用程序，责令暂停或者终止提供服务；拒不改正的，并处一百万元以下罚款；对直接负责的主管人员和其他直接责任人员处一万元以上十万元以下罚款。有前款规定的违法行为,情节严重的,由省级以上履行个人信息保护职责的部门责令改正,没收违法所得,并处五千万元以下或者上一年度营业额百分之五以下罚款,并可以责令暂停相关业务或者停业整顿、通报有关主管部门吊销相关业务许可或者吊销营业执照;对直接负责的主管人员和其他直接责任人员处十万元以上一百万元以下罚款,并可以决定禁止其在一定期限内担任相关企业的董事、监事、高级管理人员和个人信息保护负责人。"

《行政处罚法》第 17 条规定:"行政处罚由具有行政处罚权的行政机关在法定职权范围内实施。"行政处罚权是限制公民、法人的权利或者设定新的义务,必须经法律、法规、规章特别授予。尽管履行个人信息保护职责的行政机关均承担一定的行政职能,但并不都有行政处罚权。对于违法处理个人信息,或者处理个人信息未履行法定义务的主体实施行政处罚,应由履行个人信息保护职责且具有行政处罚权的行政机关实施。与此同时,行政处罚必须在法定职权范围内实施,不能超越职权实施行政处罚。比如市场监督管理部门不能实施应当由税务部门实施的处罚;县级以上行政机关未依法取得授权不得实施应由省级以上行政机关实施的处罚。

关于"直接负责的主管人员"一般是指对违法行为起主要决策作用的主管人员。"其他直接责任人员"一般是指在直接负责的主管人员的授意、指挥、组织下,积极参与实施违法行为的单位内部人员。

处罚的具体情形,即违反《个人信息保护法》规定处理个人信息,或者处理个人信息未履行《个人信息保护法》规定的个人信息保护义务。前者既包括违反有关处理个人信息应当遵循的原则、方式、范围、处理规则等要求,也包括违反相关禁止性规定,如违反《个人信息保护法》第 10 条,非法收集、使用、加工、传输他人个人信息,非法买卖、提供或者公开他人个人信息;违法从事危害国家安全、公共利益的个人信息处理活动等。后者主要是指《个人信息保护法》第五章有关个人信息处理者的义务规定,这里既有个人信息处理者内部加强管理的义务,如制定内部管理制度和操作规程、对个人信息实行分类管理、定期合规审计、进行个人信息保护影响评估、指定个人信息保护负责人等。也有对外应当履行的义务,如《个人信息保护法》第 57 条规定发生或者可能发生个人信息泄露、篡改、丢失情况下,个人信息处理者负有立即采取补救措施并通知履行个人信息保护职责的部门和个人的义务。

1. 一般违法

《行政处罚法》第 9 条规定："行政处罚的种类：(一)警告、通报批评；(二)罚款、没收违法所得、没收非法财物；(三)暂扣许可证件、降低资质等级、吊销许可证件；(四)限制开展生产经营活动、责令停产停业、责令关闭、限制从业；(五)行政拘留；(六)法律、行政法规规定的其他行政处罚。"第 28 条第 1 款规定："行政机关实施行政处罚时，应当责令当事人改正或者限期改正违法行为。"

行政机关在实施行政处罚、行政强制等过程中，往往会责令行政相对人改正违法行为。由于责令改正并不是法律明确的行政处罚种类，对"责令改正"是否属于行政诉讼受案范围的问题存在争议。一种意见认为，行政责令改正通知书属于行政程序中的过程性行政行为，不对行政相对人的权利义务产生实际的影响，不具有可诉性。另一种意见认为，责令停止或者改正违法行为一经作出便对行政相对人设定了义务，无论该行政行为是否合法，若行政相对人不执行该责令行为，就会受到行政处罚或者其他形式的不利后果。责令停止或者改正违法行为是行政执法过程中的一种独立的行政行为，如果行政相对人实施的合法行为被行政主体错误地责令停止，就会导致行政相对人合法权益受到侵害。因此，为保障被责令单位或者个人的合法权益，应当赋予被责令单位或者个人法律救济的途径。对比两种意见不难发现，行政机关作出的责令改正对当事人的实体权利义务是否产生直接影响，是责令改正是否可诉的判断标准。如果在提起诉讼时责令改正行为和行政处罚行为俱已存在，责令改正的行为要素和法律效果已被行政处罚行为吸收，对行政处罚提起诉讼即相当于对责令改正行为提起诉讼；若行政处罚被撤销，则责令改正行为自然失去了法律效力。如果责令改正行为作出后，不再作出其他行政行为，则责令改正行为就属于独立的行政行为，影响了相对人的权利和义务，应被纳入行政诉讼的受案范围。

对应用程序违法处理个人信息责令暂停或者终止提供服务，是《个人信息保护法(草案)》三次审议稿新增加的内容。全国人民代表大会宪法和法律委员会 2021 年 8 月《关于〈中华人民共和国个人信息保护法(草案)〉审议结果的报告》中提到，一些常委会组成人员和地方、部门、社会公众建议，进一步完善个人信息处理规则，特别是对应用程序(App)过度收集个人信息、大数据杀熟以及非法买卖、泄露个人信息等作出有针对性规范。因此增加规定，在履行个人信息保护职责的部门应当组织对应用程序等个人信息保护情况进行测评、公布测评结果，对违法处理个人信息的应用程序，责令暂停或者终止提供服务。

应用程序违法处理个人信息遭诟病已久，主要表现为擅自收集或非法窃取、超范围过度收集、“一揽子”授权或“诱导、强迫提供”、第三方数据使用失范、数据泄露或非法提供、非法出售等，其危害性不言而喻。此外，小程序超范围收集个人信息的问题也较为严重。如防疫类小程序除获取个人姓名、身份证号等敏感信息外，还需进行人脸识别。针对应用程序（App）违法违规收集使用个人信息的问题，中央网信办、工信部、公安部、市场监管总局四部门于 2019 年 1 月开展为期一年的“App 违法违规收集使用个人信息专项治理行动”。2019 年 12 月，上述四部门联合发布《App 违法违规收集使用个人信息行为认定方法》，为相关执法提供指引。值得注意的是，2021 年 5 月 1 日起施行的《常见类型移动互联网应用程序必要个人信息范围规定》还将“小程序”纳入监管，明确“App 包括移动智能终端预置、下载安装的应用软件，基于应用软件开放平台接口开发的、用户无须安装即可使用的小程序”。但是，就在规定施行后不久，2021 年 7 月 4 日，“滴滴出行”App 因严重违法违规收集使用个人信息被下架。由此可见，互联网应用程序违法处理个人信息的问题依然严峻。将对违法处理个人信息的应用程序，责令暂停或者终止提供服务，增加为履行个人信息保护职责部门对违法主体可采取的处罚手段，从法律层面为执法者提供依据，也体现了“强监管”的要求。

2. “双罚制”

《个人信息保护法》第 60 条两款均规定了主管人员和其他直接责任人的行政责任。对符合本条第 1 款规定的情形，处 1 万元以上 10 万元以下罚款。符合本条第 2 款“情节严重”情形的，由省级以上履行个人信息保护职责的部门处 10 万元以上 100 万元以下罚款，并可以决定禁止其在一定期限内担任相关企业的董事、监事、高级管理人员和个人信息保护负责人。

对相关人员采取限制从业处罚措施是《个人信息保护法（草案）》三次审议稿新增加的内容。《网络安全法》亦有类似规定，如《网络安全法》第 63 条第 3 款规定：“违反本法第二十七条规定，受到治安管理处罚的人员，五年内不得从事网络安全管理和网络运营关键岗位的工作；受到刑事处罚的人员，终身不得从事网络安全管理和网络运营关键岗位的工作。”

3. 对经营主体的罚款由省级行政机关实施

对违法企业处以高额罚款,能够对企业起到震慑作用,体现了保护个人信息的力度。根据《个人信息保护法》第 60 条第 2 款的规定,违法处理个人信息情节严重的,由省级以上履行个人信息保护职责的部门处以 5000 万元以下或者上一年度营业额 5% 以下罚款。值得注意的是,对经营主体的罚款只能由省级行政机关实施。

关于罚款的数额,我国《反垄断法》规定为"上一年度销售额 1% 以上 10% 以下",此条规定为"上一年度营业额 5% 以下"。"销售额"与"营业额"存在一定区别。《增值税暂行条例》第 6 条规定:"销售额为纳税人发生应税销售行为收取的全部价款和价外费用,但是不包括收取的销项税额。销售额以人民币计算。纳税人以人民币以外的货币结算销售额的,应当折合成人民币计算。"《增值税暂行条例实施细则》第 7 条规定:"纳税人兼营非增值税应税项目的,应分别核算货物或者应税劳务的销售额和非增值税应税项目的营业额;未分别核算的,由主管税务机关核定货物或者应税劳务的销售额。"此条表述为"营业额",将非增值税应税项目纳入罚款计算基数,更为周延。

(二)行政处分

《个人信息保护法》第 68 条规定:"国家机关不履行本法规定的个人信息保护义务的,由其上级机关或者履行个人信息保护职责的部门责令改正;对直接负责的主管人员和其他直接责任人员依法给予处分。履行个人信息保护职责的部门的工作人员玩忽职守、滥用职权、徇私舞弊,尚不构成犯罪的,依法给予处分。"

行政处分是国家机关对其内部违法失职的公务员实施的一种惩戒措施。根据《行政机关公务员处分条例》的规定,我国行政处分的种类有:警告、记过、记大过、降级、撤职、开除 6 种。行政机关公务员受开除处分的,自处分决定生效之日起,解除其与单位的人事关系,不得再担任公务员职务。需注意的是,行政处分适用法律、法规授权的具有公共事务管理职能的事业单位中经批准参照公务员管理的工作人员。

1. 国家机关不履行个人信息保护义务的责任

国家机关不履行个人信息保护义务,一是由其上级机关或履行个人信息保护职责的部门责令改正;二是对直接负责的主管人员和其他直接责任人员依法给予处分。

国家机关是指行使国家公权力、管理国家事务的机关，参考《中国共产党党和国家机关基层组织工作条例》的规定，应包含县级以上各级党的机关、人大机关、行政机关、政协机关、监察机关、审判机关、检察机关以及群团机关。个人信息处理活动涉及多领域多部门，所处理的个人信息范围既有本单位人员信息也有非本单位人员信息；各部门处理个人信息的方式、目的亦不相同。

国家机关违法处理个人信息中的“违法”既包括违反《个人信息保护法》第二章第三节国家机关处理个人信息的特别规定，如违反《个人信息保护法》第34 条的规定，未按法律、行政法规规定的权限、程序处理个人信息，超出履行法定职责所必须的范围和限度处理个人信息；违反《个人信息保护法》第 35 条的规定，处理个人信息未按照《个人信息保护法》规定履行告知义务等。也包括违反《个人信息保护法》其他有关个人信息保护义务的规定，如未履行《个人信息保护法》第 8 条有关保证个人信息质量的义务，又如未履行《个人信息保护法》第 9 条有关采取必要措施保障所处理的个人信息安全的义务等。

国家机关不履行个人信息保护义务的，由其上级机关或者履行个人信息保护职责的部门责令改正。这里的上下级机关既包括领导与被领导关系，也包括监督与被监督关系。如县级以上的地方各级人民领导所属各工作部门和下级人民政府的工作，有权改变或者撤销所属各工作部门和下级人民政府的不适当的决定。也就是说，县级以上的地方各级人民政府可以责令下级人民政府改正其不履行个人信息保护义务的行为；也可以责令其领导的各工作部门改正不履行个人信息保护义务的行为。实践中，要求下级机关责令改正一般由职责范围相同的上一级机关作出，如市级市场监督管理局责令区级市场监督管理局进行改正。根据《个人信息保护法》第 68 条第 1 款规定，责令改正也可以由履行个人信息保护职责的部门对有关国家机关作出，当中“履行个人信息保护职责的部门”亦应是上级履行个人信息保护职责的部门，但与被责令的国家机关之间在组织关系上不一定存在领导与被领导、监督与被监督关系。

关于“上级机关或履行个人信息保护职责的部门责令改正”的作出方式、程序要求等，未予明确。实践中，特别是履行个人信息保护职责的部门与被责令机关在组织上不具有领导或监督关系时，责令改正应当按照何种程序、方式作出，需待相关规定中进一步明确。

对直接负责的主管人员和其他直接责任人员依法处分,是"双罚制"在国家机关不履行个人信息保护义务承担责任方面的体现。《网络安全法》《数据安全法》等法律亦有此规定。《网络安全法》第72条规定:"国家机关政务网络的运营者不履行本法规定的网络安全保护义务的,由其上级机关或者有关机关责令改正;对直接负责的主管人员和其他直接责任人员依法给予处分。"第73条第1款规定:"网信部门和有关部门违反本法第三十条规定,将在履行网络安全保护职责中获取的信息用于其他用途的,对直接负责的主管人员和其他直接责任人员依法给予处分。"《数据安全法》第49条规定:"国家机关不履行本法规定的数据安全保护义务的,对直接负责的主管人员和其他直接责任人员依法给予处分。"

2. 履行个人信息保护职责部门的工作人员因玩忽职守、滥用职权、徇私舞弊依法处分的规定

履行个人信息保护职责的部门主要是行政机关。行政机关是权力的执行机关,而各项行政措施的执行均由相应工作人员负责完成。强调相关工作人员必须依法行政、恪忠职守,关乎国家治理体系和治理能力现代化的推进,关乎社会主义法治国家建设。因此,明确相关工作人员违法履职行为的法律责任尤为必要,这也是其他带有行政监管内容的法律中较为普遍的规定。例如,《电子商务法》第87条规定:"依法负有电子商务监督管理职责的部门的工作人员,玩忽职守、滥用职权、徇私舞弊,或者泄露、出售或者非法向他人提供在履行职责中所知悉的个人信息、隐私和商业秘密的,依法追究法律责任。"《数据安全法》第50条规定:"履行数据安全监管职责的国家工作人员玩忽职守、滥用职权、徇私舞弊的,依法给予处分。"

玩忽职守,指严重不负责任,不履行或者不认真履行其职责,一般表现为工作马虎草率,极端不负责任;或是放弃职守,对自己应当负责的工作不管不顾。滥用职权,指超越职权,违法决定、处理其无权决定、处理的事项,或者违反规定处理公务。徇私舞弊,强调为个人谋取私利或者为亲友私情实施违法行为。

《刑法》第397条规定:"国家机关工作人员滥用职权或者玩忽职守,致使公共财产、国家和人民利益遭受重大损失的,处三年以下有期徒刑或者拘役;情节特别严重的,处三年以上七年以下有期徒刑。本法另有规定的,依照规定。国家机关工作人员徇私舞弊,犯前款罪的,处五年以下有期徒刑或者拘役;情节特

别严重的,处五年以上十年以下有期徒刑。本法另有规定的,依照规定。”

四、信用惩戒

党的十八届四中全会提出,要加强社会诚信建设,健全公民和组织守法信用记录,完善守法诚信褒奖机制和违法失信行为惩戒机制,使尊法守法成为全体人民共同追求和自觉行动。建立个人信息保护信用档案,是增强个人信息处理者责任,加快形成优胜劣汰、竞争有序的现代市场体系的客观需要。建立个人信息保护信用档案制度,有利于打击个人信息处理者的失信行为,防范和化解侵害自然人个人信息权益行为,强化相关主体责任意识,引导企业诚信守法,促进个人信息合理利用,保护群众权益,推进政府更好地履行相关职能。

我国已有部分法律规定了相应的“信用罚”条款。例如,《网络安全法》第71条规定:“有本法规定的违法行为的,依照有关法律、行政法规的规定记入信用档案,并予以公示。”《电子商务法》第86条规定:“电子商务经营者有本法规定的违法行为的,依照有关法律、行政法规的规定记入信用档案,并予以公示。”《食品安全法》第113条规定:“县级以上人民政府食品安全监督管理部门应当建立食品生产经营者食品安全信用档案,记录许可颁发、日常监督检查结果、违法行为查处等情况,依法向社会公布并实时更新;对有不良信用记录的食品生产经营者增加监督检查频次,对违法行为情节严重的食品生产经营者,可以通报投资主管部门、证券监督管理机构和有关的金融机构。”此外,《反不正当竞争法》《商标法》等均有此规定。

(一)关于建立信用档案的主体

从目前“信用罚”制度的设计安排来看,主要是由相应行政主管部门负责。如食品安全信用档案由县级以上人民政府食品安全监督管理部门建立;对商标代理机构的违法行为,由工商行政管理部门记入信用档案;对违法广告行为,由工商行政管理部门记入信用档案。个人信息保护信用档案亦应由履行个人信息保护职责的部门负责,此外,上级行政机关还应负责指导、监督下级行政机关的信用档案管理工作。

(二)关于信用档案的内容

《个人信息保护法》第32条规定,法律、行政法规对处理敏感个人信息规定应当取得相关行政许可或者作出其他限制的,从其规定。首先,个人信息处理者处理敏感个人信息的许可情况,应当是信用档案的基本内容。其次,信用档案内容还应包括日常监督检查结果、违法行为查处、举报投诉情况等有关信息。

(三)关于信用档案的管理

充分发挥个人信息保护信用档案的功能,是加快推进社会诚信建设的重要一环。《个人信息保护法》规定对信用档案予以公示,旨在发挥信用档案对于个人信息处理者威慑和激励的双重作用,有利于保障安全信用制度有序运转。具体而言,对有不良信用记录的主体要加强监管,增加监督检查的频次,对长期信用良好的,给予宣传、支持和表彰。行政机关应当依法保障信用档案的安全,不得将信用档案信息用于信用管理以外的目的。要注意统筹协调,与其他监管部门实现信用资源共享,为公众营造良好的信用环境。此外,还应当允许"失信"个人信息处理者作出相应整改后申请移除相关公示,或对其信用情况予以更新。

五、刑事责任

违法处理个人信息的行为可能同时违反《治安管理处罚法》的规定。例如,行为人非法获取信息后通过信息网络发布出售公民个人信息广告并进行出售;移动应用程序未经授权读取、存储用户相册信息后泄露。依法给予治安管理处罚中"依法"是指依照《治安管理处罚法》规定的处罚种类、处罚程序进行处罚。根据《治安管理处罚法》第2条的规定,治安管理处罚的主体为公安机关。《治安管理处罚法》第10条规定,治安管理处罚的种类分为:警告、罚款、行政拘留、吊销公安机关发放的许可证;对违反治安管理的外国人,可以附加适用限期出境或者驱逐出境。《治安管理处罚法》第3条规定:"治安管理处罚的程序,适用本法的规定;本法没有规定的,适用《中华人民共和国行政处罚法》的有关规定。"

2009年2月28日,《刑法修正案(七)》施行,将非法出售个人信息的行为纳入规制。2015年11月1日,《刑法修正案(九)》施行,扩大个人信息相关罪名适用范围,提高量刑。2017年5月9日,最高人民法院、最高人民检察院联合发布《关于办理侵犯公民个人信息刑事案件适用法律若干问题的解释》,进一步明确量刑标准。《刑法》第253条之一规定:"违反国家有关规定,向他人出售或者提供公民个人信息,情节严重的,处三年以下有期徒刑或者拘役,并处或者单处罚金;情节特别严重的,处三年以上七年以下有期徒刑,并处罚金。违反国家有关规定,将在履行职责或者提供服务过程中获得的公民个人信息,出售或者提供给他人的,依照前款的规定从重处罚。窃取或者以其他方法非法获取公民个人信息的,依照第一款的规定处罚。单位犯前三款罪的,对单位判处罚金,并对其直接负责的主管人员和其他直接责任人员,依照各该款的规定处罚。”本条主要是对非法获取、提供、出售公民个人信息构成犯罪的规定。实践中,如非法出售户籍信息、手机定位、住宿记录等个人信息违法所得 5000 元以上;非法查询征信信息牟利;非法购买学生信息出售牟利;非法买卖网络订单信息;利用黑客手段窃取公民个人信息出售;非法提供大量住宿记录供他人查询牟利等。

《刑法》第 252 条还规定了隐匿、毁弃或者非法开拆他人信件,侵犯公民通信自由权利犯罪;第 177 条规定了窃取、收买或者非法提供他人信用卡信息资料的犯罪;第 284 条规定了非法使用窃听、窃照专用器材的犯罪等。如果行为人为非法获取公民个人信息而采用了侵犯公民通信自由权利、通信秘密、非法使用窃听、窃照专用器材的手段或者是在实施上述犯罪的过程中同时窃取、获取了公民个人信息的,则可能同时构成本条规定的犯罪和其他罪名,应当根据案件的具体情况从一重罪处罚或者是数罪并罚。此外,违法处理个人信息还可能构成其他犯罪,如同时构成诈骗罪、拒不履行网络安全管理义务罪等。

需注意的是,根据《民法典》第 187 条的规定,民事主体因同一行为应当承担民事责任、行政责任和刑事责任的,承担行政责任或者刑事责任不影响承担民事责任;民事主体的财产不足以支付的,优先用于承担民事责任。《刑法》第 36 条第 2 款规定:“承担民事赔偿责任的犯罪分子,同时被判处罚金,其财产不足以全部支付的,或者被判处没收财产的,应当先承担对被害人的民事赔偿责任。”

第四章　数字经济

本章概述

数字经济是信息时代以计算机网络和通信技术和经济融合形成的经济形态。数字经济推动了线下的零售、服务、金融、租赁等各种交易场景的产业数字化转型，也催生了网络游戏、网络直播、社交媒体等多种互联网平台新业态。鉴于网络平台的复杂性、公共性、虚拟性、负外部性等特征，以平台经济为代表的网络市场，带来了不同于传统经济形态下的包括财产、人身、信息、数据、秩序的新风险和新纠纷。数字经济催生了新型网络交往活动，给现有的法律规则体系带来挑战。

一、民事主体间的行为性质难以界定

以“直播打赏”为例，直播打赏行为的法律性质，打赏人、主播与直播平台各主体之间的法律关系如何认定等，尚存争议。在佘某与广州某信息科技有限公司网络服务合同纠纷案中，法院认定虚拟产品在用户与主播之间账户的流动过程不能等同于一般财产性权益转移，充值、打赏行为应作整体看待。同时，对未成年人在网络直播平台上的充值打赏行为有效性，需综合考虑同年龄段的平均充值消费水平与单次充值金额或短期内连续充值累计金额的情况。明确未成年人充值打赏行为无效后，应区分情况作出处理：如充值金额未被消费，则应予

全额返还;如充值金额已消费,因消费难以返还,构成实际损失,由网络服务提供者、监护人根据各自过错,承担相应的责任。

二、刷单、刷量、滥用会员权利等行为规制问题

数字经济时代,流量大小成为盈利的先决条件,从而也催生出“刷单”“刷量”等网络黑灰产业。数据造假是一种欺诈行为,以假流量误导其他市场主体的消费决策进而获取不正当利益,损害了其他民事主体的正当民事权益。数据造假可能污染公共数据,形成错误的数据结论,从而误导经济决策。在利益的驱动下,数据造假行为屡禁不止,除了假冒用户等明显违法的手段之外,用户组织专门群体使用人工操作的方式营造数据表象也是常见手段。后者实际上已经成为了不少人赚取外快的手段,这些人被称为“羊毛党”“专业刷手”,他们的行为性质如何,社会上存在不同看法。在钱某与广州某网络科技有限公司网络悬赏广告纠纷案中,法院认定,“羊毛党”利用技术手段或者组织虚假的“用户”人工实施刷量行为进行数据造假,扰乱了电子商务活动的正常秩序,损害了数字经济参与者的利益,不应得到支持和鼓励,在民事法律上不产生合法权利。

数字经济的发展使电子商务规模井喷式增长。通过网络进行实物交易突破了空间的限制,大大丰富了人民群众的物质生活,但同时也给一部分人利用电商便利性进行非法牟利的恶意行为创造了条件。传统的商务活动是面对面的交易,人们对自己的交易对象非常明确,对所要购买的商品有直观的认识,让“所见即所得”成为可能;而网络购物买卖双方远隔千里、相互不了解、不能进行面对面交易,买卖双方对交易对象的情况都是不知情的,对于所交易的商品也缺乏即时、直观的认知,在买卖过程中,双方进行磋商、达成合意、付款、发货、收货、退货的每个行为都存在一定的时间差,交易双方亦存在不对称的决定权,因此,围绕“钱”和“货”的交讫问题而产生纠纷,更有故意利用跨时空交易的特殊性来从中牟取不正当利益,“真真假假、假假真真”的不诚信行为层出不穷。数字经济应当是诚信经济。对于数字经济中的各种不诚信行为,需要司法机关亮明态度,通过树立相关规则予以规制。

杨某与广州某某电子商务有限公司网络购物合同纠纷案,揭示了“网络倒爷”与“网络买手”在电子商务经营者开展的限量优惠活动中相互串通、分工合作,集中获得低价商品后倒卖营利,损害正常消费者合法权益的行为。该案中,

"网络买手"只是代为购买,"网络倒爷"才是真正的买家,"网络买手"指示经营者将所购商品交付给"网络倒爷",后又以"网络买手"未收到货为由要求经营者退款并承担惩罚性赔偿,意图将成本和风险转嫁回电子商务经营者。该案认定"网络买手"的购买行为有违诚信原则,破坏了诚信、公平交易的市场秩序,买家以未收到货为由请求卖家退款并承担惩罚性赔偿的不受法律保护。

在吴某与广州某某电子商务有限公司网络服务合同纠纷案中,吴某作为某网站的"VIP 会员"拥有该网站无限免邮、免费退货权利,但其 3 年内购买商品 537 件,退货、拒收 454 件,退货、拒收率高达 84. 54%,证明其面对网络购物时的冲动性与随意性,该行为超过合理限度,违反了双方合同约定,实际上损害了电子商务经营者的合法权益,不当占用了其他消费者的资源。《消费者权益保护法》第 25 条确立了"七天无理由退货规则",网络购物消费者拥有更高程度的退货换货的权利,但是,消费者也需秉持诚实信用原则行使自身权利。对于此类行为的治理,平台规则应是重要的抓手。较之法律法规,平台规则就是新业态产生之初的"游戏规则",与数字经济新业态共生共存,更能及时、有效地平衡各方的利益。用户对于不违反法律规定、制定者依法履行了提示、说明义务的平台规则,应当予以尊重并遵照执行,《电子商务法》第 32 条也肯定了电子商务平台经营者制定平台自治规则的权利和义务。电子商务经营者虽然提供了无限免邮、免费退货的服务,但是消费者这种"假买真退"的恶意退货行为违反了平台规则,平台有权根据规则采取相应措施,维护电子商务平台的正常秩序。

法院在审理杨某玉与广州柒某公司合同纠纷案中,否定了"刷单"合同的效力。"刷单"过程中,卖家提供购买费用,刷单组织者组织大量"刷手"向卖家虚假购买商品以提高该网店成交量并填写虚假好评,卖家、刷单组织者、刷手三方分工明确,共同谋划虚假交易、制造虚假数据。该行为导致成交数据失真,可能引诱消费者作出非理性消费决策,严重扭曲市场机制,扰乱市场秩序,是通谋造假的网络黑灰产的典型代表。同时,因"刷单"合作涉及多方主体,各方之间关系松散,因一方"毁约"引发的"刷手"要求返还"货款"或支付报酬的民事纠纷屡见不鲜。该案从保障电子商务健康有序可持续发展的角度,认定"刷单"行为违反《电子商务法》禁止电子商务经营者提供虚假销售状况信息的规定,属于无效法律行为,有力地打击了"刷单"的数据造假行为。

三、用户权益保障和平台经济发展之间的利益难以平衡

数字经济改变了社会经济交往的模式，派生出众多性质难以归入传统类别的新行业，使经济交易发生的具体应用场景有了更加细致、微妙的变化。经营者与用户之间的约束，绝大多数依靠代码、算法、电子合同、数据交换等有利于经营者的方式来实现，绝大多数的网络用户只能处于被动接受的地位。掌握这些数字化机制的制定、修改、删除等实质权力的一方，无疑在网络交易行为中掌握着更为强势的“经济权力”。“有交易的地方，就会有冲突”，一旦商业活动通过互联网进行，商业合同的履行便不可避免存在纠纷。如何在纠纷中权衡好权利保护与新业态发展之间的矛盾，化解力量不均等的合同双方之间的争议，是数字经济法治理论必须解决的问题。

网络用户通过在不同平台或者不同应用的转场，就可能发生消费者、经营者、信息发布者、营利者的身份转化，基于此情况，对于网络交易中基于不同的目的进行的不同性质的网络行为，也需要采取不同角度的审查标准。郑某与浙江某供应链管理有限公司网络购物合同纠纷中，法院从构建法治化的互联网营商环境的出发点，对如何平衡好电商经营者和消费者的利益进行了审查，阐明了电商经营者所发布的具体促销信息属于不可撤销的要约，以经营者对消费者利益负有更高的注意义务来保障消费者的合理信赖利益。

在广州某支网络技术有限公司与黄某网络服务合同纠纷案中，法院明确了互联网商事合同的违约金合理性的审查规则。在处理直播行业的违约纠纷时，应当尊重直播行业中主播与直播平台之间的商事属性，正视直播协议的高额违约金与其资本运作性、行业收益性以及主播对平台运营的支撑作用的强相关性，肯定高额违约金是直播市场对调解资源配置的合理化结果，在不违反民法公平原则的前提下，充分尊重直播市场资源配置效率。吕某与天津某文化娱乐有限公司等网络服务合同纠纷案则是从格式条款内容是否会造成权利失衡的角度，探索了互联网平台的自治管理权的边界。

本节采编的11个案例，从宏观的数字经济新业态，到微观的网络交易具体履行，从经营者的技术权力限制，到用户的消费者权益保护，在司法规则层面努力营造数字经济发展与合规、竞争与创新、效率与公平、安全与开放的平衡。针对产业数字化过程中出现的新问题，人民法院从平台自治、数据确权、树立规则

等多个层面，致力于推动制度对科技的制衡，规范数字经济发展中的要素流通，着力营造公平自由竞争、数据流动有序、技术应用有度的制度环境，以实现数字经济全面有序运行，推动数字经济新业态持续健康发展。

类案典型

案 例 1

电商经营者违反承诺，低价销售相似商品组合的违约判定

——高某与某化妆品有限公司信息网络买卖合同纠纷案①

田 绘　林北征　江 蔼

| 裁判要旨 |

电子商务平台内经营者通过微博等新媒体发布具体、合法、可跳转购买的网络促销信息，应视为网购合同要约。

当消费者基于网络促销信息中的低价承诺购买商品组合后，经营者以更低价格出售高度重合的商品组合，应认定构成违约。

| 基本案情 |

2019 年 10 月 11 日，某化妆品公司通过官方微博等宣称参加预售活动是购买紫米精华的最好时机，比“双十一”当天购买更划算，高某遂订购了 2 套 60ml 紫米精华预售套装，折扣率为 50%。双十一当天，某化妆品公司通过李某某直播间加推 60ml 色修精华捆绑搭售 45ml 紫米精华的秒杀套装，折扣率为 32%。高某认为，两套装紫米精华重叠率达 75%，某化妆品公司的虚假宣传、欺诈导致其陷入错误认识，购买了并非最低折扣的预售套装，进而错过抢购秒杀套装的机会，遂诉至法院，请求判令某化妆品公司赔偿包括欺诈、违约等行为造成的损失。

① 广州互联网法院民事判决书，(2020) 粤 0192 民初 8352 号。

| 裁判思路 |

本案是消费者在购买商品后,商家违反价格保护承诺引发的信息网络买卖合同纠纷。当前,电子商务行业繁荣发展,基于移动互联网平台、新媒体与社交网络,商品的推广与销售遍布每一个角落。出于消费的便捷以及对商家的信赖,各种网络渠道发布的商品信息往往成为消费者决策的重要依据,同时,商家发布的网络商业广告在符合条件时很可能构成要约,产生法律意义上的约束。电子商务的便捷性与网络信息传播的广泛性带来了商业繁荣,尤其以"低价限量销售"为特点的直播带货创造了千亿级增量市场,但商业繁荣只有在遵循法律规则的前提下才能长久。具体到本案,商家需要谨慎审查相关网络商业信息的发布,诚实遵守构成要约的内容,避免在直播促销中构成对先前价格承诺的违背,保障好消费者的合理信赖,提振消费信心。总之,在促进电商行业蓬勃发展的同时,平衡消费者合法权益的保护是问题的关键,如何认定网络商业广告是否构成要约、什么情况属于变相违反价格保护承诺、不同商品组合的可比性判断,均是审判实践中的疑难问题。

一、关于网络商业广告是否构成要约的认定

依据《民法典》第 473 条规定,通常情况下,商业广告和宣传等为要约邀请,仅在其"内容符合要约条件"的情况下才构成要约。根据《民法典》第 472 条规定,要约内容应具体确定,要约人在得到承诺时即受该意思表示约束。一般而言,电子商务经营者通过官方微博账号等向大多数潜在消费者发布的特定促销信息为要约邀请,但内容符合上述两项条件的,构成要约。

首先,构成要约须内容具有受法律约束的意思。借助互联网技术,发布网络商业广告的行为人可以避免供应不足或思虑不周等风险,其潜在风险的大幅减低导致为其提供司法保护之必要性随之减低,因此可结合具体情况,认定网络商业广告内容具有法律拘束之意思。本案中,某化妆品公司该微博并非邀请相对人向自己发出要约,而是指引相对人购买预售商品,作出承诺,不存在因供应不足而出现给付障碍等问题,因而具备明确的法律拘束意思。

其次,要约内容须具有合同的主要条件,使相对人能了解其真实意思表示,能通过承诺而使合同成立。本案中,官方微博账号所发内容是对紫米精华预售套装这一具体商品的促销广告,明确表示预售期间购买商品比“双十一”当天购买划算。同时,该内容附有具体交易信息的链接,对合同的标的、数量、价款等主要条件予以明确,足以使相对人知晓其对待义务。相对人点击链接即跳转到网上交易平台,在平台上点击确认购买即可依照促销广告所列条件予以承诺而使合同成立。因此,该商业广告内容具体确定。

最后,要约原则上必须向特定的相对人作出,但在无碍要约所达目的的情况下,亦可对不特定的人作出。[①] 本案中,某化妆品公司通过官方微博等渠道发布真实有效的价格保护承诺,其本意即为参加预售活动能以最低折扣、最低价格购买含紫米精华的商品,从而让消费者产生明确消费预期,消除其对商品价格波动疑虑,缩短达成消费意愿的时间,促进购买行为的实际发生。所附预售商品的交易链接亦是为促成此目的。微博受众的不特定性可帮助某化妆品公司挖掘潜在消费者,扩大交易对象范围,并不影响其要约目的的达成。因此,不能单纯因交易对象不特定来否定该微博促销广告的要约性质。综上,该微博促销广告内容具有希望与他人订立合同的意思,符合法定条件,构成要约,亦当然成为双方网络购物合同的约定条款之一,某化妆品公司理应受到其官方微博“最划算”要约的约束。

二、关于变相违反价格保护承诺的认定

价格保护承诺是指出卖方作出的一定期限内不降价,降价补差价的承诺,是出卖方为自身设定的合同义务。经营者通过价格保护承诺稳定了消费者的价格预期,实质上加速了交易的发生。因此,价格保护承诺对商品起到正面宣传的作用,亦是商家获取竞争优势的手段。

实践中,部分经营者为规避先前价保承诺,通过发放优惠券、组合不同商品或增加赠品等方式变相降价,进而拒绝保价,导致价格保护承诺并未起到保护消费者的作用。本案中,某化妆品公司通过微博促销广告,作出针对紫米精华商品的“双十一”期间“最划算”价格保护承诺,随后在“双十一”当天加推色修精华搭售紫米精华的直播间秒杀套装,涉嫌变相降价。是否构成借助不同商品组合变相降价行为,需要对价格可比性等问题进行审查。

经营者通过商业广告、产品说明、销售推介、实物样品或者通知、声明、店堂

① 魏振瀛主编:《民法》(第七版),北京大学出版社 2017 年版,第 445 页。

告示等方式作出价格保护承诺的,应当履行承诺。违反或变相违反价格保护承诺的不诚信行为不仅侵犯消费者合法权益,而且不利于市场正当合法竞争,不利于维护网络购物公平交易秩序,对此司法机关应亮明否定态度。当经营者违反或变相违反价格承诺时,其履行行为不符合合同约定,构成不完全履行,因此构成违约。根据《民法典》第 577 条的规定,应当承担继续履行、采取补救措施或者赔偿损失等违约责任。

另外,根据《广告法》第 9 条规定,广告中禁止使用"国家级""最高级""最佳"等用语。电子商务经营者应注意广告用语,避免误导消费者,亦应坚持诚信经营,遵循先前的价格保护承诺,不断提升自身的经营水平和服务理念,为消费者提供更优质的购物体验。

三、相似或高度重合的商品组合在价格上具有可比性

首先是不同商品组合可比性的认定。本案中,紫米精华和色修精华从进口产品备案文号和外观均可明确是不同产品,且预售套装仅含紫米精华,秒杀套装包括色修精华和紫米精华,二者确实属于两种完全独立的商品主体,但是否具备可比性则需要结合具体情境加以判断。如果不同商品组合在商品品类、质量、性能、用途、有效期限、相同商品重叠率等方面达到"相似或高度重合"程度,则可认定二者在价格上具备可比性。若单纯因属于两种不同商品主体,认为不能比较价格,那么,网络电商平台或商家通过组合不同商品的方式即可规避消费者对相似或高度重合商品是否划算的比较,进而侵害消费者合法权益的不诚信行为将无法得到规制。

其次是相似或高度重合的商品组合比价的考量因素。出于保护消费者权益的目的,对划算与否的认识应当从一般消费者的角度进行理解。比对案涉两类商品,可以发现,从折扣率看,预售套装整体折扣率为 50%,秒杀套装整体折扣率为 32%。从商品组合看,两者均含紫米精华,且紫米精华重叠率高达 75%。从商品销售价格之和看,两者相差 700 元。虽然不同的主商品指向不同的消费群体,但不排除存在部分消费群体对二者属于相似或高度重合商品具有认可,也不排除某化妆品公司的此种营销方案,实际上使以高某为代表的部分消费群体,出于对"最划算"承诺的信赖而放弃对相似或高度重合商品售价的期待,进而在直播间秒杀活动推出后产生对预售商品并非"最划算"的主观认知。且从高某提交的新浪黑猫投诉平台相关投诉情况看,该种认知并非个别消费者的个别认知,而是一种具有代表性的群体认知。综上,虽然案涉两种商品属于完全独立的商品主体,但不应以此否定消费者在缔结合同时得到"最划算"商品组合的合同目的,否则无法保护消费者免受价格歧视。在具体比价过程中,可从整体折扣率、销售价格、是否限量销售等因素衡量一般消费者认知中的交易效用,确定是否存在变相价格歧视等行为。

此外,整体商品组合的认定不受主商品或赠品性质的影响。主商品与赠品捆绑销售是网络促销活动中较为常见的类型,如案涉预售商品与直播商品。附赠式有奖销售中的赠品是向消费者公开的,消费者可同时获知主商品和赠品的具体内容,故购买主商品与获得赠品是"捆绑式"的一个行为,而不是可以割裂、分离的两个行为。在主商品与赠品价值相当,甚至赠品的价值高于主商品时,消费者出于对总体价值的衡量或对赠品的喜好而选择相应商品更具普遍性。因此,商品组合中何为主商品、何为赠品,不影响整体商品组合的认定,亦不影响与其他商品组合的比较。本案中,即便秒杀套装中紫米精华为赠品而非主商品,也不妨碍消费者选择,秒杀套装与预售套装这两种商品组合仍然具有可比性。

| 相关规定 |

《民法典》

第 472 条:"要约是希望与他人订立合同的意思表示,该意思表示应当符合下列条件:

(一)内容具体确定;

(二)表明经受要约人承诺,要约人即受该意思表示约束。"

第 473 条:"要约邀请是希望他人向自己发出要约的表示。拍卖公告、招标公告、招股说明书、债券募集办法、基金招募说明书、商业广告和宣传、寄送的价目表等为要约邀请。

商业广告和宣传的内容符合要约条件的,构成要约。"

第 577 条:"当事人一方不履行合同义务或者履行合同义务不符合约定的,应当承担继续履行、采取补救措施或者赔偿损失等违约责任。"

案 例 2

“人工刷量”行为不应得到支持和鼓励

——钱某与广州某网络科技有限公司网络悬赏广告纠纷案①

曹 钰

| 裁判要旨 |

互联网企业针对其用户开展的邀请好友注册奖励现金红包的告示，属于悬赏广告，其开展此类活动的目的是挖掘用户的社交资源，吸引更多的用户使用其产品或服务，以提供更多的消费，进而增加营收。用户通过“刷量”邀请的“好友”，实际上是采用欺骗方法制造完成特定行为的假象，进而利用悬赏活动牟利，违反了诚实信用原则，扰乱了电子商务活动的正常秩序、损害了互联网企业的合法权益，不应得到支持和鼓励。

| 基本案情 |

钱某使用其名下的手机号码注册并绑定了广州某网络科技有限公司运营的“YY 极速版”账号，并参加该软件的“邀请好友立赚”活动。钱某使用其账号邀请了九千多个新账号注册，获取大量现金奖励，其账号中的“我的零钱”余额高达 30 万余元。而后，钱某在进行提现操作时，该软件显示其提现申请未能通过。客服回复称，因钱某进行了违规操作，故收益无效，且被冻结兑换/提现操作。广州某网络科技有限公司认为，钱某邀请人数已超出正常人的社交能力范围，且邀请的大部分用户仅满足获得红包的条件即不再使用，属于一种经营行为，不符合开展活动的初衷。钱某认为，其属于具有推广能力和资源的推广人员，其运用自身资源拉新并无不当，而广州某网络科技有限公司侵犯其财产权而诉至法院。

| 裁判思路 |

在互联网经济中，用户和流量是各家互联网企业竞相争取的对象。在扩大

① 广州互联网法院民事判决书，(2019) 粤 0192 民初 789 号。

用户量的过程中,一些互联网企业采用发放现金红包的方式对邀请好友注册的用户进行奖励,此类悬赏活动在一定程度上达到了提高用户量的目的,但同时也让"羊毛党"嗅到了"商机"。

在互联网语境下,"羊毛党"是指关注与热衷于"薅羊毛"的群体,即专门选择互联网企业的营销活动,以低成本甚至零成本换取高额奖励的人。他们最初从对互联网优惠活动的关注和操作中零星获利,其后逐渐向组织化、集群化发展,参与人员日益庞大,操作方法日渐多样,发展出了完整、成熟的产业利益链,其中不少与网络黑、灰产存在关联,对互联网企业的影响明显,成为了互联网经济中不可忽视的一类群体。对于这类群体的行为,有观点认为属于合理利用规则、并无不当,互联网企业则对其态度复杂。此类行为合法、合规与否,很有讨论和澄清的必要。

"技术刷量"和"人工刷量"是"羊毛党"们提高用户量、流量等通常采用的两种手段。"技术刷量",即利用计算机软、硬件,如"Xposed"工具、"猫池"设备等伪造用户信息的方法,因所得数据明显虚假,且可能涉嫌刑事犯罪,此类行为不符合互联网企业的悬赏目的和活动规则,通常没有争议。但是,对于"人工刷量",即用户采用额外的金钱、物质等利诱手段聚集大量专待领取奖励和额外奖励的人群,以他们完成特定任务为条件支付奖励的操作手段是否符合活动规则的问题,其答案并非一目了然。有的"羊毛党"成员被互联网企业拒绝支付悬赏费用后坚持要求企业兑现承诺,甚至诉至法院,本案即是其中一例。

本案中,钱某组建或参与了数百个专为获得邀请者的奖励而组建的微信群,其采用在这些微信群中发放任务、向完成任务者支付额外奖励的方法邀请了数千倍于普通用户邀请量的"新用户"。本案判决首先明确利用技术手段邀请的虚假"新用户"应予排除,然后从此种操作方法带来的其他"新用户"的行为目的、特征和钱某的主观意图方面,得出此种操作方式属于"刷量"操作的结论,进而从广州某网络科技有限公司此次活动的名称"邀请好友立赚"和"刷量冻结提现"的规则出发,分析广州某网络科技有限公司发布悬赏广告的目的和"好友"的含义,论述钱某的"刷量"操作不符合活动规则,认为钱某没有完成悬赏广告要求的特定行为,故判定其无权要求该公司支付奖励金额。

本案判决对"人工刷量"明确表明了态度,即该类操作不符合悬赏目的,实际上是采用欺骗方法制造完成特定行为的假象,进而利用悬赏活动牟利,违反了诚实信用原则。此种行为扰乱了电子商务活动的正常秩序、损害了互联网企业和其他用户的合法权益，且容易滋生和助长犯罪行为，不应得到支持和鼓励。

用户量、流量不必然等于商业价值，而用户的商业价值才是互联网企业真正关心和追求的。要防止“羊毛党”对互联网企业合法权益的损害，需要从多方面入手。首先，互联网企业在开展此类旨在增加用户量、流量的悬赏活动时，要制定更加合理、有针对性的规则，设定必要的限制如单个用户邀请好友数量的上限、每次“提现”金额的上限，明确发放报酬前企业的审核权和对“刷量”用户的惩戒规则等，并依法公示，提高“羊毛党”“薅羊毛”的成本；其次，互联网企业应积极加大技术投入，提高识别和防范黑、灰产用户和相应行为的能力；再次，互联网企业应加强与工信部门、电信运营商的合作，积极配合公安、司法部门，强化数据共享和联动，加大对“羊毛党”中涉及刑事犯罪行为的打击力度；最后，互联网企业应注重进行产业升级，利用大数据分析等手段依法进行精准营销，而非依靠原始的“拉人头”数量来获取用户，这样才能减少“羊毛党”不当获利的机会。

｜相关规定｜

《民法典》

第 6 条：“民事主体从事民事活动，应当遵循公平原则，合理确定各方的权利和义务。”

第 7 条：“民事主体从事民事活动，应当遵循诚信原则，秉持诚实，恪守承诺。”

第 466 条：“当事人对合同条款的理解有争议的，应当依据本法第一百四十二条第一款的规定，确定争议条款的含义。

合同文本采用两种以上文字订立并约定具有同等效力的，对各文本使用的词句推定具有相同含义。各文本使用的词句不一致的，应当根据合同的相关条款、性质、目的以及诚信原则等予以解释。”

第 499 条：“悬赏人以公开方式声明对完成特定行为的人支付报酬的，完成该行为的人可以请求其支付。”

案例3

立足互联网营商环境法治化的利益平衡

——郑某与浙江某供应链管理有限公司网络购物合同纠纷案①

侯向磊　苏映霞

| 裁判要旨 |

构建法治化的互联网营商环境,需平衡电商经营者和消费的利益:一方面,电商经营者应对消费者利益负有更高的注意义务,消费者对电商经营者所发布的内容明确具体的促销信息寄予合理信赖并作了订约准备的,该促销信息属于不可撤销的要约,电商经营者应恪守诚信原则,不得随意撤销,否则应承担缔约过失责任。另一方面,在判断电商经营者是否应承担赔礼道歉的责任时,既要考虑消费者人格利益的受损程度,又要考虑对电商经营者人格利益的必要尊重,在信赖利益受损的情况下,不宜判决电商经营者承担赔礼道歉的责任,否则会影响公众对电商经营者的一般评价,以及电商经营者对良好网络营商环境的信心。

| 基本案情 |

郑某及亲属参加浙江某供应链管理有限公司所运营网购平台的促销活动,提前将商品加入购物车。因宣传图片所载促销信息有误,浙江某供应链管理有限公司更正信息并延迟一天活动时间,故郑某当日无法购买。次日,郑某下单参与活动时,未能享受宣传撤换前所载的优惠活动。郑某认为,浙江某供应链管理有限公司未依要约履行构成违约,撤销促销信息的行为属于欺诈;同时,导致郑某向亲属误传优惠信息,降低个人信誉,损害了郑某在亲属中的人格尊严权,遂成此讼。

| 裁判思路 |

流量经济下,电商平台常常用打折促销等活动吸引消费者的关注。然而,

① 广州互联网法院民事判决书,(2018)粤0192民初106号。

电商平台发布虚假促销信息、随意撤销促销信息的现象屡见不鲜，本案就是因电商经营者撤销促销信息所产生的纠纷，属于网络购物过程中所产生的纠纷，适用《民法典》合同编中关于合同订立、履行以及《消费者权益保护法》关于消费者权益保护的相关规定，但本案的裁判需要结合网络环境下用户数量大、传播速度快、覆盖范围广的特点来厘清双方的权利义务范围。网络环境下，电商经营者处于信息发布的地位，拥有信息资源的优势，电商经营者应当对消费者利益负有更高的注意义务。因此，在考虑电商经营者所发布的促销信息的性质是属于要约还是要约邀请、电商经营者是否能随意撤销或更改其促销信息以及网络环境下消费者的合法权益应当如何保护等问题时，要适当加重电商经营者所负注意义务。但从另外一个角度看，电商经营者面对的消费群体大，被投诉风险高，也是“弱者”，在判断其责任承担时，如何合理界定其责任边界，避免责任过重而对互联网营商环境产生不利影响。在营造互联网法治化营商环境前提下，如何合理平衡消费者和经营者利益，本案对此提供了重要审理思路。

一、电商经营者发布的促销信息性质的认定

《民法典》第 472 条规定：“要约是希望和他人订立合同的意思表示，该意思表示应当符合下列规定：（一）内容具体确定；（二）表明经受要约人承诺，要约人即受该意思表示约束。”《民法典》第 473 条第 1 款规定：“要约邀请是希望他人向自己发出要约的表示。拍卖公告、招标公告、招股说明书、债权募集办法、基金招募说明书、商业广告和宣传、寄送的价目表等为要约邀请。”第 2 款规定：“商业广告的内容和宣传符合要约规定的，视为要约。”一般认为，商家发布商品的促销信息是类似商业广告性质的，目的是吸引消费者的关注，希望消费者下单购买，属于要约邀请。然而在本案中，被告所发布的“帮宝适拉拉裤 XL128 片，价格为 189 元，领券满 199 减 20，7 月 10 日 0 点开抢，前 5 分钟单箱 39.9 元，每人限购 5 箱，23 点 59 分前付款，次日达”。促销信息中载明商品型号、价格、数量、抢购时间、发货时间、抢购规则等信息，内容明确具体，并且在促销页面中表达出了只要消费者按时抢购即可完成下单购买，具有明确的缔约目的及意思表示，符合《民法典》合同编中关于要约的规定，因此，该促销信息视为要约。认定该类促销信息的性质属于要约，可以适当加大对电商经营者的约束，规范其经营行为，引导其在遵循诚实信用原则下，善意地发布广告或信息，切实保障消费者的合法权益。

二、案涉促销信息是否可撤销

《民法典》第476条规定:“要约可以撤销,但是有下列情形之一的除外:(一)要约人以确定承诺期限或者其他形式明示要约不可撤销;(二)受要约人有理由认为要约是不可撤销的,并已经为履行合同做了合理准备工作。”被告所发布的促销信息中明确载明“7月10日0点开抢”,明确了承诺期限。此外,原告有理由相信被告作为专业的电商经营者是对网络促销的特点有充分认识后专业、审慎地发布该促销信息,并将该促销信息发布在微信群中相约亲友一同抢购,原告对于该促销信息的不可撤销寄予了合理的信赖利益,且为抢购作了必要的准备工作,因此,该促销信息符合《民法典》第476条规定,属于不可撤销的要约,被告不得随意撤销该促销信息,否则应当承担缔约过失责任。

三、网络环境下消费者权益的保护

网络环境下,电商平台作为信息的提供者,占据着优势地位,且在网上交易的虚拟空间里,经营者容易修改商品数据,而消费者往往难以取得、保存相关的数据,使消费者常常难以保护其合法权益。因此,在网络环境下电商经营者应当对消费者的利益负有更高的注意义务,在发布促销信息时,应当充分认识到网络环境下信息传递特点,并预见到促销信息会激发消费者的高度关注和强烈的购买意愿,不得利用虚假的促销活动吸引消费者的关注,不得随意撤销或变更促销信息,应该切实保护消费者所寄予的信赖利益。

四、网络环境下经营者利益的保护

电商经营者面对的消费群体大,被投诉风险高,也是“弱者”。在判断其是否承担赔礼道歉责任时,既要考虑受害人人格利益的受损程度,又要考虑对责任主体人格利益的必要尊重。本案中,虽然电商经营者违背诚信原则,具有缔约过失,但消费者没有证据证明电商经营者具有损害消费者人格尊严的主观意图和行为。尽管消费者经历了一次不愉快的网购,导致其心理上产生一定的不满情绪,精神上也遭受一定的困扰,但此仍属于消费者因诚信期待落空、信赖利益受损而产生的正常反应,尚不构成信赖利益损失之外的独立损害类型,不能因此判定消费者所称的人格尊严受到损害。如判被告赔礼道歉,不仅缺乏充分的事实和法律依据,而且可能会影响到公众对电商营者的一般评价,以及电商经营者对良好网络营商环境的信心。因此,本院对消费者要求电商经营者赔礼道歉的请求,不予支持。

| 相关规定 |

《民法典》

第 472 条:“要约是希望和他人订立合同的意思表示,该意思表示应当符合下列规定:

(一)内容具体确定;

(二)表明经受要约人承诺,要约人即受该意思表示约束。”

第 473 条:“要约邀请是希望他人向自己发出要约的表示。拍卖公告、招标公告、招股说明书、债权募集办法、基金招募说明书、商业广告和宣传、寄送的价目表等为要约邀请。

商业广告的内容和宣传符合要约规定的,视为要约。”

第 476 条:“要约可以撤销,但是有下列情形之一的除外:

(一)要约人以确定承诺期限或者其他形式明示要约不可撤销;

(二)受要约人有理由认为要约是不可撤销的,并已经为履行合同做了合理准备工作。”

《消费者权益保护法》

第 4 条:“经营者与消费者进行交易,应当遵循自愿、平等、公平、诚实信用的原则。”

案例 4

直播协议违约金合理性的审查规则

——广州某支网络技术有限公司与黄某网络服务合同纠纷案[①]

袁　玥　麦应华

| 裁判要旨 |

处理主播跳槽、违反独家协议等违约行为引发的合同纠纷时,在不违反民

① 一审:广州互联网法院民事判决书,(2019)粤 0192 民初 45751 号;二审:广州市中级人民法院民事判决书,(2021)粤 01 民终 8012 号。

法公平原则的前提下,应充分尊重直播市场资源配置效率。对于商事性质违约金合理性的审查,应以违约造成的损失为基准,综合考量当事人的过错程度、合同履行情况、直播收益分成情况、主播个人劳动付出情况、平台资源投入增减、合同期限内主播热度增减等动态因素,充分发挥违约金的规制功能。

| 基本案情 |

黄某(乙方)在线与广州某支网络技术有限公司(甲方)签订《直播主播签约合作协议》,约定黄某为甲平台的独家签约主播,非经广州某支网络技术有限公司事先书面同意不得在与广州某支网络技术有限公司存在竞争关系的第三方平台进行直播,后黄某在与广州某支网络技术有限公司存在竞争关系的乙直播平台上进行直播,黄某在收到广州某支网络技术有限公司发送的警告函后仍继续在乙平台直播。广州某支网络技术有限公司认为,黄某在合同期限内未经书面同意在第三方平台进行在线直播,且经广州某支网络技术有限公司书面警告后仍未纠正,黄某构成违约并应支付相应的违约金。

| 裁判思路 |

2016 年,直播行业规模迅速扩张,"千播大战"引人瞩目。短短几年之内,众多小型平台偃旗息鼓,资本大量聚集头部企业,百花齐放局面不再。行业的迅速变革,带来的是纠纷的快速增长。近年来,因主播跳槽、违反独家直播协议等与直播平台发生违约纠纷的案件数量迅速增加。在中国裁判文书网以"直播平台""违约"为关键词进行搜索,2016 年以前的裁判文书仅个位数,2020 年裁判文书就已多达 920 件。主播违约纠纷案件数量呈百倍增长态势。

主播是直播平台的重要无形资产,头部主播甚至是直播平台流量与资源的核心,是平台存续的根基。为敦促主播依约履行义务,防止主播因跳槽、多家入驻等违约行为造成平台资产流失,直播平台往往在协议中约定巨额违约金。由于主播本身的价值不可量化,主播跳槽、违反独家协议等违约行为给平台造成的损失难以举证证明,加之直播行业有其特殊性,违约金的约定与直播市场内在运作机制相关,直播协议违约金的合理性问题往往成为审理此类纠纷的难点问题。本案裁判全面贯彻《全国法院民商事审判工作会议纪要》精神,充分考虑直播行业特性,兼顾直播行业市场资源配置效率及公平原则,以违约造成的损失为基准，综合考量当事人的过错程度、合同履行情况、直播收益分成情况、主播个人劳动付出情况、平台资源投入增减、合同期限内主播热度增减情况等动态因素，全面审查违约金的合理性，充分发挥违约金的规制功能，对同类案件的审理具有树立裁判规则的意义。

一、定性先行：明确主播与直播平台合同关系性质

明确主播与直播平台的合同关系性质，是审查违约金合理性的重要前提。目前，直播平台与主播的签约模式通常有两种：一是直播平台直接与主播签订“合作协议”；二是直播平台先与主播所在的经纪公司签订“服务协议”，再由平台与主播签订“合作协议”。审查主播与平台的“合作协议”究竟是商业性质的合作协议，还是劳动法层面的劳动合同、雇佣合同、聘用合同等，将决定协议中违约金的调整依据。如认定主播与直播平台的合同性质属于商业合作协议，则违约金条款属于合同法意思自治调整范畴，应在不违反实质公平的前提下尽量尊重合同自由。如认定主播与直播平台的合同属于劳动法层面合同，则违约金条款属于劳动法竞业禁止条款调整范畴，应受劳动法律法规约束。现实中，直播平台从商业利益考量，通常将与主播签订的合同命名为“合作协议”。对该合同性质的审查不能拘泥于字面意思，应从主播与平台的利益分成模式、人身依附程度、风险承担情况等方面综合考量。鉴于目前大多数直播平台与主播的合作模式都属于商业合作性质，故本文对商业合同的违约金合理性进行论述。

二、确立基准：合理认定直播平台的违约损失

根据《全国法院民商事审判工作会议纪要》第 50 条①之精神，对违约金合理性的认定，应以《民法典》第 584 条规定的损失为基础进行判断，同时，应当兼顾合同履行情况、当事人过错程度以及预期利益等因素综合确定。据此，对主播违约合同纠纷中违约金合理性的认定，应以主播违约行为给直播平台造成的损失为基准，综合其他动态因素合理确定。主播的违约行为给直播平台造成的损失，通常包括直播平台对主播的投入培养损失、用户流失损失以及合同履行后

① 《全国法院民商事审判工作会议纪要》第 50 条规定：“认定约定违约金是否过高，一般应当以《合同法》第 113 条规定的损失为基础进行判断，这里的损失包括合同履行后可以获得的利益。除借款合同外的双务合同，作为对价的价款或者报酬给付之债，并非借款合同项下的还款义务，不能以受法律保护的民间借贷利率上限作为判断违约金是否过高的标准，而应当兼顾合同履行情况、当事人过错程度以及预期利益等因素综合确定。主张违约金过高的违约方应当对违约金是否过高承担举证责任。”

可以获得的利益损失等。现就该几方面的损失认定进行论述。

1. 关于投入培养损失。直播平台对主播的投入培养包括但不限于平台内首页推荐、第三方渠道推广宣传、平台内用户流量侧重、直播技术保障、用户资源维护等。对投入培养损失的审查应区分可量化的投入和难以量化的投入两个方面。在可量化的投入方面,可以审查直播间的运营成本支出、技术保障支出、对第三方的宣传推广支出等。对其他难以量化的投入,可以审查主播入驻前后引流能力比对,签约后不同阶段直播间活跃用户数量变化,平台首页对主播的推荐频率、为主播单独定制的宣传方案等,并作出综合认定。此外,需要特别注意的是,平台对部分主播的投入具有风险投资的性质。平台对部分主播进行着力打造,最终能够成为流量核心的仅占少数。这类主播一旦流失,对平台造成的损失不止于平台对其单个个人的投入损失,而在于平台对整体风险投资的投入损失。在此情形下,应综合考量平台在培育与打造主播的商业整体计划上的付出。

2. 关于用户流失损失。主播的知名度越高、引流能力越强,主播违约对平台造成的用户流失损失越大。同时,主播的引流能力通常会影响到平台的商业影响力及商业估值。因此,主播违约带来的用户流失损失还体现为平台的商业影响力下降、商业估值降低等。在司法实践中,应对用户流失造成的平台影响力损失、商业估值损失予以考量。对于用户流失的损失情况,可以通过对违约前后平台的活跃用户变化情况、商业影响力排名变化情况、商业估值减损情况、市场份额占有率下降情况等予以综合考量。

3. 关于可得利益损失。此类纠纷中,直播平台因主播违约造成的可得利益损失通常表现为经营利润损失、第三方合作利润损失等。经营利润损失通常指在剩余的合同期限内,主播原本可以获得而最终未获得的经营利润损失,属于消极的损害范畴。在司法实践中,对违约金调整下的经营利润损失既要有所考虑,又要从严把握。在法理上,可得利益应是受害人原本可以期待得到的必然利益,具有确定性和可预见性,只有满足该条件,对该可得利益损失才应予以赔偿。实践中,部分平台往往以已获得的主播履约利益推算剩余合同期限内的可得利益。但事实上,此种计算方式并不合理。直播平台能否产生经营利润,受到直播市场环境变化、主播人气增减、用户趣味变更等众多因素影响,剩余合同期限内直播平台能否因主播的履约而获益以及获益情况如何,具有不确定性,故不能以此方式计算可得利益损失。第三方合作利润损失，则应根据平台已就该主播的表演与第三方签订的合作合同予以审查，对平台因该主播的违约行为造成的具有确定性的损失，在扣除相关成本后应当纳入违约损失范畴。需要特别注意的是，可得利益损失中应扣除违约方不可预见的损失、非违约方不当扩大的损失、非违约方因违约获得的利益、非违约方亦有过失所造成的损失以及必要的交易成本。本案中，法院在对广州某支网络技术有限公司的可得利益损失进行考量时，对上述应扣除的损失及成本情况予以了充分考量。考虑到剩余合同时间较长，广州某支网络技术有限公司可以通过引进、培养其他同类主播以减少主播离开平台所造成的损失以及剩余合同期间应当投入的经营成本等，法院对违约金进行了适当的调整。

此外，现实中的违约行为通常表现为主播违反独家协议多家入驻以及直接跳槽至其他平台两种，该两种违约行为给平台造成的损失程度大不相同，应当予以区分考量。对违反独家协议多家入驻的行为，如违约主播在入驻其他平台的同时仍按协议继续在原平台直播，则该违约行为更多表现为原本独属于直播平台的流量、用户被分散至其他平台，对平台造成的损失主要为用户流失、平台商业竞争能力下降等损失。对直接跳槽的行为，该行为使平台与主播的联系全部切断，平台对主播的全部投入归零，损失程度更大。

三、其他因素考量：确立违约金动态审查规则

违约金的约定，使守约方对于损失的举证责任得以免除，但违约金的功能不仅仅在于填补损失。违约金兼具补偿与惩罚功能，以补偿性为主，惩罚性为辅。在对主播违约案件违约金进行审查时，除对违约造成的损失进行审查外，还应综合考量当事人的过错程度、合同履行情况、直播收益分成情况、主播个人劳动付出情况、合同期限内主播热度增减情况、平台资源投入增减情况等动态因素，充分发挥违约金的规制功能，避免简单地采用固定比例等“一刀切”的做法，防止机械司法而可能造成的实质不公平。

1. 关于当事人的过错程度。一般来说，在违约方违反结果性义务时，违约金责任的成立不要求违约方主观上具有过错。然而，从充分发挥违约金的规制功能角度，违约方的主观过错程度仍是违约金动态审查规则应当予以考量的因素。在违约主播具有违约故意的情形下，应当侧重违约金惩罚功能的发挥，督促违约主播早日履约或最大程度承受违约后果。而在违约主播非因自身意志违约的情形下，则应侧重违约金补偿功能的发挥，实现实质公平。之所以如此，主要是从违约金惩罚性功能的立法目的出发考量。违约金的惩罚功能旨在督促债务人积极履行债务，促进债务履行。在债务人非因主观原因违约的情形下，违约与债务人的意志无关，违约金的惩罚功能就应当有所谦抑。

2. 关于合同履行情况。在主播违约类案件中，合同的履行情况主要是指直播合同的剩余期限情况。直播合同的剩余期限直接关系到平台对合同利益的实现程度，应当予以考量。在合同剩余期限较短，合同利益已基本实现的情况下，对违约金的审查应侧重发挥补偿功能。在合同剩余期限较长，合同利益与前期投入严重不对等的情况下，对违约金的审查应侧重发挥惩罚功能。

3. 关于直播收益分成情况。将直播收益分成情况纳入动态审查规则，是公平原则的体现。实践中，主播与平台缔约主要采用格式合同方式，格式合同由平台拟定，主播对合同内容的磋商空间较小。为防止直播平台通过违约金条款压榨主播权益，在对违约金合理性审查时，应从实质公平角度，充分考量权利义务对等原则，合理约束违约金惩罚尺度。如协议中有关主播因违约行为的责任承担过度偏离其获益情况时，就应对违约金的数额予以调整。

4. 关于其他考量因素。主播个人劳动付出情况、合同期限内主播热度增减情况、平台资源投入增减情况等因素本就属于不稳定、不确定因素，而这类因素又与违约金的补偿功能密切相关，故应在违约金动态审查规则中予以考量。

四、以公平原则为前提，充分尊重直播市场资源配置效率

直播行业有其自身特性，直播协议的巨额违约金与其资本运作性、行业收益性以及主播对平台运营的支撑作用密切相关。从某种程度来说，直播行业的巨额违约金是直播市场对资源配置的运作结果，有一定的合理性。同时，直播合作协议具有商事交易性质，商事主体一般能够预见合同不能履行的风险程度，其在可预见的情况下约定数额较高的违约金，系基于自身可承受范围和能力而作出的，经充分考量后的决定，应当予以尊重。因此，在对主播违约案件违约金的考量中，应充分尊重直播行业的市场调控功能，在对直播平台的行业地位、主播引流能力市场估值、签约主体的强弱地位具有充分把握的情况下，对违约金的合理性作出审查。

当然，违约金制度并不旨在严厉惩罚违约方。合同自由并非绝对自由，意思自治需以不违反公平原则、诚实信用原则为前提。如果任由当事人约定过高的违约金且以意思自治为由予以支持,在有些情况下,无异于鼓励当事人通过不正当的方式取得暴利,也可能促使一方为取得高额违约金而故意引诱对方违约。鉴于此,人民法院在对主播违约纠纷案件审理中,应将公平原则、诚实信用原则作为衡量违约金合理性的校正尺度,使违约方免于陷入不合理的违约金责任,防止赌博性约定隐藏的道德风险,并避免出现对一方利益过度保护而对另一方惩罚过于严厉的裁判结果。

| 相关规定 |

《民法典》

第585条:"当事人可以约定一方违约时应当根据违约情况向对方支付一定数额的违约金,也可以约定因违约产生的损失赔偿额的计算方法。

约定的违约金低于造成的损失的,人民法院或者仲裁机构可以根据当事人的请求予以增加;约定的违约金过分高于造成的损失的,人民法院或者仲裁机构可以根据当事人的请求予以适当减少。

当事人就迟延履行约定违约金的,违约方支付违约金后,还应当履行债务。"

案 例 5

单方降低责任的最低提现金额条款属无效格式条款

——吕某与天津某文化娱乐有限公司等网络服务合同纠纷案①

段莉琼 吴博雅

| 裁判要旨 |

互联网平台为行使其自治管理权可通过格式条款构建一定的平台运营规则,但不应不合理免除或减轻其责任、限制对方的主要权利。叠加设置最低提

① 一审:广州互联网法院民事判决书,(2020)粤0192民初17924号;二审:广州市中级人民法院民事判决书,(2020)粤01民终25032号。

现条款,且未向用户提供注销账号后的提现渠道或其他替代性补偿方式,单方面降低了平台支付收益的责任,不合理地限制用户自由支配其个人财产的权利,属无效格式条款。

| 基本案情 |

2018 年 2 月起,吕某在天津某文化娱乐有限公司运营的内容创作平台某鱼号平台上运营名为“缕聪”的自媒体账号,某鱼号平台主要功能是为平台用户提供账号注册、认证、审核、内容上传、发布等操作的信息内容存储、分发服务,平台会以文章内广告的展示量计算最终收益,并为作者提供相应金额的分润收益。用户在注册、开通收益权限及结算时,需分别勾选同意《某鱼号平台服务协议》《某鱼号平台 UC 分润服务协议》《某鱼号平台收益结算服务协议》等电子合同。其中,《某鱼号平台 UC 分润服务协议》《某鱼号平台收益结算服务协议》中明确了平台提现的时间、频次、金额等规则,包括:1. 每月 11 ~ 15 日可申请提现;2. 每月仅可提现一次;3. 余额大于等于 100 元方可申请结算提现;4. 平台根据用户当月收益金额,每月为用户代缴个人所得税,即用户账户显示余额为税后金额。同时,若用户申请注销账号,账号中的余额将不再结算。

该“缕聪”账号运营至今已产生 281. 90 元收益,其已先后完成 2 次提现,当前账户余额为 65. 01 元。现吕某主张由于某鱼号平台在收益提现环节,设置了“余额大于等于 100 元才可申请提现”的门槛,导致其账户内低于 100 元的金额无法提现,故诉至法院。

| 裁判思路 |

互联网的高速发展催生了自媒体浪潮,并形成了以 UGC(用户生成内容)为主的内容创作模式。在该模式下,互联网平台纷纷采用预先拟定的格式条款建立平台管理规则、推出“流量分成”“独家奖励”等激励方案,获得稳定的内容供给,实现与用户双赢的合作模式。但互联网环境下格式条款的广泛铺陈,使传统个别磋商范式下的合同自由、意思自治面临挑战,用户与平台这一对越来越常见的新兴关系主体间的纠纷日益增多。如何处理好互联网平台和不特定网络用户的利益关系、坚持鼓励创新与规范发展并重的治理理念,是司法裁判需要予以关注的重点问题。

一、互联网背景下平台格式条款的特质归纳

互联网平台兼具服务提供者及网络秩序管理者双重身份,其凭借优势地位向相关公众提供的“一对多”的数据化、虚拟化、交互式网络服务,与格式条款的应用具有天然的适应关系,体现出了有别于传统银行、中介、保险等格式条款应用的特质。

1. 主体结构的异质性。与传统市场经济下“企业—零售—客户”的纵向单一关系不同,互联网环境下市场双边用户通过共同平台与另一类用户互相作用而获得价值。易言之,平台成为互联网交易市场的“超级中介”,既是民事合同相对方的私主体,又是商业性通信基础设施、商务环境、网络秩序的建设者,[①]一定程度上突破了传统私法横向平权法律关系,具备传统线下产业无可比拟的数据信息优势地位。平台通过其单方制定的“网规”“软法”对平台用户进行约束,用户只能“要么全盘接受,要么走开”(take it or leave it),使格式条款成为平台扩张自身权利、减免己方责任的有效工具。

2. 合同目的的隐蔽性。为充分发展流量经济、注意力经济,互联网平台往往采取让市场一端的用户免费使用网络服务,以吸引大量用户达到网络效应。故从金钱对价的表象看,平台与用户签订的合同往往是免费合同,用户无须支付任何金钱即可获得服务,而平台方却需支出平台建设、维护等大量技术费用。但本质上,双方合同的实质对价并非纯粹的金钱报酬,而是通过合同获取消费市场、用户资源以及其所转化的广告收入。本案中,某鱼号平台即抗辩其为内容创作者提供免费技术服务及创作激励奖金,具有一定的无偿性甚至公益性,不应过度加重平台责任,但该种经营模式通过平台影响力、用户注意力转化为实实在在的经济收益。因此,免费不等于无偿,更不等于“无权”,不能因用户接受免费服务就降低其作为缔约相对人的合同权利。

3. 条款内容的开放性。随着新技术的推出、新竞争者的出现以及经营条件的变化,服务提供者有必要不断更新服务内容以保证其竞争力。[②] 为此,大部分互联网平台提供的格式条款均保留了单方修改、变更合同内容的权利。以本案

---

① 参见高富平:《中国电子商务立法研究》,法律出版社 2015 年版,第 115 页。

② 林旭霞:《论网络运营商与用户之间协议的法律规制》,载《法律科学(西北政法大学学报)》2012 年第 5 期。

《某鱼号平台服务协议》为例，其在协议“其他约定”部分明确，平台有权对协议进行修改，用户如不接受修改则停止使用平台服务，并规定“当发生有关争议时，以最新的协议条款为准”。这使合同条款内容处于随时变动的状态，用户只能基于概括的同意，被动接受当时存在及未来可能变更的合同条件，一旦发生争议，用户将处于不利地位。

4. 行业应用的同质化。表面上，网络服务领域竞争活跃，即使在市场中占据主导地位的互联网平台，也不是相对人唯一可选择的对象，用户仍有转投其他服务提供者的自由。但事实上，格式条款的标准化交易模式使磋商过程和合同内容在交易中呈现出高度的同质化，同类网络服务行业的经营者往往采取相似乃至相同的格式条款。① 本案中，某鱼号平台提交了头条号、百家号等同类内容创作平台的收益计算规则，以证明“100 元方可提现”已成为行业惯例，未限制用户实质性权益。可见，用户转而寻求其他公平条款的可能性受到了限制，难以通过行业内格式条款的应用情况推导出用户真正享有自主选择权。

互联网平台格式条款的上述特点，对司法实践中的格式条款效力规制边界提出了新的考验。个案裁判结果将直接影响市场的交易结构，进而改变行业的整体性运营模式，这种“蝴蝶效应”式的规制复杂性引发了统一裁判标准的必要性。这样，一方面要求裁判者更加关注实质正义和给付均衡，通过格式条款的效力规制矫正当事人之间的利益失衡；另一方面也要求进一步明确格式条款的效力审查标准，稳定互联网企业经营预期，维护互联网领域形成的有效秩序及运营模式。

二、《民法典》视角下互联网平台格式条款的效力审查

《民法典》关于格式条款效力的规定，主要包括“订立规则”及“内容控制”两方面。前者指格式条款提供方未履行提示或说明义务，致使对方未注意或理解与其有重大利害关系的条款，不成为合同内容；后者指依据一定的标准，对已经订入合同的格式条款进行审查，以确定其法律效力。②

1. 关于订立规则。订立规则主要是在格式条款的缔约过程创设了程序正义的积极标准，即要求条款提供方主动揭示条款信息以促成相对人的知情决

① 马辉：《格式条款规制标准研究》，载《华东政法大学学报》2016 年第 2 期。

② 苏号朋：《格式合同条款研究》，中国人民大学出版社 2004 年版，第 249 页。

策。《民法典》第 496 条对原《合同法》第 39 条及最高人民法院《关于适用〈中华人民共和国合同法〉若干问题的解释(二)》第 9 条规定的补充和完善主要包括:(1)提示、说明义务范围周延化。该条款从鼓励交易、节约成本等绿色原则出发,将提示、说明范围从“免除或者限制其责任的条款”,修改为“免除或减轻其责任等与对方有重大利害关系的条款”,扩大订立规则的适用和解释空间,有利于更加灵活地应对高速变化的网络商务活动。(2)法律后果明确化。根据司法解释第 9 条的规定,未履行提示、说明义务的格式条款属可撤销的合同内容。《民法典》明确该情况下格式条款不成为合同内容,以呼应格式条款“预先拟定”“未与对方协商”的合同合意缺位。

2. 关于内容控制。《民法典》第 497 条在原《合同法》第 40 条基础上作出了修正,使其涵盖的无效情形更加全面:(1)保留绝对无效规定。该条款属于引用性法条,类似于格式条款的“黑名单”,即由法律直接列举绝对无效类型,包括具有民事法律行为无效的情形及免责条款无效的情形,无过多的评价裁量余地。(2)增设“不合理”的权利失衡条款。该条款在原条文基础上,增加了“限制对方主要权利”“减轻其责任”的情形,并在具体情形前加冠“不合理地”的前置定语,类似于“灰名单”条款,即条款所列举的情形中,权利义务失衡的情形尚未达到严重的绝对禁止程度,具有一定的评价可能性,需由法院进行个案具体判断。(3)单列“排除对方主要权利”情形。该条款体现了对格式条款内容控制的严格性与相对人权益的重要性成正比的立法目的,强调对格式条款附从方主要权利的严格保护,不再增加“不合理”的限定。

3. “订立规则—内容控制”的二阶审查路径。从前述对比可见,订立规则与内容控制本质上为二阶递进关系,即在具体案件中,应先定形、后定质:(1)首先确定格式条款的表现形式。若不满足格式条款订立规则,如未使用突出标注字体、未在显著区分位置展示重要条款等,则说明合同双方并非基于知晓并理解要约内容而形成合同合意,即可直接判定相关条款不属于合同内容,结束效力审查。(2)对符合形式条件的格式条款展开实质审查,根据《民法典》第 497 条规定的具体情形判定法律效力。本案即遵循此路径,首先确认某鱼号平台中关于“余额大于等于 100 元才可申请提现”条款的说明、提示情况。经查,某鱼号平台虽未在普通用户注册环节的服务协议中说明提现规则,但在与拟开通收益分润功能的特定用户签订的补充协议以及结算服务协议中,列明“余额大于等于100元才可申请提现”等结算规则，并在用户个人结算页面的显著位置持续公示提现规则，故判定某鱼号平台已尽到合理的提示义务。因此，规制路径从订立规则的形式审查转入以内容规制为中心的实质审查。

三、《民法典》第497条第2款“不合理”格式条款的裁量路径

内容规制作为格式条款的效力评价机制，可以对订立规则无法过滤的格式条款进一步评价筛查，赋予了司法通过契约正义在终端上保护格式条款弱势一方合法权益的主导权。但从《民法典》第497条列举的3款内容规制规定看，除第1款绝对无效情形外，第2、3款均涉及公平原则、诚实信用原则等抽象性、开放性标准的适用，却并未提供具体的识别评价标准，过大的自由裁量空间将增加法院裁判的不确定性和不统一性，从而增加互联网新型交易关系的不稳定性。

对此，本案虽判决于《民法典》生效前，但在裁判说理部分紧密围绕《民法典》立法精神，针对互联网平台格式条款实际应用情况及特点，重点围绕“不合理”的权利失衡条款的适用问题，对案涉格式条款内容进行全面审查，并对自由裁量因素进行步骤化归纳，以此为《民法典》第497条第2款内容控制规则的司法适用提供参考：

1. 根据合同性质确认双方责任及主要权利。如前所述，互联网平台格式条款具有内容开放性、合同目的隐蔽性等特点，这就要求在审查格式条款时，不能仅看双方当事人签订的合同内容，更不能孤立地就单一条款进行判定，而应结合合同性质进行综合判断。若条款限制了基于合同性质而发生的重要权利义务，则将有悖于合同当事人订立合同时的期待，危及合同目的的实现。本案为网络服务合同纠纷，某鱼号平台为提供内容创作平台及收益分润服务，用户为获取收益而为平台持续供给数字内容，因此，可判定与案涉条款相关的创作收益计算、支付、提现等约定是双方权利义务的核心，而不仅限于数字作品发布、内容审核等网络服务。

2. 根据合同双方的交涉能力衡量合同自由程度。合同订立时，双方当事人的交涉能力直接影响合同自由程度，具体判断因素包括：(1)格式条款提供方是否具有垄断地位。如是，则基于平台经济、法律、智力、信息、技术或其他与缔约基础有关的优势，相对方的选择、议价空间受到极大限制，其对于合同条款的附从性、被动接受性越强。(2)双方当事人的身份性质。若双方均为商事主体，则相对方应具备较普通公众更专业、理性的利益判断能力,不排除相对人会因格式条款之外的商业优惠或考量而选择接受,故对其内容的审查可适当从宽以维持商事交易稳定;若一方为商事主体、另一方为消费者或普通民事个体,因双方交涉地位悬殊、几乎无协商对价,故对其内容的审查应适当从严以维持平衡秩序。本案中,某鱼号平台依托某娱乐集团旗下的 UC、土豆、优酷等多端平台,支撑自媒体、政务机构等百万级创作群里,具有较大行业影响力,而其相对方多是包括吕某在内的不特定的、分散的网络用户,双方间合同交涉力量差距大,故应从严把握格式条款的效力问题。

3. 根据合同双方的权责分配考量合理化程度。格式条款的功能之一在于通过预先设定商业风险,倾斜性分配权利义务,以确定和预测法律责任。根据法条规定,若格式条款是企业合理化经营所必需,或免除的是一般过失责任、轻微违约责任,没有超出合理范围的,不宜认定为无效。本案中,某鱼号平台抗辩其设置"100 元提现门槛"是控制运营成本、减少小额零散出纳的合理运营策略。但本质上,该条款是将平台本应通过强化技术支撑、增加必要投入等方式解决的管理问题转移至用户身上,单方面降低了平台应尽的向用户支付收益的责任。此外,平台已设置了每月固定提现时间、一月仅可提现一次的结算规则,再叠加限制最低提现门槛,使部分影响力较小、收益增长不稳定的用户丧失了未来时空内可预期的财产获取权益,超出了合理必要限度。

4. 根据条款的体系解释判断是否有替代性补偿机制。实务中,部分格式条款虽然表面上属于"无效情形",但经过其他条款的补充后,最终能平衡当事人之间的利益,则不应僵硬地认定其无效,故应对格式条款作适当的体系解释。本案中,平台规定了"余额大于等于 100 元方可提现"的前置结算条件,同时规定,如用户申请注销账号,账号尚有余额未结算的,将不再结算。可见,用户要提取、使用账号内小于 100 元的财产的唯一途径,是继续履行合同、持续通过平台发表文章,直至收益超过 100 元,并无其他可供选择的替代补偿机制。因此,该条款的设置本质上排除了用户自由支配 100 元以下收益的主要权利。

基于前述裁量因素,本案最终认定某鱼号平台叠加限制单方面降低平台支付收益的责任,不合理地限制了用户自由支配其个人财产的权利,属无效格式条款。由此,通过规范平台格式条款的具体应用行为,规制互联网平台利用优势地位滥用契约自由原则、不合理扩张自身权利、限制用户主要权利等行为,引导平台更加关注条款普适性，更加尊重平台用户体验，以推动平台经济及商业模式创新朝着更加健康、有序的方向发展。

| 相关规定 |

《民法典》

第496条：“格式条款是当事人为了重复使用而预先拟定，并在订立合同时未与对方协商的条款。

采用格式条款订立合同的，提供格式条款的一方应当遵循公平原则确定当事人之间的权利和义务，并采取合理的方式提示对方注意免除或者减轻其责任等与对方有重大利害关系的条款，按照对方的要求，对该条款予以说明。提供格式条款的一方未履行提示或者说明义务，致使对方没有注意或者理解与其有重大利害关系的条款的，对方可以主张该条款不成为合同的内容。”

第497条：“有下列情形之一的，该格式条款无效：

（一）具有本法第一编第六章第三节和本法第五百零六条规定的无效情形；

（二）提供格式条款一方不合理地免除或者减轻其责任、加重对方责任、限制对方主要权利；

（三）提供格式条款一方排除对方主要权利。”

案例6

电子商务平台经营者依据平台规则对滥用退货权利的，消费者采取中断、终止服务措施的，具有合法性

——吴某与广州某某电子商务有限公司网络服务合同纠纷案①

曹　钰　麦应华

| 裁判要旨 |

网络购物平台制定“VIP会员”无限免邮、免费退货规则并不代表赋予消费

① 一审：广州互联网法院民事判决书，（2019）粤0192民初939号；二审：广州市中级人民法院民事判决书，（2019）粤01民终19541号。

者无限退货权,“七天无理由退货”规则的适用亦不能违反诚实信用原则。平台根据用户协议对恶意退货、退货率畸高等滥用退货权利的消费者采取中断、终止服务等限制性措施,是平台自治权利的体现,符合诚实信用原则,依法应予以支持。

| 基本案情 |

广州某某电子商务有限公司是网络购物平台某商城的经营者,吴某是某商城会员、超级 VIP 会员,超级 VIP 会员享有“无限免邮”和“免费退货”等权利。根据商城规则,消费者在该平台购物须注册为会员。在用户注册会员时,须同意购物平台服务条款。该条款约定,某商城有可能在某些情况(包括但不限于您违反有关法律法规规定或本协议和/或其他公开规则,或者您严重违背社会公德、提供虚假注册身份信息、经判定认为存在恶意退货或不合常理的高退货率等情形,或其他损害或经本平台判定认为可能损害唯品会利益的不正当行为等)下暂时冻结、永久冻结、修改、删除您的个人账户或者采取其他处理措施。

吴某于 2015 年 5 月 1 日至 2018 年 4 月 12 日在该商城共购买 537 件商品,其中退货、拒收共 454 件,退货、拒收率高达 84.54%。吴某认为,其是享受“免费退货”服务的“超级 VIP”会员,其退货率高不违反合同约定,认为广州某某电子商务有限公司冻结账户的行为构成违约、欺诈,故诉至法院。

| 裁判思路 |

近年来,随着互联网技术的迅猛发展,网络购物逐步取代实体门店购物成为人们生活消费的主要方式。2010 年网络购物在我国取得了第一次销售高峰。2018 年全年实物商品网上零售额 70198 亿元,比上年增长 25.4%,占社会消费品零售总额的比重为 18.4%。《消费者权益保护法》第 25 条对“七天无理由退货规则”的确立,使消费者购物安全得到保障的同时,消费者违反诚实信用原则,滥用退货规则恶意退货现象也层出不穷,造成销售者、电子商务平台经营者合法利益受损。部分电子商务平台通过与消费者签订格式服务条款方式制定平台自治规则,对恶意退货、畸高退货率等滥用权利的用户采取中止、停止服务等限制措施。在司法实务中,因电子商务平台经营者对平台用户采取中止、停止服务措施引发的纠纷尚不多见,对该措施的合法性问题值得探讨。

笔者认为,电子商务平台经营者依据平台规则对滥用权利消费者采取中止、停止服务措施具有合法性,理由如下:

一、电子商务平台经营者通过用户协议制定平台规则是网络空间治理的重要方式

实践中,多数网络购物平台通常具备两种经营模式:第一种经营模式是作为买卖合同的销售者提供自营商品,此时该平台直接参与到买卖交易当中,同时扮演着销售者与平台管理者两种角色,与消费者之间在交易层面成立网络购物合同关系,在平台管理层面成立网络服务合同关系;第二种经营模式是平台不直接参与到买卖交易中,而是作为独立第三方为平台上的交易双方提供网络经营场所等服务,此时平台内经营者、消费者之间成立网络购物合同关系,平台与平台内经营者、消费者之间均是网络服务合同关系。

无论是上述哪一种模式,电子商务平台作为经营者、管理者,都有权要求在该平台实施法律行为的主体须注册成为用户,并同意与平台签订用户协议。《电子商务法》第 32 条对电子商务平台经营者制定平台自治规则的权利予以确定。实践中,用户协议一般是由平台提供的格式合同,条款涵盖注册及解除会员关系的途径,在平台内的行为准则,与平台之间、平台内其他用户之间的权利义务关系,个人信息保护,争议解决途径等细则。用户协议作为平台内所有用户均须签订的同一合同,其效力不仅及于平台与用户之间,也及于平台内进行交易的用户之间,成为解决平台内各主体争议的普适规则。换言之,平台通过与用户签订用户协议,获得用户知情同意的方式,实现了整个平台内的管理与自治。用户协议也得以成为平台内的自治规则,在平台内具有普遍约束力,并实际具有了规则的效力和功能,成为网络空间治理的一个重要方式。

当前,电子商务市场的规模正在不断扩大,《消费者权益保护法》《民法典》《电子商务法》等针对电子商务平台治理的法律法规虽在不断健全与完善,但立法的滞后性难以避免,而各大电商平台如本案的广州某某电子商务有限公司通过与用户签订协议的方式制定自治规则,使之成为有效的、低成本的平台治理措施。较之法律法规,平台自治规则由于植根于电子商务土壤之中,更能顺应电子商务市场的更新、发展而不断完善,为平台内各主体提供了全新的、高效的、低成本的纠纷解决途径。

因此,笔者认为,应充分尊重平台的自治权,对于平台与用户签订的服务条款,虽然为格式合同,在不违反法律法规的情况下,应该得到切实遵守。平台根据其自治规则对平台内用户作出的管理性措施,依法应予以支持。

二、对滥用退货权利消费者采取限制措施符合诚实信用原则

诚实信用原则是民法中的"帝王条款",被作为民法基本原则贯穿民事法律法规始终。我国台湾地区民法学者史尚宽先生认为,诚实信用原则的本质应定位于当事人及其与社会一般公共利益的平衡,是掌握在法官手里的衡平法。我国《民法典》第7条对诚实信用原则做了规定:"民事主体从事民事活动,应当遵循诚信原则,秉持诚实,恪守承诺。"在与诚实信用原则关系最为密切的合同编"合同的履行"章节中,第509条第2款亦再次明确:"当事人应当遵循诚信原则,根据合同的性质、目的和交易习惯履行通知、协助、保密等义务。"

在电子商务活动中,诚实信用原则一样须得到恪守和尊重。《消费者权益保护法》虽将"七天无理由退货"确立为网络购物方式下消费者行使"后悔权"的依据,但其并未赋予消费者滥用退货规则的权利。"七天无理由退货"规则是《消费者权益保护法》为保护在交易一方处于弱势地位的消费者,根据网络购物的特点,对消费者收到不符合购物预期的商品得以以退货的方式予以保障,同时督促网络销售者提升自身商品质量,不在平台上作出虚假承诺或欺诈行为。此规则的出发点依旧是诚实信用原则。对于滥用退货规则,法律法规并未禁止电子商务平台通过制定平台规则的方式予以规制。只要平台规则不违反法律法规,就应该认可平台根据该规则对平台内用户作出的管理性措施。从诚实信用原则的角度来说,允许平台在保障消费者退货权的同时,根据自治规则对用户进行管理,对具有恶意退货、畸高退货率等情形被列入"诚信评价体系黑名单"的消费者进行限制性措施,也有利于实现消费者与电子商务平台之间的利益平衡。

本案中吴某作为消费者,虽是《消费者权益保护法》等法律法规的保护对象,但不代表其可以滥用自身权利,其享有的"VIP会员"无限免邮、免费退货权利亦并不等同于无限退货权。其在某商城购物期间,退货、拒收率高达84.54%,结合日常生活经验判断,此确属不合常理的高退货率。根据其在加入"唯品会商城"时与广州某某电子商务有限公司的用户协议,广州某某电子商务有限公司有理由判定其存在恶意退货或不合常理的高退货率等情形,从而对其个人账户采取冻结等中断、终止服务措施。

三、电子商务平台在用户协议中约定修改、中断、终止服务的格式条款并非当然无效

格式条款是当事人为了重复使用而预先拟定，并在订立合同时未与对方协商的条款。电子商务平台经营者与用户签订的平台自治规则虽然是电子商务平台单方提供的格式合同，但并非当然无效。《民法典》第 496 条第 2 款规定："采用格式条款订立合同的，提供格式条款的一方应当遵循公平原则确定当事人之间的权利和义务，并采取合理的方式提示对方注意免除或者减轻其责任等与对方有重大利害关系的条款，按照对方的要求，对该条款予以说明……"。第 497 条规定："有下列情形之一的，该格式条款无效：(一)具有本法第一编第六章第三节和本法第五百零六条规定的无效情形；(二)提供格式条款一方不合理地免除或者减轻其责任、加重对方责任、限制对方主要权利；(三)提供格式条款一方排除对方主要权利。"据此，只要有证据证明已采取合理的方式对免除或者限制责任的条款尽到必要的提示、说明义务，并且不属于合同法规定的无效情形，该格式条款应认定为合同的一部分并且对双方当事人具有拘束力。

本案中，商城服务条款约定在恶意退货或不合常理的高退货率等情形下广州某某电子商务有限公司有权暂时冻结、永久冻结、修改、删除用户的个人账户或者采取其他处理措施，并对该部分条款的文字内容加粗和加下划线。应当认为，广州某某电子商务有限公司已对该部分条款尽到必要的提示、说明义务，且该部分条款是基于对平台自身合法利益的需要对滥用权利的用户暂停、停止服务，并不存在免除自身责任、加重对方责任排除对方主要权利的情形，应认定为有效条款。

综上所述，对电子商务平台用户协议的效力审查不能一概而论，需要在考虑互联网行业现状、维护互联网行业健康持续发展、平衡网络服务商和用户利益、兼顾公共利益的前提下，具体问题具体分析。对于在用户协议中赋予网络平台单方随时修改服务协议权利的条款，实质上限制了相对人的选择权和知情权，排除了相对人的主要权利，影响了用户对条款内容的合理预期并增加了未知风险，应认定为无效条款。对于用户协议中约定网络平台可以中断、终止服务协议的条款，需要审查适用这一条款所设定的条件，特别在社交网络、游戏网站等涉及虚拟财产、人格权保护的领域，用户协议中涉及中断、终止服务条款如果是基于维护用户利益、网络秩序与安全的原因而设定，则此类条款因符合诚

实信用原则和实质公平而有效;如果为网络运营商自身可以任意适用而设定,相当于赋予一方任意解除权而应归于无效。

| 相关规定 |

《民法典》

第7条:“民事主体从事民事活动,应当遵循诚信原则,秉持诚实,恪守承诺。”

第509条:“当事人应当按照约定全面履行自己的义务。

当事人应当遵循诚信原则,根据合同的性质、目的和交易习惯履行通知、协助、保密等义务。

当事人在履行合同过程中,应当避免浪费资源、污染环境和破坏生态。”

案 例 7

“网络买手”的认定与规制

——杨某与广州某某电子商务有限公司网络购物合同纠纷案①

李 朋 许燕玲

| 裁判要旨 |

对于“网络买手”,可以从其购买目的、实际所需、填写的收货地址、电商平台举证等方面予以认定。在订单已实际配送,并由“网络倒爷”实际领取的情况下,“网络买手”以未收到货为由请求卖家退款并承担惩罚性赔偿的,法院不予支持。“网络买手”的购买行为有违诚实信用,扰乱电子商务平台正常交易秩序,不属于正常消费行为,不应受消费者权益保护法的保护。

| 基本案情 |

2019年2月11日,杨某通过广州某某电子商务有限公司平台“自营”店铺

① 广州互联网法院民事判决书,(2019)粤0192民初48412号。

购买奶粉,收货地址为浙江省杭州市江干区某小区15栋,收货人为“杨某”。2019年2月15日,案涉商品完成配送。经查,上述小区不存在15栋,为虚拟收货地址。2019年2月10日至12日,杨某分6个订单通过唯品会平台向“自营”店铺购买奶粉共30罐,配送地址均是上述虚拟地址,并以类似的事实与理由向法院提起共6起诉讼。2019年2月10日至12日,案外人杨某涛分6个订单通过广州某某电子商务有限公司平台“自营”店铺购买奶粉12罐,并以类似的事实与理由向法院提起6起诉讼。原告杨某与另案杨某涛为夫妻关系,两人在两案中所陈述有关获知优惠信息来源途径、购买目的、奶粉食用情况等事实与杨某所称的事实不一致。杨某以未收到货物为由诉至法院,诉请广州某某电子商务有限公司退还货款346元,并承担惩罚性赔偿1038元。

广州某某电子商务有限公司辩称,杨某消费行为异常,有证据显示其为案外人邹某军组织的买手,应当按照其与邹某军之间的约定就案涉商品结算款项。理由为浙江省杭州市江干区人民法院的生效判决查明:邹某军曾组织买手利用电商平台优惠活动下单购买产品,指定填写杭州市九堡区域地址(虚假地址),再由邹某军统一收货;邹某军与买手之间关于款项如何支付,双方另有约定;物流公司的该区域快递员对邹某军上述操作模式知晓,并认可邹某军系相关货物的实际收货人;2019年2月,物流公司九堡站点收到广州某某电子商务有限公司寄送的一批奶粉,邹某军提走货物;邹某军欠付买手部分款项。

| 裁判思路 |

目前,不少电子商务平台基于扩大客源、抢占市场的目的举办大型低价促销活动,由此催生出一批专门紧盯电商,伺机低价吃货再高价转手卖出的“网络倒爷”。针对“网络倒爷”,电子商务平台采取的治理措施主要有两种:一是对网络下单的IP地址、采购量等都作出限制,比如每个ID仅限拍一件;二是对送货地址进行甄别,如果批量送货地址相同,也会被自动识别取消其订单。但是,随着电商防“网络倒爷”技术的提升,“网络倒爷”也随之进化至“众包”阶段。“众包”指的是把任务以自由自愿的形式外包给非特定的大众的做法,“网络倒爷”的“众包”是指将商品购买做成任务,然后通过社交平台进行分发,并对完成任务的“网络买手”许以一定的酬劳或利益。本案便是“网络买手”在“网络倒爷”组织下购买商品后,因“网络倒爷”未支付酬劳或利益,导致钱货两空,买手以未收到货为由起诉商家所引发的网络购物合同纠纷。这种行为与“刷单”交易同属于网络黑灰产的典型代表，均具有技术难度低、准入门槛低、涉及人数众多等特点，但与“刷单”交易不同的是，“网络买手”与电子商务经营者的合同真实合法有效，“网络买手”支付货款，电子商务经营者依照合同约定发出快递，签收人则为“网络倒爷”，收到货后再由“网络倒爷”将货款和酬劳支付给“网络买手”。由于“网络买手”多为“网络倒爷”通过网上招募，并以组建微信群或者 QQ 群来组织安排任务，双方的交易建立在彼此信赖基础上，一旦“网络倒爷”拒绝支付货款或报酬，“网络买手”便钱货两空，极易引发系列民事纠纷，如果涉及金额巨大，可能涉嫌刑事犯罪。“网络买手”这类行为的风险和社会危害很大，一方面影响交易公平，扰乱电子商务平台正常交易秩序，损害潜在消费者的正当利益；另一方面“网络买手”容易面临钱货两空的风险，诱发群体性纠纷，应当予以法律规制。

一、“网络倒爷”的法律规制问题

网络交易迅速发展，网络市场交易规模连年扩大，仅从 2019 年来看，我国网络市场交易规模达到 7.5 万亿元。在此时代背景下，“网络倒爷”亦粉墨登场，倒货活动覆盖团购、各类限时限量优惠商品在内的各个方面。最初，“网络倒爷”与线下黄牛党的运作模式基本一样，区分只是线上和线下而已。“网络倒爷”最开始也是一个人注册一个账号，并通过该账号进行大量购买，随着电商打击“网络倒爷”力度的加大，“网络倒爷”也随之进化，即一个人注册多个账号，然后每个账号都进行大量购买、囤货、炒价。如今，“网络倒爷”的运作模式已经发展至前述的“众包”模式。“网络倒爷”的崛起与电商平台和产品品牌的营销策略密不可分，随着互联网交易的蓬勃发展，各电商和产品品牌商业竞争日渐激烈，限时限量的优惠商品，“饥饿营销”的营业策略，让“网络倒爷”获得了更大的生存空间。

“网络倒爷”具有隐蔽性强、覆盖领域广泛的特点，他们采取“异地采购、鼠标下单”“网上招募、指导下单”等方式，哄抢的对象既有限时限量发售的商品，也有打折促销的各种团购券、家电产品、进口奶粉等。对于“网络倒爷”的行为，由于没有专门的法律禁止性规定，他们自认为无须承担法律责任。“网络倒爷”加价转卖让利商品，有违交易公平，使商家无法达到活动所期待的促销效果，打击商家提供让利商品的积极性，最终受损失的是广大消费者。值得注意的是，

“网络倒爷”加价转卖,可能涉及侵害其他一般消费者的权益,使有正常消费需求的消费者无法购买到心仪商品,应引起监管部门重视,并考虑采取措施进行规制。

二、“网络买手”的网络购物行为不受消费者权益保护法保护

对于“网络买手”来说,仅需完成“网络倒爷”安排的购买任务,动动鼠标,就能获得报酬,并且技术难度低、准入门槛低,是一件“好事”,而且与“网络倒爷”一样,没有专门的法律禁止性规定。不少“网络买手”认为,既然“网络倒爷”的倒货行为不受法律制约,那么,协助购买行为就不存在违法问题。

本案中,“网络买手”以未收到货为由起诉电商平台,主张适用《消费者权益保护法》第55条的规定即经营者提供商品或者服务有欺诈行为的,应当按照消费者的要求增加赔偿其受到的损失,增加赔偿的金额为消费者购买商品的价款或者接受服务的费用的三倍。但是,《消费者权益保护法》的宗旨是保护消费过程中的弱者,该法第2条规定,消费者为生活消费需要购买、使用商品或接受服务,其权益受本法保护。“网络买手”声称购买目的是生活消费需要,但是,通常不能对不符合一般消费者购物行为进行合理解释。法院结合电商平台举证认定此类“网络买手”购买行为并非正常消费行为,进而不能受消费者权益保护法保护。

三、依法规制“网络倒爷”及“网络买手”的行为,维护交易公平

《消费者权益保护法》第4条规定:“经营者与消费者进行交易,应当遵循自愿、平等、公平、诚实信用的原则。”第10条第1款规定:“消费者享有公平交易的权利。”“网络倒爷”及其“网络买手”的出现,一是严重侵害了商家及电商平台的利益,使他们低价促销活动的目的落空;二是侵害了其他一般消费者参与低价促销交易的权利,抢占了他们的下单机会;三是“网络倒爷”体系化规模化运作,破坏了诚信、公平交易的市场秩序,因此需要对他们进行依法规制。对于“网络买手”在“网络倒爷”组织下购买商品后,因“网络倒爷”未返款,导致钱货两空,买手以未收到货为由起诉商家返还货款所引发的网络购物纠纷,本案判决在认定案涉订单为组织“网络买手”购买商品而产生的订单的基础上,明确“网络买手”的行为不受《消费者权益保护法》的保护,提示“网络倒爷”和“网络买手”遵守诚实信用原则,不得以损害他人和社会利益的方式来获取私利,彰显司法判决的道德价值引领功能和对大众的教育作用。

相关规定

《民法典》

第557条:“有下列情形之一的,债权债务终止:

(一)债务已经履行;

(二)债务相互抵销;

(三)债务人依法将标的物提存;

(四)债权人免除债务;

(五)债权债务同归于一人;

(六)法律规定或者当事人约定终止的其他情形。

合同解除的,该合同的权利义务关系终止。”

案例8

依法规制“刷单”虚假交易行为

——杨某玉与广州柒某公司合同纠纷案①

袁 玥 麦应华

裁判要旨

“刷单”行为依法应受到规制。“刷手”与电子商务经营者出于“刷单”虚构交易目的订立的“网络购物合同”构成通谋虚伪表示,应区分表面法律行为与隐藏法律行为。表面“网络购物”法律行为是虚假意思表示,应为无效。隐藏“虚构交易”法律行为违反《电子商务法》第17条的规定,亦应认定为无效。

合同无效后,由于虚假订单客观上已产生,对网络营商环境的损害也已实际造成,从规制网络“刷单”行为,维护电子商务交易秩序角度,应当将“刷手”为“刷单”支付的货款、电子商务经营者支付给“刷手”组织者的款项认定为用于非法活动的财物,依法予以收缴。

① 广州互联网法院民事判决书,(2019)粤0192民初23162号。

| 基本案情 |

广州柒某公司成立于2018年11月2日,经营范围含服装批发、商务咨询服务等,在阿里巴巴平台(域名:1688.com)注册有网络店铺。

2019年4月上旬,广州柒某公司委托案外人何某广组织刷手在其网络店铺实施刷单,广州柒某公司除按照交易订单金额退还"货款"外,还需支付刷单报酬,标准约为每刷单10000元支付50元。广州柒某公司实际向何某广转账121453元,用于刷单返款。何某广通过另一案外人钟某灵安排刷手杨某玉进行刷单,杨某玉又通过阿里巴巴平台向广州柒某公司下单后,通过其本人余额宝账户实际付款20000元,案涉订单显示已签收,但双方均确认订单商品并未实际发货。

杨某玉称,广州柒某公司未向其退还因刷单垫付的20000元及支付刷单报酬,广州柒某公司称其已将案涉款项支付给案外人何某广,拒绝向杨某玉退款,故成此讼。

| 裁判思路 |

近年来,随着电子商务交易市场的繁荣发展,以骗贷、"刷单""薅羊毛"、盗刷、洗钱等网络欺诈为代表的网络黑灰产业逐渐成形,并快速形成了包括信息盗取、精准匹配、养卡猫池、职业话术、快速分赃等多环节的地下产业链条。本案涉及的"刷单"虚假交易,正是网络黑灰产的典型代表。相较其他黑灰产业,"刷单"具有技术难度低、准入门槛低、涉及人数众多等特点。"刷单"虚假交易产业的各个环节中,上、下游行业分工明确,运作精细,并形成了行业规则,通常表现为电子商务经营者根据自身需求,自行或者委托他人(自然人或刷单炒信企业)组织"刷手",由"刷手"通过在其店铺下单并付款,店铺发出虚假快递(通常为空包裹或其他明显不等值商品)并由"刷手"签收,伪造正常交易订单及物流信息,订单生效后再由电子商务经营者返还"货款"并按一定比例支付报酬,以此获得店铺虚假交易成交量。此种建立在上下游彼此信赖基础之上的虚假交易,一旦断裂,则会发生一系列民事法律纠纷,甚至涉及刑事犯罪。在司法实践中,因"刷单"引发的"刷手"起诉要求电子商务经营者或受委托的中间人返还"货款"或支付报酬的民事纠纷最为常见。在此类纠纷中,以往的司法实践较少直接对“刷单”行为的法律效力作出认定,社会公众对“刷单”行为的法律后果也存在认识不清等问题。本案判决在对“刷单”表面及隐藏双重法律行为效力作出明确认定的基础上,正确适用民事责任承担方式规制“刷单”行为,维护电子商务市场虚假宣传行为,具有典型意义。

一、“刷手”与电子商务经营者之间构成通谋虚伪表示

《民法典》第146条规定:“行为人与相对人以虚假的意思表示实施的民事法律行为无效。以虚假的意思表示隐藏的民事法律行为的效力,依照有关法律规定处理。”该条是关于通谋虚伪行为法律效力的规定。通谋虚伪行为,即行为人与相对人通谋以虚假的意思表示实施的民事法律行为。该行为意在以虚假意思掩盖真实意思,且需满足以下四个要件:一是须有意思表示;二是须表示与内心目的不一;三是须有作出虚伪意思的主观故意;四是须行为人与相对人通谋实施。在“刷单”案件中,“刷手”在店铺下单并支付货款,表面上作出了订立网络购物合同的意思表示,内心目的却在于通过“刷单”赚取报酬。电子商务经营者表面上对“刷手”发出订立网络购物合同的要约,内心目的却在于通过刷手提供的“刷单”服务虚假抬高店铺的交易成交量。双方对以虚假的“网络购物合同”掩盖真实的“虚构交易提高店铺成交量”意思表示达成一致,共同实施了扰乱市场秩序的虚构交易行为,构成通谋虚伪表示。

二、因“刷单”成立的网络购物表面民事行为无效

因“刷单”而成立的网络购物行为,是基于电子商务经营者与“刷手”之间成立的通谋虚伪意思表示而形成的表面民事行为。根据《民法典》第146条规定,通谋虚伪行为需要区分表面民事行为与隐藏民事行为。通谋虚伪表示的表面民事行为所指向的法律效果非当事人所欲求,且双方已就此达成合意,若为有效,显属效果强加,与私法自治相悖。在“刷单”案件中,“刷手”在店铺提交订单时即知晓该商品不可能被实际交付,其下单并支付价款的目的并非取得案涉商品的所有权,电子商务经营者也清楚“刷手”在其店铺下单的真实意思并非要求其交付商品,事实上也并未实际发货,双方对网络购物合同订立的表示行为缺乏内心真意,应为无效。

三、因“刷单”成立的虚构交易隐藏民事行为无效

对于隐藏在网络购物合同背后的虚构交易行为,亦因扰乱电子商务市场交易秩序,违反法律法规的效力性强制性规定而归于无效。《电子商务法》第17

条规定："电子商务经营者应当全面、真实、准确、及时地披露商品或者服务信息，保障消费者的知情权和选择权。电子商务经营者不得以虚构交易、编造用户评价等方式进行虚假或者引人误解的商业宣传，欺骗、误导消费者。"在电子商务交易中，电子商务经营者正确、全面披露商品或服务信息，是保证消费者知情权、选择权和电子商务交易秩序的重要基础。由于线上交易具有虚拟性、信息不对称性等特点，消费者在购买前对线上商品的品质无法进行直观的评判和感受，因而商品的成交量及好评率成为消费者作出购买决定的一个重要考量因素。电子商务经营者通过"刷手""刷单"的方式虚假抬高店铺交易量，必然影响消费者的知情权及选择权，构成对消费者的欺诈、误导。同时，该行为不正当地攫取了其他同业经营者的交易机会，构成不正当竞争。再者，对电子商务交易市场而言，"刷单"行为扰乱了市场交易秩序，长此以往，必将损害行业整体利益。因此，《电子商务法》第17条对电子商务经营者提供虚假销售状况信息的行为作出禁止性规定，以通过对虚构交易行为进行否定评价，实现规范电子商务经营者之间公平竞争的市场秩序，规范电子商务经营者披露商品信息的行为，保障电子商务健康有序和可持续发展。因"刷单"成立的虚构交易隐藏民事法律行为违反《电子商务法》上述效力性强制性规定，应为无效。

四、通过民事制裁规制"刷单"，维护电子商务交易秩序

在确定"刷单"合同无效的基础上，如何正确适用法律法规关于合同无效法律后果的规定，使因"刷单"损害的电子商务市场秩序最大程度得以恢复，是审判的一大难点。合同无效后，由于虚假订单客观上业已产生，对网络营商环境的损害也实际造成，如判决将用于"刷单"的货款返还"刷手"，电子商务经营者将因不法行为获利，对消费者、同业竞争者、电子商务市场秩序造成的损害也无从得到弥补。剖析"刷单"货款的性质可知，"刷手"通过电子商务平台支付给电子商务经营者的货款，不仅是"刷手"基于与电子商务经营者虚假意思表示订立网络购物合同所支付的款项，而且是"刷手"欲通过为他人"刷销量"从而赚取相应比例佣金"投入"的款项。根据《民法通则》第134条第3款①有关"人民法院审理民事案件，除适用上述规定外，还可以予以训诫、责令具结悔过，收缴进行非法活动的财物和非法所得，并可以依照法律规定处以罚款、拘留"的规

① 《民法通则》自1987年1月1日起施行，现已失效。

定，从规制网络"刷单"行为，维护电子商务交易秩序角度，应当将"刷手"为"刷单"支付的货款认定为用于非法活动的财物予以收缴为妥。同时，本案被告支付给案外人即"刷手"组织者的款项也应认定属于进行非法"刷销量"活动的财物，一并予以收缴。

综上所述，"刷单"行为依法应受到规制。对于因"刷单"引发的返还货款等纠纷，在明确其表面及隐藏双重法律行为无效的基础上，正确适用民事责任承担方式重置因刷单受损的法益损害，对用于非法活动的财物予以收缴，表明了法院不保护网络黑灰产交易的立场和扎实推进网络空间治理法治化的决心。

｜ 相关规定 ｜

《民法典》

第 143 条："具备下列条件的民事法律行为有效：

（一）行为人具有相应的民事行为能力；

（二）意思表示真实；

（三）不违反法律、行政法规的强制性规定，不违背公序良俗。"

第 146 条："行为人与相对人以虚假的意思表示实施的民事法律行为无效。以虚假的意思表示隐藏的民事法律行为的效力，依照有关法律规定处理。"

第 157 条："民事法律行为无效、被撤销或者确定不发生效力后，行为人因该行为取得的财产，应当予以返还；不能返还或者没有必要返还的，应当折价补偿。有过错的一方应当赔偿对方由此所受到的损失；各方都有过错的，应当各自承担相应的责任。法律另有规定的，依照其规定。"

《电子商务法》

第 9 条第 1 款："本法所称电子商务经营者，是指通过互联网等信息网络从事销售商品或者提供服务的经营活动的自然人、法人和非法人组织，包括电子商务平台经营者、平台内经营者以及通过自建网站、其他网络服务销售商品或者提供服务的电子商务经营者。"

第 17 条："电子商务经营者应当全面、真实、准确、及时地披露商品或者服务信息，保障消费者的知情权和选择权。电子商务经营者不得以虚构交易、编造用户评价等方式进行虚假或者引人误解的商业宣传，欺骗、误导消费者。"

第 49 条："电子商务经营者发布的商品或者服务信息符合要约条件的，用户选择该商品或者服务并提交订单成功，合同成立。当事人另有约定的，从其约定。

电子商务经营者不得以格式条款等方式约定消费者支付价款后合同不成立；格式条款等含有该内容的，其内容无效。”

案例9

网络产品众筹的法律性质及民事责任

——王某与广州某商贸有限公司买卖合同纠纷案①

袁　玥　林北征

| 裁判要旨 |

产品众筹活动中，如发布产品众筹时产品尚未研发成功，支持者下单时已具有产品研发失败的风险预期，此种情形下，支持者与项目发起人对于该产品众筹项目共担风险、共享收益，二者之间成立带有投资性质的合同关系。

如果发布产品众筹时产品已经研发成功，具备量产条件的，此类众筹项目即为典型的名为“众筹”实为“预售”，支持者不具有支持款项“亏损”的风险预期，对支持者应予以消费者权益保护，产品众筹发起人也应承担经营者责任。

| 基本案情 |

2019年5月17日，广州某商贸公司于京东众筹平台发起“6.11光动能手表”众筹项目。众筹目标资金50000元，众筹截止日期为2019年7月1日。支持者可选择8个不同档位，各档位支持金额不等，回报产品亦不相同。8个档位分别为：499元、599元、918元、1118元、4490元、5490元、44000元、54000元。其中，599元档位在众筹成功后可获得预计市场价为2199元的6.11光动能氚气夜光版手表1只。另外，支持者还可选择“无私支持档位”，即仅支持小额资金，无产品回报，该档位除众筹失败以外，支付成功将不予退款。

---

① 广州互联网法院民事判决书，(2020)粤0192民初27924号。

2019年5月28日21时,王某下单支持案涉“6.11光动能手表”项目并在线支付599元,选择款式为黑金款。案涉产品众筹成功,广州某商贸公司向王某交付手表。2019年9月12日,王某以产品存在严重质量问题为由向平台发起退换货申请。广州某商贸公司认为,王某未在收货后15天内申请退换货,故不同意该申请。王某遂诉至法院要求被告承担退货退款及赔偿3倍价款损失等民事法律责任。

| 裁判思路 |

产品众筹作为一种通过互联网进行的产品融资和销售新型模式,同时具有预售性、融资性的特点,与传统的产品销售模式存在明显差异。产品众筹涉及三方主体,支持者(网络用户)、众筹平台、众筹发起人(商家),各方之间的法律关系互不相同。从审判实践来看,基于众筹产品的不同,法院对支持者与众筹发起人之间的法律关系认定存在差异。产品众筹属于新兴商业模式,各方之间法律关系如何认定、支持者是否应予消费者权益保护、项目发起人和众筹平台如何承担民事责任等,均是审判实践中的难点问题。

本案典型意义在于,明确发起人就已经研发成功的产品发起众筹并成功筹得目标资金后,发起人与支持者成立买卖合同(预售)关系,如众筹发起人交付的产品不符合质量要求或在产品众筹活动中存在欺诈行为,支持者有权根据《消费者权益保护法》的有关规定主张赔偿。本案为互联网产品众筹案件的审理提供了裁判思路,在充分保障消费者合法权益的同时,亦有助于保障互联网产品众筹商业模式的持续健康发展。

一、产品众筹的运营模式

产品众筹系指发起人为实现自己的项目设想,通过互联网平台向社会公众发起融资请求,并在融资成功后向支持者给予一定的产品回报的一种商业模式。产品众筹涉及三方主体,支持者(网络用户)、众筹平台、众筹发起人(商家)。

产品众筹包含项目审核、资金筹集、项目启动等环节。以京东众筹为例,产品众筹的流程为:项目发起人于平台发布项目信息,吸引支持者为该项目筹集资金,网络用户通过在线支付方式进行资金支持,项目成功后,项目发起人以该众筹产品回报项目支持者,项目失败则将资金退还支持者。在此过程中,平台提供的服务主要有设计指导、众筹方案指导、京东资源推广及提供交易平台等。项目发起人需要:(1)自行在后台提交项目。(2)项目成功后,按照《京东众筹回报服务协议》承担对支持者的实物回报物流处理。(3)如支持者要求开具发票,需由项目发起方给支持者开具相应的发票。(4)项目募集期,需自主维护相应项目话题区,及时答疑解惑。(5)承担相应的售后工作,由京东众筹监督完成。(6)保证项目在京东众筹的募集期间不在其他线上或者线下渠道销售或进行众筹。支持者提供资金支持即可。

产品众筹模式下,众筹项目是否成功取决于两个因素:一是在规定时间内筹募的资金是否达到预先设定的目标。二是众筹产品是否研发成功。对于已经研发成功的众筹产品,项目发起人只需筹得目标资金即可量产;对于尚未研发成功的众筹产品,筹得目标资金后,众筹产品还存在研发失败的可能。

二、产品众筹法律关系

(一)众筹平台与发起人、支持者之间分别成立网络服务合同关系

众筹平台是为产品众筹发起人和支持者提供平台服务的网络服务提供者。以京东众筹平台为例,《京东众筹发起者协议》第 2 条第 2 款、《京东众筹支持者协议》第 2 条第 3 款均约定:京东仅为发起人和支持者之间的众筹行为提供网络空间、技术支持和系统维护等服务。京东作为平台方,并不是发起人或支持者中的任何一方。众筹仅存在于发起人和支持者之间,使用京东众筹平台产生的法律后果由发起人与支持者自行承担。可见,众筹平台在与发起人、支持者之间的法律关系中主要的合同权利义务是提供平台服务,包括信息发布服务;对众筹产品相关信息进行审核并以图片、视频、文字等形式进行展示;信息存储服务;在一定期限内保存其平台上发生的操作信息、记录或资料并进行数据备份,以供调取和查用;制定众筹规则、规范用户行为等。值得注意的是,众筹平台服务与网络购物平台服务在提供交易平台、信用评价等服务方式上存在区别。产品众筹平台并不要求所有发起人开设网络店铺,即使项目发起人开设有网络店铺,支持者参加产品众筹亦是在平台特定的产品众筹页面,而非网络店铺页面,产品众筹页面的功能模块设置亦与网络购物不同。此外,众筹平台未如网络购物平台般为众筹产品设置专门的分级信用评价区域。尽管如此,众筹平台与发起人、众筹平台与支持者之间仍然是以提供与接受网络服务为核心内容的权利义务,属于网络服务合同关系范畴。

(二)项目发起人与支持者之间的合同关系不能一概而论,应根据双方权利义务的具体内容进行确定

虽然产品众筹活动中,项目发起人与支持者的标的物为产品,网络购物活动中,买家与商家的标的物亦是产品,但二者存在明显差异。对于参与产品众筹的支持者而言,其在支付价款时即知晓投入的款项是用于生产还未量产的产品,因此,支持者具有失败风险的预期,而一般商品交易模式下消费者支付价款并无此等失败风险的预期,这种众筹产品交付的不确定性使其与一般的商品交易不同。鉴于此,有观点认为,产品众筹属于产品预售,项目发起人通过"众筹"预收货款,支持者参与众筹属于消费行为;另有观点认为,产品众筹属于投融资行为,支持者将承担产品或服务研发失败的风险以及资金筹集失败的风险。对此,产品众筹仅是一种新型的商业模式,众筹产品纷繁多样,对产品众筹的法律性质不能一概而论,应当根据民事主体间的权利义务具体分析认定,而不能仅以支持者能够预见产品可能无法交付,即认定该行为不属于商品交易或否定其消费属性。

1. 发布产品众筹时产品尚未研发成功,不具备量产条件的,支持者与发起人之间成立带有投资性质的合同关系。

众筹是发起人通过互联网吸引投资者为其项目筹集资金的融资方式。通常情况下,融资者往往是急需资金投入、刚起步的小微企业创业者或自由创业者;投资者是网络用户,通过在线小额投资的方式对自己感兴趣的创业项目进行支持。金融的核心是风险控制,该风险不仅是无法取得收益的风险,还包括投资款亏损的风险,且投资主体在投资前对该风险具有预期。产品众筹活动中,如发布产品众筹时产品尚未研发成功,支持者下单时已具有产品研发失败的风险预期,即产品研发失败的情况下,支持者不但不能获取产品回报,还会面临所支持款项亏损的风险。此种情形下,支持者与项目发起人对于该产品众筹项目共担风险、共享收益,二者之间成立带有投资性质的合同关系。

2. 发布产品众筹时产品已经研发成功,具备量产条件的,支持者与发起人之间成立买卖合同(预售)关系。

买卖合同是出卖人转移标的物的所有权于买受人,买受人支付价款的合同。出卖人应当履行向买受人交付标的物或者交付提取标的物的单证,并转移标的物所有权的义务。买受人应当按照约定的数额支付价款。尽管买卖合同

法律关系中,买受人亦存在标的物无法交付的风险,但该风险与上文所述的“投资风险”存在本质区别。买受人支付价款后,出卖人必须按合同约定交付标的物,买受人并不存在标的物无法交付的预期。即使买受人最终无法取得标的物的所有权,仍可要求出卖人承担相应的违约责任。而在投资合同关系中,投资主体与融资者共担风险,投资主体不得以投资亏损为由要求融资者承担违约责任。

具体到产品众筹活动中,如发布产品众筹时产品已经研发成功,具备量产条件的,对于支持者而言可能存在两种结果:一是发起人未筹得目标资金,众筹项目失败,平台退还支持款,支持者无法获得众筹产品;二是发起人筹得目标资金,众筹项目成功,项目发起人依约交付众筹产品。由此可见,支持者并不具有支持款项“亏损”的风险预期。对于发起人而言,其在发起众筹项目前其实已经具备量产条件,故其目的往往并不是为产品进行众筹,而是为获取众筹平台带来的低成本流量,并不具备融资属性。这种名为“众筹”实际为“流量获取”的产品销售活动与一般的预售行为无异(发起人为销售者,支持者为消费者)。

案涉“6.11 光动能手表”产品众筹项目即为典型的名为“众筹”实为“预售”。第一,案涉众筹产品已经试验成功,不存在研发失败的风险,只要筹集目标资金,广州某商贸公司即负有交付产品的合同义务。第二,众筹产品参数、数量、价格均由广州某商贸公司制定,王某无权定制众筹回报,仅能根据广州某商贸公司设定的档位并结合自身需求选择众筹支持的金额,王某支付 599 元众筹款项的目的是取得对应档次的“6.11 光动能手表”,与投资的含义和特征显然不同。第三,广州某商贸公司系经营互联网商品销售、钟表零售的企业,非案涉众筹产品的专利权人、商标权人,广州某商贸公司将所筹集的款项用于生产案涉光动能手表,除需将手表交付支持者使用外,还负有按支持者要求开具发票及提供售后服务等义务。从双方权利义务来看,符合买卖合同的特征,案涉产品众筹实质上是商品的预售,广州某商贸公司收取“众筹”款项实为预收货款,王某支持案涉产品众筹是以获得众筹产品以供消费为目的。

三、产品众筹平台及发起人的民事责任承担

厘清产品众筹各方间的法律关系,是为了更准确地适用法律。投资与买卖系不同的法律关系,产品众筹平台及发起人在两种法律关系中各自承担的民事责任亦不相同。

（一）根据产品众筹是否具有投资属性，区分适用《消费者权益保护法》

《消费者权益保护法》第 2 条虽规定消费者是为生活消费需要购买、使用商品或者接受服务，但未明确“生活消费需要”的具体内容。因此，“消费者”的认定问题向来是审判实践中的难点，产品众筹这一新业态，为审判实践带来了新的难题，即产品众筹支持者是否应予以消费者权益保护？对此，可根据产品众筹是否具有投资属性加以区分。如产品众筹具有投资属性，虽然支持者并不能获得直接的经济收益，而是获得产品本身，但是众筹产品的价值一般高于支持的金额，获得产品后，支持者可以消费也可以转卖获益，从这个意义上来看，支持者还是有收益的。正因为有收益，支持者才会愿意去承担风险。因此，不宜解释为是以生活消费为目的参与产品众筹，不应予以消费者权益保护。对于“预售”模式下的产品众筹，则按照网络购物合同纠纷的裁判思路进行处理，对支持者予以消费者权益的保护。

（二）产品众筹平台除需承担网络服务提供者责任外，对于名为“众筹”实为“预售”的产品众筹，亦应按《电子商务法》承担电子商务平台经营者的责任

《电子商务法》第 2 条明确将金融类产品和服务排除在该法的调整范围。众筹平台页面亦有“众筹不是商品交易”的风险提示。由此产生的问题是，对于名为“众筹”实为“预售”的产品众筹，是否属于电子商务法的调整范围？对此，如审理查明确系预售合同关系，满足该法对电子商务“通过互联网等信息网络销售商品或者提供服务的经营活动”的内在要求，则受该法调整。对产品众筹平台的经营活动进行规制，亦可促使众筹平台对众筹产品从严审查，进而完善产品众筹交易场所设置，健全产品众筹信用评价机制以及优化产品众筹平台规则。众筹平台有关“众筹不是商品交易”的风险提示，属于平台履行信息披露义务的行为，并未直接设立民事主体的权利义务，对发起人和支持者未产生法律效力，故发起人不能以此作为免除其经营者责任的抗辩事由。

（三）产品众筹发起人符合经营者认定标准的，应承担经营者责任

《消费者权益保护法》第 3 条规定经营者是为消费者提供其生产、销售的商品或者提供服务的民事主体。《电子商务法》将“平台内经营者”定义为“通过电子商务平台销售商品或者提供服务的电子商务经营者”。产品众筹活动中，发起人是否属于经营者，应当根据前述法律规定，结合以下因素进行综合认定：发起人是否注册有网络店铺；众筹产品是否属发起人经营范围；发起众筹的频

率及交易情况。

审查经营者责任应着重考察：第一，发起产品众筹活动本身是否存在虚假描述，包括项目的名称、类型、目标筹款金额、目标筹款期限、不同资金支持对应的回报内容、计划实现回报的时间、项目产品具体生产计划、项目筹得资金使用情况、项目产品研发进度、项目所含风险、知识产权权属情况等。对于和支持者的利益息息相关的信息，有无进行特别说明或提醒。第二，众筹产品是否符合相关法律、法规的要求，是否符合合同约定。众筹项目发起人交付支持者的产品不符合质量要求的，应当为支持者办理退货退款；若发起人存在欺诈，应承担相应的惩罚性赔偿责任。

本案中，王某提交证据证明案涉产品存在质量问题，而广州某商贸公司未提交证据证明案涉产品在交付王某使用前已通过相关技术测试及符合产品众筹页面描述的性能，亦并未提交证据证明其已取得相应商标和专利权利人的授权，无法证明案涉手表系符合质量要求的产品。因此，广州某商贸公司应当退还王某众筹款项。此外，广州某商贸公司并非案涉产品的商标权人，亦非专利权人，且未在产品众筹页面将商标及专利申请的真实情况予以披露，还虚构相应事实，故应当向王某支付价款 3 倍的赔偿金。

｜相关规定｜

《民法典》

第 595 条："买卖合同是出卖人转移标的物的所有权于买受人，买受人支付价款的合同。"

第 598 条："出卖人应当履行向买受人交付标的物或者交付提取标的物的单证，并转移标的物所有权的义务。"

第 626 条："买受人应当按照约定的数额和支付方式支付价款。对价款的数额和支付方式没有约定或者约定不明确的，适用本法第五百一十条、第五百一十一条第二项和第五项的规定。"

《消费者权益保护法》

第 20 条第 1 款："经营者向消费者提供有关商品或者服务的质量、性能、用途、有效期限等信息，应当真实、全面，不得作虚假或者引人误解的宣传。"

第 24 条："经营者提供的商品或者服务不符合质量要求的，消费者可以依照国家规定、当事人约定退货,或者要求经营者履行更换、修理等义务。没有国家规定和当事人约定的,消费者可以自收到商品之日起七日内退货;七日后符合法定解除合同条件的,消费者可以及时退货,不符合法定解除合同条件的,可以要求经营者履行更换、修理等义务。

依照前款规定进行退货、更换、修理的,经营者应当承担运输等必要费用。"

第55条第1款:"经营者提供商品或者服务有欺诈行为的,应当按照消费者的要求增加赔偿其受到的损失,增加赔偿的金额为消费者购买商品的价款或者接受服务的费用的三倍;增加赔偿的金额不足五百元的,为五百元。法律另有规定的,依照其规定。"

案例 10

未成年人直播"打赏"行为法律性质的认定

——佘某与广州某信息科技有限公司网络服务合同纠纷案①

袁玥 林媛

裁判要旨

未成年人在网络直播平台上的充值打赏行为的有效性,应综合考虑同年龄段的平均充值消费水平与单次充值金额或短期内连续充值累计金额的情况。打赏行为与其年龄、智力明显不相适应,且未经法定代理人同意、追认的,应当认定无效。

未成年人充值打赏行为无效后,应区分情况作出处理:如充值金额未被消费,则应予全额返还;如充值金额已消费,因消费难以返还,构成实际损失,由网络服务提供者、监护人根据各自过错,承担相应的责任。

基本案情

广州某科技有限公司经营有网络直播平台。昵称为"孤××嘲"的账号于

① 广州互联网法院民事判决书,(2019)粤0192民初30976号。

2016年12月注册，注册使用的手机号为139×××730，实名登记人为毛某。该账号2016年12月至2019年8月有1153次登录记录，主要在“我的世界”“星秀”等直播频道进行消费，共购买网络虚拟产品10601个。2019年7月，该账号通过微信支付充值49笔，充值金额为0.1元的2笔、1元的1笔、10元的3笔、20元的2笔、30元的1笔、50元的1笔、52元的1笔、60元的2笔、80元的1笔、99元的1笔、100元的12笔、150元的1笔、200元的9笔、300元的5笔、400元的1笔、600元的2笔、1000元的4笔，充值金额共计10752.2元。2019年7月31日，毛某申请开具微信支付交易明细证明，并自助冻结微信支付账户，重新设置微信支付密码。

佘某在2019年7月时年龄为12周岁。佘某称未经其母毛某同意，擅自将毛某微信钱包内的钱转账至佘某自己使用的微信中，充值后进行直播消费。毛某向直播平台申请退款遭拒，故起诉直播平台要求返还充值款10642元。

| 裁判思路 |

根据中国互联网络信息中心《第51次中国互联网络发展状况统计报告》的有关统计数据，2021年未成年网民规模达1.91亿，互联网普及率为96.8%，较2018年(93.7%)提升3.1个百分点。未成年人接触互联网的低龄化趋势更加明显。大部分未成年人都是在上小学时或上小学前就开始使用互联网，而且年龄越小该比例越高。《中国未成年人网络保护法律政策研究报告》显示，青少年观看直播的比例占到45.2%。

互联网用户日渐低龄化，部分未成年人趁家长不备，擅自使用家长账号观看直播、充值购买虚拟产品、“打赏”主播等现象频发。网络直播的充值打赏涉及用户、主播、平台三方主体，各方之间的法律关系互不相同。基于用户年龄的不同，行为产生的法律后果不同。同时，网络直播充值打赏的行为人隐藏于数字化电子账户后，实际行为主体如何识别认定、充值打赏行为的效力及产生的法律后果等，均是审判实践中的难点问题。

本案为未成年人网络直播充值打赏纠纷提供清晰的裁判思路，明确了平台与用户成立网络服务合同关系，并通过结合平台登录的时间以及网络充值打赏行为的特点等事实认定实际充值行为人为未成年人，旗帜鲜明地认定未成年人在直播平台上进行的与其年龄、智力不相适应的充值行为依法无效。

同时,本案的社会意义在于,明确了在未成年人充值打赏行为无效后,应区分情况作出处理:如充值金额未被消费,则应予全额返还;如充值金额已作消费,则因消费难以返还,构成实际损失,由网络服务提供者、未成年人监护人根据各自过错,承担相应的责任,从而形成良性、高效的未成年人消费纠纷解决机制。

一、网络直播充值打赏的法律关系:虚拟产品在用户与主播之间账户的流动过程不能等同于一般财产性权益转移,充值、打赏行为应作整体看待

当前网络直播平台的基本运作模式是用户在直播平台注册主播账户,通过多种表演方式在直播间与网络用户互动,网络用户可免费观看直播,亦可在直播平台内充值购买虚拟产品用于打赏。

网络直播平台向用户提供丰富的互联网服务,除了文字、图片资讯信息,还可能提供更多服务,包括但不限于视频、语音通信、在线游戏、聊天室等。如果某一特定服务有单独的协议、规则、指引,用户须遵守该单独的协议、规则和指引,用户接受其他的所有服务均应遵守该协议。对用户而言,直播服务属于平台的一项子栏目,系平台提供的服务内容之一。一般来说,直播内容是免费公开的,普通观众无须注册、充值打赏也可观看,但区别于其他网络服务,网络直播最显著的特征在于其参与性和互动性,即“用户参与内容创作、实时高互动”这一特征。

用户在直播平台充值时,双方成立网络充值服务合同关系。第一,平台为用户提供 App 内购买充值的技术服务及人力支持,如用户打赏主播,平台负有按照用户指令转移虚拟礼物至主播账户的义务等。第二,平台提供给用户在直播间参与、互动的权利,充值款项是用户进一步获得特定服务的前提。平台充值服务提供的商品属于在线拆封交付的数字化商品,一旦充值成功,即不提供任何退还或逆向兑换服务。故当用户的充值行为完成后,即已履行服务合同的付款义务,仅能期待价金所购买到的充值服务以及行使参与互动的权利。

打赏行为,表面看是用户将充值购买的虚拟产品从自己账户转移到主播账户的过程,但用户并非虚拟产品的所有者,仅通过规定操作触发加成(BUFF)效果,主播对其账户收到的虚拟产品也无占有、使用、收益和处分的权利,仅作为主播流量带动能力的类似记分凭证,用以向平台索取酬劳或提成。充值打赏过程中真实的货币由直播平台收取,而打赏实质上是用户行使参与互动权以获得精神愉悦。由此,虚拟产品在用户与主播之间账户的流动过程不能等同于一般财产性权益转移,充值、打赏行为应作整体看待。

二、未成年人直播打赏的效力认定

(一)未成年人直播打赏的事实查明

从网络直播打赏的过程来看,涉及三个主体:一是平台注册主体;二是充值付款主体;三是打赏行为主体。一般情况下这三个主体是一致的,只有在主张未成年人交易时,这三个主体可能出现不统一的情形。主张网络充值、打赏行为无效的一方,应当就相关事实承担证明责任。当网络直播平台注册账户的主体系未成年人时,一般可认定充值行为系未成年人实施,除非平台提交相反证据予以反驳。当直播平台账户系成年人实名注册时,则点击确认充值行为的主体是审理焦点,法院应结合与案涉充值行为密切相关的平台账号注册时间、昵称、登录时间点及时长、直播频道目标群体、充值消费特点等信息,最大限度还原充值行为人在直播平台的活动轨迹并据此予以认定。

第一,从案涉充值打赏行为的特征分析。案涉直播平台账户于 2016 年 12 月注册,直到 2019 年 7 月才开始充值,注册时间与充值时间间隔较长。案涉账号通过微信支付充值 49 笔,充值次数密集,充值金额大小最低为 0.1 元,最高为 1000 元,充值行为连续、随意、无节制,与正常成年人消费习惯明显不符。此外,案涉充值行为的时间点集中在 7 月 1 日至 25 日,与学生暑假空闲在家的时间点契合。

第二,从支付账户情况分析。2019 年 7 月 31 日,案涉微信自助冻结微信支付账户并重新设置支付密码,符合监护人在发现未成年人的非正常充值消费行为后立即采取补救措施的行为特征。

第三,从当事人陈述与直播账户使用情况的吻合度分析。直播平台提供的后台数据显示,案涉账户主要在“我的世界”“星秀”等直播频道进行消费,与庭审中未成年人的自述相印证。

综合以上几个方面,充值行为的实际操作人为未成年人具有高度盖然性。

(二)未成年人直播打赏效力的认定

根据《民法典》关于民事法律行为效力的规定,行为人在网络直播平台的充值打赏行为是否有效,年龄是首要判断因素,不满 8 周岁的一律无效;对于 8 周岁以上的限制民事行为能力人，如果充值打赏金额与年龄、智力不相适应，且该行为未经法定代理人同意或追认，则行为无效。

第一，是否"与年龄、智力相适应"，应结合充值打赏行为的具体情况。个案分析时，可以从未成年人的认识力、理解力、辨识力等方面考察，判断未成年人能否认识充值打赏行为的性质、理解其内容与后果，并对相关交易风险有所辨识。以与该未成年人相同或近似年龄的群体平均消费水平为参考基础，如《2018年中国12—18岁未成年人消费行为洞察报告》显示，2018年，我国12岁至18岁网游未成年人用户平均每月可支配零用钱为765元，网游消费月均值为224元，据此推断出原告作为12周岁未成年人的正常合理消费区间。由于个案中的区域经济水平、家庭收入情况、以往消费习惯等差异巨大，亦不应以"一刀切"的方式划定，例如，在家庭情况富裕且父母惯常给未成年人独立支配较大额金额情况下的巨额充值打赏行为，应具体探讨。

第二，以一次大额充值或多次小额充值形成的巨大交易额来认定。实践中，一些网络直播平台以部分单次充值金额较小作为与年龄、智力相适应的抗辩，此种说法机械割裂了未成年人在一段时间内连续性非理性充值消费行为。国家新闻出版署发布的《关于防止未成年人沉迷网络游戏的通知》中，对未成年人用户的单次充值金额和每月累计充值金额分别进行限制，故以一定时间跨度内交易标的累计计算具有合理性。本案中，原告虽然分49次充值行为，且金额大小不一，但在2019年7月1日至25日短期内连续密集充值，应以累计充值金额高达10752.2元整体认定与其年龄、智力不相符。

第三，对于是否经过法定代理人同意或追认的认定。在数字经济高速发展的现代社会，自然人对身份、资金账户、交易密码等个人重要信息负有妥善保管义务，监护人对未成年人的网络消费行为负有监管责任。但在当前网课盛行，未成年人极易接触到网络和电子设备的时代背景下，尤其在暑假放假期间，父母因上班无法对未成年人的一举一动实时监管，故不宜对监护人的监管义务过重苛责，从而轻易推定未成年人充值打赏行为经过法定代理人事前同意。本案中，充值打赏行为集中在2019年7月1日至25日这个时间段，并在不久之后的2019年7月31日，案涉微信号申请开具《微信支付交易明细证明》，自助冻结微信支付账户，重新设置支付密码，此后再无充值行为。从该行为即可推断出监护人对未成年人的充值打赏行为持反对态度。此后，因监护人向平台申请退款无果致案件进入诉讼阶段,庭审中亦再次重申不追认原告的充值打赏行为,故原告的充值打赏行为自始无效。

三、未成年人直播打赏行为无效的法律后果

(一)财产返还与折价补偿

《民法典》第157条规定:"民事法律行为无效、被撤销或者确定不发生效力后,行为人因该行为取得的财产,应当予以返还;不能返还或者没有必要返还的,应当折价补偿。有过错的一方应当赔偿对方由此所受到的损失;各方都有过错的,应当各自承担相应的责任。法律另有规定的,依照其规定。"

第一,合同无效的总体处理原则。《民法典》第157条明确了民事法律行为无效时的法律后果,参照《全国法院民商事审判工作会议纪要》第33条①中关于财产返还与折价补偿的规定精神,可以看出对合同无效的法律后果的总体处理原则是根据诚信、公平原则,在当事人之间合理分配,不能让任何一方因合同无效而获益。

第二,折价补偿是返还财产的代替。参照《全国法院民商事审判工作会议纪要》第34条②的精神,双务合同不成立、无效或者被撤销后,标的物返还与价款返还互为对待给付,双方应当同时返还。对于不能返还,或者没有必要返还的,则采取折价补偿的方式代替原物返还。按照网络直播的运营模式,用户在平台上充值打赏一般经过充值、购买虚拟产品、打赏三个步骤。当合同无效时,应根据合同的履行情况区别处理:若未成年人只是在平台上充值但未购买虚拟

---

① 《全国法院民商事审判工作会议纪要》第33条规定:"合同不成立、无效或者被撤销后,在确定财产返还时,要充分考虑财产增值或者贬值的因素。双务合同不成立、无效或者被撤销后,双方因该合同取得财产的,应当相互返还。应予返还的股权、房屋等财产相对于合同约定价款出现增值或者贬值的,人民法院要综合考虑市场因素、受让人的经营或者添附等行为与财产增值或者贬值之间的关联性,在当事人之间合理分配或者分担,避免一方因合同不成立、无效或者被撤销而获益。在标的物已经灭失、转售他人或者其他无法返还的情况下,当事人主张返还原物的,人民法院不予支持,但其主张折价补偿的,人民法院依法予以支持。折价时,应当以当事人交易时约定的价款为基础,同时考虑当事人在标的物灭失或者转售时的获益情况综合确定补偿标准。标的物灭失时当事人获得的保险金或者其他赔偿金,转售时取得的对价,均属于当事人因标的物而获得的利益。对获益高于或者低于价款的部分,也应当在当事人之间合理分配或者分担。"

② 《全国法院民商事审判工作会议纪要》第34条规定:"双务合同不成立、无效或者被撤销时,标的物返还与价款返还互为对待给付,双方应当同时返还。关于应否支付利息问题,只要一方对标的物有使用情形的,一般应当支付使用费,该费用可与占有价款一方应当支付的资金占用费相互抵销,故在一方返还原物前,另一方仅须支付本金,而无须支付利息。"

产品,平台负有将充值金额原路退还到用户支付账户的义务;若已充值购买虚拟产品但尚未打赏,用户应当返还虚拟产品(平台直接从账户收回即可),而平台应当返还用户充值购买虚拟产品所对应的支出款项;若如本案情形,原告已购买虚拟产品且完成打赏,平台应返还充值打赏金额 10752.2 元,而用户本应返还的虚拟产品因已实际消费完毕无法实现原路返还,按照上述条文规定可以折价补偿。

(二)折价补偿的过错责任分担

第一,折价补偿的标准。参照《全国法院民商审判会议纪要》第 33 条的精神,折价时,应当以当事人交易时约定的价款为基础。区别于买卖合同这类典型的双务合同,合同双方对价款有明确的约定,网络直播作为一种新业态,用户向平台充值款项是获得平台提供的充值服务以及在直播中参与、互动权利的基础,进而通过打赏(行使互动权利)以实现其获得特定服务的目标。然而,打赏消费完的金额与用户享受到的直播服务并不具有对价性,用户通过参与、互动所获得的精神愉悦亦无法定价,故当用户与平台之间的网络服务合同被认定为无效时,无法按照一般合同约定的价款作为折价补偿的基础。

第二,折价补偿时应考虑无法返还财产给对方造成的损失。司法实践中,在处理折价补偿时,除以约定的价款为基础外,通常将双方获益的金额与损失的金额进行对比,以避免双重获利或双重损失。观察网络直播运营模式可知,网络直播平台的运营成本包括网络硬件、人力资源、内容制作、宣传推广、主播签约、税费等方面。本案中,佘某将充值的款项兑换虚拟礼物,在“我的世界”“星秀”等直播频道进行消费,其已获得的个性化服务及平台支付给主播的打赏分成,均给平台运营构成实际损失,应给予补偿。

第三,折价补偿时应考虑当事人对合同无效的过错。虽然折价补偿不以过错为前提要件,但为确保当事人之间利益的平衡,法律上合同双方是否具有过错及过错程度的大小,却可以构成确定折价标准的相关因素。结合本案:

1. 未成年人自制力差沉迷网络,是导致纠纷发生的直接原因。佘某作为 12 岁的未成年人,对自己的行为和所产生的后果已具备一定认知能力,其在暑假期间没有将主要精力放在学习上,沉迷网络直播,存在过错。因不具有承担民事责任的能力,应由监护人代为承担缔约过失责任。

2. 监护人的教育、监管职责是减少无效交易的直接措施。未成年人的监护人有防范未成年人进行大额不理性消费的义务。毛某作为佘某的监护人，应当对佘某的学习、生活等各方面进行必要的教育和监管，佘某连续多次、长时间登录案涉账号观看网络直播，毛某对此行为未有警觉，存在过错。

3. 监护人对自身银行账户、密码等信息负有妥善保管的义务。毛某未保管好自己的账户、密码等重要信息，导致佘某在持续近 1 个月的时间内多次成功转移毛某使用的微信钱包内的款项，并在直播平台进行多笔充值消费，客观上增加了直播平台对用户行为进行识别、管理的难度，存在过错。

4. 平台负有提示告知义务与必要的防范风险交易的技术义务。随着使用网络文化消费的未成年人人数不断增加，平台应负有更高的注意义务和履行应有的社会责任，要通过加大技术投入，设置有效的身份识别系统（如人脸识别）来限制未成年人充值、打赏行为。然而，本案中，直播平台是通过《注册协议》中的格式条款来证明其履行了对用户的提示义务，这些提示性文字难以对无完全意思能力的未成年人形成拘束力，对此存在过错。

综合考虑案涉合同的履行情况及双方的过错程度等因素，酌情确定直播平台向佘某返还充值总金额 10752.2 元的 1/3 即 3584.1 元。

| 相关规定 |

《民法典》

第 157 条："民事法律行为无效、被撤销或者确定不发生效力后，行为人因该行为取得的财产，应当予以返还；不能返还或者没有必要返还的，应当折价补偿。有过错的一方应当赔偿对方由此所受到的损失；各方都有过错的，应当各自承担相应的责任。法律另有规定的，依照其规定。"

延伸阅读

平台权力与用户权利的博弈平衡

——以网络游戏平台的法律规制为视角

李　楚

随着社会演变和技术发展,数字革命正在爆发,新经济与新业态形式不断出现,平台经济作为典型代表之一,发展十分迅猛。互联网企业尤其是互联网平台企业在改变产业发展格局、拉动经济增长的同时,凭借自身技术优势和地位优势,也逐渐承担起行政职能,塑造了一种新型权力样态,在社会治理中发挥了愈加重要的作用。当然,权力是一把“双刃剑”,在现行法律框架制约程度有限的前提下,平台权力也具有较高的现实风险,存在限缩、侵害平台用户正当权利的可能性。如何通过有效治理方式与司法裁判手段平衡平台与用户之间的新型权力关系、防止平台权力异化,亟待探究和回应。本文以网络游戏平台为切口,通过检视司法裁判现状,探析平台权力的性质与样态,对其进行全面的价值评价和实操评价,并探索平台权力与用户权利如何博弈平衡的法律规制进路。

一、现状检视:司法裁判体现法院与平台的权力偏差

涉网络游戏平台的网络服务合同纠纷案件绝大部分为平台用户以平台单方面认定用户账号存在使用“外挂”等违规操作并对用户进行相应惩罚的行为缺乏事实与法律依据为由提起的诉讼。以 G 市 G 法院刘某诉杭州某科技有限公司一案①为例,被告(网络游戏平台企业)以原告使用第三方辅助软件(外挂)

① 参见广州互联网法院民事判决书,(2019)粤 0192 民初 30150 号。

违反用户协议为由对原告予以处罚,原告主张其并未使用任何第三方软件并多次申诉要求被告提供相应证据均被拒绝,故诉至法院要求被告解除相应处罚措施。被告则辩称,双方签订的用户协议中已有明确约定,用户同意以平台的监测数据作为判断用户行为是否违规的依据,如经平台判断属于违规,即可自行采取相应处罚措施。

在中国裁判文书网上检索包含关键词"网络服务合同""外挂"的同类型案件判决书共有44份,均为平台用户起诉平台要求撤回对其账号的处罚或赔偿相应损失。其中,41份判决书的判决结果均为驳回原告全部诉讼请求,仅有3份判决书部分同意了原告的诉请。前者均认可原被告双方签订的《服务协议》《用户协议》《隐私协议》等网络服务合同合法有效,并依据其内容认定平台具有单方认定权,有权根据自身服务器中收集的数据直接判断用户是否违规,继而直接采信平台方提供的监测记录等数据,认定用户存在违规事实;而后者则是由于被告未能提供具体数据或其他能够证明账号违规的证据而承担了举证不能的不利后果。44份判决书中,法院均回避了对平台提交的监测记录等数据的真实性、准确性、公正性予以判断,争议焦点仅为法院是否采纳平台方提交的监测记录及判断结果。法院实质上并未掌握在事实认定层面的话语权,只能依据平台制定的协议及平台提交的证据进行裁判,审判独立在这里无法全面体现,平台性质的特殊性则导致其在一定程度上享有"数据霸权"。

二、性质厘定:平台权利与权力的二分

网络游戏平台与用户是网络服务合同的双方主体。平台基于双方签订的合同内容,与用户形成平等的契约关系,享有合同约定的主体权利,承担网络服务提供者的角色与职能。然而,在平台天然享有定义权、平台用户数量爆发性增长、新型问题层出不穷、法律规制存在滞后性的多重作用下,平台逐渐开始当然承担起监管职能,平台与用户不再是纯粹的平等民事法律关系,在用户行为层面已形成"管理与被管理"的监管关系。在这一层面,平台角色不再限制于网络服务提供者,其权利实质上属于行政职能,已跳出平等主体间通过合同约定的"权利"范畴,进入"权力"的语境。

(一)平台权力具有"立法"特性

在与用户权利的博弈中,平台具有天然优势,即有权凭单方意志制定、修改平台规则。平台规则就是网络游戏虚拟世界的"法律",用户必须遵守,否则将

承受相应处罚。平台规则包括技术层面和行为层面。

1. 在技术层面,“代码即法律”。[①] 平台在编写源代码、搭建技术架构时,已经间接将私人意志融入网络游戏虚拟世界运行的世界观和价值观中,设置好了一定的游戏规则,从源头约束用户行为。网络游戏平台是以技术为基础建立的虚拟世界,其出现就已天然携带了平台企业的主观意志,而用户从进入平台开始就只能在搭建好的规则框架内行使权利。

2. 在行为层面,平台通过制定用户协议、服务协议、隐私协议等,设置大量义务性条款与违约责任,建立起平台内的组织秩序,对用户行为进行具体限制和约束。用户在注册时即必须勾选相关协议,即使有部分条款可能损害其个人权利,绝大部分用户也只能选择接受。

(二)平台权力具有“行政”特性

用户一旦勾选平台制定的相关协议,平台就获得了对用户的单方管理权,这种权力显然具有行政特性。该特性通过两个维度予以体现。

1. 市场维度。平台作为经营者,在市场逻辑的支配下,通过制定服务协议、隐私协议相关条款,强制要求用户同意提供个人信息、默认推送个性化内容、禁止使用第三方软件、更改用户默认设置等权利让渡,同意平台采取警告、屏蔽、删除、没收、罚金、暂时封号、永久封号等处罚措施,多角度控制用户行为,以期获得更多商业利益并尽可能规避各种潜在法律风险。这种基于平等民事主体之间达成合意、签订协议而产生的权利,本应属于普通民事权利范畴,但由于平台基于技术优势天然具有“立法权”,[②]此种合意实际上仅依赖平台的单方意志产生,具有权力的行政强制性。

2. 法律维度。由于新形势、新问题的不断涌现,法律在对用户行为进行直接规制时遇到了一定的客观阻碍,如对潜在违规行为的监测与定位不及时、难以跨越平台技术壁垒、处罚措施难以实施等,导致行政机关逐步将管理权让渡给平台,形成一种行政职能“外包”的新型模式。[③] 而平台作为网络游戏虚拟世

---

① [美]劳伦斯·莱斯格:《代码2.0:网络空间中的法律》,李旭、沈伟伟译,清华大学出版社2018年版,第27页。

② 参见解志勇、修青华:《互联网治理视域中的平台责任研究》,载《国家行政学院学报》2017年第5期。

③ 参见周黎安:《行政发包制》,载《社会》2014年第6期。

界的创造者，能够依靠技术优势，对用户具体行为进行实时监控、及时处理、强制处罚。因此，通过法律法规授权，平台逐渐代替行政机关履行"行政职能"，行使监督、管理权，依据具体违规行为对用户施以相应处罚措施。

（三）平台权力具有"司法"特性

在经营过程中，绝大部分平台都根据法律法规要求建立了不同程度的用户投诉举报及申诉机制。用户可以在机制内对其他用户的涉嫌违规行为进行投诉、举报，也可以在被平台采取强制处罚措施后提起申诉救济，平台则拥有对用户与用户之间、用户与平台之间产生争议的平台内终局处置权，其权力具有"司法"特性。而用户即使对平台的处理结果不服，也较少会提起诉讼或寻求其他救济途径，平台实质上对大部分平台内争议享有终局处置权。

总之，在如今的数字经济时代，平台不再是单纯的经营者、网络服务提供者身份，而是集合了权利与权力的新型主体。平台与用户的连接起源于双方地位平等的网络服务合同，平台作为普通的民事主体，享有合同约定的民事权利。随着资源与地位的差异不断显现，平台逐渐承担起监管职能，双方趋向于管理与被管理的不平等关系，平台在相当程度上已不再承担工具属性，实质上拥有了影响与支配用户行为的权力，其公共性日趋明显。

三、价值评价：平台权力蕴含公共价值

在网络游戏虚拟世界生态里，首先，平台制定一套完整的规则用以规制所有用户的言行举止。其次，平台以规则为标准对用户进行内部管理，对违反规则的用户施以相应强制性措施，平台的立法特性在权力运行层面得以具象实现。最后，接受相应措施的用户可通过平台制定的申诉机制在虚拟世界中寻求救济途径。在平台生态内，通过创设规则、执行规则、解决争议，平台与用户之间的权力架构、规则体系初步形成完整闭环，实现逻辑自洽。平台实质上扮演了"平台王国"的"执政者"角色，承担起建立平台秩序、保障用户权益的公共职能，[①]保持平台生态的平衡发展，在实现平台自治的同时维护和促进网络公共秩序的稳定，具备一定的公共价值。

平台的权力架构客观上也弥补了行政机关在规制用户行为能力上的不足。

① 参见赵鹏：《超越平台责任：网络食品交易规制模式之反思》，载《华东政法大学学报》2017年第1期。

面对数字经济下的新型主体,传统的“市场调节+行政干预”的管理方式无法完全规制。① 在用户数量呈倍数增长且大部分为活跃用户的前提下,对用户行为进行及时规制显得尤为重要。而行政机关的外部性和资源的有限性决定了其对用户的监测、定位和处罚均存在技术壁垒和时效滞后,继续沿用传统的规制方式无法满足现实要求,不具备可行性。相比之下,平台具备先天的技术、资源、地位、效率等优势,能够对用户行为进行实时检测和定位,并采取合理措施及时灵活进行处理,所需成本更低且效率更高。② 平台通过制定规则、披露信息、监控数据、管制行为等方式,能够实现全面内部管理,更高效地维护平台秩序。

四、实操评价:平台权力存在失范风险

在数字经济发展进程中,平台行使相应权利、履行公共职能能够满足维护平台秩序和社会秩序的客观需要,具有重要的现实意义和作用。但是,平台的本质仍然是市场经济中的经营主体,以追求商业利益最大化为目的从事生产经营活动,赋予其具有监督管理性质的权力的同时,平台的私有化本质也为权力滥用的现实风险提供了滋生土壤。③

(一)平台与用户关系极度失衡

平台权力的产生是国家管理需要和互联网技术赋能的综合结果,具有双重权力来源,一重源自法律法规的授权,另一重系平台通过制定规则自我赋权。后者属于民事权利范畴,却具备“权力”特性,其正当性尚有待考量。④

第一,平台规则的制定在形式上系由双方合意而成,实则具有单方性、强制性,缺乏双方意志的共同作用。平台单方面公布用户协议、服务协议、隐私协议等,普通用户基本没有议价能力,无法参与平台统一规则的讨论和确定,无法根据个人需求拒绝部分条款或提出定制化修改意见。用户同意机制存在形式主义弊病,作为平等主体的平台用户,其自主权和选择权仅限于选择“同意”或“退出”。⑤

---

① 参见马长山:《智能互联网时代的法律变革》,载《法学研究》2018 年第 4 期。

② 参见赵鹏:《私人审查的界限——论网络交易平台对用户内容的行政责任》,载《清华法学》2016 年第 6 期。

③ 参见郭渐强、陈荣昌:《网络平台权力治理:法治困境与现实出路》,载《理论探索》2019 年第 4 期。

④ 参见许多奇:《Libra:超级平台私权力的本质与监管》,载《探索与争鸣》2019 年第 11 期。

⑤ 参见夏庆锋:《网络合同中伪契约条款的排除》,载《经贸法律评论》2020 年第 2 期。

第二，平台行使“权力”并未遵循权力机关必须履行的信息公开程序，在对用户采取删除、封禁、注销等惩罚措施时透明度不足。平台拥有显著的信息优势和自由裁量权，与用户之间的信息交换极度不对称，在采取相应措施时仅告知用户其单方判断结果和对应处罚措施，缺少事实认定和程序判断流程的公开，用户无法进行实质申诉和反驳。

第三，平台内设的用户权利救济机制流于形式。在平台规则的完整闭环中，平台具有多重身份，集规则制定者、规则实施者、争议裁决者于一身，“既是运动员又是裁判员”，在处理用户申诉时，难以用同一套逻辑体系和算法得出两个不同的判断结果，从而无法实现设置权利救济机制的目的，难以切实起到事后保障用户权利的作用。

（二）私法缺乏有效规制语言

平台的许多行为都具有行政职能。但在现行法律制度框架下，平台角色定位仍然是普通民事主体，平台行为定性仍然是普通民事行为。基于公法与私法的双轨分立并行机制，实质上履行行政职能的平台行为，公法却难以进行干涉，只能由私法予以规制。[①] 而在私法场域内，也难以定位到能够有效予以规制的法律规定。

第一，用户难以依据原《合同法》第40条[②]要求法院认定与平台签订的各类协议无效。平台单方制定并公布的用户协议、服务协议、隐私协议等通常可以认定属于格式条款。首先，法律要求平台需“采取合理的方式提请对方注意免除或者限制其责任的条款”，但该提示在实践操作中多表现为对相关条款进行黑体、加粗提示，通常流于形式。[③] 即使平台遵照要求履行义务，用户也难以对数以百千计的条款进行逐一阅读和思考，只能被动选择同意。其次，平台可以单方面对平台规则和协议内容进行删除、修改，只要利用公告、推送等方式履行提示义务即可，用户并不必然能够知悉其修改内容。然而，只要用户继续使用

① 参见蒋大兴：《论私法的公共性维度——“公共性私法行为”的思维体系》，载《政法论坛》2016年第6期。

② 《合同法》第40条规定：“格式条款具有本法第五十二条和第五十三条规定情形的，或者提供格式条款一方免除其责任、加重对方责任、排除对方主要权利的，该条款无效。”

③ 参见王红霞、杨志杰：《互联网平台滥用格式条款的法律规制——以20份互联网用户注册协议为样本》，载《上海政法学院学报（法治论丛）》2016年第1期。

平台服务，在司法实践中就会有很大概率被视作同意平台修改后的规则。此外，除原《合同法》第40条规定的几种情形外，平台规则还可能存在其他不合理条款，如处罚措施尺度不一、不同用户区别对待等，但用户难以通过格式合同条款无效的规定维护自身权益。

第二，当平台侵犯用户正当权益时，难以确定平台具体责任承担方式。如前述所言，平台属于民事主体。即使其部分履行行政职能，由于不具有行政主体资格，公法也难以追究平台责任。而若通过私法途径予以规制，也存在双重障碍。① 一方面是法院处理纠纷所依据的双方协议实质上是平台的单方意志体现，利用平台制定的规则去支持用户维权诉求、要求平台承担责任存在实体障碍；另一方面是平台拥有技术和地位优势，用户天然面临举证难的程序障碍，可能承担举证不能的不利后果。

（三）法院未掌握事实认定话语权

当用户穷尽平台内申诉途径无果后，大部分用户会选择被动接受，少部分则会跳出平台生态，继续寻求司法途径进行权利救济。然而如前所述，即使到诉讼阶段，法院仍然无法对事实认定过程进行实质审查。

究其原因，第一，平台仅向法院提供通过代码计算出的最终数据记录和定性结论，并未提交相应源代码和计算方式，法院无法取得原始数据进行复核，仅能对平台提交的证据进行形式审查。即使法院要求平台提交判断依据，平台也通常会以商业秘密为由拒绝提供，数据解释权和事实认定权实质上都归于平台方。第二，即使平台同意提交原始数据或代码，法院也缺乏相应的技术分析能力，现行法律体系在此类合同纠纷案件的鉴定人或技术咨询专家制度上尚处于真空状态。且此类案件通常标的较小，自行进行技术鉴定的高昂成本使原告大多难以进行有效质证，只能交由法院审理认定。因此，法院判决均只能依据用户协议中约定的平台负有妥善保存相关日志数据义务、用户同意平台根据监测数据判断用户是否违规、平台享有对用户施加相应惩罚措施的等条款，采纳平台提交的相关证据，从而认定平台的惩罚措施符合双方约定，合法有效。

在这场用户与平台的博弈中，法院作为裁判者，并未掌握事实认定的话语权，无法有效审查平台证据的真实性与可靠性。这实质上形成了一种“遵从”式

① 参见许可：《网络平台规制的双重逻辑及其反思》，载《网络信息法学研究》2018年第1期。

的诉讼程序模式，即法院难以对拟证明待证事实的相关证据作出理性的评价和判断并得出理性结论，而只能选择是否采纳平台的意见作为正确的意见。平台一定程度上享有“数据霸权”，这种不对称也给平台的责任逃逸可能性增加了道德风险。

五、规则再造：平台权力法律规制进路

平台集权利与权力为一体的复合属性已是无法改变的客观事实，私与公之间的天然冲突和权力运行时暗含的现实风险给现行的法律规制体系和框架带来了一定的挑战，是政府与平台在数字经济时代必须共同解决的新课题。为了约束平台权力合理行使，同时更好地发挥平台的公共价值，需要在弱者保护原则的基础之上，利用司法裁判的指引和导向作用，制定一系列的制衡策略，倒逼平台企业进行调整和适应。①

（一）平台治理完善程序正义与实体正义要求

程序正义是“看得见的正义”，保证程序正义能够有效防止权力被滥用。平台在制定规则、执行规则、解决争议的完整闭环中，每一步都必须遵守程序正义标准。既然平台权力的实质类似于行政权力，那么也应当履行公主体的信息公开、征求意见程序。在规则制定和修改过程中，应当向用户公开其具体程序、进度、标准，并征求、吸纳用户意见，允许用户一定程度地参与和监督，推动公众参与逐步成为平台权力运行的内嵌程序。② 在规则执行过程中，应在执行前履行明确告知程序并充分说明理由，必要时还应设置暂缓执行程序，听取用户申辩或复核，避免未经合理程序即强制执行，提高平台运行透明度，降低平台权力硬度。

遵循程序正义标准行使的平台权力，还应符合实体正义的要求，才能够真正起到规制和约束的作用。首先，平台要严格按照比例原则的要求行使权力。在合同关系中，若合同双方地位差异畸大，弱势一方的真实意思表示便无法完整体现在合同条款当中，无法在平等的民事法律关系中实现意思自治。而比例

---

① 参见汪志刚：《论民事规训关系——基于福柯权力理论的一种阐释》，载《法学研究》2019年第4期。

② 参见刘凯湘、刘晨：《互联网第三方平台服务协议效力的判断原则及其意义——评蔡振文诉淘宝案》，载《中国应用法学》2017年第3期。

原则可以矫正这种失衡的法律关系，帮助实现实体正义。① 平台制定的规则内容应符合比例原则要求，设置的禁止性行为和相应惩罚措施都应在必要性限度范围内。在执行规则时应合理使用自由裁量权，将对用户的损害控制在最低限度内，可采取阶梯式执行方式，根据用户违规程度，先行采取警示性惩罚措施，若未达到理想效果再逐步采取强制性惩罚措施。② 收集用户信息和隐私应严守必要性和正当性限度，且严格做好保密措施。其次，平台还需遵守信赖利益保护原则。平台规则的制定和执行都应满足稳定性和可预期性要求，不得随意删除、变更，不得损害用户的正当信赖利益。如确有必要进行修改，也应基于公平原则给予用户一定的接受期限和申诉权利。最后，在用户主张权利救济时，应扩大救济方式和主体范围。除平台自行复核是否存在错误外，考虑到决策主体需保持客观中立地位，还应设置进一步救济渠道，吸纳平台内其他用户组成临时合议庭或移交行业协会进行争议化解，从而构建起用户权利保护的完整链条。

（二）专门性问题解决由遵从模式向评价模式进阶

为了揭开平台技术与数据的神秘面纱，填补法院在技术证据认定方面的"信息空洞"，可以在涉平台案件的审理框架中引入知识产权、环境资源等专业性较强的案件适用较多的专家辅助人和技术咨询专家制度，使涉及互联网技术和数据等专门性问题的案件的庭审秩序从遵从模式向评价模式进阶。遵从即"采纳他人意见作为正确的意见，并非由于对相关证据进行了客观分析和理性评价并产生了内心确信，而是由于事实认定的决定权掌握在他人而非自己手中"。③ 而引入专家辅助人和技术咨询专家制度后，将会形成相对更加科学合理的评价模式，平台方提供数据记录和计算方式作为证据，用以向法院和用户解释技术专业问题以及结论的认定过程。专家辅助人作为辅助当事人的专业技术人员，帮助用户对平台证据进行质证，使用户在技术专业问题上能够摆脱弱势地位，削弱平台的"数据霸权"态势。技术咨询专家则为法官提供技术问题的咨询与审核，协助法官做出客观准确的事实认定。评价模式的制度设计能够削

---

① 参见郑晓剑：《比例原则在现代民法体系中的地位》，载《法律科学（西北政法大学学报）》2017年第6期。

② 参见刘权：《论必要性原则的客观化》，载《中国法学》2016年第5期。

③ 参见郑飞：《论中国司法专门性问题解决的"四维模式"》，载《政法论坛》2019年第3期。

弱平台基于数据优势产生的强势垄断地位,[①]避免用户的质证权被架空,同时减轻法院对平台结论的依赖和遵从,法院能够综合多方意见进行事实认定,对相关证据进行客观中立的评价并得出理性结论,回归传统的庭审地位。

(三)司法裁判从“平台王国”回归“法律王国”

平台通过制定规则、执行规则、解决争议,已在平台生态内构建了一个权力架构、规则体系完备的“平台王国”,在自己设置的游戏规则里实现平台自治。虽然法律应保持谦抑状态,充分尊重以契约自由为基础的平台规则,但从实践中可以看出,司法作为最后一道防线,未能实质发挥应有的事实审查和法律裁决功能,仍在平台设置的游戏规则范围内活动,无法有效制约以利益最大化为目标的平台自治可能带来的现实风险。目前已有法律逐渐关注网络平台权力行使问题,以《网络安全法》为核心的网络治理法律体系正在建立完善中。但立法的滞后性特征较为明显,除电子商务平台已有《电子商务法》予以专门规制外,其他网络平台尚未得到有力约束。在尊重平台企业依法自治的前提下,为推进平台自治与法治协同发展,应加快综合立法,[②]借鉴电子商务立法的经验做法,以网络平台企业为主体出台“网络平台企业法”。以法律形式明确平台主体在提供网络服务过程中的权利、权力与责任,按照不同平台类别制定和细化平台主体权力和责任清单,约束平台规则解释与自由裁量空间,防止平台权力扩张异化、权责失衡。改变“在平台主导的生态中,以平台掌握的规则和证据为依据,对涉平台纠纷作出裁决”的逻辑怪圈,促进平台生态内的话语权重回正轨,司法裁判方式与平台空间治理方式由“平台王国”回归“法律王国”。

(四)通过有效赋权调整现有失衡结构

平台经济的发展使平台与用户的权责结构发生了根本改变,远超出普通的网络服务合同约定范畴。然而,公众视角大多落在平台公共职能的扩大和权力体系的重构,却忽视了用户的新兴权利和需求其实是同步生成的。面对平台权力与用户权利的失衡结构,需要给予用户更有效的赋权,在法律框架内优化用户权利体系,通过司法裁判对新语境下的新型用户权利及时进行确认与保护。[③]

---

① 参见曾彩霞、朱雪忠:《必要设施原则在大数据垄断规制中的适用》,载《中国软科学》2019 年第 11 期。

② 参见周汉华:《论互联网法》,载《中国法学》2015 年第 3 期。

③ 参见周辉:《变革与选择:私权力视角下的网络治理》,北京大学出版社 2016 年版,第 136 页。

如用户个人数据和个人信息权、Cookie 信息权、被遗忘权、自动化决策否决权等新型权利，都需要从体系化层面进行研判和定性。强化用户权利，推动平台权力与用户权利的博弈均衡，是对于缓解和纠正当下的平台权力异化扩张的最基础也最长效的方式。

结语

网络平台的发展是数字经济发展的强大助力和重要组成部分。平台“权力”的形成和扩张，逐渐改变着传统公权力的体系架构，也给法治化建设新格局带来了新型挑战。实现平台权力法治化既是促进数字经济健康有序发展的关键要素，也是衡量国家治理体系现代化的标准之一。针对平台权力在运行过程中可能出现的失范风险，需要突破传统框架限制，以平台和用户为双重抓手，综合公法与私法的价值原理，将自治与法治相结合，推动私法领域的利益保护与公法领域的社会治理形成协同融合机制，以期实现平台权力与用户权利、公法与私法、公平与效率的平衡发展。

第五章　数 字 人 权

本章概述

党的二十大报告明确提出:“坚持走中国人权发展道路,积极参与全球人权治理,推动人权事业全面发展。”当前,数字科技与社会生产和人民生活深度融合,人民对美好生活的需要最广泛体现为对数字科技的需要。一方面,要求数字科技以人为本;另一方面,要求加强对数字科技开发及运用的伦理约束和法律规制。[①] 其目的在于体现数字时代下人的权利及尊严。

数字科技以人为本体现在,依法保障公民数字化生活中的隐私、名誉、肖像、表达、数据信息、人格尊严等权利和自由;依法规范和打击数字生活中损害人民福祉的违法行为,如违法处理个人信息、隐私泄露、网络暴力、算法歧视等。正如每位公民都有接入互联网的权利,对于社交账号被封,个人也应当有权要求申诉或救济。老年人可能不懂如何使用健康宝或网约车软件,卡车司机可能无法掌握各种定位系统软件,外卖骑手可能无法理解算法系统。[②] 审判实践中,亦应特别注意对特殊群体的保护。积极回应人民群众新要求新期待,推动构建以人为本的数字空间法治环境。

---

① 张文显:《无数字　不人权》,载《网络信息法学研究》2020 年第 1 期。

② 丁晓东:《否定数字人权是新型人权何以错误》,载《法律科学(西北政法大学学报)》2022 年第 6 期。

一、依法保护网络空间人格尊严

在俞某诉广州某计算机科技有限公司网络侵权责任纠纷案中，明确公民的非公开举报行为具有私密性，不应为被举报人知悉，属于隐私范畴。网络平台将包含可识别举报人身份的举报材料转发给被举报人，构成侵害举报人隐私权和个人信息的行为，应承担相应侵权责任。在作出广东省首份人格权侵害禁令的审查过程中，充分考量了网络侵权的特殊环境，结合涉网人格权纠纷的特殊性，着重考量违法可能性、作出禁令的必要性、紧迫性和利益平衡等。特别提出，基于经济、高效解决纠纷的考虑，权利人应先行通知网络服务提供者采取必要措施，不宜直接向法院申请禁令。在杨某诉广州某网络公司、陆某网络侵权责任纠纷案中，认定网络虚拟主体人格是现实主体人格在网络空间的延展，对现实主体的人格权保护应及于其虚拟主体。侮辱诽谤网络虚拟主体，即使未指名道姓，但在一定范围内能指向现实中特定人的，构成名誉权侵权。

二、协调保护网络特殊群体权益

注重对消费者表达的保护。在广州某月子家政服务有限公司诉李某、上海某信息咨询有限公司名誉权纠纷案中，明确网络差评应以“不虚构事实、不恶意诋毁”为底线，经营者亦应允许消费者对其服务本身进行批评、评论。如差评评论不存在虚构事实、恶意诋毁等情形，网络服务提供者未应经营者要求删除评论，不能认定构成侵权。在张某等诉深圳某文化有限公司网络侵权责任纠纷案中，明确认定消费者在经营者提供的包间内的活动具有私密性，经营者擅自公开包间内监控录像，构成对消费者隐私权的侵害。经营者因提供商品或服务获取的消费者个人微信账号属于个人信息，擅自公开消费者微信个人账号信息，构成对消费者个人信息权益的侵害。

注重对婴幼儿权利的保护。在王某诉黄某、某科技公司网络侵权责任纠纷案中，明确婴幼儿的肖像权受到法律保护，法律禁止通过各种方式恶意丑化、污损婴幼儿的肖像；未经婴幼儿监护人同意，不得制作、使用、公开婴幼儿的肖像。同时，充分发挥精神损害赔偿的惩罚功能，认定权利主体主张精神损害赔偿无须以具备痛苦感受能力为前提。

三、推动构建“数字人权”保障规则治理体系

明确网络群组管理者责任。在黄某某诉某智慧城市服务股份有限公司、某智慧城市服务股份有限公司番禺分公司名誉权纠纷案中，明确微信群主对微信群内的侵权行为负有注意义务。微信群主是否尽到了其注意义务，应根据微信群的性质、群成员身份关系具体判断，并结合不法言论出现的频率、持续时间、被侵权人的通知和求助情况、微信群主对侵权人的不法言论采取的管理措施类型、时机等因素综合考量。违反群主注意义务，造成群员损害或损害扩大的，群主应根据过错程度、原因力大小承担相应民事责任。

规制盗用企业名称违法竞价排名的行为。在国某律师事务所与广某律师事务所、北京某科技有限公司等网络侵权责任纠纷案中，认定企业利用竞争对手名称设置搜索关键词进行商业推广构成侵害他人名称权。要求搜索引擎服务商提供竞价排名服务时，应当对客户设置的搜索关键词进行实质审核，不能援引避风港“通知—删除”规则来免除侵权责任。

规范自媒体网络侵权言行。在某终端设备有限公司诉江某某网络侵权责任纠纷案中，认定网络测评博主发表虚假测评信息，以侮辱、诽谤等方式侵害企业名誉权的，应承担法律责任。

从严审查利用个人信息提供互联网广告服务的行为。在张某与北京某科技有限公司网络侵权责任纠纷案中，明确个人信息处理者应对其处理个人信息已取得个人同意承担举证责任。“摇一摇”开屏广告涉及对用户个人信息的处理，用户有权关闭该“摇一摇”开屏广告服务；经营者未向用户提供关闭选项的，构成对用户个人信息权益及自主选择权的侵害。

类案典型

案例 1

微信群主注意义务的来源、履行及法律后果

——黄某某诉某智慧城市服务股份有限公司、某智慧城市服务股份有限公司番禺分公司名誉权纠纷案①

李 朋 许燕玲

| 裁判要旨 |

微信群主对微信群内的侵权行为负有注意义务。微信群主是否尽到了其注意义务,应根据微信群的性质、群成员身份关系具体判断,并结合不法言论出现的频率、持续时间、被侵权人的通知和求助情况、微信群主对侵权人的不法言论采取的管理措施类型、时机等因素综合考量。违反群主注意义务,造成群员损害或损害扩大的,群主应根据过错程度、原因力大小承担相应民事责任。

| 基本案情 |

原告黄某某诉称:在物业公司创建的微信群中,其长期、多次遭到部分业主的无理诽谤、谩骂,群主未使用权限进行劝阻和制止,黄某某多次就上述不当行为在微信群提出警示或与群主私聊反映,均未获得回应。黄某某已就微信群中受到的名誉损害向广州市番禺区人民法院起诉个别业主,法院确认了以上侵权事实并作出了惩罚。黄某某认为,物业公司的不当行为是其名誉受损的重要原因,遂起诉要求物业公司承担侵权责任。

| 裁判思路 |

本案是业主在物业公司创建的微信群中长期遭受他人诽谤侮辱,物业公司

① 广州互联网法院民事判决书,(2020)粤0192民初27883号。

怠于履行微信群管理职责引发的名誉权纠纷。根据微信发布的《2020 微信数据报告》,2020 年微信月活跃账号数达到 12.025 亿,微信已成为人们日常工作生活必不可少的社交应用软件。但随之而来的是微信群所引发的侵权案件纠纷也日益增多,目前仅有国家互联网信息办公室发布的《互联网群组信息服务管理规定》明确规定了互联网群组管理者的管理责任,而无法律文件明确微信群主未对微信群尽到注意义务时承担法律责任的依据、责任类型及责任后果,且该规定未区分类型、情形地规定群主负有管理责任,易被泛化误读为对群主侵权责任的规定,进而引发互联网用户的普遍担忧。法官需要在目前法律空白之处,基于社会生活的共同需要、一般的伦理道德观念以及法律的价值理念,根据当事人所处的特定环境,对微信群主侵权责任的有无、大小作出合理评判,进而作出符合时代需求、社会期待的裁判结果。在法律政策和司法个案的努力之外,也提醒网络用户正确行使个人权利,不得制作、复制、发布侮辱或者诽谤他人,侵害他人名誉、隐私和其他合法权益的违法信息。作为互联网群组的建立者,群主应承担管理责任,担负起维持讨论秩序和言论秩序的义务。由此,共同推动互联网生态健康发展,构建文明有序的网络群体空间。

一、微信群主一般注意义务的法理基础

一般注意义务,是指因社会接触或社会交往活动而对他人引发一定的危险,基于诚信原则、善良风俗或适当社会生活不成文的规则所要求的对此等危险之合理的注意而对一般人负有的除去或者防止危险的义务。[①] 其目的在于防止或制止危险的发生,以避免或减少受害人遭受损害,是不作为侵权责任构成的基础。

拉伦茨将一般危险的"开启和维持"作为注意义务的发源地,大陆法系和英美法系均认为一般注意义务的成立路径包含危险的合理可预见性、控制可能性。[②] 其中可预见性是注意义务成立上处于基础性和前提性的位置,这是因为"只有当某人在行为时知道该结果可能发生,我们才能说行为人具有避免该结果发生的能力"。[③] 控制可能性是指行为人更有可能采取必要措施控制危险源

---

① 杨垠红:《一般注意义务研究》,载《厦门大学法律评论》2005 年第 9 期。

② 廖焕国:《论一般注意义务的成立》,载《求索》2008 年第 12 期。

③ [美]史蒂芬 · R. 佩里:《结果责任、风险与侵权行为》,北京大学出版社 2005 年版,第 109 页。

或对被侵权人实施及时的救助行为。

从学理的角度上看,注意义务首先来源于法律的规定,此类义务可简称为法定义务,其广泛存在于法律、法规和行政规章之中。由合同而产生的注意义务,主要有以下两种情形:其一是以该义务为合同的主给付内容,如雇佣保镖保护自身安全;其二是基于合同的附随义务,也就是"基于诚信原则和交易习惯所产生的各种附随于主义务的义务,包括合同当事人之间的通知、协助、保密等义务"。[①] 因特定职务而产生的注意义务,其正当性在于他们具有专业知识,在处理事故或危险时具有优于其他人的比较优势,以及社会公众对他们的信赖感,最典型的就是消防人员的消防义务、警察维持治安义务、医生的救死扶伤义务。先行行为引发的注意义务,其法理基础并不在于先行行为本身的合法性与否,而是由于他人的合法权益因自己的先行行为而处于危险中,行为人据此负有阻止损害结果发生的注意义务。

二、微信群主注意义务的正当性来源

(一)建群行为开启危险源

建群行为属于拉伦茨所称的一般危险的"开启和维持",即此行为是开启危险源的行为,原因在于微信群是用于群体在线交流的虚拟性质的网络空间,真实身份的隐匿使人们容易摆脱现实世界中的各种束缚,肆无忌惮地在微信群发表一些侵害他人名誉等合法权益的言论,并且这些言论能够跨越空间场所的限制,群内信息一经发出,群内成员无论身在何处,只要在互联网功能正常使用的情况下,都能看到不利于被侵权人人格权的言论,传播的范围和广度以及由此带来的负面影响与普通的传播方式比有过之而无不及。群主享有的管理权限使群主对群成员潜在的侵权行为具有控制可能性,通过正确行使发布群公告、将群成员移出群聊和解散微信群等权限,有效预防、阻止群成员发布侵权信息和言论,本质上就是其对于可控空间范围内主体合法权益的注意与保护义务,正是基于群主对微信群内的潜在危险源具有更强的控制力,由其承担管理微信群的注意义务才更具合理性。[②]

(二)网络空间治理规范赋予其管理责任

国家互联网信息办公室《互联网群组信息服务管理规定》第 9 条第 1 款规

---

① 周友军:《我国侵权法上作为义务的扩张》,载《法学》2008 年第 2 期。

② 张海燕:《论微信群主的民事责任承担》,载《法学论坛》2020 年第 3 期。

定:“互联网群组建立者、管理者应当履行群组管理责任,依据法律法规、用户协议和平台公约,规范群组网络行为和信息发布,构建文明有序的网络群体空间。”这是目前我国现有法规范中明确群主对于微信群具有管理职责的唯一规定。关于该规定能否成为微信群主注意义务来源中的“法律规定”,有观点认为,该规定的目的是维护网络空间中的公共秩序,而非保护群聊中特定个人的特定民事权益,故此无法依据该规定得出微信群主在侵权法意义上的作为义务。[①] 也有观点认为,微信群主的注意义务从应然层面应当是一种法定义务。对此《互联网群组信息服务管理规定》作出了明确的规定。本案明确网络空间治理规范可以作为微信群主注意义务的来源之一,认定“微信群的建立者和管理者,应当履行群主管理责任”,在一定程度上能解决微信群主侵权责任法律规定空白的问题。

(三)微信群主基于某特定身份而负有职责

群主基于特定身份的职责而负有注意义务。负有物业管理职责的群主承担注意义务,主要基于两个方面的考虑:一是受害人信赖期待之可能性,而对负有职务的人产生了信赖;二是从社会成本最小化的角度出发,群主对侵权行为具有某种程度的邻近性,从而有可能并比较经济地予以控制,所支出的社会成本更小。《物业管理条例》第45条第1款规定:“对物业管理区域内违反有关治安、环保、物业装饰装修和使用等方面法律、法规规定的行为,物业服务企业应当制止,并及时向有关行政管理部门报告。”用于物业管理服务而开设的微信群,应视为物业服务场所在网络空间的延伸,群主基于其物业管理服务提供者的特定身份,应履行工作职责,制止群内业主的辱骂行为。由此可见,并非所有微信群主都会基于群主身份而承担注意义务,当群成员无法对群主产生信赖期待时,则无从推出群主的注意义务。

三、微信群主注意义务的履行标准

当微信群内出现侵害他人名誉等合法权益的言论时,微信群主作为一名理性人,对此类言论可能造成侵害他人合法权益的损害后果具有预见能力,并且由于微信群主享有一系列管理权限,对于群成员的侵权行为具有较强的控制能

① 费宇:《基于微信群成员侵权行为的群主责任——兼与张海燕教授商榷》,载微信公众号“天笑阁”,https://mp.weixin.qq.com/s/TWestj98C6u28KE3J_luJQ,最后访问日期:2021年8月18日。

力,能够最大程度避免群成员出现侵权行为或降低群成员侵权行为对他人合法权益造成的侵害。此时,如果微信群主在明知群成员在自己所管理的群内发布传播侵害他人合法权益的信息或言论却不及时进行管理、制止,其主观上对最后损害的发生存在过错。

实践中,对微信群主是否尽到了其注意义务,判断标准不宜过高,不能苛求微信群主时刻保持对群内言论的密切关注。从微信软件赋予微信群主的管理权限来看,微信群主除言语劝阻、将群成员移出群聊或解散群外,再无其他群管理措施。因此,微信群主客观上不可能杜绝群内侵权行为的发生,仅可在管理权限内,积极预防、阻止群内侵权行为。具体来说,微信群主是否尽到了其注意义务,应根据微信群的性质、群成员身份关系具体判断,并结合不法言论出现的频率、持续时间、被侵权人的通知和求助情况、微信群主对侵权人的不法言论所采取的管理措施是否及时、适当等因素综合考量。本案中,对侵权人多次长时间在群里发布不法言论,被侵权人已经在群里多次、通过多种方式要求群主采取措施,但群主未及时采取适当的管理措施,故可以认定群主未尽到注意义务,存在过错。

四、微信群主侵权责任的认定和承担方式

《民法典》第 1165 条第 1 款规定:“行为人因过错侵害他人民事权益造成损害的,应当承担侵权责任。”从该条规定来看,行为人承担侵权责任应当具备三个要件:一是要有过错;二是要有因果关系,所谓“因过错侵害”表明的是因果关系的存在;三是要有侵害他人民事权益的后果。只有在满足了三个要件之后,才能形成完整的法律事实,并导致侵权责任的承担。[①] 通过上述分析可知,微信群主未尽到注意义务,存在过错,对群成员发布传播侵害他人合法权益的信息或言论的行为采取默示放任态度,导致直接侵权人的侵权行为与损害后果的因果关系链条未切断,加重了被侵权人名誉受损的程度,故应承担相应的侵权责任。

微信群主承担的侵权责任类型如何?在侵权领域,行为人违反作为义务需承担侵权责任,由《民法典》第 1194 条、第 1195 条、第 1197 条、第 1198 条予以规定。网络服务提供者在未采取必要措施导致网络用户侵害他人合法权益时

---

① 王利明:《我国〈侵权责任法〉采纳了违法性要件吗?》,载《中外法学》2012 年第 1 期。

应当承担连带责任；宾馆、商城、银行、车站、娱乐场所的管理人或群众性活动的组织者违反安全保障义务时应当承担补充责任。由于网络服务提供者享有的管理权限、控制力比微信群主更强，两者不具有同质性，故并不适宜。有观点认为，可以适用第 1198 条第 2 款违反安全保障义务侵权的规定，即群主在违反对于微信群的管理责任时应对群成员的侵权行为承担补充责任。对此，我们认为不妥，因为该条款对适用主体、适用情形作了列举式规定，在无相应法律解释的情况下不宜类推适用，且根据该条款的规定，侵权客体一般为物质性人格权和财产权，难以适用精神性人格权，在精神性人格权遭受侵害时，适用该条款欠缺正当性。在我国法律对微信群主侵权责任的类型和内容尚无明确规定的情况下，法院只能选择适用《民法典》第 1165 条第 1 款总括性的规定，认定微信群主的侵权责任类型为一般侵权责任。

微信群主的侵权责任大小及承担方式，亦未有法律明确规定。笔者认为，微信群主的侵权责任是一种以能够防止和制止损害的范围为限的责任，须遵循责任大小与过错程度、原因力大小相适应的原则。微信群主虽因其不作为而承担过错责任，但并非直接侵权人，其过错程度明显小于直接侵权人，其责任亦应小于直接侵权人。关于责任承担方式，也应与其侵权造成的损害结果相适用。以本案为例，黄某某遭受的是精神性损害后果，故责任承担方式包括赔礼道歉、赔偿损失。因赔礼道歉具有人身属性且不可替代，不因直接侵权人已按另案生效判决承担而予以免除，故物业公司仍应承担赔礼道歉的责任，但是发布道歉声明的期限比直接侵权人的发布期限短。关于损失赔偿责任，基于责任大小与过错程度、原因力大小相适应的原则，物业公司对精神损害损失承担补充责任为宜，即其仅对直接侵权人不能赔偿的部分，承担相应的补充赔偿责任。鉴于直接侵权人已按另案生效判决向黄某某全额支付了精神损害抚慰金，精神损害损失已经得到抚慰和弥补，故本案不再判决物业公司支付精神损害抚慰金。

| 相关规定 |

《民法典》

第 1165 条第 1 款："行为人因过错侵害他人民事权益造成损害的，应当承担侵权责任。"

第 1194 条："网络用户、网络服务提供者利用网络侵害他人民事权益的，应当承担侵权责任。法律另有规定的,依照其规定。”

第1195条:“网络用户利用网络服务实施侵权行为的,权利人有权通知网络服务提供者采取删除、屏蔽、断开链接等必要措施。通知应当包括构成侵权的初步证据及权利人的真实身份信息。

网络服务提供者接到通知后,应当及时将该通知转送相关网络用户,并根据构成侵权的初步证据和服务类型采取必要措施;未及时采取必要措施的,对损害的扩大部分与该网络用户承担连带责任。

权利人因错误通知造成网络用户或者网络服务提供者损害的,应当承担侵权责任。法律另有规定的,依照其规定。”

第1197条:“网络服务提供者知道或者应当知道网络用户利用其网络服务侵害他人民事权益,未采取必要措施的,与该网络用户承担连带责任。”

第1198条:“宾馆、商场、银行、车站、机场、体育场馆、娱乐场所等经营场所、公共场所的经营者、管理者或者群众性活动的组织者,未尽到安全保障义务,造成他人损害的,应当承担侵权责任。

因第三人的行为造成他人损害的,由第三人承担侵权责任;经营者、管理者或者组织者未尽到安全保障义务的,承担相应的补充责任。经营者、管理者或者组织者承担补充责任后,可以向第三人追偿。”

案 例 2

泄露举报信息属于对举报人隐私权和个人信息权益的侵害

——余某诉广州某计算机科技有限公司网络侵权责任纠纷案①

曹 钰 林 媛

| 裁判要旨 |

公民的非公开举报行为具有私密性,不应为被举报人知悉,属于隐私范畴。

① 广州互联网法院民事判决书,(2020)粤0192民初45095号。

网络平台将包含可识别举报人身份的举报材料转发给被举报人，构成侵害举报人隐私权和个人信息的行为，应承担相应侵权责任。

| 基本案情 |

余某是广州某计算机科技有限公司经营的直播平台的用户，其分别向名为“广州市网信办巡查”“中央网信办—12377”“广东网络舆情信息中心—省网信办”的电子邮箱实名举报直播平台上两名主播的违规行为，并在邮件中明确要求保护举报隐私。后其中一名主播联系余某质问其举报行为。余某联系广州某计算机科技有限公司客服，客服承认在处理用户举报信息时会向被举报人核实情况。余某认为，广州某计算机科技有限公司泄露其举报行为，已侵害其隐私权及个人信息，故诉至法院要求承担侵权责任。

| 裁判思路 |

网络生态环境直接关系亿万网民的网络获得感，并深刻影响着网络文化发展。清朗有序的网络环境离不开网民的共同监督和维护。中央网络安全和信息化委员会办公室举报中心统计数据显示，仅2021年5月，全国各级网络举报部门受理举报1476.7万件，有效遏制了一批有偿删帖、软色情等网络生态问题蔓延。这些海量的网民举报信息，一旦发生泄露，不仅对举报人的人格权益造成侵害，也不利于我国网络监督制度的发展及公民安全感的提升。

本案系互联网平台在处理举报材料过程中造成举报人隐私、个人信息泄露引发的纠纷，法律事实发生在《民法典》施行前，应适用原《民法总则》的规定。《民法典》在延续《民法总则》有关规定的基础上，对隐私及个人信息的界定更为清晰，保护规则更为完善，本案裁判说理部分紧密围绕《民法典》的立法精神对平台泄露举报人信息的性质作出认定，具有典型性。

一、举报信息是否属于隐私及个人信息

（一）从《民法典》规定看举报行为是否属于隐私

根据《民法典》第1032条对隐私的定义，隐私是自然人的私人生活安宁和不愿为他人知晓的私密空间、私密活动、私密信息。由此可知，隐私权以保护个人远离他人的侵扰为核心，含义包括：一是自然人的私人生活安宁；二是不愿为他人知晓的私密空间、私密活动、私密信息。关于“不愿为他人知晓的私密空

间、私密活动、私密信息”,应从两方面把握:一是该客体处在不为人知的隐秘状态;二是该客体具有不愿为人知的属性。

首先,对于是否处于“不为人知”的隐秘状态,需要作出客观判断。美国法院在传统上坚持“第三人理论”,认为当事人如果已经同意将存款交易记录、电话拨号记录、信用卡账单等信息提供给电信业者或商业组织等第三方,即丧失合理隐私期待。但大数据时代,在绝对隐秘信息和公开信息之间,存在着大量与特定人共享信息的中间状态。只要个人信息处于未被不特定人或多数人获知的状态,就符合“隐秘状态”的要求。本案中,余某为实现举报目的发出举报信息,其举报行为客观上不可避免会被受理举报的政府部门及被举报人所在的直播平台所知晓,但仍未被不特定人所知,在被泄露前,该举报行为应认定处于隐秘状态。

其次,关于“不愿为他人知晓”的意愿,意味着自然人主观上若没有对其空间、活动或信息有保持隐秘的意愿,即使该客体客观上处于隐秘状态,也不具有私密性。而一个人内心的意愿,必须透过外在的行为表现出来才能被他人所知悉。由于举报人为实现举报的目的,必须将证明被举报主播违规行为的相关证据(包括其本人与主播的聊天记录等)向第三方透露。在举报这一特定场景下,判断当事人是否有保持隐秘的主观意愿,可以采取两条进路:一是从当事人外部行为,作出具体判断;二是从社会一般合理认知标准,作出抽象判断。具体判断是考察当事人是否根据处理信息的类型、场合、目的和方式,采取了一定措施,如利用相当环境或使用有关设备尽力维护隐秘的状态。抽象判断则需要以社会普遍价值观、法律传统等作为考量因素。以本案为例,从余某在举报邮件中强调不要泄露其个人信息、与直播平台客服的对话内容及一般社会公众关于举报行为的普遍认知来看,举报人担心因举报行为被泄露而遭受打击报复或歧视符合常理,故余某举报直播平台主播违规的行为是不愿为他人知晓、尤其是不愿为被举报人知晓的私密活动,属于隐私范畴。

(二)从《民法典》规定看包含有举报人信息的举报材料是否属于个人信息

《民法典》第1034条规定,个人信息是以电子或者其他方式记录的能够单独或者与其他信息结合识别特定自然人的各种信息,包括自然人的姓名、出生日期、身份证件号码、生物识别信息、住址、电话号码、电子邮箱、健康信息、行踪信息等。从外延看,个人信息可以分为两类,一类为“个人标识型信息”,如姓名、出生日期、身份证件号码等与自然人的身份具有直接联系的信息;另一类为"个人属性型信息",如性别、民族、政治面貌、婚姻状况等。[①] 从内涵看,个人信息是以"可识别性"为核心的信息,"可识别性"又分为"可直接识别"和"间接识别"。直接识别,即某个信息能够单独识别出特定自然人;间接识别,是指与其他信息结合能够识别出特定自然人。大数据时代,信息的收集和匹配成本越来越低,看似单个、孤立的信息一旦与特定的信息相结合,即可识别出某一特定个人。因此,对与其他信息结合存在识别可能性的判断,应从社会一般公众的角度考量可识别的技术、时间、经济成本等因素。本案中,余某在举报过程中所署的真实姓名和举报内容附件中的微信头像等信息能够单独或者与其他信息结合,识别余某本人的身份,属于余某的个人信息。

二、对直播平台泄露举报信息行为性质的认定及法律后果

(一)关于"泄露行为"性质的认定

《民法典》第1033条将"拍摄、窥视、窃听、公开他人的私密活动"明确列为侵害隐私权的行为。同时,《民法典》第1035条和第1038条均明确了处理个人信息应遵循"知情—同意"原则。网络服务提供者在业务活动中处理用户个人信息,除需征得权利人许可外,还应遵循必要也即"最少、够用"原则,尽量少地进行收集、处理,并且不能将收集的信息作超出目的的利用。直播平台处理涉嫌主播违规的举报材料,通常只需对被举报的直播内容进行核实处理,无须核实举报人的身份信息,故直播平台将包含可识别举报人身份的材料转发给被举报人,不属于核实处理举报的必要举措。本案中,直播平台未经举报人同意将包含其个人信息的举报材料向被举报人公开,属于对举报人私密活动和个人信息的公开,侵害了余某的隐私权和个人信息权益。

(二)侵害举报人隐私、个人信息的法律后果

《民法典》对侵害隐私权与侵害个人信息的救济,存在以下区别:(1)救济方式不同。隐私权是自然人的一项具体人格权,权利人在受到侵害时可基于《民法典》第995条的规定行使人格权请求权,要求停止侵害、赔礼道歉等,并可以基于《民法典》侵权责任编的规定要求损害赔偿,包括精神损害赔偿。但对个

① 参见邢会强:《大数据交易背景下个人信息财产权的分配与实现机制》,载《法学评论》2019年第6期。

人信息的保护，是否可以适用人格权请求权的规定则存在争议，有观点认为，可以考虑通过目的性扩张的方式将《民法典》第995条的规则适用于个人信息的保护之中。[①] (2)是否需要证明损害不同。侵害隐私权并不要求受害人必须证明有损害的发生。如在非法跟踪、非法窥探的情况下，只要证明行为人实施了该行为，且没有法定免责事由，行为人就应当承担责任。但对于个人信息的侵害，通常认为受害人应当证明实际损害的发生。[②]

结合案情，广州某计算机科技有限公司泄露余某举报信息的行为侵害了余某的隐私权，根据《民法典》第120条、第179条的规定，余某要求广州某计算机科技有限公司书面赔礼道歉、赔偿损失合法合理。鉴于广州某计算机科技有限公司这一行为确实给余某带来一定精神损害，综合考量广州某计算机科技有限公司的过错程度、目的、方式和侵权后果等因素，酌情确定广州某计算机科技有限公司向余某赔偿精神损害抚慰金3000元。

三、强化网络平台举报人保护制度，共同营造清朗有序的网络空间

(一)与网络信息内容举报有关的制度

梳理网络信息内容管理规范可见，国务院网信办《网络信息内容生态治理规定》第20条规定："鼓励网络信息内容服务使用者积极参与网络信息内容生态治理，通过投诉、举报等方式对网上违法和不良信息进行监督，共同维护良好网络生态。"《网络安全法》第14条规定："任何个人和组织有权对危害网络安全的行为向网信、电信、公安等部门举报……有关部门应当对举报人的相关信息予以保密，保护举报人的合法权益。""12318全国文化市场举报平台"中的《举报须知》第8条也提出："为便于举报后续处理和核查，本平台鼓励进行实名举报，并将对举报人的个人信息严格保密。"只要公民采取合法手段向职能部门实名申诉，不管内容如何，都构成法律意义上的举报，举报者享有个人信息被保密的权利。然而，有关举报人的隐私、个人信息保护乃至举报核查处理程序与方式的具体规定仍有待完善。

(二)大数据时代网络平台应强化举报人保护制度

当前，大型网络平台的用户隐私政策已较为完善，以酷狗公司为例，《酷狗

① 王利明：《和而不同：隐私权与个人信息的规则界分和适用》，载《法学评论》2021年第2期。

② 王利明：《和而不同：隐私权与个人信息的规则界分和适用》，载《法学评论》2021年第2期。

用户账号规则》第3.4条约定："酷狗将与您一同致力于个人信息的保护，保护用户个人信息是酷狗的一项基本原则……在未征得您事先同意的情况下，酷狗将不会将隐私信息对外披露或向第三方提供。"但从引发纠纷的情况来看，互联网平台存在举报人隐私保护制度和举报核查处理流程管理缺陷，导致用户隐私政策无法真正落地落实。

当下互联网生态蓬勃发展，呈几何级增长的网民规模反作用于互联网自身，使网络信息的交互往来越来越纷繁多元。真假良莠信息亟待网络监管部门、网络服务提供者乃至网络服务使用者一同甄别，网络举报行为彰显"政府—公众"合作治理模式的要义，对凝聚以网治网合力，塑造良好的网络生态环境具有深远意义。对于互联网平台来说，保护举报人的隐私、个人信息免受泄露，既是其社会责任，也是其应尽的法律义务。因此，应强化网络平台管理的主体责任，以技术匿名手段等举措不断健全举报处理和监管流程机制，做好举报信息保密、举报人安全保障与举报人紧急安全保护等工作。

本案的典型意义在于，通过依法认定直播平台泄露举报人信息属于对举报人的隐私权和个人信息权益的侵害，判令其承担侵权责任，以此提示互联网平台处理投诉举报时，应严格遵守关于隐私及个人信息保护的规定，并期望通过个案的示范作用，督促互联网平台规范经营模式，强化保护用户隐私和个人信息的意识，建立合法、正当、必要、诚信处理个人信息的行业规则。

| 相关规定 |

《民法典》

第111条："自然人的个人信息受法律保护。任何组织或者个人需要获取他人个人信息的，应当依法取得并确保信息安全，不得非法收集、使用、加工、传输他人个人信息，不得非法买卖、提供或者公开他人个人信息。"

第990条："人格权是民事主体享有的生命权、身体权、健康权、姓名权、名称权、肖像权、名誉权、荣誉权、隐私权等权利。

除前款规定的人格权外，自然人享有基于人身自由、人格尊严产生的其他人格权益。"

第995条："人格权受到侵害的，受害人有权依照本法和其他法律的规定请求行为人承担民事责任。受害人的停止侵害、排除妨碍、消除危险、消除影响、恢复名誉、赔礼道歉请求权，不适用诉讼时效的规定。”

第 1032 条：“自然人享有隐私权。任何组织或者个人不得以刺探、侵扰、泄露、公开等方式侵害他人的隐私权。

隐私是自然人的私人生活安宁和不愿为他人知晓的私密空间、私密活动、私密信息。”

第 1034 条：“自然人的个人信息受法律保护。

个人信息是以电子或者其他方式记录的能够单独或者与其他信息结合识别特定自然人的各种信息，包括自然人的姓名、出生日期、身份证件号码、生物识别信息、住址、电话号码、电子邮箱、健康信息、行踪信息等。

个人信息中的私密信息，适用有关隐私权的规定；没有规定的，适用有关个人信息保护的规定。”

第 1035 条：“处理个人信息的，应当遵循合法、正当、必要原则，不得过度处理，并符合下列条件：

（一）征得该自然人或者其监护人同意，但是法律、行政法规另有规定的除外；

（二）公开处理信息的规则；

（三）明示处理信息的目的、方式和范围；

（四）不违反法律、行政法规的规定和双方的约定。

个人信息的处理包括个人信息的收集、存储、使用、加工、传输、提供、公开等。”

第 1038 条：“信息处理者不得泄露或者篡改其收集、存储的个人信息；未经自然人同意，不得向他人非法提供其个人信息，但是经过加工无法识别特定个人且不能复原的除外。

信息处理者应当采取技术措施和其他必要措施，确保其收集、存储的个人信息安全，防止信息泄露、篡改、丢失；发生或者可能发生个人信息泄露、篡改、丢失的，应当及时采取补救措施，按照规定告知自然人并向有关主管部门报告。”

案例 3

搜索引擎服务商提供竞价排名服务时应承担搜索关键词设置的实质审查责任

——国某律师事务所与广某律师事务所、北京某科技有限公司等网络侵权责任纠纷案①

冯立斌　刘文添　李　佳

| 裁判要旨 |

企业利用竞争对手名称设置搜索关键词进行商业推广构成侵害他人名称权。搜索引擎服务商提供竞价排名服务时,应当对客户设置的搜索关键词进行实质审核,不能援引避风港“通知—删除”规则来免除侵权责任。

| 基本案情 |

广某律师事务所购买了北京某科技有限公司运营、中山市某网络科技有限公司代理的搜索引擎广告服务,可自行选择和提交搜索关键词进行企业推广。国某律师事务所在该搜索引擎上搜索关键词“国某律师事务所”时发现,搜索结果页面前两条词条网址均指向广某律师事务所官网,且词条前缀为“国某律师事务所”。上述网址跳转后,页面内容主要为广某律师事务所的相关介绍,并留有联络方式,用户可在页面进行在线咨询。与之相比,国某律师事务所的官网词条却较为靠后。国某律师事务所认为,广某律师事务所擅自将国某律师事务所的名称设置为搜索关键词进行网络营销,企图引流客户,已侵犯其名称权。北京某科技有限公司作为广告发布者、中山市某网络科技有限公司作为广告运营者明知上述行为构成侵权仍施以帮助,应承担连带责任。遂诉至法院,要求广某律师事务所、北京某科技有限公司、中山市某网络科技有限公司承担侵权责任。

---

① 广州互联网法院民事判决书,(2021)粤0192民初8510号。

| 裁判思路 |

竞价排名作为一种新兴的商业模式,能够根据客户的需求对特定搜索关键词链接的网站进行人工排序,使该网站尽可能地展示在页面前列,从而实现客户引流。部分企业为牟取不当利益,可能会使用他人商标、字号、企业名称等作为搜索关键词实施竞价排名,企图通过“搭便车”的方式来宣传自己,该行为严重损害了公平的市场交易秩序。

虽然竞价排名已在法律层面被明确为广告,[①]但关于竞价排名背后搜索引擎服务商的法律属性及其责任配置依旧存在较大争议。如搜索引擎服务商在提供竞价排名服务时是否属于广告发布者?其应否承担搜索关键词的审查责任以及相关侵权责任?上述种种亦对司法实践产生一定影响。

本案在审理过程中,结合搜索引擎服务商的技术优势及其对侵权案件所起的作用等因素,认定其在提供竞价排名服务时具有广告发布者身份,敦促其加强对广告发布环节的控制能力,以更好实现立法追求的社会效果,平衡信息有效传递与服务行业有序发展。

一、搜索引擎服务商的法律属性认定

作为互联网时代特有的商业推广模式,竞价排名从搜索引擎服务衍生而来。相较于传统广告,其具有精准度高、收费灵活、宣传效果强等优势。但同时,虚假广告、虚假信息泛滥,亦成为悬在广大网民头顶的一朵乌云。由于搜索引擎服务商的法律属性尚待明确,致使其责任的承担亦存在不同观点。有观点认为,竞价排名服务属于商业广告,其服务提供者扮演着“广告发布者”的角色。[②] 但也有观点认为,搜索引擎服务商对广告内容的控制力明显较弱,应将其视为普通的网络信息服务提供者。[③]

《互联网广告管理暂行办法》(以下简称《暂行办法》)第 11 条[④]对互联网广

---

① 2016 年 9 月施行的《互联网广告管理暂行办法》(该暂行办法已被 2023 年公布并实施的《互联网广告管理办法》废止)第 3 条第 2 款规定,互联网广告包括“推销商品或者服务的付费搜索广告”。同时,2019 年 1 月施行的《电子商务法》第 40 条亦规定,对于竞价排名的商品或者服务,应当显著标明“广告”。上述规定均明确了“竞价排名”的广告属性。

② 宋亚辉:《竞价排名服务中的网络关键词审查义务研究》,载《法学家》2013 年第 4 期。

③ 陶乾:《论竞价排名服务提供者注意义务的边界》,载《法学杂志》2020 年第 5 期。

④ 《暂行办法》第 11 条规定:“为广告主或者广告经营者推送或者展示互联网广告,并能够核对广告内容、决定广告发布的自然人、法人或者其他组织,是互联网广告的发布者。”

告发布者进行了定义,其特征主要有:(1)具备发布广告的行为;(2)具备核对广告内容并决定广告发布的能力。我们认为,在法无明文规定的情况下,搜索引擎服务商的法律属性可参照上述标准来判定。

(一)搜索引擎服务商依托算法展示推广信息

广告发布者是指发布广告的主体。《暂行办法》将“发布”行为界定为“推送或展示”。竞价排名中,搜索引擎用户通过关键词可以大致了解客户的商品或者服务等相关推广信息。

虽然从形式上看,关键词的设置均依赖于推广客户的自主选择或提交,但推广信息在搜索结果页面的推送或展示效果均须依托于搜索引擎服务商预先构建的算法规则。若剔除算法技术的作用,检索页面所展示的将是自然排序的结果,无法实现特定信息的优先呈现。而推广客户之所以能够自主选择或提交搜索关键词,皆因搜索引擎服务商依照双方服务协议约定,在系统后台为推广客户账号开通了竞价排名权限。

此外,搜索结果页面的词条排序亦相当于传统广告中的一个个广告位,搜索引擎服务商根据排名和关键词收取不同的费用后,将推广客户的产品和服务展示在搜索结果页面前列,以帮助其更好地实现引流。理论上讲,搜索引擎服务商对于呈现于自身界面的内容,能够概括性地决定其发布。从该角度而言,搜索引擎服务商的行为和传统广告发布者的行为并无本质区别。因此,搜索引擎服务商事实上具有广告的发布能力,其主要依托算法技术实现广告的推送或者展示。

(二)搜索引擎服务商对搜索信息具有控制力

相较于传统广告模式下广告内容的完整、全面呈现,竞价排名通常仅展示特定的关键词,并采用跳转链接技术将用户从检索结果界面导向广告主界面。搜索引擎服务商通常对该页面无管控权限,故部分观点据此认为,其服务提供者对广告内容的控制力远远弱于传统的广告发布者,其本质是信息检索技术服务,[①]并据此否定其服务提供者的广告主体地位。

但应当看到的是,在竞价排名中,虽然其服务提供者无法控制推广链接的

① 叶伟等:《关键词竞价排名服务提供者是否需要承担法律责任——评杭州盘古公司诉杭州盟控公司、百度公司侵害商标权纠纷案》,载《中国知识产权报》2013年11月20日,第9版。

网站的内容，且关键词亦由用户自行设置，但是它可以控制关键词的范围。比如，限制客户设置色情反动等违法犯罪内容。同时，当推广客户设置与自身毫不相关的关键词时，网络服务提供者具备识别同行词、竞品词的技术能力。服务商对搜索结果页面上的推广信息内容，事实上拥有比推广客户更高级别的控制权。

此外，推广客户虽然也可以对搜索关键词、标题描述、网址链接进行修改。但无论相关内容的发布和修改决定权掌握在谁手中，搜索引擎服务商通常是最先获知这一信息的人，信息获取上的优势决定了它将成为最佳的“私人监控者”，应主动担起广告发布者的审核责任。

最后，搜索引擎服务商对排名顺序的人工干预，使搜索结果排名发生变化，并利用用户的惯性思维得到更高的曝光量和点击量，亦是其对广告内容控制力的体现。

因此，网络服务提供者在制作和发布进行竞价排名的关键词广告过程中，具备履行广告发布者实质审查义务的能力，包括审查付费客户是否具有相应的商标权、字号、域名等权益，并审核、保留客户的真实身份信息等。[①]

（三）广告发布者符合消费者对搜索引擎服务商的身份认知

有调查表明，对于中国消费者而言，广告是消费者获悉品牌的最广泛渠道。[②] 因此，向消费者传达真实有效信息而避免误导，是法律调整广告发布的重要目标。实践中，特定广告是否会误导消费者，首先与广告呈现方式和内容给消费者造成的整体印象相关。

在竞价排名中，消费者在广告活动中首先接触和互动的是搜索引擎服务商搭建的搜索引擎网站。用户基于信任与惯性思维，也会普遍认为搜索引擎显示页面越靠前的网站，越符合自己的需求，越值得信赖。

竞价排名广告的最终受众仍为广大网民群体，该群体往往是信息不对称的地位，有时难以分辨山寨网站、木马网站等。鉴此，将搜索引擎服务商认定为广告发布者，并赋予其广告发布者的责任，能对消费者信赖利益给予一定的保护。同时，这也是督促搜索引擎服务商利用自身技术优势进行广告内容的风险把控

---

① 徐卓斌：《〈电子商务法〉对知识产权法的影响》，载《知识产权》2019 年第 3 期。

② 王海忠：《中国消费者品牌知识结构图及其营销管理内涵》，载《财经问题研究》2006 年第 12 期。

的路径，其结合企业的信誉度、人气指数、关联匹配度等因素进行综合排名，使竞价排名广告在良好的市场环境秩序下运行。

虽然此种路径客观上需要较高的成本，但从长远来看，互联网产业的发展不应以虚假广告的维系为代价，片面强调自身发展。消费者作为相对弱势一方，其权益的保护与平台管控虚假广告方面的诉求具有一致性。平台应努力将广告活动的负外部性内部化，而非以技术中立或产业发展为由置消费者保护于不顾。①

二、搜索引擎服务商对搜索关键词设置的审查义务

基于前文的论述，应将搜索引擎服务商认定为广告发布者。但互联网广告毕竟具有区别于传统广告的特点，如果将两者按统一标准和要求依照《广告法》的规定承担审核义务，则容易产生错位，在广告内容审核方面亦是如此。②

笔者认为，合理界定审查义务的范围对规范竞价排名的种种乱象具有重要意义，能够从源头上控制虚假不实广告的问题，在最大限度减少竞价排名的负外部性。同时，还可降低对竞价排名行业发展的影响。从效益最大化以及利益平衡的角度来看，在竞价排名中，其服务提供商对搜索关键词的审查义务应集中在以下几方面。

（一）搜索关键词的一般性审查

标题、信息描述和链接网址是竞价排名呈现在搜索结果页面的三个重要组成要素。一般性审查依据的是表面合理性标准，搜索引擎服务商在为推广客户提供竞价服务时，首先应对客户的基本资质情况进行审核，即查验核对其身份证明，避免为存在虚假资质、执照被吊销或注销的广告主发布广告。其次，须针对关键词本身进行审查，关键词不得涉黄、赌、毒等违法信息。最后，须对关键词的关联性进行审查，主要包括关键词链接所指向的网页内容与推广客户是否存在关联、关键词与落地页的产品或服务内容是否存在关联。如出现内容不符的情况，搜索引擎服务商有义务提示推广客户进行修改或拒绝为其提供服务，以保障推广信息的真实性，以防止出现本案被告广某所“搭便车”的情况等。

---

① 王玉凯：《互联网广告发布者的认定标准与责任配置——兼评〈互联网广告管理暂行办法〉相关规定》，载《网络法律评论》2016 年第 1 期。

② 刘双舟、赵玉瑾：《互联网信息服务提供者的广告审查义务探析》，载《中国市场监管研究》2018 年第 4 期。

（二）搜索关键词的特殊性审查

特殊性审查主要针对于禁止性行业、限制性行业内容。如医疗广告，广告主除具备基本营业执照外，还需根据相关规定取得医疗机构执业许可证书以及获得省级卫生行政部门批准的医疗广告审查证明。[①] 此外，如涉及处方药、烟草等商品，虽然该类产品可以生产销售，但由于其特殊性质，为避免消费者滥用或为消费者健康考虑等，均不宜通过审查进行发布。该类审查主要集中在《广告法》《暂行办法》的禁止性规范中，搜索引擎服务商通常可依托技术优势，进行智能筛查，不会过分提高其经营成本。

（三）服务商审查义务的限制

由于搜索引擎服务商通常只能对搜索关键词加以管控，对于关键词链接所指向的落地页往往鞭长莫及。为合理平衡服务商的审查义务，以更好地平衡其技术优势与社会责任，应对其审查义务作如下限制：一是针对多次跳转的落地页，搜索引擎服务商仅需核对首次跳转开始页面，无须对二次跳转页面承担审核责任；二是广告主自行修改广告落地页内容如，搜索引擎服务商在不知且非应知的情况下无须承担审查责任，但其在首次审查时应保存落地页的网页快照。

三、搜索引擎提供者在竞价排名关键词设置不当中的责任承担

（一）搜索引擎提供者对“避风港”原则之不适用

尽管如前所述，竞价排名的搜索引擎服务具备广告属性，近年来实践中对此也逐渐达成共识。但是，相关纠纷中搜索引擎服务商还是会以其收到通知后采取了必要措施为由进行抗辩，请求免于承担侵权责任。从促进行业发展的角度出发，搜索引擎服务商兼具网络服务提供者的属性，要求其承担过于严格的合理注意义务，可能会导致运营和风险防控成本过大。但在某些场景下，其知道或者有理由知道客户的关键词设置构成侵权，则不能适用避风港原则免责。首先，在前述的一般性审查或特殊性审查中，搜索引擎服务商掌握了关键词信息，也有能力要求客户提供权属信息，且具备审查的技术能力，承担一定的合理注意义务并不会增加企业成本或阻碍产业发展。其次，当前的竞价排名通常是搜索引擎服务商向客户提供账号，由客户设置关键词以及排序的需求。但在搜

① 周辉主编：《中国网络广告发展与法治研究》，中国社会科学出版社 2019 年版，第 51 页。

索推广中,服务商以广告的形式对链接进行排序,其对于关键词的合法性,理应比一般网络服务提供者的注意义务更高。最后,如果关键词设置明显属于侵权,如竞品词、知名品牌或者设置人反复侵权,权利人已经多次提出投诉,此时还是停留在要求服务商负有"通知—删除"义务,将加重权利人的维权成本,不符合避风港原则的精神。

(二)搜索引擎提供者的侵权责任承担

名称权是法人和非法人组织享有的一种人格权,既用以确定和代表自身,又用于区别于他人的符号和标记。名称权兼具财产属性和人格属性。法律对于名称权的保护提供了多维度路径,除民法上的名称权保护外,在反不正当竞争法中亦规定,擅自使用他人有一定影响的企业名称(包括简称、字号等)、社会组织名称(包括简称等)、姓名(包括笔名、艺名、译名等),属于引人误认为是他人商品或者与他人存在特定联系的混淆行为。此外,如法人将其名称注册成商标,还可能涉嫌知识产权侵权。对于竞价排名关键词设置是否构成侵害名称权,司法实践中,通常以公众视角判断行为人使用的名称与权利人的名称是否有直接关联。如果以公众视角认为具有直接关联,则行为人构成对名称权的侵害。[①] 最高人民法院《关于审理商标授权确权行政案件若干问题的规定》在确定自然人姓名权侵权标准时,也认为只要容易引发公众认为系经过该许可或者存在特定联系的,即可构成侵权。

在广州互联网法院审理的上述案件中,广某律师事务所自行设置"国某律师事务所"为关键词,其擅自利用他人名称进行商业宣传和招揽业务,构成名称权侵权。北京某科技有限公司在提供竞价排名的关键词广告服务中心,提供了同行词、竞品词的分类关键词供广某律师事务所使用,又未对广某律师事务所将竞争对手的名称设置为关键词进行技术审查,或者说其对广某律师事务所不当设置关键词进行竞价排名广告推广实施了消极审查,构成帮助侵权,应当承担连带责任。

值得注意的是,互联网信息技术的快速发展不断催生出新的商业形态,但法律总不免滞后于社会的发展。资本的逐利性,会推动企业在利用新技术的过程中追求利益的最大化,进而忽视其本应承担的社会责任。但无论如何,技术

---

① 参见江西省赣州市章贡区人民法院民事判决书,(2003)章民一(3)初字第1125号。

的进步与商业模式的创新发展，都不应以牺牲社会的整体利益为代价。对竞价排名的规范，仍应以诚实信用的广告内容和对消费者信赖的有效保护为基本导向，以构筑健康的品牌经济和行业竞争秩序为目标，这也是每一个网络服务提供者应当肩负的职责使命。

| 相关规定 |

《民法典》

第 1168 条："二人以上共同实施侵权行为，造成他人损害的，应当承担连带责任。"

案例 4

网络差评的边界及网络服务提供者的责任判定

——广州某月子家政服务有限公司诉李某、上海某信息咨询有限公司名誉权纠纷案①

曹 钰 袁 玥

| 裁判要旨 |

网络差评应以"不虚构事实、不恶意诋毁"为底线，经营者亦应允许消费者对其服务本身进行批评、评论。

如差评评论不存在虚构事实、恶意诋毁等情形，网络服务提供者未应经营者要求删除评论，不能认定构成侵权。

| 基本案情 |

张某、李某等在接受广州某月子家政服务公司提供的月子服务后，先后在上海某信息咨询有限公司经营的点评网对家政公司经营的"月子会所"发表差评，指责月子中心空间小、管理不规范、月子餐有偷工减料嫌疑等。家政公司认

① 广州互联网法院民事判决书，(2019)粤 0192 民初 1411 号。

为，李某等发布的差评属于诽谤，侵犯了家政公司的名誉权，并导致其他网络用户表示不会选择该月子会所为其提供服务，遂起诉要求张某、李某和点评平台承担侵权责任。

｜ 裁判思路 ｜

本案是消费者在消费服务后，于点评平台上就接受的服务给予差评引发的名誉权纠纷。目前，我国存在多家旨在为网络用户提供餐饮、住宿、交通等各类生活信息服务的互联网平台企业，消费者基于对这些互联网平台企业经营网站所提供信息真实性的信赖，往往在选择具体的服务商家前，会通过在网站上定向搜索或广泛浏览的方式获取商家相关信息，并以此作为决策的重要依据。因此，作为向消费者提供商品或服务的经营者，尤其重视消费者对其商品或服务作出的“差评”。虽然消费者作为网络用户对于商品质量和服务进行批评、评论，是消费者的法定权利，但表达自由不是绝对的，应以不违反法律、不侵害其他个体的合法权益以及公共利益为限。以现代通信技术为基础的网络能够实现瞬间的全球即时通信，这种便捷性与传播的广泛性使得网络侵权信息传播速度更快、损害后果更大。网络用户在网络平台上发表“差评”的边界在哪、互联网信息服务提供者对网民通过其网站发表的信息和评论审核到什么程度，均是审判实践中的疑难问题。

一、网络差评应以“不虚构事实、不恶意诋毁”为底线，经营者亦应允许消费者对其服务本身进行批评，并予以必要的容忍

最高人民法院《关于审理名誉权案件若干问题的解释》[①]第 9 条规定，消费者对生产者、经营者、销售者的产品质量或者服务质量进行批评、评论，不应当认定为侵害他人名誉权。但借机诽谤、诋毁，损害其名誉的，应当认定为侵害名誉权。消费者作为网络用户对于商品质量和服务进行批评、评论，是消费者的法定权利，只有消费者借机进行诽谤、诋毁并实际损害他人名誉方可认定为侵害名誉权。是否构成诽谤、诋毁，需根据用户是否恶意差评、评论内容是否属实、是否使用侮辱性言辞等予以判断。本案中，消费者李某、张某实际享受了

① 该司法解释已于 2020 年被最高人民法院《关于废止部分司法解释及相关规范性文件的决定》废止。

"月子"服务,与经营者家政公司不存在行业竞争关系,进行恶意差评的可能性较小。李某、张某在点评网给予差评的同时上传了若干服务图片予以佐证,且评论内容主要系描述李某、张某的主观感受,未使用明显的侮辱性用语。家政公司虽主张李某、张某虚构事实,但并未就其提供服务的实际情况进行举证,以推翻或反驳李某、张某的评论内容。因此,法院认为,李某、张某发布差评的行为未侵害家政公司名誉权。

实践中,存在不少经营者以其网络排名降低为由,主张消费者发布的差评构成对其名誉权的侵害。对此,《民法典》第 1024 条第 2 款规定:"名誉是对民事主体的品德、声望、才能、信用等的社会评价。"相关网站评分高低不等同于社会评价的高低,经营者应理性看待网络排名。店铺排名并非固定不变,即使店铺排名因案涉差评导致降低,也属正常经营风险,而非社会评价降低的损害后果。经营者如果认为消费者在网络上恶意差评,应及时采取时间戳、截屏、公证等手段保全证据,同时注意收集、保存提供商品或服务具体情况的有效证据,以证明该差评与事实不符并造成经营者社会评价降低、经济损失等损害后果。

二、如差评评论不存在虚构事实、恶意诋毁等情形,网络服务提供者未应经营者要求删除评论,不能认定构成侵权

《民法典》第 1194 条规定:"网络用户、网络服务提供者利用网络侵害他人民事权益的,应当承担侵权责任。法律另有规定的,依照其规定。"该法第 1195 条规定:"网络用户利用网络服务实施侵权行为的,权利人有权通知网络服务提供者采取删除、屏蔽、断开链接等必要措施。通知应当包括构成侵权的初步证据及权利人的真实身份信息。网络服务提供者接到通知后,应当及时将该通知转送相关网络用户,并根据构成侵权的初步证据和服务类型采取必要措施;未及时采取必要措施的,对损害的扩大部分与该网络用户承担连带责任。权利人因错误通知造成网络用户或者网络服务提供者损害的,应当承担侵权责任。法律另有规定的,依照其规定。"本案中,网络服务提供者经营点评网,属于为注册用户提供对商户产品及服务进行评价网络平台的网络服务提供者。根据前述规定,网络用户利用网络服务实施侵权行为是网络服务提供者承担责任的前提条件。因涉案评论无法被认定为侵权,故点评平台未应家政公司要求删除涉案差评不违反法律规定,不构成侵权。

《民法典》第 1194 条、第 1195 条既明确了网络服务提供者的责任界限,又为权利人提供了快速获得救济的路径。实践中,大多数网络服务提供者并未直接参与侵权活动,如未直接发布侵权评论、未直接销售假货等。因此,网络服务提供者的侵权行为主要体现在接到权利人通知后未及时采取必要措施防止损害扩大,以及知道网络用户利用其网络服务侵害他人民事权益而未采取必要措施,这里"知道"还包括"应当知道"。最高人民法院《关于审理利用信息网络侵害人身权益民事纠纷案件适用法律若干问题的规定》(2020 年修正)对于网络服务提供者采取必要措施是否及时提供了判断标准,即根据网络服务的类型和性质、有效通知的形式和准确程度、网络信息侵害权益的类型和程度等因素综合判断。比如,网络用户发布丑化他人肖像的信息,肖像权人要求网络服务提供者删除该侵权信息。网络服务提供者对被举报的信息内容侵害权利人肖像权应该比较容易判断,此时,如网络服务提供者收到通知后 1 个月仍未处理该侵权信息,则可能属于"未及时"采取必要措施的情形,将与直接发布侵权信息的该网络用户承担共同侵权的责任。再如,网络用户发布的信息内容没有使用明显侮辱、贬损性言辞,但相关陈述涉及与他人交往的细节,如被提及的网络用户以细节描述失实为由,认为其名誉权受到侵害,进而要求网络服务提供者对被举报的信息采取删除、屏蔽等措施,此时网络服务提供者可能难以判定该信息是否侵权,在此前提下,如网络服务提供者未对该信息采取删除、屏蔽等措施,则不宜认定为"未及时"采取必要措施的情形。司法解释还列举了网络服务提供者"知道或应当知道"侵权的考量因素,具体为:"(一)网络服务提供者是否以人工或者自动方式对侵权网络信息以推荐、排名、选择、编辑、整理、修改等方式作出处理;(二)网络服务提供者应当具备的管理信息的能力,以及所提供服务的性质、方式及其引发侵权的可能性大小;(三)该网络信息侵害人身权益的类型及明显程度;(四)该网络信息的社会影响程度或者一定时间内的浏览量;(五)网络服务提供者采取预防侵权措施的技术可能性及其是否采取了相应的合理措施;(六)网络服务提供者是否针对同一网络用户的重复侵权行为或者同一侵权信息采取了相应的合理措施;(七)与本案相关的其他因素。"

在网络侵害他人人身权益纠纷案件中,除网络用户外,作为被告的大多为微博平台、抖音平台、哔哩哔哩平台等以提供互联网信息发布为主的网络服务提供者,在对可能涉及侵权的信息进行审查时,我们认为可以重点考虑以下几个方面:(1)网络用户发布的评论本身是否包含侮辱性词汇。如评论内容涉及粗言秽语、人身攻击等明显不文明用语或图片,网络服务提供者接到通知后,可要求网络用户重新编辑,或对相关词汇、图片进行敏感处理后再行发布。(2)在相关网页显著位置公示投诉渠道,明确通知删除的流程、所需材料等。只要权利人的通知满足网络服务提供者公示的通知方式和法定必要内容,网络服务提供者就应当采取必要措施,包括反通知、删除评论、屏蔽、断开链接等。(3)落实网络实名制,定期对平台内用户的身份信息进行核验,加强对异常账号排查的技术措施等。

| 相关规定 |

《民法典》

第1024条:"民事主体享有名誉权。任何组织或者个人不得以侮辱、诽谤等方式侵害他人的名誉权。

名誉是对民事主体的品德、声望、才能、信用等的社会评价。"

最高人民法院《关于审理利用信息网络侵害人身权益民事纠纷案件适用法律若干问题的规定》(2020年修正)

第4条:"人民法院适用民法典第一千一百九十五条第二款的规定,认定网络服务提供者采取的删除、屏蔽、断开链接等必要措施是否及时,应当根据网络服务的类型和性质、有效通知的形式和准确程度、网络信息侵害权益的类型和程度等因素综合判断。"

第6条:"人民法院依据民法典第一千一百九十七条认定网络服务提供者是否'知道或者应当知道',应当综合考虑下列因素:

(一)网络服务提供者是否以人工或者自动方式对侵权网络信息以推荐、排名、选择、编辑、整理、修改等方式作出处理;

(二)网络服务提供者应当具备的管理信息的能力,以及所提供服务的性质、方式及其引发侵权的可能性大小;

(三)该网络信息侵害人身权益的类型及明显程度;

(四)该网络信息的社会影响程度或者一定时间内的浏览量;

(五)网络服务提供者采取预防侵权措施的技术可能性及其是否采取了相应的合理措施;

(六)网络服务提供者是否针对同一网络用户的重复侵权行为或者同一侵

权信息采取了相应的合理措施；

（七）与本案相关的其他因素。”

案例5

网络侵权环境下人格权侵害禁令的审查标准

——刘某诉广州某进出口有限公司、张某等网络侵权责任案[①]

袁玥　方圆

裁判要旨

网络侵权环境下，对人格权侵害禁令的审查，应结合涉网人格权纠纷的特殊性，着重考量违法可能性、作出禁令的必要性、紧迫性和利益平衡等。基于经济、高效解决纠纷的考虑，权利人应先行通知网络服务提供者采取必要措施，不宜直接向法院申请禁令。

基本案情

广州某进出口公司在其注册的微信公众号、张某在其实际控制使用的微信个人账号中持续大量发布宣传某植物饮料产品的文章、图片和视频。该产品瓶身、外包装均印有知名演员刘某的肖像照，配文“助力某品牌电视剧演员刘某”以及手写艺术签名“刘某”。

2021年4月，刘某以广州某进出口公司、张某通过互联网侵害其姓名权、肖像权为由向法院提起诉讼，请求判决二被告承担停止侵害、赔礼道歉、赔偿损失等民事责任。

6月，刘某向法院提出人格权侵害禁令申请，法院告知刘某先行通知网络服务提供者采取删除、屏蔽、断开链接等必要措施。

7月，刘某再次向法院提出人格权侵害禁令申请：（1）责令广州某进出口公司立即停止印制案涉包装并停止销售案涉产品；（2）责令广州某进出口公司立

① 广州互联网法院民事裁定书，（2021）粤0192民初10232号之二。

即停止在微信公众号发布新的侵犯刘某姓名权、肖像权的案涉文章;(3)责令张某停止在微信个人账号朋友圈继续发布新的侵犯刘某姓名权、肖像权的案涉内容。

广州互联网法院组织双方进行了询问,法院审查后作出裁定:“一、被申请人广州某进出口公司于收到本裁定之日起,立即停止在案涉微信公众号中发布含有申请人刘某姓名、肖像的内容;二、被申请人张某于收到裁定之日起,立即停止在案涉微信个人账号朋友圈发布含有申请人刘某姓名、肖像的内容;三、驳回申请人刘某的其他申请事项。上述第一、二项裁定事项效力维持至申请人刘某与被申请人广州某进出口公司、张某网络侵权责任纠纷案裁判发生法律效力时止。本裁定立即开始执行。如不服本裁定,可以自收到裁定书之日起五日内向本院申请复议一次。复议期间不影响裁定的执行。”

| 裁判思路 |

《民法典》规定了人格权侵害禁令制度,旨在预防损害发生或扩大,为民事主体提供及时救济。本案系广州互联网法院作出的首个人格权侵害禁令。

关于人格权侵害禁令审查标准。案涉侵权行为发生于互联网,基于网络侵权形态复杂多样,法院在审查当事人提出的人格权禁令申请时,主要考量了以下因素:

(一)申请主体是否适格

申请人主张被侵害的权益是否属于申请人依法享有的人格权。具体到本案,《民法典》第1012条规定:“自然人享有姓名权,有权依法决定、使用、变更或者许可他人使用自己的姓名,但是不得违背公序良俗。”第1018条第1款规定:“自然人享有肖像权,有权依法制作、使用、公开或者许可他人使用自己的肖像。”刘某作为自然人,根据上述法律规定,依法享有姓名权、肖像权,有权许可他人使用自己的姓名、肖像。同时,刘某系知名影视女演员,受大众喜爱,具有较高知名度和较大影响力,其姓名、肖像具有商业价值。

刘某在本院已受理的其与二被申请人网络侵权责任纠纷案中,诉称二被申请人生产销售的产品瓶身、外包装印有刘某全面部肖像照和手写“刘某”字样签名,相关肖像照、手写签名在案涉微信公众号、微信个人账号发布的图文、视频中大量使用,其行为侵犯刘某姓名权、肖像权。二被申请人对使用刘某姓名、肖像的事实无异议。因此,申请人刘某是案涉姓名权、肖像权的权利主体。

(二)违法可能性

《民法典》第997条规定:"民事主体有证据证明行为人正在实施或者即将实施侵害其人格权的违法行为,不及时制止将使其合法权益受到难以弥补的损害的,有权依法向人民法院申请采取责令行为人停止有关行为的措施。"从条文的表述不难看出,人格权侵害禁令的审查考量的是行为的违法性,而无须考量胜诉可能性。

第一,从人格权请求权的内容来看。《民法典》第995条规定:"人格权受到侵害的,受害人有权依照本法和其他法律的规定请求行为人承担民事责任。受害人的停止侵害、排除妨碍、消除危险、消除影响、恢复名誉、赔礼道歉请求权,不适用诉讼时效的规定。"由此可见,人格权遭受侵害,无论损害实际发生,还是确定即将要发生,只要有损害,权利人就可以寻求救济,如要求行为人停止侵害(删除违法内容)、赔礼道歉等,这些民事责任的承担,不以行为人有过错为前提。如果权利人的诉讼请求同时包括赔偿损失(如财产损失、精神损害赔偿等),则行为人是否应赔偿受害人损失,适用一般侵权的归责原则,要求行为人对损害的发生有过错。此时,如果行为人对财产损害无过错,则无须承担赔偿损失的责任,则权利人无胜诉可能性,此种情况下,如果不给权利人予以人格权侵害禁令制度的救济,则可能使该制度的设计落空。人格权侵害禁令以作为绝对权的人格权请求权为基础,以恢复权利主体对人身自由、人格尊严的自我控制为目的,[①]其申请并不完全依附于诉讼判决程序。作为一项独立的救济机制,人格权侵害禁令的适用条件规定在民事实体法中,法院仅需对"正在实施或者即将实施侵害其人格权"进行审查,无须考虑胜诉可能性。

第二,从提起人格权侵害禁令的程序来看。人格权禁令有别于民事诉讼中的行为保全制度。需指出的是,本案作出禁令是比照行为保全的相关规定,而非直接适用行为保全的条文。根据《民法典》关于人格权侵害禁令的规定可知,该制度的设计主要是为了实现对人格权的高效保护,故人格权侵害禁令与诉讼程序并不存在必然的联系。权利人可就行为人侵害其人格权直接向法院申请颁发禁令,并不以后续提起诉讼为前提。人民法院经审查作出禁令后,只要被

① 参见吴英姿:《人格权禁令程序研究》,载《法律科学(西北政法大学学报)》2021年第2期。

申请人未提起诉讼解除该禁令,则禁令的效力具有永久性。如禁令是在诉讼过程中提出,则人民法院作出的禁令具有临时性,其效力至相关纠纷裁判发生法律效力时终止。

具体到本案,申请人提交的证据能够证明被申请人未取得许可,且继续在案涉微信账号中违法使用申请人姓名、肖像的可能性较大。

(三)作出禁令的紧迫性

"难以弥补的损害"需要结合具体的情形加以判断,特别是要正确理解其含义,并根据被侵害的人格权类型进行分层。在我国,人格权可分为有形人格权和无形人格权,前者以自然有形人格利益为标的,如生命、身体完整性和健康利益,后者以自然人的无形人格利益为标的,如名誉、隐私、姓名、肖像等利益。① 两者的差别在于,有形人格权具有物质性特点,是民法所保护的最高法益和不得克减的基本人权,②无形人格权具有精神性特点,权利边界相对模糊,对无形人格权的保护与相对人的行为自由之间存在天然的紧张关系,因此必须进行利益平衡。此外,随着市场经济的发展,无形人格权正在日渐财产化和进入商业领域,③从而呈现出财产性的特点。因此,"难以弥补的损害"的认定可从物质性、精神性和财产性三个层面进行区分。

就人格权的物质性损害而言,由于这一损害将威胁申请人的人身安全,只要申请人能够证明被申请人的行为正在或即将造成人身伤亡的后果,就应当被认定为"难以弥补的损害"。

就人格权的精神性损害而言,精神性损害体现为申请人的内心痛苦,可以通过消除影响、恢复名誉、赔礼道歉等方式进行抚慰,但这种事后救济的方式很难实现完全弥补的效果。因此,一般可被认定为"难以弥补的损害"。例外情形是,倘若被申请人不实施相应行为将造成自身人格权损害的后果,则需权衡发布禁令是否会造成申请人与被申请人之间的利益失衡,即发布禁令的目的是最大限度避免"难以弥补的损害"的发生,而非通过限制被申请人的行为自由造成新的"难以弥补的损害"。

---

① 参见张民安:《无形人格侵权责任研究》,北京大学出版社 2012 年版,第 9 页。

② 参见王利明、程啸:《民法典释评:人格权编》,中国人民大学出版社 2020 年版,第 24 页。

③ 参见王利明、程啸:《民法典释评:人格权编》,中国人民大学出版社 2020 年版,第 30 页。

就无形人格权的财产性损害而言,凡是良好的人格形象在一定范围的人群内产生了信任价值,这一信任价值就有可能为当事人带来商事利益,对信任价值的破坏将可能带来财产性损害。这一情形通常发生在公众人物通过公开其姓名、肖像等无形人格权换取经济利益的情况下,由此产生了公开权理论,公开权指他人对其姓名、肖像、活动或者身份所具有的商事价值的拥有权、保护权和获得利益权。[①] 但并非公众人物专属,如商店经营者通过诚信经营积累的顾客信任可能带来更好的销售业绩,而对经营者售卖假货的名誉诋毁则可能造成销售业绩下降的经济损失。有观点认为,财产性的无形人格权通过财产损害赔偿就完全可以实现使被侵权人处于倘若侵权行为没有发生时其应处的状态,不存在难以弥补的损害。[②] 但这一观点并未考虑到损害可能难以计量的问题,以及被申请人的偿付能力问题。在互联网时代,信息的高速传播将可能导致受害人遭受不可估量的重大损害,且这种损失一旦扩大就难以被完全控制,侵权行为人也很难对损害进行完全赔偿。因此,在认定无形人格权的财产性损害时,应根据损害后果能否被计量以及被申请人是否拥有偿付能力来判断“难以弥补的损害”是否成立。

具体到本案中,申请人的损害既包含无形人格权的精神性损害,亦包含财产性损害。被申请人宣传的某产品具有“治疗痛经、月经不调”等功效,并利用申请人为该产品作推荐、证明。该行为将使申请人受困于随时可能发生的商业代言信任危机,如公众误认为申请人为该产品代言人,一旦产品出现问题,必然导致公众对申请人社会评价的降低,从而形成不利于申请人的社会舆论,给申请人带来巨大的内心痛苦。同时,申请人作为具有良好社会知名度的影视女演员,长期积累的良好形象将遭受不可逆转的损害,造成申请人代言同类产品的竞争力下降,直接影响到申请人的商业代言利益,被申请人很难对此进行完全赔偿。因此,认定本案被申请人的违法行为将导致申请人的合法权益受到“难以弥补的损害”。

本案中,如不及时制止被申请人的违法行为,将使申请人的名誉遭受不可逆转的损害,同时也进一步损害了申请人的商业代言利益,侵害申请人姓名权、

---

① 参见王利明、程啸:《民法典释评:人格权编》,中国人民大学出版社 2020 年版,第 22 页。

② 程啸:《论我国民法典中的人格权禁令制度》,载《比较法研究》2021 年第 3 期。

肖像权造成的影响范围、损害后果持续扩大。

(四)利益平衡

一是在当事人之间作出利益平衡,即禁令措施是否限于被申请人实施的案涉侵害申请人姓名权、肖像权的行为,作出禁令是否会限制被申请人的正常经营行为。二是作出禁令是否损害社会公共利益,如是否有利于保护消费者权益和维护市场竞争秩序等。

公共利益是民法典精神性人格利益保护与限制的一项核心考量要素。[①] 在《民法典》人格权编中,"公共利益"一词共出现 5 次,其中,第 999 条、第 1020 条、第 1025 条、第 1036 条将公共利益作为侵犯名誉权、肖像权和个人信息的免责事由。那么,公共利益作为侵权免责事由,能否成为阻却禁令的条件要求?

公共利益并非阻却禁令的条件要求。如上所述,人格权侵害禁令以作为绝对权请求权的人格权请求权为基础,人格权请求权的适用不以行为人构成侵权为条件,[②]其功能在于排除行为人的不法侵害行为,以恢复人格权的圆满状态。[③] 侵权免责事由则是对抗侵权责任成立的客观事实,其适用以构成侵权为前提。因此,公共利益作为侵权免责事由可阻却侵权责任的成立,却不能完全阻却人格权恢复权利控制的固有权能,亦非阻却禁令的条件要求。

但是,公共利益应纳入利益权衡的考量范畴,需要法院以谨慎态度做好利益权衡,以实现公共利益最大化为人格权保护的目标和限度。具体而言,可分为两种情况。

第一,当有证据证明被申请人的行为有利于公共利益时,原则上不应采取禁令措施,但该行为超出申请人容忍义务的除外。如在新闻报道和舆论监督的情形下,报道和监督行为若有利于维护社会正常有序运转、纠正社会治理偏差、满足人民群众知情权,[④]则应当对此予以倾斜性保护,原则上不采取禁止措施。但报道行为若超出了申请人容忍义务的范围,如事实明显错误、采用侮辱性语

① 刘文杰:《〈民法典〉在新闻侵权抗辩事由上的探索与创新》,载《新闻记者》2020 年第 9 期。

② 参见王泽鉴:《人格权法:法释义学、比较法、案例研究》,北京大学出版社 2013 年版,第 387 页。

③ 参见[德]卡尔·拉伦茨:《德国民法通论》(上册),谢怀栻等译,法律出版社 2004 年版,第 326 ~ 328 页。

④ 参见[德]卡尔·拉伦茨:《德国民法通论》(上册),谢怀栻等译,法律出版社 2004 年版,第 341 页。

言、公开与公共利益无关的个人信息等,则应禁止这部分侵害内容的传播,同时禁止的部分不应扩大至全部报道内容。

第二,当有证据证明不及时制止被申请人的行为将使公共利益受到难以弥补的损害的,应及时采取禁令措施。如本案中,案涉产品系普通食品,却在广告中以虚构产品代言的形式宣称具有特定功效,实为利用申请人的影响力增加消费者对案涉产品质量、功效的信任,增加案涉产品在同类产品中的竞争力,进而影响消费者对案涉产品和同类产品的判断和选择。同时,该产品所标识的人群包括未成年人,将有可能对未成年人造成误导,进而影响未成年人的身心健康。因此,及时对被申请人的行为采取禁令措施,将有利于对消费者知情权、选择权的保障,亦有利于维护公平的市场竞争环境,实现公共利益的最大化。

(五)申请人是否已通知相关网络服务提供者采取必要措施

此为基于网络侵权的特别考量。通知网络服务提供者对侵权行为采取删除、屏蔽、断开链接等必要措施,是网络环境下申请人"私力救济"的有效手段。网络服务提供者作为平台经营者,掌握相关网络用户的身份信息,处理相关侵权内容具有时间上和技术上的优势。因此,与司法救济相比,采取上述"私力救济"方式,更有利于节约申请人的维权成本,提高维权效率。基于经济、高效解决纠纷的考虑,申请人在未采取上述方式维权前,不宜直接向法院申请禁令。

以效率性最优为价值出发点,应将"通知—删除"规则作为涉网人格权侵害禁令的前置程序,理由如下:

第一,就时效而言,"通知—删除"规则更为及时。网络侵权的一个非常重要的特点是,信息一旦发布,即向全世界传播,可以无数次地下载,损害的结果可以在瞬间蔓延,[①]因此越快阻断侵害行为就越有可能减少损失。参考知识产权保护的相关实践,"通知—删除"规则的一般期限为24小时,[②]而本案人格权侵害禁令的作出则经历了二十余天,"通知—删除"规则明显更为及时。

---

① 王利明:《〈民法典〉人格权编的立法亮点、特色与适用》,载《法律适用》2020年第17期。

② 如国家版权局于2015年发布《关于规范网盘服务版权秩序的通知》,其中第4条规定,在接到权利人通知、投诉后24小时内移除相关侵权作品,删除、断开相关侵权作品链接。再如,2018年阿里巴巴知识产权保护平台上在工作日中收到的移除请求里有96%是在24小时内得到了处理。See Rich R. B. & Ho. D., *Sound Policy and Practice in Applying Doctrines of Secondary Liability Under U. S. Copyright and Trademark Law to Online Trading Platforms: A Case Study*, Intellectual Property & Technology Law Journal, Vol:32:1, p. 3 – 13(2020).

第二,就成本而言,“通知—删除”规则成本更低。从当事人的角度,“通知—删除”规则仅需当事人向网络服务提供者发出通知并提供初步证据,人格权侵害禁令则需耗费一定的程序成本,包括证据搜集、费用支出、时间成本等。从法院的角度,人格权侵害禁令将可能使海量网络侵权纠纷涌向法院,使法官受困于大量法律关系简单的同类型禁令申请,甚至充当起互联网平台的信息审核员的角色。此外,法院在发出人格权侵害禁令之后,其执行仍需网络服务提供者协助,这就又回到了“通知—删除”规则中网络服务提供者所需承担的责任上,不仅延长了救济时限,还造成了司法资源的浪费。可见,“通知—删除”规则前置将有利于“司法资源耗费最小化,达到以最低诉讼成本取得最大法律效益”。①

对于“通知—删除”规则前置可能的担忧是,其限制了民事主体的选择自由。笔者认为,所谓的选择自由体现为对当事人程序权利的保障,但若对程序权利的保障损害了当事人的实体权利,造成了司法资源的浪费,则脱离了公平正义的内在要求。而“通知—删除”规则前置事实上也并未减损当事人的程序权利,“通知—删除”规则效果不彰的领域即人格权侵害禁令发挥作用的领域,在涉及疑难纠纷的处理和涉多平台、重复性侵权的处理方面,②人格权侵害禁令亦可发挥其专业性、全面性和权威性的优势,为人格权提供多层次的保护体系。如本案中,微信平台根据申请人的通知,已对案涉微信公众号的部分内容进行处理,但二被申请人在微信平台删除相关侵权内容后仍继续实施新的违法行为,在此情形下,申请人仅通过“通知—删除”规则难以有效阻止损害发生。且对于案涉微信个人账号发布的朋友圈内容,申请人尚不能通过投诉的方式要求网络服务提供者进行处理。因此,本院在申请人先行通知网络服务提供者采取必要措施后作出人格权侵害禁令,充分保护了申请人的人格权利。

(六)禁令事项一般不得超出诉讼请求范围

本案中,申请人关于责令广州某进出口公司立即停止印制案涉包装并停止销售案涉产品的申请事项,因超出申请人在其与二被申请人网络侵权责任纠纷

① 徐昕:《英国民事诉讼与民事司法改革》,中国政法大学出版社2002年版,第522页。

② 姚志伟、周立勤:《新规与旧制:论〈民法典〉中快速制止网络人格权侵权机制的调和》,载《西安交通大学学报(社会科学版)》2021年第6期。

中提出的诉讼请求范围，故不予支持。

| 相关规定 |

《民法典》

第 997 条："民事主体有证据证明行为人正在实施或者即将实施侵害其人格权的违法行为，不及时制止将使其合法权益受到难以弥补的损害的，有权依法向人民法院申请采取责令行为人停止有关行为的措施。"

案例 6

网络测评博主发表虚假测评信息应承担侵权责任

——某终端设备有限公司诉江某某网络侵权责任纠纷案[①]

朱晓瑾

| 裁判要旨 |

网络测评博主发表虚假测评信息，以侮辱、诽谤等方式侵害企业名誉权的，应承担法律责任。

| 基本案情 |

江某某是一名拥有超过 10 万粉丝的微博加"V"用户，用户名为"某某爱测评"，微博认证为"数码博主"。2021 年 2 月至 5 月，江某某在其微博上连续发布了一系列针对荣耀 V40、Play5t、畅玩 20 以及 x7 平板电脑多款产品的评价。例如，"××型号手机的屏幕……有颗粒感，不通透，不够清晰，如果是千元机，我觉得不能喷，但是 3999 元这个价位，我不建议买，除非人傻钱多"等。

某终端设备有限公司认为，江某某作为流量博主，其发布微博内容的目的更多在于吸引流量、增加粉丝，其针对原告公司及荣耀产品的评价，并非源于自身购买产品后的使用体验，不是一般的消费者评价行为。同时，江某某对他人

① 广州互联网法院民事判决书，(2021) 粤 0192 民初 15498 号。

发布的网络言论作出增加、删减等负面的实质性修改，诋毁被告公司，存在明显主观故意。江某某持续发布诋毁、诽谤某系列手机产品的内容，已严重侵犯了原告的名誉权，故诉至广州互联网法院，请求法院判令江某某立即删除案涉侵权内容、赔礼道歉并赔偿经济损失 100 万元及维权合理支出 76698 元。

江某某抗辩，案涉微博内容是对荣耀产品客观的褒贬评价，文中涉及的“圾皇”“垃圾”等部分内容是引用、转发自其他网络用户，且其并未通过案涉微博内容获利。

｜ 裁判思路 ｜

本案争议焦点在于江某某转发、原创的微博内容是否侵害了某终端设备有限公司的名誉权。

（一）对于转载的微博言论是否构成侵权

本案中，江某某是拥有粉丝量超过 10 万的微博加“V”用户，系微博活跃用户，且自称为“数码博主”，其在微博上发布的关于数码类产品信息，会引起粉丝或其他网络用户的关注。因此，某终端设备有限公司在微博发表言论应该承担比普通网络用户更高的注意义务，对引用的内容或转载的信息不但应有来源，而且应该有较为权威的来源。但是，江某某在发表相关微博言论时并未注明转载信息的来源，未标识“转发”字样等方式告知内容来源，且部分言论明显具侮辱性质。即便是转载的信息，亦应保持所转载信息的完整性，不歪曲、篡改所转载信息，产生误导公众的可能。江某某存在选择性引用文章中贬损的言论，并未完整把原文内容客观呈现的行为。

（二）关于原创微博言论是否构成侵权

微博言论具有简短、随意的特点，但微博用户在发表涉及他人名誉权的事实陈述或意见表达时，应遵循一定的客观事实或合理查证，合理评价，不能有任意夸大、歪曲或借机贬损、侮辱他人人格的恶意。首先，案涉原创微博内容并无客观依据。江某某作为一名“数码博主”，关于数码产品的微博言论均不是经过其本人对产品的测评或者体验而发表，也未合理查证。其次，案涉原创微博言论超过合理评价原则，系以贬损他人为目的进行的恶意评论，且江某某存在恶意拼接其他用户评论的行为。

综上所述，江某某转载、引用的微博言论未尽到应有的注意义务，且篡改原文，有意误导公众；原创的微博言论则缺乏事实依据，且以贬损他人为目的。因此，江某某主观上存在贬损某终端设备有限公司声誉的过错，客观上实施了侵权行为，结果上难免会造成某终端设备有限公司社会评价的降低，故法院认定江某某侵害了某终端设备有限公司的名誉权。

| 相关规定 |

《民法典》

第1025条："行为人为公共利益实施新闻报道、舆论监督等行为，影响他人名誉的，不承担民事责任，但是有下列情形之一的除外：

（一）捏造、歪曲事实；

（二）对他人提供的严重失实内容未尽到合理核实义务；

（三）使用侮辱性言辞等贬损他人名誉。"

案例7

侵害消费者个人信息权益的司法判定及责任承担

——谷某、杨某某诉深圳某文化公司网络侵权责任纠纷案①

袁 玥 李 楚

| 裁判要旨 |

消费者在经营者提供的包间内的活动具有私密性，经营者擅自公开包间内监控录像，构成对消费者隐私权的侵害，应当依法承担民事责任。

经营者因提供商品或服务获取的消费者个人微信账号属于个人信息，擅自公开消费者微信个人账号信息，构成对消费者个人信息权益的侵害，消费者请求经营者删除违法公开的个人信息并承担赔礼道歉、赔偿损失等民事责任，人民法院应依法予以支持。

① 广州互联网法院民事判决书，（2021）粤0192民初13940号。

｜ 基本案情 ｜

原告谷某、杨某诉称：深圳某文化公司因原告在点评网就其提供的剧本杀服务发布差评，遂在其微信公众账号中发表澄清声明，披露其与原告的微信群聊记录截图、游戏包厢监控视频录像片段、微信个人账号信息，还称“可向公众提供全程监控录像”。该行为侵害原告隐私权、名誉权和个人信息权益，故诉请判令深圳某文化公司停止侵害、向原告赔礼道歉、赔偿精神损害抚慰金。

深圳某文化公司辩称，其发布澄清声明是为了交代服务过程、还原真相，以减少“差评”带来的不利影响，属于合理使用原告个人信息。监控录像用于记录店铺经营活动，且对原告露脸处打了马赛克；呈现的微信头像、微信昵称、微信号等信息无法识别原告，不属于个人信息范畴，未侵害原告隐私权、个人信息权益，不应承担侵权责任。与此同时，深圳某文化公司认为谷某、杨某等发布差评系借机诽谤行为，故反诉请求判令谷某、杨某等承担侵权责任。

｜ 裁判思路 ｜

《个人信息保护法》施行前，《消费者权益保护法》《民法典》对侵害个人信息权益的民事责任承担方面均有规定。《个人信息保护法》对信息处理者的行为提出明确要求，亦对个人信息的权利类型予以规定。本案面临的首要问题即是各单行法如何衔接适用。

关于《个人信息保护法》属公法还是私法、该法与《民法典》关系问题存在争论。有观点认为，《个人信息保护法》保护个人信息上的人格权，属于民法特别法。[①] 亦有观点认为，不能将《个人信息保护法》视为民法特别法，只有违反《个人信息保护法》的行为造成权利人民事权益损害的，《民法典》才从民事责任追究方面进行衔接。[②] 还有观点认为，违反个人信息保护规则的行为未必侵害人格权，需要结合个案具体情形、对冲突利益进行衡量才能得出结论。[③]

---

① 参见王泽鉴：《人格权法：法释义学、比较法、案例研究》，北京大学出版社 2012 年版，第 215 页。

② 参见周汉华：《个人信息保护的法律定位》，载《法商研究》2020 年第 3 期。

③ 杨芳：《个人信息保护法保护客体之辨——兼论个人信息保护法和民法适用上之关系》，载《比较法研究》2017 年第 5 期。

一、《个人信息保护法》关于个人信息的内涵、处理个人信息的行为类型与《民法典》的有关规定构成特别法与一般法的关系

首先，对被公开的微信个人账号（部分打码处理）是否属于个人信息，相较于《民法典》第1034条，优先适用《个人信息保护法》第4条的规定。《民法典》采用“识别”标准，即要求个人信息必须具有识别性。相比之下，后者对个人信息的定义不仅保留了“信息→人”的识别性标准，还增加了“人→信息”的关联性标准，将信息内容本身可能不具有识别性、但已与特定自然人形成稳定关联的信息同样纳入个人信息范畴，更有利于本案原告的权益保护。

其次，对深圳某文化公司公开微信个人账号这一个人信息处理行为的合法性评价，相较于《民法典》第1035条规定，优先适用《个人信息保护法》第13条的规定。后者扩大了处理个人信息的合法性基础，将履约、法定职责等其他条件纳入合法基础范围，且保留了兜底性条款，打破了《网络安全法》确立的将同意作为收集使用个人信息的唯一合法性基础的局面，突出保护个人信息权益、规范个人信息处理活动、促进个人信息合理利用的三重实践意义，与《个人信息保护法》第1条的立法宗旨契合。

再次，对深圳某文化公司应如何承担侵权责任，综合考量《民法典》第1165条[①]、《个人信息保护法》第69条、《消费者权益保护法》第50条之间的关系与效用，最终适用后者，展示了个人信息保护领域特殊的“三重竞合”现象及分析方法。

最后，关于个人信息侵权责任的归责原则，《民法典》确立过错责任为一般归责原则，而《个人信息保护法》第69条第1款规定，“处理个人信息侵害个人信息权益造成损害，个人信息处理者不能证明自己没有过错的，应当承担损害赔偿等侵权责任”，应当采用过错推定原则。《民法典》第1165条第2款规定：“依照法律规定推定行为人有过错，其不能证明自己没有过错的，应当承担侵权责任。”《个人信息保护法》第69条第1款即构成此处的“依照法律规定”，可以适用《民法典》的过错推定原则。上述两个条款相结合，构成了完整的个人信息侵权责任归责原则。本案众原告作为消费者，可以借助《消费者权益保护法》的

① 《民法典》第1165条规定：“行为人因过错侵害他人民事权益造成损害的，应当承担侵权责任。依照法律规定推定行为人有过错，其不能证明自己没有过错的，应当承担侵权责任。”

特别法属性，解决经营者与消费者之间存在的固有诉讼地位、举证能力不对等的问题，彰显法律对经营者侵害消费者个人信息权益行为的教育与矫正，也更有利于凸显对消费者权益与个人信息权益的“双重保护”。

二、消费者在经营者提供的包间内的活动具有私密性，经营者擅自公开包间内监控录像，构成对消费者隐私权的侵害，应当依法承担民事责任

（一）个人信息保护与隐私权规则的衔接适用

经营者因提供服务所需而拍摄的监控录像，是对消费者游戏活动的信息化，录像中含有消费者生物识别信息，不仅属于个人信息，还包括敏感信息。经营者拍摄录像及公开等行为，显然也属于对个人信息的处理。但因前述行为可纳入隐私权规则范围，故优先适用隐私权相关规则，不再就前述行为是否侵害个人信息权益进行单独评价。

（二）对公共场所内的活动是否构成隐私进行界定

根据《民法典》第 1032 条规定，隐私是自然人的私人生活安宁和不愿为他人知晓的私密空间、私密活动、私密信息。公共场所也可能有部分场景带有个人私密属性，如何界定公民在公共场所的行为是否属于隐私，可以采用合理隐私期待标准，即当公民处在公共场所时是否享有对隐私权的合理期待。

客观方面，可从公共场所性质、个人行为性质和披露信息属性三个维度考虑。公共场所性质方面，若行为人处在人流量很大的公共场所如商场，应认定其隐私期待较低；如处在被他人注意可能性较低的公共场所，如有物理隔断的饭店、四周无人的小路，则可认定其隐私期待较高。个人行为性质方面，如行为人虽处于公共场所中，但在角落小声打电话，仍应认定其具有较高的隐私期待，反之，如明知处于公共场所仍高声谈论个人信息且没有其他防范措施，则可认定其隐私期待程度很低。披露信息属性方面，如行为人披露的信息从一般理性标准来看具有很强私密性或敏感性，应认定其具有一定隐私期待；如仅为大众认知中不会造成较大影响的普通信息，则应认定其隐私期待很低。

主观方面，可以从信息披露对象、信息披露范围、信息泄露风险三个维度考虑。信息披露对象和范围方面，如行为人与父母、配偶、子女等亲密性较强的对象透露相关信息，知悉范围较小且可以预见不会大范围传播，可以认定其隐私期待较高；如行为人在公共场所集体聚会中随意谈论个人信息，知悉范围较大且能够预见可能会被传播，应认定其隐私期待较低。信息泄露风险方面，如行为人明知其身处于公共场所监控可见区域内如繁华市区马路上、百货商场正中心,则其很难主张具有较高隐私期待;如处于无监控的餐厅包间,则可以认定其隐私期待较高。

具体到本案中,案涉监控录像拍摄于深圳某文化公司经营的剧本杀店铺包间内,通过物理隔离的方式独立于店铺公共区域;根据日常生活经验,消费者在房间内进行剧本杀游戏时,他人不得随意进出房间干扰游戏。房间内仅有谷某、杨某等6人和游戏主持人,其对在房间内的活动不为他人知晓具有合理预期。未有证据显示谷某、杨某等人曾被事先告知房间内安装了监控摄像头,其亦不愿意让不特定公众知晓其在包间内的活动。因此,虽然该空间系经营场所,属于公共场所,但谷某、杨某等人具有较高的合理隐私期待,其在该房间内的活动具有私密性。深圳某文化公司在未经谷某、杨某等人同意的情况下,截取部分监控视频,通过其注册使用的微信公众账号进行公开,属于法律规定的"公开他人私密活动"行为,构成对谷某、杨某等人隐私权的侵害。

三、经营者因提供商品或服务获取的消费者个人微信账号属于个人信息,擅自公开构成对其个人信息权益的侵害,消费者请求经营者删除违法公开的个人信息并承担赔礼道歉、赔偿损失等民事责任,法院应予支持

(一)《个人信息保护法》对个人信息的定义强调个人信息相对性,是否认定为个人信息应当从信息主体的角度出发,而非仅关注该信息本身

微信个人账号是否属于个人信息,是本案争议的焦点问题之一。经营者认为,被公开的微信个人账号信息已打码处理,公众并不知晓由谁使用,不能据此识别特定自然人,故不属于法律定义的自然人个人信息。消费者则主张能够通过微信个人账号"昵称""头像""性别""位置"等结合识别到消费者个人,显属个人信息。由此可见,《个人信息保护法》《民法典》虽然都对个人信息的定义予以明确,但表述有所区别,由此产生法律适用难题,需要通过司法裁判明确个人信息审查标准,使社会对个人信息的概念有较为清晰和准确的认识,以实现保护个人信息权益与促进个人信息合理利用的立法目的。

《个人信息保护法》规定:"个人信息是以电子或者其他方式记录的与已识别或者可识别的自然人有关的各种信息,不包括匿名化处理后的信息。"《民法典》规定:"个人信息是以电子或者其他方式记录的能够单独或者与其他信息结合识别特定自然人的各种信息,包括自然人的姓名、出生日期、身份证件号码、生物识别信息、住址、电话号码、电子邮箱、健康信息、行踪信息等。”可见,《个人信息保护法》在定义个人信息时更强调个人信息相对性,认定关键在于个人信息处理者是否知晓该信息即是某一特定自然人的信息,而不论该信息本身是否能够被他人直接或间接识别到特定自然人。具体而言,如果从信息本身出发,深圳某文化公司公布原告等人微信个人账号信息时,对部分信息打码处理,仅就“昵称”“性别”“头像”等单个信息来看,公众难以直接或间接识别到本人,由此得出该部分信息无法认定为个人信息,进而不能对该信息的公开行为进行法律上的否定性评价。如果从信息主体的角度出发,因深圳某文化公司公开案涉微信个人账号信息时已明确知晓该信息属于原告等人,故不论公开信息是否完整,都应当受到《个人信息保护法》有关个人信息处理规则的约束,本案才能对其公开行为作出否定性评价。

(二)违法处理个人信息需承担停止侵害(删除个人信息)、赔礼道歉、赔偿损失等民事责任

1. 个人信息删除权受私法救济

个人信息删除权,是指个人在法定或约定的事由出现时,请求信息处理者删除其个人信息的权利。[①]《个人信息保护法》第 47 条在《民法典》第 1037 条规定的基础上,对得以行使个人信息删除权的具体情形加以明确。

消费者要求经营者删除已公开的个人信息,既可适用《个人信息保护法》第 47 条、《民法典》第 1037 条第 2 款有关个人信息删除权的规定,也可适用《民法典》第 995 条有关人格权请求权的规定,以及《消费者权益保护法》第 50 条有关经营者因侵害消费者个人信息依法得到保护的权利应承担责任的规定。从承担民事责任的方式来看,停止侵害最直接的方式即是删除相关个人信息。

个人信息删除权这一制度旨在保护个人对其个人信息的控制。本案涉及违法公开个人信息问题,且经营者系通过互联网向不特定对象公开原告等人的微信个人账号信息,该行为实质上产生了原告等人无法控制该信息的后果,由此带来的风险是该信息可能被他人非法获取,同类经营者获取后可能拒绝向原告等人提供服务,进而损害原告等人公平交易的权利;也可能产生对原告等人实施网络暴力(“人肉搜索”),或被违法犯罪分子利用实施网络诈骗等严重损

① 参见杨合庆主编:《中华人民共和国个人信息保护法释义》,法律出版社 2022 年版,第 122 页。

害原告等人人身、财产安全的后果。因此,保障权利人向信息处理者提出删除请求或提起诉讼的权利,关系删除权这一权能作用的充分发挥,也是人格权司法保护的内在要求。

2. 删除信息的方式和对象,需根据个人信息处理者处理个人信息的具体方式、信息内容、权利人的主张等进行认定

法律并未对“删除”进行明确界定,理由在于,“删除”作为处理信息的一种方式,在“删除个人信息应达至该信息不可用的效果”形成共识的情况下,无论是物理上销毁存储介质,还是技术上使信息消失(不可被检索、访问[①]等),只要能达该种删除效果,即无须再明确具体的删除方式。此外,对删除信息方式和对象的要求,还取决于违法处理个人信息的行为类型、信息内容、权利人主张等。如经营者未经信息主体单独同意,将其个人信息发布于互联网,属于违法公开个人信息,那么请求删除的对象应限于违法公开的该部分个人信息。在信息主体未提出删除存储于系统中的个人信息时,判决删除互联网公开的个人信息即可。具体而言,好莱坞娱公司因提供服务所需获取了原告等人个人信息,除微信个人账号外,微信聊天记录、支付记录等均属于其可能处理的个人信息。因本案仅审理深圳某文化公司违法公开原告等人微信个人账号的问题,原告也仅诉请其删除微信个人账号信息,故判决深圳某文化公司删除公众号文章中的个人信息即可,不再对其其他个人信息处理行为予以审查。

3. 侵害个人信息、隐私权的损害赔偿责任

赔偿损失属于损害赔偿责任,与上述个人信息删除权不同。就删除权而言,只需发生法定或约定的信息处理者应当删除而未主动删除的情形即可行使该项请求权,并不以产生损害为前提,也无论信息处理者主观上是否有过错。损害赔偿请求权则必须满足侵权的构成要件,且适用过错推定的归责原则。本案中,被诉侵权行为同时侵害了原告等人的个人信息权益和隐私权,虽然归责原则不同,但损害结果具有同一性,深圳某文化公司主观过错明显,故可依法判令深圳某文化公司承担赔礼道歉、赔偿损失等民事责任。

需要注意的是,侵害隐私权、名誉权属一般侵权,其损害赔偿适用过错责任

---

① 参见《信息安全技术　个人信息安全规范》(GB/T 35273—2020)第3.10条将删除界定为“在实现日常业务功能所涉及的系统中去除个人信息的行为,使其保持不可被检索、访问的状态”。

原则，而侵害个人信息权益是特殊侵权，适用过错推定责任原则，二者在举证责任分配上有所不同。在违法处理个人信息导致隐私权、名誉权受损害的情况下，因为损害后果具有同一性，受害人如果主张名誉、隐私侵权，则适用过错责任，受害人要证明加害人主观上具有过错（包括过失）；主张侵害个人信息权益，适用过错推定责任，则由个人信息处理者证明其不存在过错。对此，可能需要考虑在违法处理个人信息导致侵害隐私权、名誉权等具体人格权的场景下，就侵权损害赔偿责任方面，统一适用过错推定责任原则。还应当注意的是，过错推定责任仅是对过错的推定，并不包括对因果关系的推定，因果关系的举证责任还是在受害人一方。

| 相关规定 |

《消费者权益保护法》

第 14 条："消费者在购买、使用商品和接受服务时，享有人格尊严、民族风俗习惯得到尊重的权利，享有个人信息依法得到保护的权利。"

第 50 条："经营者侵害消费者的人格尊严、侵犯消费者人身自由或者侵害消费者个人信息依法得到保护的权利的，应当停止侵害、恢复名誉、消除影响、赔礼道歉，并赔偿损失。"

第 51 条："经营者有侮辱诽谤、搜查身体、侵犯人身自由等侵害消费者或者其他受害人人身权益的行为，造成严重精神损害的，受害人可以要求精神损害赔偿。"

《民法典》

第 1032 条："自然人享有隐私权。任何组织或者个人不得以刺探、侵扰、泄露、公开等方式侵害他人的隐私权。

隐私是自然人的私人生活安宁和不愿为他人知晓的私密空间、私密活动、私密信息。"

第 1033 条："除法律另有规定或者权利人明确同意外，任何组织或者个人不得实施下列行为：

（一）以电话、短信、即时通讯工具、电子邮件、传单等方式侵扰他人的私人生活安宁；

（二）进入、拍摄、窥视他人的住宅、宾馆房间等私密空间；

（三）拍摄、窥视、窃听、公开他人的私密活动；

（四）拍摄、窥视他人身体的私密部位；

（五）处理他人的私密信息；

（六）以其他方式侵害他人的隐私权。”

第1037条第2款：“自然人发现信息处理者违反法律、行政法规的规定或者双方的约定处理其个人信息的，有权请求信息处理者及时删除。”

《个人信息保护法》

第4条：“个人信息是以电子或者其他方式记录的与已识别或者可识别的自然人有关的各种信息，不包括匿名化处理后的信息。

个人信息的处理包括个人信息的收集、存储、使用、加工、传输、提供、公开、删除等。”

第13条：“符合下列情形之一的，个人信息处理者方可处理个人信息：

（一）取得个人的同意；

（二）为订立、履行个人作为一方当事人的合同所必需，或者按照依法制定的劳动规章制度和依法签订的集体合同实施人力资源管理所必需；

（三）为履行法定职责或者法定义务所必需；

（四）为应对突发公共卫生事件，或者紧急情况下为保护自然人的生命健康和财产安全所必需；

（五）为公共利益实施新闻报道、舆论监督等行为，在合理的范围内处理个人信息；

（六）依照本法规定在合理的范围内处理个人自行公开或者其他已经合法公开的个人信息；

（七）法律、行政法规规定的其他情形。

依照本法其他有关规定，处理个人信息应当取得个人同意，但是有前款第二项至第七项规定情形的，不需取得个人同意。”

第47条：“有下列情形之一的，个人信息处理者应当主动删除个人信息；个人信息处理者未删除的，个人有权请求删除：

（一）处理目的已实现、无法实现或者为实现处理目的不再必要；

（二）个人信息处理者停止提供产品或者服务，或者保存期限已届满；

（三）个人撤回同意；

(四)个人信息处理者违反法律、行政法规或者违反约定处理个人信息;

(五)法律、行政法规规定的其他情形。

法律、行政法规规定的保存期限未届满,或者删除个人信息从技术上难以实现的,个人信息处理者应当停止除存储和采取必要的安全保护措施之外的处理。"

第69条:"处理个人信息侵害个人信息权益造成损害,个人信息处理者不能证明自己没有过错的,应当承担损害赔偿等侵权责任。

前款规定的损害赔偿责任按照个人因此受到的损失或者个人信息处理者因此获得的利益确定;个人因此受到的损失和个人信息处理者因此获得的利益难以确定的,根据实际情况确定赔偿数额。"

案 例 8

侵害婴幼儿肖像权和精神损害赔偿责任的认定

——王某诉黄某、某科技公司网络侵权责任纠纷案①

朱晓瑾

| 裁判要旨 |

婴幼儿的肖像权受到法律保护,法律禁止通过各种方式恶意丑化、污损婴幼儿的肖像;未经婴幼儿监护人同意,不得制作、使用、公开婴幼儿的肖像。

权利主体主张精神损害赔偿无须以具备痛苦感受能力为前提。

| 基本案情 |

王某系一名不满1周岁的婴幼儿,黄某系"抖音"平台用户。2021年9月,黄某发布了三段以"人类幼崽与威震天"为主题的短视频,视频内容为北京环球影城机器人威震天与现场观众合影的搞笑画面,其中前两段视频中出现了王某监护人使用婴儿背带怀抱其与威震天合影的画面,视频清晰可见王某的面部形

① 广州互联网法院民事判决书,(2021)粤0192民初44747号。

象;第三段视频内容与第一段视频画面相同,但王某以及其监护人的脸部被打上大便形状的贴纸。其间,王某监护人多次联系黄某要求删除,黄某在表示已经删除了前两段未打码视频后,继而发布了第三段打码视频。以上三段短视频经王某监护人向抖音平台投诉后,均已删除。王某法定代理人认为,黄某未经许可发布含有王某肖像的视频,并在视频中恶意丑化、污损王某肖像,构成对王某肖像权的侵害,遂诉至法院要求黄某在"抖音"平台赔礼道歉,赔偿精神损害抚慰金10000元及维权费用5000元。

| 裁判思路 |

数字时代,随着媒介的发达、短视频平台的崛起以及民众强烈的分享欲望,广大网络用户热衷于"随手拍""随手传",随时随地拍摄、上传能吸引眼球的视频内容。在网络环境下,幼稚可爱的婴幼儿,形象更容易被记录,但是,吸引眼球的同时,也伴随着侵权风险。如本案,就是一起典型的发布短视频侵害婴幼儿肖像权的案例。保护未成年人,是全社会的共同责任,保护尚在襁褓里的婴幼儿,更是全社会的共同责任。在网络时代,对于如何认定侵害婴幼儿肖像权的行为,以及无成人般精神痛苦感知能力的婴幼儿是否享有精神损害赔偿请求权的问题,本案提供了一定的参考。

一、肖像权保护范围的界定

何谓肖像?这是保护肖像权首先要厘清的问题。《民法典》第1018条第2款规定,肖像是通过影像、雕塑、绘画等方式在一定载体上所反映的特定自然人可以被识别的外部形象。根据该规定,法律所保护的肖像系由以下要件构成:

第一,外部形象。肖像的主要、基本内容是面部特征,但不应限于自然人的面部特征。除面部特征外,其他能够确定一个人"真实形象和特征"的,如侧影、形体动作、身体某个部位等可以呈现自然人外部特征的形象,同样可以成为肖像。若不把任何足以反映或者可以识别特定自然人的外部形象纳入肖像权的保护范围,则可能给自然人的人格尊严保护留下灰色地带。

第二,外部形象载体。肖像是指通过一定载体所能够客观真实地反映出的自然人外部形象,这种载体可以是绘画、雕塑、照片、图片、影像等任何形式。

第三,可识别性。法律保护自然人肖像的目的是保护其外部形象不被他人混淆从而贬损或者滥用,因而通过一定载体呈现出的外部形象应当具有较为清晰的指向性和可识别性,如果呈现出来的外部形象无法指向特定自然人,则不应该纳入肖像的范围。2003 年《最高人民法院公报》收录的“叶某诉安贞医院、交通出版社、广告公司肖像权纠纷案”已表明“可识别性”对于司法实践认定肖像权侵权的重要意义,相关裁判规则指出,“在广告中使用的照片并非完整的特定人形象,不能反映特定人相貌的综合特征及引起一般人产生与特定人有关的思想或感情活动的,不构成对他人肖像权的侵犯”。

就本案来看,黄某于 2021 年 9 月 11 日发布的两段抖音视频含有王某清晰的面部特征,能清晰地指向王某本人,构成法律保护的肖像。关于 2021 年 9 月 13 日发布的案涉视频,虽然黄某对视频中的人物进行了打码处理,但因该打码视频与 9 月 11 日发布的视频内容一致,且未打码视频已经通过网络广泛传播,故知情人一看便能知晓该打码视频中的肖像为王某,继而联想到王某的形象和特征,故法院认定王某对该视频打码的肖像亦享有肖像权。

二、侵害婴幼儿肖像权的行为认定

肖像权作为自然人享有的重要人格权,具有绝对性、专有性、排他性等特征,肖像权人对其肖像既享有依法制作、使用、公开或者许可他人使用的权利,也享有排除他人侵害的权利。《民法典》第 1019 条第 1 款规定,任何组织或者个人不得以丑化、污损,或者利用信息技术手段伪造等方式侵害他人的肖像权。未经肖像权人同意,不得制作、使用、公开肖像权人的肖像,但是法律另有规定的除外。该条款列举了侵害肖像权的形态,王某虽然为婴幼儿,但其同样享有民事权利能力,认定行为人使用、公开肖像权人的肖像的行为是否构成对婴幼儿肖像权的侵害,应考量该行为是否属于该条款规制的行为。

(一)未经婴幼儿监护人同意,不得使用、公开肖像权人的肖像

《民法典》第 20 条规定,不满八周岁的未成年人为无民事行为能力人,由其法定代理人代理实施民事法律行为。若肖像权人为未成年人,制作、使用、公开该未成年人的肖像,需经其法定代理人的同意。新修订的《未成年人保护法》第 72 条规定,处理不满 14 周岁未成年人个人信息的,应当征得未成年人的父母或者其他监护人同意。国家互联网信息办公室令第 4 号《儿童个人信息网络保护规定》第 9 条规定,网络运营者收集、使用、转移、披露儿童个人信息的,应当以显著、清晰的方式告知儿童监护人,并应当征得儿童监护人的同意。我国 GB/T 35273—2020《信息安全技术　个人信息安全规范》第 5.4 条规

定，收集年满14周岁未成年人的个人信息前，应征得未成年人或监护人的明示同意；不满14周岁，应征得其监护人的明示同意。

可见，我国法律法规已明确了处理未成年人个人信息需要获得监护人同意这一原则。肖像作为个人信息中的生物识别信息，使用、公开婴幼儿的肖像，依法应获得监护人的同意。本案中，从王某监护人与黄某的沟通来看，王某监护人对于黄某公开王某的肖像是明确表示不同意的，因此，在没有合理使用的情形下，黄某公开王某肖像的行为具有违法性。

（二）丑化、污损婴幼儿肖像的，构成对肖像权的侵害

肖像权涉及肖像权人的人格尊严，是具有极强精神属性的权利，以丑化、污损方式侵害他人肖像权的，都有可能对肖像权人的精神造成严重损害，必须禁止。本案中，黄某发布含有王某肖像的视频时，对王某的头像使用大便图案进行打码处理，属于对王某肖像的丑化和污损，贬低了王某的人格尊严。值得注意的是，在网络社交环境下，使用带有贬损性质的贴纸、图案不一定构成对他人的丑化、污损，在某些场景下，有可能带有搞笑、具有戏谑成分的用意，应予以区分。黄某在王某监护人明确不同意其使用王某肖像的情况下，又在王某的肖像覆盖了大便贴纸，一定程度上属于泄愤，主观上具有丑化、污损王某肖像的故意，可以认定构成侵权。

（三）行为人使用、公开肖像权人肖像的行为不符合合理使用情形

肖像权同其他民事权利一样，这项人格权并非绝对的权利。肖像不仅对本人意义重大，对他人甚至对全社会都具有重大价值，一些正常的社会活动都离不开对他人肖像的合理使用，因此，法律应当在保护个人肖像权和保护社会公共利益间进行平衡和协调。《民法典》第1020条规定了肖像权合理使用的几类情形，包括为个人学习、艺术欣赏、课堂教学或者科学研究，在必要范围内使用肖像权人已经公开的肖像；为实施新闻报道，不可避免地制作、使用、公开肖像权人的肖像；为依法履行职责，国家机关在必要范围内制作、使用、公开肖像权人的肖像；为展示特定公共环境，不可避免地制作、使用、公开肖像权人的肖像；为维护公共利益或者肖像权人合法权益，制作、使用、公开肖像权人的肖像的其他行为。本案中，黄某辩称其发布视频内容只是为了表达北京环球影城威震天这一人物主题，并无侵害王某肖像权的故意，但是，黄某的行为并不属于上述合理使用的情形，因此，不属于肖像权保护的例外情形。

三、对婴幼儿的精神损害赔偿问题

自然人作为精神损害赔偿的主体以其有权利能力为前提。《民法典》第13条有明确规定，即自然人从出生时起到死亡时止，具有民事权利能力，依法享有民事权利，承担民事义务。一般而言，精神损害赔偿具有减轻或消除受害人因侵权行为而遭受精神痛苦的性质，但如果将精神损害仅仅局限于精神痛苦，那么，本案王某在案涉纠纷发生时尚不足1岁，其对黄某的侵权行为可以说是无精神痛苦感受能力的，则其是否可以获得侵权精神损害赔偿？因此，本案尚需探究的问题是，自然人作为精神损害赔偿的权利主体除了须具有权利能力外，还是否以具有对痛苦有感受之能力为必要条件。

对该问题，有两种观点。一种是痛苦感受能力必要说。该观点认为，精神损害赔偿之请求权人必须对痛苦有感知能力，对痛苦无感知能力者，不得请求抚慰金赔偿。另一种是痛苦感受能力不要说。该观点认为，精神损害赔偿之请求权人不以其对痛苦有感知能力为必要，此说为实务界及学术界普遍支持的主流学说。史尚宽先生认为："无痛苦知觉之幼童及心神丧失人，亦有无形的损害赔偿请求权。盖此不独精神上之痛苦，其他因被害人之死亡所蒙受不得以财产估计之一切损失，均包含在内，不得以其不知痛苦而否定其此项请求权，而且无痛苦知觉之幼童或心神丧失人，如年事稍长或于意识状态恢复之时，必然感觉痛苦，尤其此种失恃失依之人，所关更为深切也。"①

我们同意第二种观点，认为精神损害赔偿的权利主体无须具有对痛苦有感受之能力，尚在襁褓中的婴幼儿亦可主张精神损害赔偿。一方面，精神损害赔偿的目的是多重的，除了具有使受害人克服心理创伤、抚慰受害人所遭受的精神痛苦、补偿受害人损害的作用，也具有一定的惩罚功能。王利明教授认为："对精神损害赔偿而言，其具有一定的惩罚功能，可以实现对不法行为人的惩罚，并发挥预防不法行为，维护社会秩序的作用。"②从加害人角度看，通过强制不法行为人向受害人支付一定数额的金钱，无疑对不法行为人具有惩罚和制裁的性质。司法不能以受害人无法感受痛苦而否定其精神损害赔偿请求权，而忽视侵权行为法制裁不法行为和补救无辜受害人的职责，以维护社会公平正义的

---

① 史尚宽：《债法总论》，中国政法大学出版社2000年版，第210页。

② 王利明：《人格权法研究》（第三版），中国人民大学出版社2018年版，第716页。

使命。另一方面,在本案中判定黄某赔偿王某精神损害赔偿金,也符合儿童利益最大化原则。保护未成年人,是全社会的共同责任。儿童作为无民事行为能力的特殊群体,应以儿童最大利益原则作为对未成年人的特殊保护,处理相关问题时全方位考虑儿童的长远利益和根本利益,以最有益于儿童的发展为出发点。虽然婴幼儿尚无成人般的精神痛苦感知能力,但对儿童人格权利的侵害所造成的精神损害后果往往具有潜在性和长期性,特别是在互联网环境下发生的侵权行为,基于互联网传播的广泛性和隐蔽性,随着儿童年纪的增长,其有可能接触到侵权行为,使其感受到人格尊严受到侵害。鉴于此,本案判定黄某赔偿王某精神损害赔偿金,可以达到制裁侵权行为,形成尊重、保护未成年人良好风尚的目的。

本案虽然未认定抖音平台对黄某的侵权赔偿承担连带责任,但是,仍然需要强调网络平台经营者的责任和义务,这也是未成年人个人信息保护重要的一部分。新修订的《未成年人保护法》亦明确了网络经营者对未成年人个人信息的保护义务,包括根据监护人要求更正、删除未成年人个人信息,采取删除、屏蔽、断开链接等措施制止对未成年人的网络欺凌行为,向网信、公安等部门报告等。但是,以上更多的是事中和事后的管理措施,保护未成年人合法权益的事前预防措施更应提上日程,网络平台经营者应严格遵守"监护人同意"制度,在收集、使用或披露未成年人的个人信息前,必须在现有技术的基础上,采取合理措施确保个人信息的公开确实是经过未成年人监护人同意的。

| 相关规定 |

《民法典》

第 20 条:"不满八周岁的未成年人为无民事行为能力人,由其法定代理人代理实施民事法律行为。"

第 1019 条:"任何组织或者个人不得以丑化、污损,或者利用信息技术手段伪造等方式侵害他人的肖像权。未经肖像权人同意,不得制作、使用、公开肖像权人的肖像,但是法律另有规定的除外。

未经肖像权人同意,肖像作品权利人不得以发表、复制、发行、出租、展览等方式使用或者公开肖像权人的肖像。"

第 1183 条:"侵害自然人人身权益造成严重精神损害的,被侵权人有权请求精神损害赔偿。

因故意或者重大过失侵害自然人具有人身意义的特定物造成严重精神损害的,被侵权人有权请求精神损害赔偿。”

《未成年人保护法》

第 6 条:“保护未成年人,是国家机关、武装力量、政党、人民团体、企业事业单位、社会组织、城乡基层群众性自治组织、未成年人的监护人以及其他成年人的共同责任。

国家、社会、学校和家庭应当教育和帮助未成年人维护自身合法权益,增强自我保护的意识和能力。”

第 42 条:“全社会应当树立关心、爱护未成年人的良好风尚。

国家鼓励、支持和引导人民团体、企业事业单位、社会组织以及其他组织和个人,开展有利于未成年人健康成长的社会活动和服务。”

案 例 9

网络虚拟主体人格的性质和侵权认定

——杨某与广州某网络公司、陆某网络侵权责任纠纷案[①]

朱晓瑾 江 蔼

| 裁判要旨 |

网络虚拟主体人格是现实主体人格在网络空间的延展,对现实主体的人格权保护应及于其虚拟主体。侮辱诽谤网络虚拟主体,即便未指名道姓,但在一定范围内能指向现实中特定人的,构成名誉权侵权。

| 基本案情 |

杨某和陆某在多某公司开发的游戏中注册账号,创建角色昵称分别为

---

① 一审:广州互联网法院民事判决书,(2021)粤 0192 民初 14852 号;二审:广州市中级人民法院民事判决书,(2021)粤 01 民终 26294 号。

"杨某妃"和"陆某虹"。因双方存在矛盾,陆某在用于游戏玩家交流的微信群中带动多名群成员多次发表"傻狗""洋垃圾"等言论,对杨某创建的游戏角色"杨某妃"进行侮辱,并公布"杨某妃"QQ 账号信息,嘲讽杨某向其发出律师函一事。陆某还在游戏"世界"频道发表"杨某妃被拍了床照"等言论,多名微信用户通过微信向杨某转发上述言论。

多某公司根据其他玩家对陆某游戏角色"陆某虹"发起的投诉举报,对"陆某虹"作出禁言 4 小时的处罚。杨某认为,游戏端玩家数量巨大,有其现实朋友、同学,案涉言论影响范围广,陆某上述行为致使其社会评价降低,名誉、精神状态受损,构成对其名誉权的侵害,多益公司未对侵权行为作出处理,存在过错,应当与陆某承担连带赔偿责任。遂诉至法院,请求陆某立即停止对杨某名誉权的侵害,删除相关侵权言论,向杨某赔礼道歉以消除影响、恢复名誉;多某公司、陆某向杨某支付精神损害抚慰金 20000 元以及维权费用等。

| 裁判思路 |

当前,网络暴力、网络谣言等利用信息网络侵害人格权的纠纷呈现高发态势,由于网络环境具有虚拟性,不仅人格权的侵害环境和手段是虚拟的,甚至作为侵害对象的网络主体也是虚拟的,由此产生的网络虚拟主体是否享有人格权、如何认定虚拟网络中被侵害的"我"是我等新型热点问题,关系到网络环境下人格权的保护,亟须司法予以回应。

(一)网络虚拟主体人格保护的必要性和重要性

网络虚拟主体人格是民事主体在网络虚拟空间活动时所呈现出来的人格。网络虚拟主体人格保护的提出,是对网络环境下侵害人格权的各种不法行为在法律上的回应。从人格权的发展历程上看,人格权的出现与社会变迁、科技进步密切相关,例如,19 世纪照相摄影技术的兴起催生了肖像权保护的需求,法律将肖像权纳入人格权体系进行保护。进入互联网时代,互联网的虚拟性、匿名性淡化了"人"的存在,"人"在互联网上变成了一个个 ID、昵称、角色、图像等符号,产生出一个个与现实主体不同但又相关联的虚拟主体。脱离了现实的社会规范,在匿名的状态下,网络用户交流行为更加自由、随意,以至于肆无忌惮宣泄自己情感,甚至攻击他人,导致利用网络毁损他人名誉、披露他人隐私等侵权行为频发。虽然侵权行为发生在虚拟空间,侵害对象也可能只是虚拟的昵称、角色等符号,但是损害后果却是实际存在的。而且,由于网络具有隐蔽性、受众的广泛性、传播的快速性、放大效应等特点,较之现实中的人格权侵权行为,网络环境下的人格权侵权行为更加隐秘复杂,难以确定实际侵权行为人,侵权后果存在迅速扩大的风险,客观上凸显了保护虚拟主体人格的必要性和重要性。

(二)虚拟主体人格是现实主体人格在网络空间的延伸

《民法典》保护的人格权主体限于“民事主体”,由此,保护网络虚拟主体人格首先面临的问题就是是否赋予网络虚拟主体独立于民事主体的法律地位?一种观点认为,虚拟主体人格是指自然人在网络虚拟空间中进行隐名活动所虚拟的人格,其本质仍然是自然人人格在网络空间的延展,并不是真正的人格。[①]另一种观点认为,应承认虚拟主体人格的准人格地位,赋予虚拟主体人格一定的名誉权,使得能够在法律逻辑上确认虚拟人与自然人之间的有限分离,从而给权利主体提供更完备的保护。[②]

首先,从实然上讲,立法仅承认现实世界中的“人”享有民事法律地位。《民法典》第 3 条规定:“民事主体的人身权利、财产权利以及其他合法权益受法律保护,任何组织或者个人不得侵犯。”第 990 条第 1 款规定:“人格权是民事主体享有的生命权、身体权、健康权、姓名权、名称权、肖像权、名誉权、荣誉权、隐私权等权利。”网络虚拟主体无法以自己的名义从事民事活动,不具有民事法律地位,亦不享有人格权。

其次,从应然上讲,民法以人为中心,旨在维护人格价值,经过长期历史演变及发展,确定了“以人为人格者”的理念。[③] 人格权体现的是人的人格尊严、自由和自主性,网络虚拟主体并非现实的“人”,无法行使民事权利、承担法律责任,故不能成为人格权体系保护的主体。

最后,网络虚拟主体人格不构成与现实人格的分立。虚拟网络仅是媒介手段,网络虚拟主体人格背后有现实的民事主体,通过网络表现出来的人的行为也是真实的,借由虚拟网络侵害人格权与现实生活中侵害人格权行为的区别仅在于媒介手段的不同。概言之,网络虚拟主体人格仍然是民事主体现实人格在

---

① 杨立新:《人工类人格:智能机器人的民法地位——兼论智能机器人致人损害的民事责任》,载《求是学刊》2018 年第 4 期。

② 参见李佳伦:《网络虚拟人格对民法典中民事主体制度的突破》,载《法学论坛》2017 年第 5 期。

③ 王泽鉴:《人格权法:法释义学、比较法、案例研究》,北京大学出版社 2013 年版,第 41 页。

虚拟网络的投射、体现和延伸。保护网络虚拟人格权,实际上保护的是网络环境下现实民事主体的人格权。

本案中,陆某虽然辱骂的是杨某的网络游戏角色,且抗辩其在收到杨某发出的律师函之前并不知悉杨某的真实姓名,但如前所述,虚拟主体背后一定有现实的民事主体,虚拟主体人格是现实主体人格在网络空间的延展,对民事主体的人格权保护应及于其虚拟主体,当事人不能以其不知悉现实民事主体身份而肆意攻击他人网络 ID。侵权行为人是否知悉现实主体身份,并不影响侵权行为的认定。

(三)网络虚拟主体人格的司法保护路径

在现有法律框架不承认网络虚拟主体具有独立人格的前提下,如何透过网络虚拟主体保护背后现实主体的人格权?司法实践中,目前的保护路径主要是考察网络虚拟主体能否指向现实世界的特定人,如果指向性较强,则说明侵权行为和后果能折射至现实的特定人。早在 2001 年《最高人民法院公报》收录的"张某诉俞某风网络环境中侵犯名誉权纠纷案"已表明"指向性"对于司法实践认定网络环境下侵害人格权行为的重要意义,该案裁判规则指出:"当事人虽然是以虚拟的网络名称登录网站并参加活动,但在现实生活中知道对方的真实身份,此时的交流对象具有了现实性和针对性。行为人通过网络数次发表针对他人的言论,其间多次使用侮辱性语言贬低他人人格,捏造事实诽谤他人,构成侵犯他人名誉权的行为,应当承担相应的民事责任。"关于网络虚拟主体与现实主体的对应关系的证明标准,可从直接指向、排他性特征、社会一般人认知、虚拟与现实的结合程度等方面考量,具体考量路径如下:

第一,考量虚拟主体所属账号是否实名注册、绑定手机号、关联其他平台账号等,依照实名制规定确定虚拟主体背后的现实主体。在网络实名制的背景下,一般而言,通过账号、UID、手机号码等资料,可确定虚拟主体背后的现实主体。但是,由于历史遗留问题,可能存在未实名认证或无法关联的账号,或行为人使用动态 IP 池等技术手段故意隐瞒真实身份致使虚拟人物与现实主体分离程度较高,或出现多人共用同一个网络账号,此时需要借助技术手段,结合其他证据材料确定网络账号背后的特定主体。

第二,考量是否存在直接指向的证据,即被侵害的网络虚拟主体是否存在现实中特定主体身份信息或排他性特征,足以在人群中区分出特定主体。身份信息或特征包括自然人的姓名、肖像、体型外观、性格特征、职业、身份、工作以及个性化特征的表情、肢体动作、声音等。网络虚拟主体若呈现出特定主体的身份信息或特征,一般社会公众容易通过上述身份信息或特征指向特定主体,则说明网络虚拟主体与该现实主体对应关系较强。例如,在"AI 陪伴"软件侵犯人格权案[①]中,法院认为,案涉软件中,用户使用原告的姓名、肖像创设虚拟人物,制作互动素材,将原告的姓名、肖像、人格特点等综合而成的整体形象投射到 AI 角色上,该 AI 角色形成了原告的虚拟形象,被告的行为属于对包含了原告肖像、姓名的整体人格形象的使用。

第三,考量社会一般人认知,即一定范围内的公众能否将网络虚拟主体与现实主体相联系、相对应。如借由表象无法对应到特定主体,则应从社会一般认知立场,以一般公众的生活经验及常识判断为标准,考察一定范围内的公众能否知道网络虚拟主体指向特定的现实主体。具体而言,应当综合考虑以下因素:(1)网络虚拟主体的知名程度,是否为公众人物;(2)网名或其他称谓的专属程度和公众知悉程度;(3)侵权行为发生后周围人的评价。譬如,在特定领域具有一定知名度、拥有较多粉丝的现实主体在线上、线下不同场合均使用同一网名,使一定范围内的粉丝知晓该虚拟主体指向该现实主体,那么,对该虚拟主体的人格权侵害可认定直接及于该现实主体。

本案采取的即是社会一般人的认知,杨某、陆某虽然各自以虚拟的网名进行网络游戏,但网络游戏中有相互认识并且相互知道昵称所对应的人,且杨某的"杨某妃"游戏昵称及其真实身份还被其他用户所知悉,因此,一定范围内的公众可以将"杨某妃"与现实主体"杨某"相联系。

值得思考的是,名誉权保护的是权利人的社会评价,如果该案中杨某有意隐瞒其网络游戏角色,"杨某妃"在网上无人知晓,是否意味着杨某就丧失了法律保护的资格?事实上,除名誉权保护外,上述情况亦可寻求其他人格权保护如隐私权。由于隐私权保护并不要求第三人知悉侵权行为,陆某某在微信群、游戏中频繁散布杨某的诽谤性言论,可以构成对杨某生活安宁的骚扰,只要杨某证明"杨某妃"系其游戏角色即可,无须考究社会公众是否知悉"杨某妃"背后的现实主体身份。此外,亦可考虑通过一般人格尊严为网络虚拟主体人格提

---

① 详见北京互联网法院民事判决书,(2020)京 0491 民初 9526 号。

供保护。由于人格尊严是指作为一个“人”所应有的最起码的社会地位及应受到社会和他人最起码的尊重,与名誉权保护的社会评价不同,评价的内容不是褒贬,而是对人的最起码的尊重,是把人真正作为一个人所应具有的尊重。陆某某明知“杨某妃”背后存在真实的“人”,还对其进行侮辱诽谤,即便网络上无人知晓“杨某妃”,也可以构成对杨某人格尊严的侵犯。

(四)关于元宇宙下网络虚拟人格保护的启示

随着元宇宙的到来,现实世界与虚拟世界在经济、社交、身份等系统上的界线逐渐模糊。基于扩展现实技术和数字孪生技术,人们可以在虚拟空间通过虚拟身份得到近乎真实的体验。元宇宙中的虚拟主体拥有人的外观、行为、互动能力、感知能力,被称为“虚拟数字人”。目前,虚拟数字人已在传媒、游戏、文旅、金融、医疗等行业得到推广应用,为现实社会提供了越来越丰富的内容,现实民事主体在网络当中可能会投入非常多的时间、精力和金钱,去构建其在网络虚拟空间中的社会地位和社会评价。人们在虚拟空间开启第二人生,与其他民事主体在虚拟空间交往过程中,将产生诸多新类型的法律问题,值得司法工作者关注。如何与时俱进地保护网络虚拟人格将成为未来一项重要的课题。王利明教授曾提出:“在网络环境下,人格权概念本身并没有发生变化,法律有关人格权的规定可以适用于网络环境下的人格权。”①这个观点在未来元宇宙空间背景下,是否仍然可以适用,值得司法裁判者持续关注,并在具体司法场景中反复试炼和验证。

| 相关规定 |

《民法典》

第1024条:“民事主体享有名誉权。任何组织或者个人不得以侮辱、诽谤等方式侵害他人的名誉权。

名誉是对民事主体的品德、声望、才能、信用等的社会评价。”

---

① 王利明:《论网络环境下人格权的保护》,载《中国地质大学学报(社会科学版)》2012年第4期。

案例 10

"摇一摇"开屏广告的司法规制

——张某与北京某科技有限公司网络侵权责任纠纷案①

麦应华

| 裁判要旨 |

个人信息处理者应对其处理个人信息已取得个人同意承担举证责任。

"摇一摇"开屏广告涉及对用户个人信息的处理,用户有权关闭该"摇一摇"开屏广告服务;经营者未向用户提供关闭选项的,构成对用户个人信息权益及自主选择权的侵害。

| 基本案情 |

张某于2013年注册成为某贴吧用户,账户绑定了张某实名认证的手机号。

张某打开贴吧App,开屏随机出现"摇一摇"广告页面,张某可点击页面"跳过"按钮关闭广告,也可摇动手机或点击广告页面跳转至第三方网站,还可静候几秒待广告自动关闭。

张某认为,贴吧App运营者提供"摇一摇"开屏广告服务需调用张某加速度传感器数据,属于对张某个人信息的处理,应当取得张某同意。因贴吧App未提供关闭"摇一摇"开屏广告的功能选项,构成对张某个人信息的违法处理,同时损害了张某作为消费者的自主选择权,遂起诉要求贴吧App运营者承担侵权责任。

| 裁判思路 |

"摇一摇"广告将广告进入指令创新为更具交互性的"摇动"式,属于新技术、新业态,但也引发了新的法律问题。本案裁判兼顾个人信息权益保护与新业态发展之间的平衡,为同类案件的裁判提供了思路,具有较强的参考意义。

---

① 广州互联网法院民事判决书,(2022)粤0192民初21476号。

一、根据识别主体、识别能力、识别阶段综合判断是否属于个人信息

审理个人信息保护纠纷，首先需解决相关信息是否属于个人信息的问题。现行法律法规对个人信息的界定有一定抽象性，个人信息概念中的“已识别或者可识别”在语义内涵上存在争议，故需区分不同场景进行考量。

（一）个人信息的定义

我国对个人信息的界定主要有两种路径，识别说和关联说。[①]

识别说是从信息到个人，从信息本身的特殊性直接回溯到特定个人。《民法典》采取的是识别说。《民法典》第1034条第2款规定：“个人信息是以电子或者其他方式记录的能够单独或者与其他信息结合识别特定自然人的各种信息，包括自然人的姓名、出生日期、身份证件号码、生物识别信息、住址、电话号码、电子邮箱、健康信息、行踪信息等。”

关联说是从个人到信息，即已知既定个人，知晓“关于”该个人的进一步信息，能够关联到特定个人的信息并不以特殊性为前提，其作用是丰富给定个人既有的人格图像，使他人知晓更多关于该个人的情况。《个人信息保护法》采取的是关联说。《个人信息保护法》第4条第1款规定：“个人信息是以电子或者其他方式记录的与已识别或者可识别的自然人有关的各种信息，不包括匿名化处理后的信息。”

识别说、关联说对个人信息的界定路径虽有不同，但界定的个人信息范围基本上是相同的。本案属于适用《个人信息保护法》的规定处理的纠纷，故下文主要论述关联说。

根据关联说，认定某信息是否属于个人信息，关键在于判断该信息主体是否为“已识别或者可识别的自然人”。何谓“已识别或者可识别的自然人”？《个人信息保护法》并未作出具体界定。从语义上分析，“已识别”可理解为在特定的人群中，某个人已与该群组内的其他人区别开来，而“可识别”则可理解为虽然某个人现在还未被识别，但有可能做到这一点。欧盟《一般数据保护条例》第4条第1款对个人数据的定义，“一个可识别的自然人指，借助识别符，例如姓名、识别号码、位置数据、网上标识符，或借助与该个人生理、心理、基因、精神、经济、文化或社会身份特定相关的一个或多个因素，可被直接或间接识别出

① 张新宝主编：《〈中华人民共和国个人信息保护法〉释义》，人民出版社2021年版，第40页。

的个人"可在一定程度提供参考。①

从相关定义可知,判断某自然人是否"已识别或者可识别",需要借助其他因素辅助判断,而该些因素并非固定不变,而是根据不同社会背景、技术发展情况而有所变化。一般而言,在具体场景中认定是否属于个人信息,需要在识别主体,识别能力,识别时间、阶段等三个方面有所考量。②

(二)"摇一摇"开屏广告涉及对个人信息的处理

1. 识别主体,即从何人的角度去判断特定自然人是否"已识别或者可识别"。识别主体不同,对信息的归类也大不相同。有观点认为,"已识别或者可识别"的识别主体应为一般社会公众,即应从一般社会公众角度出发判断某自然人是否"已识别或者可识别"。另有观点认为,应从信息处理者的角度去判断"已识别或者可识别"。

我们同意第二种观点。理由如下:第一,从个人信息定义及《个人信息保护法》全文来看,条文所涉主体仅为个人信息处理者及信息被处理的个人,将"已识别或者可识别"的主体确定为一般社会公众,不符合个保法条文语义。第二,在技术不断发展的情况下,个人信息处理者对特定个人的识别越来越隐秘,难以为外界察觉,将识别主体确定为一般社会公众,会将具有隐秘性的大量个人信息处理行为排除在外,不利于个人信息保护。第三,从个人信息处理者角度判断是否"已识别或者可识别",与侵权责任构成的主观要件更为吻合。

本案中,确定识别主体为个人信息处理者后,相关问题也迎刃而解。由于张某已经使用个人手机号进行了实名认证,在手机号实名制的背景下,应认为贴吧 App 运营者不需花费过多的成本即已识别或者可识别张某。

2. 识别能力,即识别的可能性,一般通过对识别特定自然人所需花费的时间、成本进行判断。《一般数据保护条例》导言部分第 26 条指出:"需要考虑所有可能使用的手段,比如利用控制者或其他人来直接或间接地确认自然人身份。为判断所使用的手段是否可能用于识别自然人,需要考虑所有客观因素,包括对身份进行确认所需花费的金钱和时间,考虑现有处理技术以及科技发

① 程啸:《个人信息保护法理解与适用》,中国法制出版社 2021 年版,第 63 页。

② 丁晓东:《论个人信息概念的不确定性及其法律应对》,载《比较法研究》2022 年第 5 期。

展。"①对识别能力的认定,需要综合考量争议发生时的社会背景、所涉行业的技术发展情况、处理的目的以及一般理性人为实现识别所需花费的成本等因素。

3. 识别的时间、阶段,即是否仅在特定服务提供阶段去看待"已识别或者可识别"的问题。实践中,网络服务提供者往往抗辩其在提供特定服务过程中并未识别特定自然人,故不属于"已识别或者可识别"。本案被告即提出类似抗辩。对此,法院认为,已识别或者可识别特定自然人的时间节点并不限于发生在某项特定服务提供过程中,实践中,已识别或者可识别可能发生于服务提供的任一环节、任一时间节点,但一旦网络服务提供者已识别或者可识别特定自然人,则对网络服务提供者而言,其完全有能力将整个服务提供过程中获取的信息与该特定自然人相关联。

二、告知同意规则的"刚性"与"柔性"

告知同意是处理个人信息的合法性基础。《个人信息保护法》第13条明确规定:"符合下列情形之一的,个人信息处理者方可处理个人信息:(一)取得个人的同意;……"据此,个人信息处理者处理个人信息的合法性,来源于自然人对其个人信息被处理的同意,或者法律、行政法规的规定。

(一)"刚性规则":同意必须在个人充分知情的前提下自愿作出

告知同意规则有"刚性"的一面,即要求同意必须在个人充分知情的前提下自愿作出,否则可能构成违法处理。为保障个人在充分知情的前提下自愿作出同意,一般认为,有效的同意应当同时具备以下三项要素:

1. 对处理事项的告知必须明确、具体。之所以如此,是为充分保障个人对其个人信息处理的知情权、决定权。《个人信息保护法》第17条第1款规定:"个人信息处理者在处理个人信息前,应当以显著方式、清晰易懂的语言真实、准确、完整地向个人告知下列事项:(一)个人信息处理者的名称或者姓名和联系方式;(二)个人信息的处理目的、处理方式,处理的个人信息种类、保存期限;(三)个人行使本法规定权利的方式和程序;(四)法律、行政法规规定应当告知的其他事项。"据此,个人信息处理者应采取公开、透明的方式公开个人信息的处理规则,向个人明示个人信息处理的目的、处理的方式和处理的范围,确保个人在充分知情的前提下作出同意。包括欧盟《一般数据保护条例》在内的许多

① 程啸:《个人信息保护法理解与适用》,中国法制出版社2021年版,第63页。

国家和地区的数据保护和个人信息保护法都要求个人信息处理者必须遵循透明原则。

现实中,许多互联网应用主要采取在用户协议、隐私政策等一揽子协议中约定处理个人信息的事项,本案也是如此。本案中,贴吧 App 仅在用户协议中模糊、原则性地约定"为了保障您正常使用服务""改进及优化服务体验,保障您的账号安全"等会收集设备的传感器数据,并未明确、清晰告知用户处理其个人信息是用于推送"摇一摇"广告这一具体目的,也未告知用户处理个人信息的方式、范围以及处理的个人信息类型,显然违反了告知同意规则。

2. 个人信息处理的同意必须是"明示的"同意。同意是信息主体个人意思自治的体现。正如洛克在其著作《政府论》中所提及:"一切自然人都是自由的,除了他自己的同意以外,无论什么事情都不能使他受制于任何世俗权力。"①在民法体系中,同意是一种意思表示,可以通过不同的方式作出,《民法典》第 140 条规定,意思表示可以明示或默示作出,只有在"有法律规定、当事人约定或者符合当事人之间的交易习惯时",沉默才可视为意思表示。但是,个人信息处理的同意必须是"明示的"同意。对此,《个人信息保护法》第 14 条第 1 款已作出规定,基于个人同意处理个人信息的,该同意应当由个人在充分知情的前提下自愿、明确作出。明示的同意,是指个人通过语言、文字等积极的行为作出对个人信息处理者实施的个人信息处理行为的同意,至于是通过纸质、电子等书面方式,还是通过口头方式作出,则并无要求。默示、预选方框或者不作为都不构成个人信息处理的同意。

3. 告知同意须发生在处理前。个人信息的告知同意规则要求个人对其个人信息被处理的告知同意在前,个人信息处理者处理个人信息的行为在后,即告知同意的时间节点须早于处理行为本身。本案中,个人信息处理者虽然在隐私政策中约定处理个人信息,但案涉手机应用在早于用户阅读隐私政策前即已实施了处理个人信息的行为,不符合告知同意规则的要求。

(二)"柔性规则":需在具体司法场景下动态适用

告知同意规则也有"柔性"的一面。告知同意规则是信息主体权益与信息

① 冯健鹏:《个人信息保护制度中告知同意原则的法理阐释与规范建构》,载《法治研究》2022 年第 3 期。

业者经营利益衡平的法则，司法实践中需要充分认识告知同意规则的层次性，在具体司法场景下进行动态适用，以充分保障各方主体利益。

1. 告知同意规则是“分层性”的规则。其“分层性”体现在：(1)信息主体作出的同意在《个人信息保护法》上有“同意”“单独同意”“书面同意”三个层次，需视不同的个人信息处理活动而定。本案中，加速度信息不属于敏感个人信息，处理加速度信息的行为不属于《个人信息保护法》规定需要取得单独同意、书面同意的行为，只需个人的“同意”即可。(2)“告知同意的例外”并不必然等同于“无须告知同意”，而是需要根据个人用户知情程度构建阶梯式递减的“需详细告知但无须同意”、“需概括告知但无须同意”和“无须告知同意”三个层次，从而最大限度地保障个人用户的知情权。[①]

2. 告知同意规则是“动态化”的规则。认定个人信息处理者是否尽到告知义务需根据个人信息处理者的告知能力、行业惯例、处理的个人信息类型等多种“动态化”因素作出。实践中，个人信息处理者往往通过让用户勾选方框、点击“同意”弹窗或者在平台内公示用户协议等方式约定处理个人信息，对该些方式合法性的审查可从以下几个层次递进展开：

(1)根据信息与个人权益的相关性作初步判断。如所涉信息是敏感个人信息，则在用户协议中一揽子约定的方式不符合《个人信息保护法》有关单独同意的规定，为违法处理。如所涉信息与个人权益相关性较弱，则可视强弱程度判断取得同意方式的合法性。本案中，加速度信息与用户权益相关性明显较弱，以在用户协议中一揽子约定的方式来取得用户同意并无不妥。

(2)结合格式条款相关规定作进一步考量。约定处理个人信息的条款一般属于格式条款，应同时考虑格式条款的相关规定，对有争议的格式条款进行解释，在具体的场景下分析格式条款提供者是否尽到必要的提示、说明义务，对格式条款效力作出认定。

(3)结合个人信息处理者的举证能力、行业惯例等合理划分举证责任。应当明确的是，应由个人信息处理者对已取得用户同意负举证责任。但实践中，个人信息处理者举证到何种程度才可被认为相关事实具有高度可能性，则需结

① 李爱君、孙彦东：《论我国法中非基于个人同意的个人信息处理与单独同意规则的体系解释》，载《西北工业大学学报(社会科学版)》2023 年第 5 期。

合个人信息处理者的举证能力、行业惯例等综合分析。例如,个人信息处理者对用户协议进行了更新且更新涉及个人信息处理条款,则更新后的条款是否对个人发生法律效力,是否符合“明示的”同意,都应具体分析。

3. 告知同意规则的适用需平衡各方主体利益。实践层面,对告知同意规则的适用,不应仅仅满足于对用户协议、隐私政策的评估,更需进行价值衡量。同时,还可从技术路径及信息主体的自主控制出发,综合把握对个人信息保护的尺度,实现信息主体权益与信息业者经营利益的平衡。[①]

三、《消费者权益保护法》《广告法》《个人信息保护法》的衔接适用

个人信息处理活动往往同时是经营活动,也受广告法等相关行政法律法规规制。处理案涉类似纠纷时,应同时考虑《消费者权益保护法》、《广告法》与《个人信息保护法》等多部门法律交叉问题,捋顺各法益的交互关系,作出妥善处理。

(一)消费者自主选择权与个人信息决定权的关系

何谓消费者自主选择权?在比较法上,消费者自主选择权是传统民法在意思自治的基础上,为矫正交易主体在经济实力、信息掌握能力、谈判能力上的严重不对称而制定的适当干预制度。[②] 在我国,《消费者权益保护法》第 9 条规定了消费者自主选择权:“消费者享有自主选择商品或者服务的权利。消费者有权自主选择提供商品或者服务的经营者,自主选择商品品种或者服务方式,自主决定购买或者不购买任何一种商品、接受或者不接受任何一项服务。消费者在自主选择商品或者服务时,有权进行比较、鉴别和挑选。”消费者自主选择权包括两个要素:一是消费者的自由意志与自主选择,即基于消费者本人的真实意思表示,认为其购买行为能够实现其个人偏好,满足其个人的生活需要,达到自身福利的最大化。二是排除他人的不当干涉,即消费者作出的决策不受外力的不正当与不合理干涉,不受交易对象或第三人的欺骗、引诱或胁迫作出的消费行为。

何谓个人信息决定权?个人对其个人信息处理活动享有决定权,即对于其

---

① 冯健鹏:《个人信息保护制度中告知同意原则的法理阐释与规范建构》,载《法治研究》2022 年第 3 期。

② 汤建辉:《论消费者自主选择权中的司法救济》,载《求索》2011 年第 3 期。

个人信息如何收集、传输、使用、加工、传输、提供、公开、删除的自主决定权，以实现个人自治、维持个人尊严，避免处于完全被操控的他决地位。《个人信息保护法》第 44 条规定："个人对其个人信息的处理享有知情权、决定权，有权限制或者拒绝他人对其个人信息进行处理；法律、行政法规另有规定的除外。"

消费者自主选择权与个人信息决定权均属于具有相对性的民事权利，适用时均需考量权利边界及利益平衡。该两种权利保护的法益虽不相同，但在保障个人的意思自治方面有一定重合：依据个人信息决定权，个人有权拒绝个人信息处理者处理其个人信息；而个人作为消费者时，也有权根据自由意志自主选择经营者提供服务的形式。在个人信息处理者的处理行为同时涉及该两种权利时，消费者可视举证能力、诉讼目的等在诉讼中选择对其更有利的规定提出主张。

本案中，原告同时提出侵害个人信息权益与消费者自主选择权两种主张，在认定案涉手机应用不予提供关闭开屏广告"摇一摇"功能的选项是否合法时，应同时考虑消费者自主选择权与个人信息决定权的权利内容。综合考量，法院认定贴吧 App 未向用户提供关闭开屏广告"摇一摇"功能的选项侵害了张某的个人信息权益及张某作为消费者的自主选择权。

（二）《广告法》与《个人信息保护法》的关系

《广告法》等相关规范有关于"一键关闭"广告的规定。《广告法》第 44 条第 2 款规定："利用互联网发布、发送广告，不得影响用户正常使用网络。在互联网页面以弹出等形式发布的广告，应当显著标明关闭标志，确保一键关闭。"《互联网广告管理办法》第 10 条规定："以弹出等形式发布互联网广告，广告主、广告发布者应当显著标明关闭标志，确保一键关闭，不得有下列情形：（一）没有关闭标志或者计时结束才能关闭广告；（二）关闭标志虚假、不可清晰辨识或者难以定位等，为关闭广告设置障碍；（三）关闭广告须经两次以上点击；（四）在浏览同一页面、同一文档过程中，关闭后继续弹出广告，影响用户正常使用网络；（五）其他影响一键关闭的行为。启动互联网应用程序时展示、发布的开屏广告适用前款规定。"

一方面，个人信息处理者在广告方面的经营行为是否合规与是否构成侵害个人信息权益是两个不同维度的问题，不可混为一谈。《广告法》等相关规范属于行政法律法规，其中有关"一键关闭"广告的规定，主要是行政监管的依据，不宜直接作为调整民事法律关系的依据。

另一方面,《广告法》等相关规范可以作为认定信息主体主观要件的重要参考因素。《广告法》等相关规范虽是行政监管要求,但也可以作为民事上论证个人信息处理者处理行为是否合法,主观上是否尽到注意义务等的重要参考因素,避免对作为个人信息处理者的广告主体提出与行政监管不适应的要求,不当加重或减轻个人信息处理者的注意义务。

| 相关规定 |

《个人信息保护法》

第 4 条:"个人信息是以电子或者其他方式记录的与已识别或者可识别的自然人有关的各种信息,不包括匿名化处理后的信息。

个人信息的处理包括个人信息的收集、存储、使用、加工、传输、提供、公开、删除等。"

第 14 条第 1 款:"基于个人同意处理个人信息的,该同意应当由个人在充分知情的前提下自愿、明确作出。法律、行政法规规定处理个人信息应当取得个人单独同意或者书面同意的,从其规定。"

第 44 条:"个人对其个人信息的处理享有知情权、决定权,有权限制或者拒绝他人对其个人信息进行处理;法律、行政法规另有规定的除外。"

《消费者权益保护法》

第 9 条:"消费者享有自主选择商品或者服务的权利。

消费者有权自主选择提供商品或者服务的经营者,自主选择商品品种或者服务方式,自主决定购买或者不购买任何一种商品、接受或者不接受任何一项服务。

消费者在自主选择商品或者服务时,有权进行比较、鉴别和挑选。"

《广告法》

第 44 条第 2 款:"利用互联网发布、发送广告,不得影响用户正常使用网络。在互联网页面以弹出等形式发布的广告,应当显著标明关闭标志,确保一键关闭。"

延伸阅读

涉算法侵权纠纷的裁判难点及思路

麦应华

大数据与人工智能时代，算法被广泛运用于处理各类数据。如果说现今互联网时代是平台时代，那么，现今互联网时代同时也是算法时代。何谓算法？从通俗角度来解释，可以引用一位知乎网友所举的生动例子。这是一个检测皮肤癌的例子："通过读取大量数据，程序发现照片里皮肤病变的边上如果放了一把尺子，那么这个病变就更可能是恶性的，因此，程序将照片中放有尺子的照片判断为患有皮肤癌。"[①]从这个例子可以看出，机器学习不是基于推理的"演绎法"，而是基于观测的"归纳法"。机器自动学习的结果，是从既往的大量数据中归纳出关系（模型），并根据该关系（模型）对未来的数据进行处理，输出结果。这就是算法的运作方式。在法律层面，有观点认为，算法是人类和机器交互的决策，即人类通过代码设置、数据运算与机器自动化判断进行决策的一套机制。[②] 也有观点认为，算法是可以由计算机等具有信息处理能力的装置所执行的解决某一问题的具体处理过程。[③] 概言之，现有观点普遍认为，算法是人机交互的结果。

一、涉算法侵权纠纷常见场景

算法并非21世纪的新生事物，在网络发展的早期就已存在。最早的算法

---

① 李明殊：《对〈人工智能算法是什么，能简述一下吗？〉的回答》，载"知乎"平台，https://www.zhihu.com/question/429749137，最后访问日期：2021年8月13日。

② 丁晓东：《论算法的法律规制》，载《中国社会科学》2020年第12期。

③ 张吉豫：《智能社会法律的算法实施及其规制的法理基础》，载汪雄主编：《算法社会中的法律沉思》，中国政法大学出版社2020年版，第65页。

法律规制发生于1995年的版权侵权领域。当时,网络服务提供者运用算法对用户上传的海量信息进行处理、排序,对其中涉著作权侵权的内容,网络服务提供者被诉需承担侵权责任,理由是没有进行人工逐一审查。[①] 当然,该类诉讼最终的判决结果在现时已无多大借鉴意义,但从中仍可看出,平台运用算法进行自动化排序早已有之,只是随着大型互联网平台的崛起,因不当自动化排序产生的人格权侵权问题逐渐凸显,才更引起社会普遍关注。现今司法实践中,随着算法运用的普及,涉算法侵权纠纷频发。该类纠纷通常表现为因算法模型漏洞、算法运行错误、算法歧视、算法自动化推荐不当等产生的侵权纠纷,所涉主体包括数据主体、数据处理者、社会公众等。常见的涉算法侵权纠纷场景有以下几种:

（一）不当自动化推荐、排序

自动化推荐、排序通常表现为平台运用算法对用户上传的内容进行屏蔽、推送、排序。其中,系统算法通过收集的用户个性化信息生成用户的个人画像,并向用户推送针对其个人特征的选项。如“今日头条”等新闻推送平台,其平台上的内容基本为用户自行上传,但平台通过自动化推荐决定用户所能获取的文章顺序。又如淘宝等购物平台,其平台上的店铺大多为其他经营者开设,但其通过排序算法决定用户搜索结果的展示顺序。自动化推荐的算法技术本身并无问题,在很大程度上还为用户能够在海量信息中获得有针对性的检索结果提供了便利。所应规制的是不当的自动化推荐。不当的自动化推荐通常表现为过程与结果的不当。过程方面,通常表现为平台仅向用户提供针对其个人特征的选项,或对用户权益有重大影响的决定,仅通过自动化决策的方式作出,未向用户提供便捷的拒绝方式。结果方面,通常表现为对用户在交易价格等交易条件上实行不合理的差别待遇,即俗称的“大数据杀熟”。

（二）不当信用评价

信用评价的作出主体包括法定及非法定信用评价机构两种。法定的信用评价机构即征信机构,如人民银行等,其向各大商业银行收集上报的客户还贷记录,并通过算法对用户信用进行评分,根据评分结果决定是否放贷。非法定的信用评价机构如行业协会、企业等,其通过内部自行创建的算法模型输出评

---

① 张凌寒:《权力之治:人工智能时代的算法规制》,上海人民出版社2021年版,第14~15页。

比榜单、黑名单,对法人的履约记录、资产状况作出评价。信用评价涉及到被评价主体的名誉权、信用利益等。不当的信用评价通常是由于收集的基础信息有误或作出评价的算法模型存在漏洞、算法运行出现错误等导致评价不准确,也可能由于算法模型本身嵌入了价值歧视导致评价不当。

(三)自动补足关键词损害权益

自动补足关键词是搜索引擎通过算法实现的引导用户搜索的技术。对该技术的不当使用,可能损害相关主体的权益。用户在输入相关关键词后,搜索引擎设置的自动化技术会自动联想提供搜索建议。如用户在百度搜索引擎输入关键词,自动补足关键词的算法会在用户输入结果的基础上自动补充其他信息,并据此展示搜索结果。自动补足关键词的算法一般是根据搜索该关键词的其他用户的搜索记录、习惯而归纳出模型关系,并通过自动化技术补足到其他用户的搜索结果中,或者是在展示用户的搜索结果后,自动提示该关键词的关联搜索信息,引导用户搜索。涉自动补足关键词的算法侵权纠纷包括搜索结果虚假,侵害相关主体名誉权,以及搜索结果真实但信息主体主张被遗忘权要求平台删除等。

(四)作为平台基本结构的算法不合理损害用户权益

现实中,不少平台依靠算法自动链接市场资源和用户,形成多边市场,并依靠算法分配资源、整合数据,维持平台的基本结构。该种高度依赖算法的平台模式在网约车平台、外卖平台领域最为常见。以外卖平台为例,平台通过算法自动处理外卖员送餐时间、用户点餐范围、外卖费、消费者与商家、外卖员的评分等活动,依靠算法高效自动收集、筛选和处理数据,以此搭建平台、外卖员、商家、消费者多方匹配系统,维持其平台生态。此种模式,极易因算法歧视、算法模型漏洞等因素在多方主体之间引发侵权纠纷。例如,平台根据算法为外卖员确定送餐时间,但该送餐时间不合理导致外卖员因急于送餐发生交通事故,平台应否承担侵权责任存在争议。

二、规制算法的法律法规现状

在法律层面,目前对算法决策作出直接规制的,是《个人信息保护法》及《电子商务法》。《个人信息保护法》第73条对自动化决策作出界定:"自动化决策,是指通过计算机程序自动分析、评估个人的行为习惯、兴趣爱好或者经济、健康、信用状况等,并进行决策的活动。"自动化决策,是建立在大数据、机器学习、人工智能和算法等基础之上的。因此,该法有关“自动化决策”决策的规定适用于算法规制。该法第24条规定,个人信息处理者利用个人信息进行自动化决策,应当保证决策的透明度和结果公平、公正,不得仅提供针对个人特征的选项。个人针对自动化决策有要求处理者予以说明的权利和拒绝权。该法第55条规定,利用个人信息进行自动化决策,个人信息处理者应当事前进行个人信息保护影响评估。《电子商务法》第18条针对自动化决策的个性化推荐选项,也作出了与《个人信息保护法》第24条类似的规定。上述相关条款,共同塑造了算法治理的基本架构。[①]

同时,《数据安全法》第28条有关“开展数据处理活动以及研究开发数据新技术,应当有利于促进经济社会发展,增进人民福祉,符合社会公德和伦理”之规定,被认为是算法治理的原则性条款。

在行政法规、部门规章方面,有关算法规制的行政法规、部门规章较多。值得注意的,是中国人民银行、中国银行保险监督管理委员会、中国证券监督管理委员会、国家外汇管理局于2018年联合发布的《关于规范金融机构资产管理业务的指导意见》。该意见第23条对算法应用者苛以安全评估、算法备案、明确标识等义务。

2019年,国家互联网信息办公室、工业和信息化部、公安部、市场监管总局联合制定了《App违法违规收集使用个人信息行为认定方法》。在该方法中,将“嵌入代码、插件”和“提供注销功能”等算法的模型设计作为规制对象。

2021年以来,国家网络信息办公室出台了《关于加强互联网信息服务算法综合治理的指导意见》和《互联网信息服务算法推荐管理规定》,正式提出利用3年左右时间,逐步建立治理机制健全、监管体系完善、算法生态规范的算法安全综合治理格局。

三、算法司法规制的疑难问题

算法并非新生事物,但是,随着大型平台的崛起以及算法技术的发展,算法的设计模型发展得更为复杂,算法的应用场景更加多样,机器自动学习也更加深入,以上种种,使算法的规制变得十分复杂。目前,对算法的司法规制有几个层面的难题需要解决。具体为:第一,算法的性质如何,“技术中立”是否使算法

---

① 许可:《驯服算法:算法治理的历史展开与当代体系》,载《华东政法大学学报》2022年第1期。

不具有可规制性。第二,算法运用者的法律主体地位如何。第三,如何对算法进行有效的司法审查。

(一)算法的可规制性存在争议

对这个问题的认识随着互联网时代的发展、平台的地位变化而发生变化。

算法发展的早期阶段,仅具有技术上的意义,尚未得到法律的针对性调整。2000 年左右,随着互联网技术的发展和普及,算法所引发的不利法律后果逐渐增加,对算法的法律规制开始引起关注。当时,相关司法裁判开始将算法的设计作为调整的对象,关注算法的设计者(通常是网络服务提供者)对算法的设计是否具有主观过错,进而作出侵权与否的认定。[①] 2006 年的百代唱片公司诉阿里巴巴案件即为典型案件。在该案中,阿里巴巴辩称其作为搜索引擎服务商提供的仅是案涉歌曲的搜索和链接服务,并非歌曲的试听和下载服务。涉诉算法的工作原理是:由蜘蛛程序从互联网自动搜索到各种音频文件的统一资源定位符即“URL”,并收录到索引数据库。当互联网用户在客户端输入关键字查询后,搜索引擎自动在索引数据库中进行检索及逻辑运算,以链接列表的方式给出搜索结果。用户点击搜索结果进行试听和下载时,客户端直接被链接到目标文件所在的第三方网页。在该案中,法院认定被告案涉行为不构成对信息网络传播权的直接侵权。[②]

2008 年左右,随着大型互联网平台的崛起,平台的支配地位逐渐显现,司法裁判也逐渐显现加强平台责任的趋势,相关裁判体现出将算法设计和应用作为调整对象予以规制的倾向。

随着人工智能时代的来临,大数据产业加快发展,算法技术也开始进一步向自动化、深度学习化发展,原有的法律规则已不足以应对算法的规制问题。此时,对算法的可规制性问题开始出现两种观点。一种观点认为,机器自动化学习已使算法脱离了设计者的预计和控制范畴,算法的输出结果并非人为导致,其相关输出结果造成的损害后果不应由算法设计者或应用者承担责任。另一种观点认为,算法并未完全脱离人的因素,其是人机交互的结果,算法只是作为工具代替人类劳动。以第二种观点为支撑,相关平台在诉讼过程中通常以

① 张凌寒:《权力之治:人工智能时代的算法规制》,上海人民出版社 2021 年版,第 13 ~ 17 页。

② 北京市第二中级人民法院民事判决书,(2007)二中民初字第 02631 号。

“技术中立”否认自身的责任主体地位，认为算法的输出结果并非其作出，而是机器自动化学习的结果。

（二）算法运用者的法律主体地位较为复杂

算法运用者通常是平台，平台类型的复杂性决定了算法运用者法律主体地位的复杂性。如前所述，算法运用者可能是搜索引擎，可能是网约车平台、外卖平台，可能是社交媒体平台，也可能是微信小程序类的平台。随着平台类型的多样化，算法运用者在与受害人的法律关系中担任的法律角色不尽相同，对其合理注意义务的判定也趋于复杂。如在2015年的任某某诉百度公司侵害姓名权、名誉权、一般人格权（被遗忘权）纠纷案件中，任某某称，其在百度搜索引擎输入自己的名字后，相关搜索页面会显示“陶氏教育任某某”“无锡陶氏教育任某某”字样，而其与陶氏教育只有4个月的一般合作关系，从未在陶氏教育任职，请求判令百度公司停止侵害等。在该案中，争议的其中一个焦点是百度公司作为搜索引擎服务商，其利用算法自动补足关键词技术提供的服务是否侵害原告的相关权益。对此，一审、二审法院均认为对于作为机器的“搜索引擎”而言，“任某某”这三个字在相关算法的收集与处理过程中就是一串字符组合，并无姓名的指代意义，即使最终在“相关搜索”中出现“任某某”这一词条与本案任某某有关，也只是对网络用户使用“任某某”这三个字符状态的客观反映，不存在干涉、盗用、假冒任某某姓名的行为。[①] 该案裁判认定，作为算法运用者的搜索引擎服务商处于提供信息搜索网络服务的中立地位，认为百度公司利用算法技术提供的搜索词条“既非被检索的网络信息本身，又非百度公司针对任某某主观控制或创造的负面词汇”。但在竞价排名现象普遍发生之后，学术界及司法界对搜索引擎的法律定位也开始了新的反思，有部分学者提出，搜索引擎的自动补足算法从形式上和功能上更加符合信息发布者的“信源”的地位，自动补足算法在搜索引擎界面占据了72%用户的注意力，甚至使用户忽略掉了搜索结果的页面展示，并据此认为搜索引擎的实际法律地位是一个“基于算法的信息发布者”。[②] 相关司法裁判也开始对竞价广告算法运用者赋予更高的注意义务。

（三）算法的司法审查面临困难

算法透明规则要求算法设计者或运用者公开和披露包括源代码在内的算

① 北京市第一中级人民法院民事判决书，（2015）一中民终字第09558号。

② 张凌寒：《权力之治：人工智能时代的算法规制》，上海人民出版社2021年版，第96～97页。

法要素。国家网信办、工信部、公安部、市场监管局联合发布的《互联网信息服务算法推荐管理规定》[①]也要求算法服务提供者披露算法模型、运行机制机理等。基于算法透明规则,有一种观点认为,应通过建立算法解释权制度来规制算法。提出算法解释权制度的学者认为,应将算法决策作为解释客体,强调算法运用者对算法的“解释”义务,主张当自动化的具体决定对相对人有重大影响时,算法运用者有义务向提出异议的相对人展示算法的运行机理与基本逻辑结构。[②] 该观点的实质是认为算法设计者、运用者承担责任的前提是其在算法设计、运用过程中存在主观过错,主张通过对算法模型、机制机理的审查确定责任。以欧盟的《个人数据保护指令》为代表的观点则认为,应实行个人数据赋权以矫正算法运用带来的不利影响。1995 年欧洲会议及欧盟理事会发布的《个人数据保护指令》第 15 条第 1 款规定:“各成员国应当赋予个人不受某些决定约束的权利,因为此类决定会产生与其有关的法律效力,或者对其产生重大影响,且作出此类决定的唯一依据是旨在对与其有关的某些个人方面如工作业绩、信用度、可靠度、行为表现等进行评估的自动化数据处理。”

我国《个人信息保护法》第 24 条综合采纳了上述两种观点,是算法规制的重要法律指引。该条款一方面赋予受自动化决策影响的个人权利,使其有权审查对其利益产生影响的自动化决策过程,即要求个人信息处理者提供关于自动化决策的标准和程序所涉及的数据,另一方面,在发生争议时,赋予履行个人信息保护职责的部门进行审查核实的义务。[③] 但在司法实践中,无论是算法透明还是个人数据赋权,仍难解决算法黑箱、机器自动化学习带来的算法审查难题。

众所周知,算法具有“黑箱”,算法的原理和互动机制具有一定隐秘性,算法透明原则提倡的算法备案、算法解释权制度虽然表面上解决了算法的“黑箱”问题,但实际上,算法审查难题并未真的迎刃而解。首先,算法具有一定的复杂性

---

① 《互联网信息服务算法推荐管理规定》第 7 条规定:“算法推荐服务提供者应当落实算法安全主体责任,建立健全算法机制机理审核、科技伦理审查、用户注册、信息发布审核、数据安全和个人信息保护、反电信网络诈骗、安全评估监测、安全事件应急处置等管理制度和技术措施,制定并公开算法推荐服务相关规则,配备与算法推荐服务规模相适应的专业人员和技术支撑。”第 8 条规定:“算法推荐服务提供者应当定期审核、评估、验证算法机制机理、模型、数据和应用结果等,不得设置诱导用户沉迷、过度消费等违反法律法规或者违背伦理道德的算法模型。”

② 张凌寒:《风险防范下算法的监管路径研究》,载《交大法学》2018 年第 4 期。

③ 程啸:《个人信息保护法理解与适用》,中国政法大学出版社 2021 年版,第 226 页。

和专业性，即使是业内人士，对同一套算法的评价也可能见仁见智。算法本身不断学习、不断变化，难以从算法模型、机制机理本身评判其优劣。在司法审查过程中，本质上也难以固定行为发生之时的算法模型。因为机器自动学习的存在，备案的算法模型、机制机理并不当然是行为发生时的真实状况。其次，算法错误结果的形成因素具有多样性，算法的结果错误，可能源于算法模型本身的漏洞，算法部署和运行的错误，数据收集清洗的瑕疵以及机器深度学习的偏差等。仅就算法漏洞而言，就包括了输入漏洞、读取漏洞等。据此，对算法模型、机制机理进行司法审查，成本高、效率低，缺乏可操作性。将注意力集中在算法上，还可能造成对与算法决策相关事实全貌的忽略。最后，某些算法运用者并没有恶意利用算法歧视、算法“黑箱”侵权的主观故意，其算法模型、机制机理本身不一定有明显问题，但仅此也并不意味着算法运用者对错误结果不存在主观过错。故此对算法模型、机制机理进行审查，并不能有效解决主观过错的认定问题。

四、涉算法侵权纠纷的审理路径

我院在审理涉算法侵权纠纷中，通过典型案例裁判的方式逐步确立了审理该类纠纷的路径。在充分考量立法现状、算法技术发展现状、大数据产业发展与规制衡平的基础上，总结出审理涉此类纠纷的裁判思路，对该类侵权纠纷处理具有一定的示范性意义。

（一）确认算法的可规制性

我院在相关裁判中认为，算法具有可规制性，算法侵权的责任主体必然是算法的运用者。换言之，最终是否判定算法侵权成立在所不论，算法侵权的评判对象一定是算法运用者的行为。法律的规制对象只能是人的行为，如果否认算法运用者的责任主体地位，就会出现大量算法错误无人承责，算法损害无从主张的情况，不符合民法公平、诚信原则，违背社会主义核心价值观。

将算法运用者确定为算法侵权的责任主体，无论在技术层面、经济学层面、法律可调整性层面都有依据。在技术层面，算法是人类意志的体现。就算法的单个输出结果来看，算法运用者主观上可能并不希望发生错误，但从算法运用的整体来看，算法输出的结果，归根结底是人类意志的体现。算法通过深度学习获得的“自我决策权”，是在人类设定的目标范围内所取得。算法的设计、部署、运行到算法的调整、补漏，均是人为实施的结果，算法的自我学习能力亦是算法设计者所赋予。平台作为算法设计者，其对算法基于外部实时网络环境作出的反应并非完全不可预测。简言之，算法对不良数据的反应能力仍在算法设计者的控制范围内。在经济学层面，由算法运用者对算法运用结果承担责任符合经济学上的“风险—收益”理论。算法运用者因算法的运用结果而获益，便应对算法运用造成的错误结果承责。对个别错误结果的承责，与算法运用带来的获利是相匹配的。对个别错误结果的承责，也不足以影响以算法运用为根基的大数据行业的整体发展。在法律可调整性层面，算法运用者对算法的运用创设了危险后果，这是算法可规制性的根源。算法运用者对算法这一工具的利用包含了对该利用可能带来的结果的容许，正是算法运用者对算法这一技术的利用本身创设了危险发生的可能性，故而由其对算法运用产生的损害后果承责，具有合理性。由此，也可以迫使算法运用者通过增加投资、加强管理、优化机制等方式，提升算法安全性，减少算法错误率。[①]

（二）责任承担的判定需建立在准确认定法律地位的基础上

广州互联网法院在相关裁判中认为，目前的平台类型主要分为网络技术服务提供者及网络内容服务提供者两种。如平台是网络技术服务提供者，仅是通过算法对用户发布的内容提供自动化推荐、排序等技术性服务，不对信息内容进行实际的管理与控制，则其仅在知道或者应当知道侵权行为存在或者接到被侵权人的通知后未采取有效措施时，承担相应法律责任。如平台是网络内容服务提供者，则其应对算法运行的错误结果直接负责，承担更高的注意义务，不能仅以收到“通知”后及时采取“删除”措施为由免责。当然，实践中的平台类型不仅仅是前述两种，尤其是随着技术的发展，平台的参与方式变得多样、复杂，在具体的案件中，需要根据平台即算法运用者提供的服务类型判定其法律主体地位。

（三）确立算法审查的“外观主义”规则

广州互联网法院在相关裁判中认为，司法审查应将关注视角从技术本身转移到技术带来的权利、义务、责任关系变动，不拘泥于从算法本身审查主体过错，而是从外部动态要素综合考量算法运用者的主观过错，以此应对算法“黑箱”、算法复杂性专业性、机器自动学习等带来的审查干扰。进一步而言，认定

① 程啸：《侵权责任法教程》（第三版），中国人民大学出版社 2017 年版，第 87 页。

算法运用者的主观过错,应结合算法错误的明显程度、数据所涉权益的重要程度、平台规模、平台营利模式及获利情况等动态因素,在个性化的场景中综合判断。具言之,第一,算法错误越常规、越明显,与业务的基础架构、底层建筑、功能发挥越相关,算法运用者对该类错误应承担的注意义务就越高,未尽到相应注意义务,被认定为侵权的可能性就越大。相反,如错误结果是算法运行过程中出现的不能被合理预料的偏差,或是仅仅由于数据来源不准确、技术发展瓶颈等导致的非常规错误,则应尽量从保护大数据产业发展的角度对侵权与否作出认定。第二,应结合数据所涉权益的重要程度认定算法运用者的主观过错。一方面,针对非敏感数据,在发生错误结果时原则上应当允许算法运用者通过事后救济的方式予以纠正。另一方面,针对敏感数据,如案涉负面信用信息等与数据主体权益关涉较大的数据,应当要求算法运用者秉持更加审慎、严谨的态度,采取更为有效的核查手段。对有效核查手段的判断,可结合算法运用者在事前、事中、事后的处理方式综合考量。如考察其在事前是否建立了健全的数据安全管理制度、是否进行了个人信息保护影响评估,在事中是否设置了技术过滤机制、是否引入人工辅助审查等交叉机制,在事后是否主动复核并及时纠正等。第三,应结合平台规模、平台营利模式及获利情况综合认定算法运用者的主观过错。对提供重要互联网平台服务、用户数量巨大、业务类型复杂的算法运用者,因其提供平台服务的获利较大,社会影响力较大,控制力较强,其对数据管理所承担的“守门人”责任较高,其应承担的注意义务也相应较高。

(四)将主体利益平衡纳入认定权重

我们应当尽量从多方主体利益平衡的角度,对是否构成侵权以及责任承担方式作出认定。大数据时代,数据处理者往往并非具有生物情感意志的自然人个体,而是法人或非法人组织。数据处理活动往往发生在企业的商业活动或政府机关履行职责的公务活动中。对数据处理者的过错判断,不能仅仅停留在道德非难层面。过错判断应侧重客观化,应成为一种用于协调各种法律价值的技术手段。对于过错的认定应基于价值的考量、利益的权衡,从被告防范损害发生的成本与受害人损害的大小和发生概率的关系角度出发,确认被告有无过错,进而建立一种能够刺激经济的更有效率的行为机制。[①] 对算法责任的最终

① 程啸:《侵权责任法教程》(第三版),中国人民大学出版社 2017 年版,第 108 页。

考量,应当区分故意的、为实施侵权行为而设置的算法以及因技术发展瓶颈而不得已造成的算法错误结果。算法规制的最终目的,是在尽可能不牺牲社会总体福祉的基础上,利用规则引导算法运用者、技术开发者自行消化算法不当结果导致的社会成本增加。在考虑算法侵权责任的成立及责任承担具体方式时,应根据不同的场景,在个案中通过判断不同变量的强弱效果,作出最终的认定。一方面,要着重考虑数据主体的权益保护,充分救济其因遭受算法错误结果侵害带来的损失。另一方面,应使个案裁判发挥促进算法运用者优化算法模型机制机理、引导大数据产业良性健康发展的正面效应。同时,还应保障社会公众从算法运用、大数据产业发展中获得的福祉利益,保障其知情权及信赖利益。因此,对算法责任的最终审核,应在平衡数据主体、数据处理者、社会公众三方主体利益的基础上作出。